영적으로 깊이 읽는

사도행전

영적으로 깊이 읽는

사도행전

초판 발행 2014년 4월 5일
지은이 한양훈
발행인 한뿌리
펴낸곳 실로암 세계선교회(SWMO)
출판사 有하
등록 2000년 7월 31일 제 2011-000017호
저자 연락처 010-3394-5257, 010-8357-5257
이메일 hyh530205@naver.com

값 25,000원
ISBN 978-89-967450-5-1

영적으로 깊이 읽는

사도행전

한양훈 지음

有하

내가 아주 싫어하는 말이 있다. 그것은 "모로 가도 서울만 가면 된다"는 말이다. 이 말은 '방법은 잘못되어도 좋으니 서울만 가면 된다'는 의미를 담고 있다. 세상에서 통할 수 있는 말이다. 그러나 하나님을 믿는 그리스도인이라면 방법도 옳아야 한다. 그래서 나는 "서울을 가되 똑바로 가라"고 말하는 입장을 늘 견지한다.

학자들은 성경을 연구할 때 역사 비평적 접근으로 시작해서 사회과학적 방법론, 수사학적 방법론 그리고 문학비평 방법론까지 사용한다. 하나님께서 이런 방법들을 사용하여 연구하라고 성경을 기록하셨을까? 성령님께서 성경 저자들에게 이런 학문적 방법들을 사용하여 성경을 기록하라고 감동하셨을까? 그렇다면 성경은 정말 어려운 책이 될 것이고 아무나 볼 수 없는 책이 된다. 하나님이 성경을 기록하시면서 아무나 볼 수 없도록, 누가 성경을 대하든 어렵게 느끼도록 의도하셨을까 하는 의문을 갖는다. 성경을 바라보는 관점이 바르지 않으면 얻을 수 있는 결과 또한 별로 없을 것이다.

한 목사님이 추천사를 부탁하셨을 때 나는 이렇게 대답했다.

"저는 추천사를 쓸 실력을 갖고 있지 못합니다." 그러자 한 목사님이 이렇게 권면하셨다. "실력을 갖춰서가 아니라 동료로서 부탁드리는 겁니다."

먼저 한 목사님이 나를 동료로 대해준 데 감사하는 마음이 들었다. 그다음 나는 어떤 동료일까를 생각해보았다. 목회자로서의 동료, 하나님을 바로 알고 그 하나님을 바로 가르쳐야 한다는 신학적 입장을 가진 동료, 어떻게든 성경이 말하는 하나님을 바로 가르쳐야 한다는 동료, 성경이 말하는 신앙을 갖도록 성도를 양육해야 한다는 입장을 견지한 동료, 성도를 지배하고 있는 마귀를 다 축출해야 한다는 입장을 가진 동료, 영안이 열려 적을 보며 백전백승함으로 하나님의 나라가 개인에게 이루어지길 바라는 동료, 그러한 하나님의 나라가 온 열방 가운데 세워지기를 소망하는 동료, 열방 가운데 하나님의 나라가 세워질 때 귀하게 쓰임받는 제자를 키워야 한다는 일념을 가진 동료, 그 사역의 열매로 하나님께 인정받고 하나님 나라의 상급을 듬뿍 받는 동료라는 생각을 하게 되었다. 나는 이러한 동료로서 추천사를 썼다.

한 목사님은 총신대와 합동신학원에서 공부하셨다. 부모님이 목회자이시고, 삼 형제가 모두 목사인 집안의 목사이시다. 전통적인 목회를 하셨고, 여러 차례 하나님의 뜻이 무엇인지 분별이 안 된 채 목회지를 옮기기도 하셨다. 또한 마귀들에게 유혹을 당하기도 하셨다. 이런 과정을 겪으며 여러 가지 영적인 의문점을 가지셨는데 여러 영적 경험을 통해 많은 부분을 해결하셨다. 사도행전은 이러한 배경 속에서 잉태하여 낳은 열매이다.

부활의 예수님은 이렇게 말씀하셨다.

"볼지어다 내가 내 아버지께서 약속하신 것을 너희에게 보내리니 너희는 위로부터 능력으로 입혀질 때까지 이 성에 머물라 하시니라"(눅 24:49).

부활의 예수님은 이 말씀에 순종하여 모여 있던 제자들에게 이렇게 말씀하셨다.

"요한은 물로 세례를 베풀었으나 너희는 몇 날 못 되어 성령으로 세례를 받으리라 하셨느니라"(행 1:5).

부활의 예수님은 성령의 세례를 받을 제자들에게 또 말씀하셨다.

"오직 성령이 너희에게 임하시면 너희가 권능을 받고 예루살렘과 온 유대와 사마리아와 땅 끝까지 이르러 내 증인이 되리라 하시니라"(행 1:8).

사도행전은 성령의 세례가 어떻게 제자들에게 임했는지를, 권능을 받은 제자들에게서 어떤 역사가 나타났는지를, 권능이 나타나자 사탄이 어떻게 방해하였는지를, 그리고 제자들이 그 권능을 사용해 끊임없이 예수 그리스도의 증인이 된 과정을 기록한 책이다.

한양훈 목사님의 사도행전은 이 흐름을 세분화하여 보다 구체적으로 집필된 책이다. 이 사도행전을 읽으면 쉽고 부드럽고 인위적이지 않은 면을 대하게 될 것이다. 또한 일관성 있게 지속되는 영적 흐름을 발견하게 될 것이다. 권능을 받은 사람들이 어떻게 신앙생활을 하는가를 조금도 주저함 없이 자신감 넘치게 피력하는 당당함을 마주하면서 이 권능을 사모하고 동일한 사역자의 위치에 서고 싶은 열망을 갖게 될 것이다. 또한 부활의 주님이 직접 말씀하신 '성령의 임재를 받은 증인'은 어떤 무기를 가져야 하고, 그 무기를 어떻게 사용해야 하는지를 보게 될 것이다. 제자들이 예수님의 증인 된 삶을 살았을 때 이루어진 열매가 하나님의 자녀로서의 '나'이고 공동체로서 '교회'인 것을 만나게 될 것이다. 그리고 정체되어 있는 개인의 신앙과 교회들이 무엇을 해야 하고 어떻게 나아가야 하는지 그 방향을 제시하고 있음을 알게 될 것이다.

역동적인 사도행전의 모습 그대로에 갈급함을 느끼는 분들에게, 성령의 임재가 있으면 권능이 나타나는데 그것이 자신에게 이루어지길 소망하는 분들에게, 권능이 나타나는 역사의 현장에 직접 서서 권능 있게 사역하기를 원하시는 분들에게, 하나님이 기뻐하는 성도가 어떤 사람인지 알고 싶은 분들에게, 하나님이 원하시는 교회가 어떤 모습인지 알고 싶은 분들에게, 어떻게 하면 기복 없이 사도 바울처럼 신앙생활을 하고 사명을 감당할 수 있을지 고민하는 분들에게 기쁘고 즐거운 마음으로 이 책을 추천한다.

정동진
아야브성경연구원 원장, 생명의빛교회 담임목사

차례

사도행전은 예수님의 사도들이 성령에 충만하여 활동했던 내용을 담고 있다. 그들의 활동은 하나님 나라를 위한 것이었고 '예수 이름', '예수 부활'을 증거하는 삶이었다. 이러한 사도들의 활동은 처음부터 강력한 저항에 부딪혔는데 유대인 사회 안에서는 기존의 바리새파와 사두개파가 극렬히 반대하였다. 밖으로는 대부분 우상숭배자들이었다. 이러한 반대에도 불구하고 베드로와 바울을 위시한 사도와 사도급 인물들은 강력히 활동했는데 그것은 성령의 도우심은 물론이고 그들이 그동안 '보고 들은 것'이 분명했기 때문이다.

그들은 어려서부터 배운 그리고 주님으로부터 배우고 습득한 성경 지식이 있었고, 그 지식 위에 부활 전의 예수님 혹은 부활 후의 예수님을 직접 만났으며, 또한 성령이 그들에게 역사하여 강력한 체험을 하였기 때문에 실질적인 증인의 삶을 살 수 있었다.

그렇다면 오늘날 목회자이든 성도이든 진정한 증인의 삶을 살기 원한다면 사도들과 초대교회가 보여준 생활을 기록한 성경에서 그 답을 찾아야 한다. 오늘날 우리는 신 · 구약 성경을 통해 하나님 나라에 대한 거의 모든 영적 사실들을 알게 되었다. 그러나 그런 지식만으로 증인이라 자신 있게 말할 수 없다. 예수님 당시 많은 유대인이 성경을 잘 알았지만 이성적이며 지식적인 앎으로 끝났을 뿐 영적으로 깊이 깨닫지 못했기 때문에 세상에 오신 주님을 거역하고 그분을 십자가에 달아 죽였다. 그리고 부활의 주님을 믿지 못했다. 이것이 이성적으로, 지식적으로 안다는 것의 한계이다.

이 시대에 우리도 위대한 사도들처럼 성경 지식도 많고 설교도 잘하면서도 성령의 은사도 받아 영적으로 '보고 듣고 체험한 것'을 전한다면 얼마나 좋을까. 나는 목회 초기부터 왜 내가 목회하는 교회가 사도행전적인 교회가 되지 못하는지 많은 생각을 했었다. 그리고 그런 교회를 세우고 싶어서 주의 은혜를 갈구했었다. 그러다 어느 날부터 세상에 걸쳐 있던 모든 줄을 끊고 도시의 은둔자처럼 살면서, 사도들을 생각하며 10년을 훌쩍 보냈다.

나는 그렇게 보낸 지난 10년이 감사하다. 왜냐하면 그 시간을 통해 주님을 더 깊이 알게 되었고, 능력 있는 주님의 사역자로 만들어졌기 때문이다. 그래서 나는 이 시대 우리 교회들이 사도들이 활동했던 초대교회처럼 되기를 소망하면서 그 한 방편으로 사도행전을 영적으로 깊이 읽은 이 책을 펴내게 되었다.

강해서를 써나갈 때 여러 권의 책을 참고하였는데 특히 신학생 시절 은사이신 박윤선의 『사도행전주석』과 존 스토트의 『사도행전강해』를 가장 비중 있게 참고하였다. 하지만 주께서 그동안 내게 주신 은혜도 있기에 그 내용도 표현해 보려고 애썼다.

이 책을 내면서 감수를 맡아주신 훌륭한 동역자들과 격려를 아끼지 않으신 조갑진 교수님 그리고 추천사를 써주신 정동진 목사님께 감사드린다. 또한 수도사처럼 나에게 훈련을 받고 있는 나의 제자 정성경, 정다민 자매와 나의 비서 이소진 자매에게 감사드린다. 주님께만 영광!

2014년 3월 10일
실로암에서 한양훈

사도행전은 예수님의 사역이 기록된 사복음서 이후에 나오는 책이다. 이 책은 예수님의 사역이 제자들을 통해 어떻게 이루어져나가는지를 생생하게 기록하고 있기 때문에 신약성경에서 중요한 부분을 차지한다. 사도행전이란 사도들의 행적을 기록한 것인데 가룟 유다를 제외한 열한 명의 제자와 후에 제자로 부름받은 맛디아가 선출됨으로써 사도의 수는 채워졌다. 그러나 부활하신 주님이 사울을 사도로 부르셨고 또한 사도행전 14장 4절, 14절에 나와 있는 것처럼 바나바도 사도라고 불렸다.

그러나 사도행전을 읽다보면 앞에 나오는 사도들 외에 스데반, 실라, 디모데, 아볼로, 디도, 브리스길라와 아굴라, 빌립 같은 인물들이 활동한 내용도 나온다. 그러므로 사도행전이라고 해야 할지 또는 성령행전이라고 해야 할지 모르겠지만 능력 있는 사역이라는 차원에서 볼 때 넓은 의미의 사도행전이라고 말할 수 있다.

사도행전의 저자는 누가이다. 사도행전 1장 1절과 누가복음 1장 1-4절을 비교해볼 때 누가인 것이 분명하다. 누가는 이방인으로서 할례를 받지 않았다(골 4:10-14). 일설에 의하면 누가는 수신자인 데오빌로의 노예요, 의사로 있다가 그가 중병에 걸렸을 때 살려준 덕분에 자유를 얻고 그리스도인이 되어 과거의 은인인 데오빌로에게 편지를 보냈다고도 한다.

하나님은 누가를 통하여 사도들의 활약상을 책으로 기록하게 하셨다. 그리고 사탄이 사람들을 앞세워 예수 그리스도의 복음을 얼마나 극렬히 훼방하는지도 보여주었다. 그러나 하나님의 도우심으로 예수 그리스도를 증거하는 복음이 세계로 확장되고 구원받은 백성을 부르시는지도 알게 하셨다.

이 책에는 시종일관 '성령의 충만' 또는 '성령이 충만할 것'이 강조되어 있고, 사도들이 전한 내용은 '예수 이름'이었다. 이 두 가지가 온전히 이루어질 때 '하나님의 나라'가 이루어진다. 지금부터 우리는 신앙의 선배들이 펼치는 활약상을 보면서 사도행전을 읽어나가기로 하자.

1부_교회의 탄생과 성장 (사도행전 1–7장)

Acts

1장

교회를 정비하라

1장은 주님이 승천하신 후 가룟 유다를 대신하여 맛디아를 사도로 뽑아 열두 사도의 수를 채우는 내용이 나온다. 열두 사도는 교회의 기초이다.

데오빌로여 내가 먼저 쓴 글에는 무릇 예수께서 행하시며 가르치시기를 시작하심부터(행 1:1).

"데오빌로여." 누가는 데오빌로라는 한 사람에게 하나님의 역사하심이 어떠한지를 편지로 써서 보냈다. 수신자인 "데오빌로"는 주님을 따르는 제자로서 이방인인데 세상에서 유력한 인물로 보이며 가상의 인물이라고 하는 것은 옳지 않다. 그는 교회에서 진실하게 주님을 섬기는 사람임이 분명하다. 그는 이름처럼 "하나님으로부터 사랑을 받는 자"로 보인다. 브리스길라나 아굴라만큼은 되지 않아도 나름대로 유력한 자이다. 성경을 연구해보면 성경에서 긍정적인 의미로 이름이 많이 등장하는 사람이 역시 하늘나라에서도 유력한 사람이다.

누가가 언급한 "먼저 쓴 글"은 누가복음이다. 누가는 누가복음과 사도행전 외에 다른 책을 쓰지 않았기 때문이다. 먼저 쓴 책은 예수 그리스도 중심의 사역이 그 내용인데, 예수님께서 행하시고 가르침을 시작하신 모든 것에 대한 기록이다. 특히 행하고 가르치신 것은 예수님이 서른 살 이후이기 때문에 그 전 기록은 거의 생략되었다. 사도행전은 주님이 승천하신 이후 주로 베드로와 바울의 이야기를 하고 있다.

> 그가 택하신 사도들에게 성령으로 명하시고 승천하신 날까지의 일을 기록하였노라(행 1:2).

열두 사도의 자격은 주께서 택하셔야 한다. 자기 스스로 사도라고 말하는 것은 죄다. 마찬가지로 선지자든 목사든 장로든, 아니면 어떤 영적 사역자든 자기 스스로 직분을 만들어 나서는 것은 옳지 않다. 또한 택함받은 증거가 분명히 있어야 한다. 초대교회나 지금이나 자칭 하나님의 일꾼이 많다. 주님도 택한 사도들에게 말씀하실 때 성령에 충만하신 상태에서 명령하셨다. 주님과 성령은 나눌 수 없는 깊은 관계이다. 그리고 누가는 주님이 하늘나라에 가신 것을 공적으로 말하고 있다. 주님의 승천은 기독교의 진리이다. 여기에서 언급된 "승천"은 70인역에서 엘리야의 승천(왕하 2:11)을 표현한 말과 같다.

> 그가 고난 받으신 후에 또한 그들에게 확실한 많은 증거로 친히 살아 계심을 나타내사 사십 일 동안 그들에게 보이시며 하나님 나라의 일을 말씀하시니라(행 1:3).

주님이 복음 증거를 위해 일하실 때 많은 비방과 훼방이 있었지만 그 중에서도 가장 큰 고난은 역시 십자가의 죽으심이다. 우리의 구원은 주님의 죽으심에서 시작된다. 주님은 죽으셨다가 살아나신 것을 사람들에게 나타내 보이시려고 작정하셨다. 주님이 살아나신 것에 대해 의심할 수도 있고, 한두 번 나타나신 것으로 혹시 의심할 수 있을지 모르지만 40일 동안 10여 차례 여러 사람에게 나타나신 것은 그때도 어느 시대에도 믿지 않을 수 없는 명백한 증거가 된다. 주님이 제자들에게 나타나신 것은 환상이 아니라 실체이셨다. 부활하신 주님의 관심은 이 땅에서 하나님 나라가 이루어지는 것이었다. 이것은 예수 그리스도의 초림에서 시작되어 재림으로 완성되는 나라이다(박윤선).

사도와 함께 모이사 그들에게 분부하여 이르시되 예루살렘을 떠나지 말고 내게서 들은 바 아버지께서 약속하신 것을 기다리라(행 1:4).

부활의 주님은 사도들을 귀하게 여기셨고 모두가 한자리에 모인 자리에 찾아오셨다. 그때 오신 주님은 사도들에게 당부하셨다. 사도들이 주님의 말씀을 따를 만하다고 보셨기 때문이다. 주님은 예루살렘에서 죽으셨는데 사도들에게 그곳을 떠나지 말라고 하셨다. 예루살렘은 옛적부터 하나님이 역사하신 곳이고 당시로 성전이 있는 곳이다. 또 주님이 부활하신 장소이다. 그러므로 이곳에서부터 하나님의 역사가 나타나야 한다. 그 내용은 예수님께서 하나님 아버지께 들으신 이야기이다.

하나님 아버지는 예수님을 통하여 사도들에게 약속하신 것이 있었다. 그 약속을 받으려면 일단 기다리라는 말씀이다. 하나님은 아무 준비도 되지 않은 상태에서 약속을 이루어주시지 않았다. 영적 전투에 나갈 사도들은 필히 준비할 것이 있었다. 준비가 되는 날 그들은 주님을 증거하고 세상과 마귀와 싸울 전사가 된다.

요한은 물로 세례를 베풀었으나 너희는 몇 날이 못 되어 성령으로 세례를 받으리라 하셨느니라(행 1:5).

여기에서 요한은 세례를 베푼 요한을 가리킨다. 세례 요한은 이스라엘 백성에게 회개를 강조하고 깨끗해지기를 외쳤다. 그리고 자기에게 나아오는 자들에게 물로 세례를 베풀었다. 세례 요한에게는 광야가 성전이었다. 그는 그곳에서 예수 그리스도를 맞이하는 영적 분위기를 만들었다. 그러므로 그는 여자가 낳은 자 중에 최고의 사람이다. 하늘에서도 가장 존귀한 자의 모임에 있을 것이다.

주님은 사도들에게 "너희는 몇 날이 못 되어 성령으로 세례를 받으리라"고 하셨다. 성령을 기다리기는 하지만 오래지 않을 것이라고 말씀하셨다. 주의 자녀들은 누구든지 주의 말씀이라면 백 년이든 천 년이든 기다리는 것이 당연한데 이 경우에는 몇 날만 기다리면 되기에 사도들은 쉽게 명령을 지킬 수 있었다.

기다리는 목적은 성령으로 세례를 받기 위함이었다. 약속하신 성령은 오순절날 내릴 것이라고 하셨다. 세례 요한이 베푸는 세례의 경우 사람이 물에 잠겼다가 물 밖으로 나올 때 물이 온 몸에 흥건히 적셔지듯 성령 속에 잠기게 된다는 말씀이다. 세례 요한의 세례와 성령 세례는 성격과 내용이 다른 것이다. 성령 세례를 받으면 하나님의 신인 성령이 사람 몸에 강하게 함께하게 된다. 이것은 예수님이 사역하실 때 늘 성령이 함께하신 것과 같은 맥락이다. "증인이 되라는 그리스도의 명령을 성취할 수 있는 유일한 길은 성령의 지배 아래 있는 것이다"(갱글).

> 그들이 모였을 때에 예수께 여쭈어 이르되 주께서 이스라엘 나라를 회복하심이 이 때니이까 하니(행 1:6).

부활하신 예수님과 사도들이 모처럼 한자리에 모였을 때이다. 전에 나타나셔서 성령을 주실 것을 약속하신 후 시간이 조금 지난 시점이다. 다시 만난 주님께 사도들이 그들의 관심사를 여쭈었다. 주님은 성령의 세례가 사도들에게 충만히 임하리라고 말씀하셨는데, 사도들은 자기들이 성령을 받고 힘을 얻어 조국 이스라엘의 독립을 위해 일하게 하실 것이라는 생각을 하였다. 때문에 사도들은 이스라엘의 회복과 성령의 세례를 연결시켰다. 그러나 이것은 잘못된 생각이다. 성령의 세례를 받고 충만해진 사람은 하늘나라에 관심을 두게 되므로 세상 나라와 직접적 관계가 있는 것이 아니다. 사도들은 부활의 주님을 두 눈으로 보고 있으면서도 여전히 그들의 사고는 이 세상에 고정되어 있음을 알 수 있다. 사도였던 가롯 유다가 유대 독립을 기대하고 주님을 대제사장에게 팔아넘겨 싸움을 시키려 했던 것에서 거의 머무른 사고이다. 성령의 세례를 강하게 받기 전의 사도들은 여전히 사상과 신학이 정립되지 않은 상태였다.

> 이르시되 때와 시기는 아버지께서 자기의 권한에 두셨으니 너희가 알 바 아니요(행 1:7).

주님은 때와 시기는 "아버지께서 자기의 권한에 두셨"다고 하셨다. 세상 역사에는 무엇이든 때와 시기가 있다. 그때와 시기는 성부 하나님께서 정하시고 그것을 이루시는 때는 당신의 권한에 두셔서 적당한 때에 행하신다는 말이다. 즉, 이스라엘의 회복의 때와 시기는 하나님이 정하신다. 이 말에는 회복할 때가 있다는 뜻이 포함된다. 그러나 아직 그 문제에 대해서는 너희가 알 필요가 없다는 뜻이다. 제자들에게 성령이 임하시는 일이 아직 시작되지도 않았고, 복음이 세상에 전파되지도 않았는데 성령이 임하신 다음의 일을 사도들이 지금 묻고 있는 것이다. 사도들이 주님께 묻는다고 주님이 모든 것을 다 말씀해주시는 것이 아니다. 아무리 주님과 가까운 자라도 주께서 침묵하시는 부분이 얼마든지 있다. 사도들은 아직 알 때가 아니다.

> 오직 성령이 너희에게 임하시면 너희가 권능을 받고 예루살렘과 온 유대와 사마리아와 땅 끝까지 이르러 내 증인이 되리라 하시니라(행 1:8).

"오직 성령이 너희에게 임하시면." 주님은 제자들의 간단한 질문을 받으시고 1장 5절에 이어 말씀하신다. "성령으로 세례를 받으리라"(5절)고 하셨기 때문에 성령이 임하시게 될 것인데, "임하시면"이라고 말씀하시면서 성령이 임하시면 성령은 성도들에게 실제가 된다. 성령이 임하신다는 그 예언의 말씀이 분명히 이루어질 것을 염두에 두시고 하신 말씀이다. 그리고 성령이 임하시면 권능을 받는다는 뜻이다. 사람에게 성령이 임하실 때 나타나는 분명한 증거가 있는데 그것은 바로 권능이다. 그 권능이 무엇인지는 더 자세한 설명이 필요하겠지만 보통 사람들이 소유할 수 없는 특별한 신적 능력임은 분명하다. 그러므로 성령의 사람은 신적 능력을 소유한 사람이다. 부활의 주님은 당신의 제자들이 강력한 권능을 받기 원하셨다. 주님이 살아계실 때도 제자들에게 병을 고치고 귀신을 쫓아내는 능력을 주셨는데 이제는 그 이상의 무엇이 분명하다. 약속하신 성령은 이처럼 기대할 만한 수준이다.

권능을 받은 사람이 할 일은 예수 그리스도의 증인 되는 삶이다. 그리고 증인이 말할 내용은 주님이 행하신 모든 일이다. 증인은 사상가도 아니고 이상가도 아니다. 본 것을 말하는 사람이다. 증인이 전할 중심 내용을 한마디로 요약하면 '예수 부활'이다. 이 증거는 십자가가 세워졌던 예루살렘에서 출발하여 온 세계로 퍼져 나가야 한다. 진정한 성전의 본체이신 예수님의 몸이 온 세상에 세워진다는 의미이다. 모형인 예루살렘 성전은 장차 무너지고 참 성전이신 예수 그리스도의 은혜가 능력 있게 온 세상으로 퍼져나간다. 이것이 참된 성전이 세워지는 방법이다.

이 복음은 주님이 십자가에 달려 죽으신 예루살렘에서부터 시작하여 가까운 유대와 사마리아 지방 순으로 계속 멀리 퍼져나가야 한다. 이 일을 수행하기 위해 사도를 비롯하여 하나님의 백성은 주님으로부터 능력을 약속받았다. 예수님이 이 세상의 정당한 왕이시자 주님이시라는 사실을 세상에 선포할 방안을 찾으려면 그 능력이 필요하다(롬 라이트).

이 말씀을 마치시고 그들이 보는데 올려져 가시니 구름이 그를 가리어 보이지 않게 하더라(행 1:9).

말씀을 마치신 주님의 몸은 제자들이 보는 가운데 하늘로 올라가셨다. 주님이 영혼만 있으시다면 당연히 자연스럽게 하늘로 올라가시겠지만 그렇다 하더라도 완전한 영혼의 모습을 500여 명의 사람이 함께 보기는 어려울 것이다. 그러나 주님은 부활하신 후에도 음식을 드셨기 때문에 단지 영혼만이 아닌 신비한 육체를 소유하셨다고 볼 수 있다. 그런 예수님이 하늘로 올라가시는 것을 많은 사람이 보았다. 어쨌든 신성하신 주님의 모습을 보고 있다는 사실은 그들이 영적으로 어느 정도 열려 있는 상태인 것으로 보아야 한다. 신비한 일이지만 사실이 되었다.

구름이 주님을 가리어 보이지 않게 되었는데 이 구름은 자연 상태에서 나타나는 보통의 구름이 아니다. 만일 일반 구름이라고 한다면 구름 없는 날이었을 경우 가리는 것이 없어 주님이 어디를 가시는지 가시거리까지는 끝까지 볼 수 있었을 것이다. 하지만 여기에서의 구름은 하나님의 영광스러운 빛이다. 이 빛이 주님을 감싸면서 주님의 형상이 감추어졌다. 세상 마지막에 주님이 재림하실 때에도 구름을 타고 오신다고 하였는데(11절) 이 또한 하나님의 임재의 현상이다.

> 올라가실 때에 제자들이 자세히 하늘을 쳐다보고 있는데 흰 옷 입은 두 사람이 그들 곁에 서서(행 1:10).

제자들이 자세히 주님이 올라가신 하늘을 쳐다보고 있었다. 자기들의 스승이 공중으로 들리어 올라가고 계시니 이런 신기한 장면을 자세히 볼 수밖에 없다. 그들은 신비감에 빠져서 아무 말도 할 수 없었다. 그때 흰 옷 입은 두 사람이 제자들 옆에 섰다. 그들은 천사들이었다. 제자들이 천사들을 볼 수 있었던 것은 그들이 영적으로 계속 열려 있었기 때문이다. 영안이 열리지 않으면 천사를 보거나 느끼기 힘들다. 천사를 볼 수 없는 사람은 영의 눈을 깨끗이 해야 한다. 영이 깨끗하면 천사든 사탄이든 영적 존재들을 볼 수 있다. 영의 눈이 어두워 "천사가 어디 있으며 사탄이 어디 있느냐. 내 눈에 보이지 않는다"고 말한다면 부끄러운 일이다.

> 이르되 갈릴리 사람들아 어찌하여 서서 하늘을 쳐다보느냐 너희 가운데서 하늘로 올려지신 이 예수는 하늘로 가심을 본 그대로 오시리라 하였느니라(행 1:11).

여기에 서 있던 대부분의 제자들이 갈릴리 출신이었기 때문에 천사들이 "갈릴리 사람들아"라고 불렀다. 천사들은 사람들에게 말을 할 수 있고, 듣는 대상자가 영적이라면 그 말을 알아들을 수 있다. 물론 영적인 것을 잘 모르지만 하나님의 강권적인 역사로 아는 경우도 간혹 있을 수 있다.

천사는 계속해서 "어찌하여 서서 하늘을 쳐다보느냐"고 제자들에게 말했다. 주님이 시야에서 사라지셨는데도 제자들이 떠나지 않고 계속 공중을 바라보면서 이야기를 나누고 있었기 때문이다. 그들은 오랫동안 하늘을 쳐다보았다. 하지만 언제까지 하늘로 가신 주님의 뒷모습만 보면서 아쉬워하는 말만 주고받을 수는 없다.

이때 천사들이 "너희들이 하늘로 올라가신 주님의 모습을 보았는데 장차 그와 똑같은 모습으로 오신다"고 말하였다. 이 일은 이 세상 마지막 때 이루어질 것이다. 천사들의 말을 들은 제자들은 그들의 살아생전에 주님이 재림하실 것을 기대했을 테지만 그렇게 되지 않았다. 하늘나라로 가신 주님은 중보자로서 제자들과 성도들을 위해서 항상 일하신다. 그리고 세상을 사랑하시는 주님의 마음과 성령을 선물로 주시겠다는 약속은 결코 변함없으시다. 예수 그리스도는 어제나 오늘이나 영원토록 동일하시다고 히브리서 13장 8절은 말씀한다.

> 제자들이 감람원이라 하는 산으로부터 예루살렘에 돌아오니 이 산은 예루살렘에서 가까워 안식일에 가기 알맞은 길이라(행 1:12).

제자들이 감람원이라는 산에서부터 예루살렘으로 왔다. 감람원은 예루살렘 인근에 있는 산이다. 유대인들은 안식일을 거룩히 지키기 위하여 이날에는 장거리 여행을 하지 않는데, 그것이 허용될 만큼의 가까운 거리이다. 허용된 거리가 모세의 율법으로 정해진 것은 아니다. 예루살렘은 주님이 죽으신 곳이요, 부활하신 곳이요, 승천하신 곳이다. 그리고 이곳에서부터 복음이 확산된다. 그러므로 제자들이 주님의 명령에 따라 첫 출발지인 예루살렘에 다시 모였다.

> 들어가 그들이 유하는 다락방으로 올라가니 베드로, 요한, 야고보, 안드레와 빌립, 도마와 바돌로매, 마태와 및 알패오의 아들 야고보, 셀롯인 시몬, 야고보의 아들 유다가 다 거기 있어(행 1:13).

그들은 유하던 다락방으로 올라갔다. 그들이 평상시에 특히 예수님이 부활하신 후 약 40일 동안 이 땅에 계실 때 본거지로 삼았던 다락방이다. 그곳으로 제자들이 모여들었다. 베드로, 요한, 야고보, 안드레 등 사도들의 이름이 다 언급되어 있다. 앞에 먼저 나온 4명의 사도는 지도자격인 사도들로서 먼저 언급된 것이다(존 스토트). 이들은 다른 사도들보다 여러 면에서 뛰어나다. 뒤이어 나오는 사도들은 충성도 면에서 볼 때 꼭 서열대로 된 것은 아니다. 아쉽게도 가룟 유다는 빠졌고 다른 사도들은 모두 모였다.

> 여자들과 예수의 어머니 마리아와 예수의 아우들과 더불어 마음을 같이하여 오로지 기도에 힘쓰더라(행 1:14).

평상시 예수님을 따르던 많은 여자들이 있었다. 예수님의 어머니 마리아도 있었는데 예수님이 잉태되실 때 천사와 대화를 나누고 천사가 한 모든 말을 신뢰하였다. 하나님이 마리아를 덮으셨고 성령으로 잉태된 것을 믿었다. 그녀는 여성 중에서 최고 수준의 여성이었다. 그러므로 하나님이신 예수님께서 마리아의 집에서 보호받으시고 성장하실 수 있었다. 마리아는 예수님의 행동을 미친 것으로 생각한 적도 있었지만 자신이 낳고 기른 예수님이 큰 인물이요, 만왕의 왕이신 것을 결국 믿었다. 예수님이 형편없는 집안에서 태어나신 것이 아니다.

예수님은 요셉과 마리아의 집안에서 장남이었고 동생들도 많았다. 예수님이 승천하신 다음에 어머니와 동생들은 기도에 힘썼다. 하나님의 은혜는 합심할 때 더 많아진다. 불평하는 마음이 있어서 서로 다투는 곳에서는 진정한 기도의 분위기를 이루지 못한다(박윤선). 그들은 함께 모여 옛날이야기를 하거나 미래에 대한 염려를 하거나 즐겁게 친목도모를 한 것이 아니라 '오직 성령'을 받기 위해 기도에 힘썼다. 아마 식사와 약간의 취침 시간을 제외하고는 기도만 했을 것이라 볼 수 있다. 기도는 사탄의 방해를 많이 받는다. 하지만 그러한 방해를 이기고 그들은 끝까지 기도하였다.

> 모인 무리의 수가 약 백이십 명이나 되더라 그 때에 베드로가 그 형제들 가운데 일어서서 이르되(행 1:15).

모인 무리의 수가 백이십 명 가까이 되었다. 예수님을 가까이하던 사람은 거의 다 모였을 것이다. 예수님이 제자들인 70문도를 파송할 때보다 더 많은 숫자이다. 아마 주님과 함께 전도하며 귀신을 좇아내고 능력을 행했던 70문도의 대부분이 포함되었을 것이다. 그들은 하나님의 능력이 얼마나 대단한 것인지, 또 자기들에게서도 능력이 나타난 것을 체험하여 잘 알았다. 때문에 능력을 받기 위해 더 열심히 기도했다. 기도한 백이십여 명의 이름이 나와 있지 않지만 초대교회에서 크게 활동한 사람들 대부분이 이 자리에 모여 기도한 사람 가운데서 나온 것이 분명하다.

베드로가 그 모인 무리에게 설교하였다. 베드로는 자신을 드러내기 위해서가 아니라 나이에서도 영적 수준에서도 제자 가운데 최고 수준의 인물이었기에 그랬다고 보는 것이 정확하다. 주님도 이 땅에 계실 때 "네 형제를 굳게 하라"(눅 22:32)고 당부하셨다. 그는 위대한 인물이고 마땅히 존경받아야 한다. 그러나 지나치게 우상처럼 떠받드는 것은 옳지 않다. 위대하지만 그도 인간이기 때문이다. 그리고 어떤 단체처럼 베드로에게 기도하는 것은 상상할 수 없는 일이다.

> 형제들아 성령이 다윗의 입을 통하여 예수 잡는 자들의 길잡이가 된 유다를 가리켜 미리 말씀하신 성경이 응하였으니 마땅하도다(행 1:16).

"형제들아" 하면서 베드로는 백이십여 명의 형제들에게 설교를 시작했다. 사도행전에는 베드로의 설교가 9번 기록되어 있다(1:16-22, 2:14-41, 3:12-26, 5:29-32, 8:20-25, 10:34-43, 11:5-17, 15:9-11). 베드로는 다윗이 말한 것이 성령의 역사라고 생각하는 영적인 사람이었고 구약 시대에도 성령의 역사하심이 있다는 것을 인정하였다. 설교의 내용을 보면 성령이 주체시고 다윗의 입은 도구이다. 다윗의 입을 통해 장차 가룟 유다가 예수님을 잡게 될 것을 베드로는 말했다. 예수님이 나시기 천여 년 전에 이미 예수님에 관한 일이 예언되었다는 말이다. 베드로의 말처럼 하나님의 예언은 반드시 이루어진다.

> 이 사람은 본래 우리 수 가운데 참여하여 이 직무의 한 부분을 맡았던 자라(행 1:17).

베드로는 가룟 유다가 본래 열두 사도 중 한 사람으로 활동하였다고 인정한다. 가룟 유다는 결코 신분이 낮은 자가 아니었다. 가룟 유다는 예수님의 공동체에서 재정을 맡았었다(요 12:4-6). 그는 계산에 능했기 때문에 재물을 관리하는 일을 주님이 믿고 맡기셨다. 그러한 중요한 직무를 감당하는 사람이었는데 주님을 배신했다는 말이다.

(이 사람이 불의의 삯으로 밭을 사고 후에 몸이 곤두박질하여 배가 터져 창자가 다 흘러 나온지라)(행 1:18).

베드로는 가룟 유다가 예수님을 판값으로 밭을 샀다고 말한다. 그런 가룟 유다가 후에 몸이 곤두박질하였다. 자살한 가룟 유다의 몸이 비참하게 된 것을 이렇게 극적으로 증언한 것이다. 주님을 배반한 사람은 결국 이렇게 된다는 사실을 다시 한 번 주의시켜서 주님을 배신하지 못하도록 하는 의미도 포함된 설교이다. 가룟 유다의 최후는 그 자리에 있던 사람 모두가 알고 있었을 것이다.

(이 일이 예루살렘에 사는 모든 사람에게 알리어져 그들의 말로는 그 밭을 아겔다마라 하니 이는 피밭이라는 뜻이라)(행 1:19).

가룟 유다가 목매어 죽은 후 이처럼 참혹한 죽음을 맞이한 것이 예루살렘 주민에게 다 알려졌다는 말이다. 그 후 사람들은 가룟 유다가 산 그 밭을 아겔다마라, 즉 피밭이라고 이름 붙였다.

시편에 기록하였으되 그의 거처를 황폐하게 하시며 거기 거하는 자가 없게 하소서 하였고 또 일렀으되 그의 직분을 타인이 취하게 하소서 하였도다(행 1:20).

이것은 시편 69편 25절, 109편 8절의 인용이다. 다윗이 그의 원수들에 대해 말한 내용이다. 다윗은 여러 모로 그리스도의 예표였다. 여기서 베드로는 다윗의 원수는 예수님의 원수, 즉 가룟 유다로 보았다. 그런데 성경은 그의 거처를 황폐하게 하신다고 하였다. 불의의 삯으로 산 밭을 하나님이 징계하신다는 말인데 그 말씀이 이루어졌다는 설명이다. 또한 그 직분을 타인이 취하게 해달라고 하였는데 그 말씀이 이루어져 가룟 유다가 갖고 있던 사도의 직분을 맛디아가 잇게 되었다. 베드로는 이처럼 다윗이 예언한 대로 가룟 유다가 죽었으므로 다른 사람을 사도로 세워야 한다고 하였다. 그러므로 사도의 보선은 성경적이었다.

> 이러하므로 요한의 세례로부터 우리 가운데서 올려져 가신 날까지 주 예수께서 우리 가운데 출입하실 때에(행 1:21).

베드로는 가룟 유다의 뒤를 이을 사도에 대해 말하면서 그 자격으로 '언제부터' 함께 있었는지를 강조하였다. 베드로는 세례 요한 때부터를 언급하고 있다. 복음의 시작은 예수님부터가 아니라 예수님이 오실 것을 증거한 세례 요한의 때부터로 보아야 한다는 주장이다. 그때부터 함께한 사람이라야 인정할 수 있다는 의미다. 그러므로 요한의 때부터 주님이 승천하신 그 당시까지를 가리킨다.

> 항상 우리와 함께 다니던 사람 중에 하나를 세워 우리와 더불어 예수께서 부활하심을 증언할 사람이 되게 하여야 하리라 하거늘(행 1:22).

주님이 활동하시던 당시에 열두 사도 외에도 70문도와 같이 훌륭한 인물들이 많이 있었다. 그 외에도 숨어 있는 인물이 있을 가능성도 있다. 어쨌든 사도의 후보자는 '항상 같이 다니던 사람' 중에 나와야 한다. 주님이 가르치신 내용이나 행하신 일을 모른다면 자격이 없는 것이다. 세례 요한에게 와서 회개하여 세례도 받고, 예수님이 가르치시고 병을 치료하시고 귀신을 쫓아내시고 각종 기적과 이적을 베푸신 것을 보고 들었어야 자격이 있는 것이다.

열두 사도 외에도 그동안의 모든 일을 체험하고 본 사람이 많이 있었다. 그리고 열두 사도 중 가룟 유다를 대신할 한 명만 보충하면 되었다. 정리하면 베드로의 주장은 주님을 증언하려면 주님을 잘 알아야 하고 그러므로 처음부터 주님을 따라다닌 사람 중에서 택하자는 것이다. 사도가 되려면 이것은 기본이다.

이렇게 열둘을 채우려는 이유는 유대인은 열둘을 중요하게 여겼기 때문인데, 유다 광야에 거하던 쿰란 종파도 열두 명으로 구성된 회의 조직이 있었다(거스리). 하지만 열둘은 주님이 처음 정하신 것이다. 또한 요한계시록 21장 14절에서 보듯이 하늘나라의 성곽에는 열두 기초석이 있는데 그 위에 열두 사도의 이름이 있을 정도로 중요한 의미가 있기 때문이다. 가룟 유다에게는 목숨을 잃은 것보다 이곳에서 자신의 이름이 빠진 것이 가장 큰 손실이다. 가룟 유다의 징계는 이것으로도 충분하다. 신구약 성경에서도 열둘은 중요한 의미가 있다.

> 그들이 두 사람을 내세우니 하나는 바사바라고도 하고 별명은 유스도라고 하는 요셉이요 하나는 맛디아라(행 1:23).

백이십여 명이 기도할 때 '모여 있던 사람' 가운데 두 사람을 내세운 것이 분명하다. 그 자리에 없는 사람에게 후보의 자격을 주어 중요한 사역을 맡길 수는 없다. 자주 빠지는 사람은 자격 미달이다. 공동체가 눈여겨보고 추천한 후보자 두 사람은 요셉과 맛디아였다. 그 두 사람은 누가 선출되어도 자격이 충분했다. 자격이 없는데도 다른 사람을 위해 형식적으로 들러리를 선 것이 아니었다.

이들은 어디까지나 가룟 유다의 자리를 보결하기 위해서이다. 그러므로 가룟 유다가 처음 주님께 부름을 받을 때의 수준 정도여야 좋다. 주님이 계시다면 주님이 택하셨겠지만 성령 충만한 공동체에 맡겨서 천거를 받을 수밖에 없었다. 이 경우 이후에 선출된 사도는 모든 면에서 기존의 열한 사도보다 후배로서의 성격을 띠는 것이 자연스럽다. 주님이 처음부터 부르신 사람도 아닌데 교회가 나중에 선택한 사도가 기존의 사도보다 더 탁월하다면 사도 조직에 문제가 생긴다. 유세비우스는 이 두 사람이 모두 70문도의 일원이었다고 했다.

> 그들이 기도하여 이르되 뭇 사람의 마음을 아시는 주여 이 두 사람 중에 누가 주님께 택하신 바 되어(행 1:24).

사도를 보충하는 일에 일단 자격은 정했고 그 둘 중에 하나를 뽑기 위해서 기도하였다. 중요한 일에는 항상 기도해야 한다. 교회는 하나님 중심이다. 그들은 "뭇 사람의 마음을 아시는 주여" 하면서 기도했다. 두 사람이 다 훌륭하지만 누가 더 사도직, 특히 가룟 유다를 대신할지를 말하는 것이다. 가룟 유다와 모든 면에서 비슷할수록 올바른 선택이지 베드로를 능가하는 탁월한 사람을 뽑으려는 것이 아니다. 공동체 안에는 사도로 뽑히지는 않았지만 사도라고 해도 부족함이 없는 탁월한 사람들이 있을지도 모른다. 주님이 사도를 다 뽑으신 이후, 훌륭한 사람이 이스라엘 본토이든 이방 지역에서든 나타날 수 있기 때문이다. 사도는 사람이 뽑는 것 같지만 택하시는 것은 주님이시다. 왜냐하면 주님의 사도이기 때문이다.

> 봉사와 및 사도의 직무를 대신할 자인지를 보이시옵소서 유다는 이 직무를 버리고 제 곳으로 갔나이다 하고(행 1:25).

가룟 유다는 봉사하는 직책을 맡았었다. 재정을 맡았다는 것이 바로 그런 측면인 것이다. 오늘날 교회에서 재정 문제는 안수집사 혹은 서리집사 등이 담당한다. 사도 가운데 가룟 유다가 봉사직분이라는 사실을 확인할 수 있는 대목인 것이다. 비록 그렇더라도 그 봉사의 직분과 더불어 가룟 유다는 사도직을 수행하였다. 봉사와 사도직은 약간 차이가 있다.

유다는 이 직무를 버렸다. 결과적으로 가룟 유다가 스스로 죽었으니 자신의 직무를 버린 것이다. 주님이나 공동체가 강제로 빼앗은 것이 아니다. 그는 스스로 제 곳으로 갔다. 이것은 '갈 곳으로 갔다'는 말로서, '죽었다'는 말의 부드러운 표현이다. 이것을 지옥으로 갔다고 해석하면 곤란하다. 만일 지옥으로 갔다면 베드로가 설교에서 내부 단속이나 주의를 환기시키려는 목적에서라도 가룟 유다가 '지옥에 갔다'고 소문내고 확증해야 했다. 그래야 다른 사람도 주님을 배반하지 않을 것이기 때문이다. 그러나 "제 곳으로 갔다"고 하면서 베드로는 가롯 유다의 구원 문제에 대해서 발을 뺐다.

베드로가 가룟 유다에 대해 언급하는 것을 볼 때 교회는 아무리 죄인이라도 지옥에 갔다고 섣불리 단정하는 일에 조심해야 한다. 지옥 갈 자가 교회 안에도 너무 많지만 개인 개인을 직접 거론하는 말은 삼가하고 침묵하는 것이 좋다. 잘못하다가는 자신의 경쟁자나 자기에게 손해를 끼친 사람들을 '자기 마음대로' 지옥 갔다고, 또는 지옥에 갈 것이라고 악담하는 데 사용할 수 있기 때문이다. 이것은 극도로 조심할 일이다.

제비 뽑아 맛디아를 얻으니 그가 열한 사도의 수에 들어가니라(행 1:26).

새로운 사도를 세우기 위해 공동체가 제비를 뽑아 맛디아를 선출했다. 가룟 유다를 잃어버렸으나 곧 그들은 훌륭한 사도 한 사람을 다시 얻었다. 물론 주님이 직접 택하신 것보다 권위는 덜 할지 모르지만 이제 열두 명이 충만케 되었다. 이후부터는 사도들이 전도를 위해 멀리 떠나거나 순교를 해 숫자가 줄어들어도 새로이 보선하지 않았다.

맛디아는 처음부터 주님을 따라다녔기 때문에 사도로서 손색 없는 자격을 갖춘 사람이다. 그리고 가룟 유다에게 뒤떨어지지 않는 수준의 사람이다. 그러나 베드로 정도의 탁월한 사람은 아니다. 만일 그렇다면 주님이 훌륭한 사람을 처음부터 사도로 부르시지 않은 것이 된다. 맛디아는 성경에는 기록이 없지만 사도로서 훌륭한 사역을 감당하였을 것이다. 그는 영광스러운 사도의 숫자에 들어갔다. 사도 후보자가 되었으나 떨어진 바사바 유스도 또한 맛디아 못지않게 수준 있는 사람이었다. 사실 누가 뽑히든 전혀 문제가 되지 않았다. 이제 모든 정비가 끝나고 120여 명이 기도를 시작한다.

2장

성령이 임하신 교회

1장은 주님이 승천하신 후 베드로가 중심이 된 공동체에서 가룟 유다를 대신해 맛디아를 사도로 뽑아 열두 명을 채우는 내용이다. 교회는 일할 준비를 마쳤다. 2장에는 오순절 날 성령이 충만히 임하신 모습과 베드로의 설교를 통해 많은 사람이 새로운 공동체에 들어오는 내용이 담겨 있다. 구약교회에서 신약교회로 발전해나가는 모습이 보인다.

오순절 날이 이미 이르매 그들이 다같이 한 곳에 모였더니(행 2:1).

유월절에 예수님이 십자가에 달려 죽으셨다가 사흘 만에 부활하셨다. 그리고 사십일이 지나 주님이 승천하셨다. 다시 열흘이 지나 오십일이 되었다. 유월절 이후 오십일이 지난 후 지키는 날이 오순절이다. 날짜는 유월절 이후 안식일 이튿날부터 계산했다(박윤선). 어느덧 오순절이 되었다. 그날 사도들과 제자들은 성전에 가거나 다른 친척들과 함께 시간을 보내지 않고 다락방에 모여 있었다. 그리고 모두 열심히 기도하였다. 회개도 하고 성령을 받기 위해 간구하였다. 지금까지 그들은 열흘 정도를 온전히 기도하면서 보냈다.

홀연히 하늘로부터 급하고 강한 바람 같은 소리가 있어 그들이 앉은 온 집에 가득하며(행 2:2).

제자들이 기도하던 중 하늘로부터 이상하고 신비한 징조가 있었다. 기도하던 사람들이 생각지도 못한 갑작스러운 현상이었다. 그것은 급하고 강한 바람 같은 소리였다. 강한 바람이 급하게 부는 소리로서, 자연 현상에서 느끼고 들을 수 없는 것이었다. 이것은 성령이 강하게 임하실 때 나타나는 현상이다. 성령은 영이시지만 인간도 영적이기에 성령을 느낄 수 있다. 영적으로 완전히 무지한 사람이라도 어떤 때는 느끼기도 하는 것이다. 그들이 다락방에 있는데 그 집에 성령이 가득 채워졌다. 어떤 물질이 채워진 것은 아닌데 무엇인가 채워짐을 느꼈다.

마치 불의 혀처럼 갈라지는 것들이 그들에게 보여 각 사람 위에 하나씩 임하여 있더니(행 2:3).

그 순간 "불의 혀처럼 갈라지는 것"이 기도하는 사람에게 보였다. 이것은 성령이 강하게 역사할 때 나타나는 현상이다. 성령은 빛이며 또한 불처럼 보이기도 하고 혀처럼 갈라질 수도 있다. 그 갈라진 불은 하나에서 출발했다. 그 "불의 혀"가 그곳에 모여 있던 각 사람 머리에 배분되듯이 한 사람도 빼놓지 않고 임하였다. 그 자리에 있던 모든 사람에게 불이 임한 것이다. 이것은 신이신 하나님께서 인간을 방문하신 사건이다. 인간이 신을 찾아간 것이 아니라 하나님의 신이 인간에게 오셨다. 이것은 불가항력적이다. 인간이 거절할 수 있는 성격의 일이 아니다.

그들이 다 성령의 충만함을 받고 성령이 말하게 하심을 따라 다른 언어들로 말하기를 시작하니라(행 2:4).

불이 임한 것은 성령이 임하셨다는 뜻이고 또한 충만히 받았다는 뜻이다. "충만"이란 차고 넘치는 것을 가리킨다. 사도행전 1장 8절은 성령이 임하시면 권능을 받는다고 말씀한다. 따라서 권능이 나타나야 성령이 오신 것이라 할 수 있다. 그런데 성령이 말하게 하심을 따라 그들이 말을 했다. 사람이 말을 할 때에는 의도를 가지고 하는데 성령도 말하게 하신다는 뜻이다. 성령은 영인데 물질세계인 인간의 육체를 움직였다. 귀신도 사람에게 들어와서 사람을 조종할 수 있다.

모인 이들은 다른 언어들로 말하기 시작했는데 2장 6절에서 이를 방언이라고 하였다. 여기에서 "다른 언어"라고 할 때 각기 다른 외국어를 했다고 보기는 어렵다. 다른 언어는 "방언의 은사"인데 방언이라도 여러 종류가 있어서 각 나라 말처럼 다양하게 말하거나 들려질 수 있다. 방언도 수백 종류의 말로 나타나기 때문이다. 이 방언의 주도자는 성령이시다. 어떤 이는 방언이 구원의 표라고 하는데 그것은 무지의 소치다. 성도라도 방언의 은사를 주시지 않는 사람이 있기 때문이다. 또한 방언이 이때 잠시 있었다가 이후에는 없다고 하는 것도 옳지 않다. 방언의 은사는 어느 시대나 있었고 지금도 행해질 수 있다. 교회는 이러한 경험을 할 수 있다고 말한다(존 스토트).

> 그 때에 경건한 유대인들이 천하 각국으로부터 와서 예루살렘에 머물러 있더니(행 2:5).

경건한 유대인들이 있었다. 이들은 각국에 흩어져 살던 유대인들이다. 이들 중에는 오순절을 지키기 위해 온 사람도 있고 일부는 경건한 도시에 살고 싶어서 왔을 것이다. 유대인 중에는 세상에 빠져 사는 사람도 많았다. 하지만 진실로 하나님을 섬기는 자들도 있었다. 어느 시대이건 진실된 자들이 있다. 당시 유대인들 가운데는 각 나라에 흩어져 산 사람들이 많았는데 오순절을 지키려고 많은 비용을 들여 성전에서 예배를 드리기 위해 왔다. 그들은 예루살렘에 머물면서 오순절을 지키고 있던 중이었다. 그들의 숫자는 몇 십만 명 이상이었을 것이다.

이 소리가 나매 큰 무리가 모여 각각 자기의 방언으로 제자들이 말하는 것을 듣고 소동하여(행 2:6).

예루살렘에 있던 그들은 제자들이 방언으로 말하는 소리를 들었다. 그 소리가 워낙 커서 다락방 밖에 있던 사람들이 다 듣게 된 것이다. 나중에는 기도하던 사람들이 가슴이 벅차서 밖으로 나갔을 것으로 추측할 수 있다. 백이십 명이나 되는 큰 무리의 제자들이 방언을 하였는데 그 소리를 들어보니 각각 자기가 사는 곳의 방언이었다. 즉, 제자들이 똑같은 내용의 불경을 외우듯이 똑같은 방언을 한 것이 아니라 그 방언하는 형태와 내용이 다 달랐다는 뜻이다. 오순절을 지키기 위해 왔던 그들은 이런 희한한 소리를 듣고 소동하였다. 도대체 이것이 무슨 현상인지 어리둥절해진 것이다.

다 놀라 신기하게 여겨 이르되 보라 이 말하는 사람들이 다 갈릴리 사람이 아니냐(행 2:7).

이런 현상은 그동안 경험하지 못했던 것이기에 신기해 보일 수밖에 없다. 그들은 서로 대화를 나누었다. 방언하는 소리를 들은 사람들이 가장 먼저 확인한 것은 이들이 다 갈릴리 사람이라는 것이었다. 예수님의 제자들은 거의 갈릴리 출신이었다. 사람들은 그들이 다 갈릴리 출신인 것을 확인하고 놀랐다.

우리가 우리 각 사람이 난 곳 방언으로 듣게 되는 것이 어찌 됨이냐(행 2:8).

이들은 각 나라에서 온 유대인들로서 대부분 그 흩어진 나라들에서 태어나고 자랐다. 그러므로 명목상 그리고 혈통적으로는 유대인이지만 각 지역 혹은 각 나라에서 태어나 자랐기 때문에 헬라어나 유대인들이 쓰는 말도 알지만 태어나고 자란 나라의 말이 오히려 익숙했다. 그런데 제자들이 한 방언이 유대의 말이 아닌 자기들이 태어나고 자란 각 나라의 말이었던 것이다. 때문에 "어찌된 일이냐"며 놀랄 수밖에 없었다.

방언은 이렇게 남이 알아들을 수 없는 이상한 말을 하기도 하고, 본문처럼 알아들을 수 없는 이상한 말을 한 것 같은데 각자가 알아들을 수 있는 말을 하기도 한다. 방언의 말이 각 나라가 쓰는 표준말이 아닌데도 그들의 '난 곳 방언'으로 듣게 된 것이다. 방언을 말하는 자가 어떤 언어 교육을 받아서가 아니었다. 또한 그런 의도도 없었다. 이에 대해 다른 의견을 말하는 사람들도 있지만 어쨌든 기적이 일어났다.

> 우리는 바대인과 메대인과 엘람인과 또 메소보다미아, 유대와 갑바도기아, 본도와 아시아,(행 2:9).

각 나라의 이름이 나온다. 거의 이스라엘 주변국들이다. 15개국(지방)이다.

> 브루기아와 밤빌리아, 애굽과 및 구레네에 가까운 리비야 여러 지방에 사는 사람들과 로마로부터 온 나그네 곧 유대인과 유대교에 들어온 사람들과(행 2:10).

이스라엘에서 멀리 떨어지지 않은 나라로부터 로마같은 먼나라에서 온 사람도 있었다. 그들도 로마의 말로 듣게 되었다는 말이다. 그리고 유대인뿐 아니라 이방인이었으나 유대교에 들어온 사람들도 있었다.

그레데인과 아라비아인들이라 우리가 다 우리의 각 언어로 하나님의 큰 일을 말함을 듣는도다 하고(행 2:11).

어느 민족, 어느 지방, 어느 언어를 사용하였든지 방언으로 말하는 것을 자기 언어로 들었다. 그래서 "우리가 다 우리의 각 언어로 들었다"고 한 것이다. 그렇다면 제자들이 말하고 각 지방 출신들이 들은 말의 내용은 무엇일까? 그것은 바로 "하나님의 큰 일"이었다. 하나님이 베드로를 통하여 2장 22절 이후에 말씀하신 내용일 것이다. 기도하던 사람들이 자기 입에서 무슨 알아들을 수 없는 말들이 나와 도대체 어떻게 된 일인지 궁금해했는데 듣는 자들은 각기 자기 나라의 말로 듣게 된 기적이었다. 이런 말을 하는 사람이 고대에나 현대에나 있었다는 증거들이 있다(톰 라이트).

다 놀라며 당황하여 서로 이르되 이 어찌 된 일이냐 하며(행 2:12).

처음에는 자기 나라말로 하는 방언을 들어서 놀랐고, 두 번째는 그 방언의 내용이 엄청난 내용을 포함하고 있었기 때문에 놀랐다. 경건한 유대인들은 지금 너무 큰 충격에 휩싸여 있는 것이다. 그러므로 "이 어찌 된 일이냐"고 서로 서로 반문하며 쳐다보지만 아무런 해답을 찾을 수 없었다.

또 어떤 이들은 조롱하여 이르되 그들이 새 술에 취하였다 하더라(행 2:13).

충격에 휩싸여 있었기에 그 사건을 보는 눈이 각각 다를 수 있다. 먼저 나타난 반응은 부정적인 것이었다. 오순절 날 일어난 이 큰 성령의 역사를 조롱한 사람들이다. 거룩한 성령의 임재가 무참히 조롱받았다. 방언하는 사람을 비판한 이들은 불량배나 이방인, 또는 성경에 무지한 자가 아니라 오순절을 지키기 위해 예루살렘으로 올라온 나름대로 열심 있는 자들이었다. 그들이 성령의 역사를 조롱하였다. 이렇게 영적으로 무지한 사람은 어느 시대나 있다. 그들은 "새 술에 취하였다"고 조롱했다. 제자들이 방언하는 모습이 마치 술 취한 자들이 정신없이 말하는 것처럼 보여서 그렇게 표현했다. 하지만 술 취한 자에게 나타나는 횡설수설이나 행패, 투정이나 비틀거림이 없어서 그들은 "새 술"이라고 했다. 그들이 무의식중에 한 말일지 몰라도 사실 성령은 "새 술"과 같다. 귀신이 들렸다면 귀신 들린 짓을 할 것이고, 술 취했다면 술주정뱅이의 모습이 있을 것이며, 성령에 충만했다면 기쁘고 감격스럽고 어떤 모양으로든 유익한 행동이 나타난다.

> 베드로가 열한 사도와 함께 서서 소리를 높여 이르되 유대인들과 예루살렘에 사는 모든 사람들아 이 일을 너희로 알게 할 것이니 내 말에 귀를 기울이라(행 2:14).

베드로는 지도자의 위치에 있으면서 이러한 상황에서 침묵하거나 아무 대책 없이 기도하거나 주변 눈치를 살핀 것이 아니라 이런 시점과 이런 현상에 대해 설명해야 할 필요를 느꼈다. 그는 다른 사도들과 같이 기도하던 자리에서 일어섰다. 이 설명은 자기 개인의 의사가 아니라 사도들의 공적인 의견이라는 것을 밝히는 공식 성명이다. 다른 사도들의 의견도 베드로와 같다.

베드로는 정정당당하게 소리를 높여 말하였다. 베드로 자신도 이 상황에 크게 고무되어 있었음이 분명하다. 그의 목소리가 더 커졌다. 이제 이 설교하는 자리는 다락방이 아닌 공개된 장소라고 볼 수 있다. 베드로는 사도 중에 가장 큰 자임이 분명하다.

이제 베드로는 제자들이 방언하는 모습을 본 사람들이 누구인지를 밝히고 있다. 그들은 유대인이거나 예루살렘에 사는 사람들이다. 그리고 베드로는 그 자리에 있는 사람은 누구나 예외 없이 자기의 말에 귀를 기울이라고 강한 어조로 말한다.

베드로는 지금 나타나는 현상을 “너희가 알게 할 것”이라고 했다. 제자들이 기도하는 모습을 보고 깜작 놀라 있던 사람들에게 그 의미를 가르쳐주겠다는 말이다. 순식간에 일어난 이 일에 대해 베드로는 이미 상황 파악이 끝났다는 의미다. 베드로는 자기들에게 나타난 이 신비한 사건의 의미를 분명히 알았다. 많은 사람들이 의아해하고 있는 일을 사도 베드로는 이미 깨달은 것이다. 그리고 내 말을 들으라고 소리치는 것에서 베드로의 담대함이 드러난다. 누구라도 의문스러운 일의 답을 알면 힘이 생긴다. 그는 성령 충만 후 더욱 담대해진 태도를 보이고 있다.

때가 제 삼 시니 너희 생각과 같이 이 사람들이 취한 것이 아니라(행 2:15).

때가 제 삼 시라고 했다. 우리나라 시간으로는 오전 9시다. 유대인은 오전에 술을 마시지 않는다(박윤선). 그곳에 있던 사람들은 방언하는 제자들의 모습을 보고 각기 다른 판단을 내렸을 것인데, 주로 ‘술 취했다’는 의견이 우세하였다. 다른 것으로는 설명이 어려웠기 때문이다. 때문에 베드로는 술과 관계된 부분을 변명하였다. 비판자들은 귀신들렸다고도 하고 싶었으나 아무리 보아도 백여명이 집단으로 귀신들린 것 같지는 않았기 때문이다. 성경 역사상 그런 적은 없다. 사도 베드로는 사람들에게 술과 관계된 생각이 있다는 것을 알고 구경하던 다수의 생각이 틀렸다는 사실을 분명히 말하였다. “우리는 술 취한 것이 아니다! 나도 술 취하지 않았다! 그러므로 너희의 생각이 틀렸다!” 베드로는 나타난 현상의 답을 알고 있었다.

이는 곧 선지자 요엘을 통하여 말씀하신 것이니 일렀으되(행 2:16).

베드로는 지금 이 현상이 선지자 요엘을 통하여 말씀되어진 것이라고 해석했다. 이스라엘 사람들은 요엘 선지자에 대해 잘 알고 있다. 그 선지자의 글은 성경으로 기록되어 있는데 그 말씀에 근거하여 자신이 말한다고 했다. 베드로는 지금 자기들에게 나타나는 일이 성경적 근거가 있다고 피력하는 것이다. 이것이 오순절 성령 역사의 의미를 규정하는 설교다.

> 하나님이 말씀하시기를 말세에 내가 내 영을 모든 육체에 부어 주리니 너희의 자녀들은 예언할 것이요 너희의 젊은이들은 환상을 보고 너희의 늙은이들은 꿈을 꾸리라(행 2:17).

하나님이 말세에 대해 말씀하셨다고 했다. 요엘 선지자를 통해 하나님이 하신 말씀은 말세가 있다는 주장이다. 이 내용은 요엘 2장 28-32절까지 나와 있다. 말세는 구약 시대 예언자들이 내다보던 신약 시대다(박윤선). 또한 신약 시대의 입장에서는 세상 끝을 가리키는데 가깝게는 이스라엘의 멸망이고 좀 더 멀리 본다면 온 인류가 완전히 멸망할 말세를 가리킨다고 할 수 있다. 여기에서 말세의 일차적 의미는 이스라엘의 멸망 시기, 곧 주님과 베드로가 활동하는 '지금' 시기다.

"말세에 내가 내 영을 모든 육체에 부어 주리니"라는 말씀에서 이 영은 하나님의 영으로서 성령이라고 할 수 있다. 하나님은 삼위가 계시는데 본체이신 성부께서 성령을 가리켜 하신 말씀이다. 그런데 이 성령이신 영을 모든 육체에게 부어주신다고 하신 것이다. 모든 육체는 모든 인류를 가리킨다. 빛이 세상에 비치고 사람의 몸에도 비치듯 하나님의 영을 인간의 몸에 부으시겠다는 것이다. 부어준다는 것은 빛이 비치는 것과 차이가 있다. '붓는다'는 것은 물을 붓는 것과 같은 의미를 포함한다. 결국 빛과 같고 은혜의 물과도 같은 영적 존재인 성령께서 사람의 몸에 부어진다는 의미다. 성령은 물처럼 사람 몸에 부어질 수 있다. 이것은 하나님의 특별한 영적 은사다. 그리고 사람에게 은혜의 물이 부어지면 몸과 영혼에 어떤 징조가 나타난다.

성령이 부어지면 나타나는 현상이 "자녀들이 예언"하는 것이다. 자녀들은 어른이 아니고 젊은이를 가리키는데 그들이 미래에 일어날 어떤 사건에 대해 '신'이 가르쳐주시는 말을 하게 된다는 뜻이다. 사람이 분명한데 하나님과 관계된 현상이 나타난다. 이러한 일은 구약성경에 얼마든지 기록되어 있는데 그런 현상이 젊은 자녀에게 나타난다고 하셨다. 예언이 중요한 것은 하나님의 뜻이 드러나기 때문이다.

젊은이는 어른들보다 세상 경험이 부족함에도 그들이 하늘에 속한 환상을 본다는 말이다. 환상은 영적 현상을 보는 것이 분명하다. 눈을 감으나 뜨나 영적인 사람이 되면 환상을 볼 수 있다. 개인에 대한, 나라에 대한, 교회에 대한, 미래에 대한 것을 영상이나 그림이나 글자로 보는 것을 말한다. 여기에서 말하는 "꿈"은 역시 환상과 같은 의미다. 꿈은 나이가 들어서도 보게 된다. 결국 나이와 관계없이 환상과 예언의 은사가 임한다는 말이다. 성령이 사람 몸에 부어지면 '예언과 환상'이 나타난다.

> 그 때에 내가 내 영을 내 남종과 여종들에게 부어 주리니 그들이 예언할 것이요(행 2:18).

"내 영"이라는 말은 앞에서 말한 것과 같이 성령님이시다. 앞 절에서는 나이와 관계되어 은혜를 베푸셨고, 여기에서는 남녀불문하고 "종"에게 은혜를 주신다. 종이 은사를 받아야 신령한 주의 사역을 할 수 있다. 사람이 스스로 물을 머리에 부은 것이 아니고 하나님이 영을 그의 손으로 부으셨다. 이것은 인간이 거절할 수 없는 불가항력적 은혜다. 하나님이 종에게 은혜를 부어주시는데 인간이 어찌할 것인가.

하나님의 '사역자'는 남자든 여자든 하나님의 영이 부어져야 정상이다. 그런데 문제는 이 영이 어느 정도 부어졌는지 사람마다 차이가 있다. 모든 사람에게 영이 똑같이 부어진다면 모든 종의 능력이나 사역에서 열매가 동일하게 나타나야 하는데, 성경에서도 실제에서도 큰 차이가 나는 것을 누구나 알 수 있다. 구약 시대에도 수많은 선지자들이 있었지만 수준은 각기 달랐다. 모든 사람의 수준과 사역의 열매가 같다고 할 수 없다.

또한 그들이 예언할 것이라고 했다. 어떤 이는 예언이란 성경이며, 성경을 설교하는 것이라고 말하는데 그렇지 않다. 설교는 특별한 하나님의 영이 부어지지 않아도 배워서 지식으로 할 수 있다. 혼합주의자나 자칭 예수라 하는 자도 설교하고 성경을 가르친다. 그것을 예언한다고 할 수 없다. 예언은 하나님의 비밀스러운 뜻을 전달하는 행위다. 이것은 예언의 은사를 받아야 가능하다. 물론 이 은사도 사람마다 받은 수준이 다르다. 성경을 기록한 선지자들도 수준이 각각 다르다. 보다 더 깊은 것을 보고 예언한 선지자나 지극히 일반적인 것을 예언한 선지자도 있다. 하나님이 이렇게 사역자들에게 성령을 부어주시는 목적은 주님을 잘 섬길 수 있도록 하시려는 이유에서다.

> 또 내가 위로 하늘에서는 기사를 아래로 땅에서는 징조를 베풀리니 곧 피와 불과 연기로다(행 2:19).

그 때에는 하늘에서 특이한 사건이 나타난다. 하늘과 더불어 땅에서도 특이한 현상이 나타난다. 그런데 피와 불과 연기가 있다. 이것은 재앙 때 나타나는 현상이다. 전쟁과 재앙 때는 사람 몸 안에 있는 피가 밖으로 나와서 생명을 잃게 된다. 이때에는 불과 연기가 함께 나타난다. 세상에 전쟁이나 자연재해 같은 큰 환란이 나타나는 현상이다. 이런 현상은 마지막 때에 나타난다고 하였다. 마지막 때는 이렇게 사람에게 신비한 영적인 현상과 함께 자연에도 신비한 일들이 일어난다.

> 주의 크고 영화로운 날이 이르기 전에 해가 변하여 어두워지고 달이 변

하여 피가 되리라(행 2:20).

주님 나라에 영광스러운 날이 도래하는데 그 전에 징조가 있다. 해는 늘 밝게 빛을 내야 하는데 그때에는 태양이 가리어져 온기와 환함이 사라진다. 이것은 세상이 망하고 인간이 망하게 되는 두려운 일이다. 밤에 떠 있어 세상을 밝히는 달도 빛을 잃고 피가 되어 인생을 해롭게 한다. 태양과 달 모두 인생을 괴롭힌다.

누구든지 주의 이름을 부르는 자는 구원을 받으리라 하였느니라(행 2:21).

그 때에는 누구든지 주의 이름을 부르는 자는 구원을 받는다. 이것은 주님께 기도하거나 경배하는 것을 가리킨다. 세상이 망해갈 때 하나님께 불평하거나 원망하지 않고 주의 이름을 부르고 찾는다면 그것은 귀한 행동이다. 그러나 아무리 세상에 환란이 있고 망해가도 하나님을 찾지 않는 것이 성경에서 보이는 대부분의 인생이다. 그러므로 하나님은 "누구든지"라고 하시며 모든 사람에게 기회의 문을 열어 놓으시지만 역시 그 숫자는 많지 않다. 구원은 주의 이름을 부르는 자에게 내리시는 특별한 은혜다. 말세에 환란에서 건져내신다는 의미도 있지만 더 큰 것은 세상이 망하고 생명이 끝나더라도 천국에 들여보내주신다는 의미다. 가장 큰 구원은 영혼이 천국에 들어가는 것이다.

이스라엘 사람들아 이 말을 들으라 너희도 아는 바와 같이 하나님께서 나사렛 예수로 큰 권능과 기사와 표적을 너희 가운데서 베푸사 너희 앞에서 그를 증언하셨느니라(행 2:22).

베드로는 이스라엘 사람들에게 강력하게 권하고 있다. 말하는 그에게서 강력한 신적 능력이 느껴진다. 이스라엘 사람들은 하나님과 예수님에 대해 모르는 것이 없다. 베드로의 말은 하나님은 나사렛 예수를 통해서 지금까지 큰 이적을 이스라엘 가운데 베푸셨다는 것이다. 주도적인 분은 하나님이시다. 이스라엘 백성들이 "나사렛 예수"를 죽이고 비판했지만 그분을 통해서 큰 기적을 행하셨던 것은 모두가 다 아는 일이다. 하나님이 예수님을 통해서 일하셨고, 예수님에게 하나님의 능력이 임했으므로 예수님은 진정한 하나님의 아들이시요, "구세주"라는 말씀이다.

> 그가 하나님께서 정하신 뜻과 미리 아신 대로 내준 바 되었거늘 너희가 법 없는 자들의 손을 빌려 못 박아 죽였으나(행 2:23).

베드로는 예수님의 십자가 죽으심이 우연이 아니며 하나님의 섭리와 계획이 있음을 말한다. 하나님께서 예수 그리스도를 인류의 구원을 위해 내놓으셨다. 그래서 이 땅에 오셨고 십자가에서 죽으셨다. 유대인들은 빌라도에게 예수님을 고소하고 결국 죽음에 이르시게 했다. 법 없는 자는 빌라도를 포함한 이방인을 가리킨다.

> 하나님께서 그를 사망의 고통에서 풀어 살리셨으니 이는 그가 사망에 매여 있을 수 없었음이라(행 2:24).

하나님은 예수님이 사망 속에 계실 때 풀어 살리셨다. 무덤에서 살아 나오신 것은 해산과 같다. 또한 주님은 죽으셨기 때문에 사셨다. 주님은 죽으심으로 사역을 끝내신 것이 아니다. 그분은 하나님이시기 때문에 다시 사실 수밖에 없고, 또 다시 사셔야 부활의 첫 열매가 되셔서 많은 믿는 자들에게 부활의 소망을 주실 수 있다. 예수님의 부활 증거는 얼마든지 있다. 주님을 묻었던 무덤이 비었고, 제자들이 그 빈 무덤을 보았으며, 또한 살아나신 주님을 여러 차례 보았다.

또 이것은 성경이 이미 예언한 바다. 그리고 주님이 승천하시는 모습을 많은 사람이 보았다. 성령의 약속과 예수 그리스도의 부활, 이것이 베드로가 설교한 핵심이다.

다윗이 그를 가리켜 이르되 내가 항상 내 앞에 계신 주를 뵈었음이여 나로 요동하지 않게 하기 위하여 그가 내 우편에 계시도다(행 2:25).

이 구절은 시편 16편 8절 이하를 인용한 것이다. 다윗은 "내가 여호와를 항상 내 앞에 모심이여"라고 하였다. 다윗은 예수님이 오시기 천 년 전에 이 땅에서 왕이었으나 깊은 기도 속에 하나님과 교제한 믿음의 사람이었다. 그는 기도하던 중 성자이신 그리스도를 보았다. 또한 "그가 나의 오른쪽에 계시므로"라고 했다. 주께서 다윗 옆에 계시면서 다윗이 요동하지 않게 하셨다. 그리스도 주님은 구약 시대에도 훌륭한 인생에게 이렇게 자신을 보이셨다.

그러므로 내 마음이 기뻐하였고 내 혀도 즐거워하였으며 육체도 희망에 거하리니(행 2:26).

그러므로 다윗은 자신을 지키시는 주님으로 인하여 기뻐하였다. 그리스도와 함께하면 기쁠 수밖에 없다. 다윗은 늘 입을 열어 찬양하였고 감사하며 기도하였다. 이것은 기쁨의 증거다. 하나님은 사람에게 기쁨의 원천이시다. 다윗은 육체가 살아가는 날 동안 주의 인도하심으로 평안할 것을 믿었다. 뿐만 아니라 자신이 죽는다 해도 부활의 소망이 있었다.

이는 내 영혼을 음부에 버리지 아니하시며 주의 거룩한 자로 썩음을 당하지 않게 하실 것임이로다(행 2:27).

다윗은 자기에게 영혼이 있음을 알았고 또한 하나님이 영혼을 음부에 버리지 않으실 것을 확신했다. 음부는 지옥을 가리킨다. 또한 다윗은 주의 거룩한 자는 썩지 않는다고 하였다. 여기서 "거룩한 자"란 말은 사랑하심을 입은 자를 가리킨다. 이는 특별히 예수 그리스도를 가리킨다. 그래서 썩지 않는다는 이 말은 그리스도의 부활로 이루어진다. 주님은 이 땅에서 썩어 망해버리지 않는다는 선언이다. 다윗은 이 글을 기록하면서 자신에 대한 큰 기대가 있었다고 할 수 있다.

> 주께서 생명의 길을 내게 보이셨으니 주 앞에서 내게 기쁨이 충만하게 하시리로다 하였으므로(행 2:28).

주께서 생명의 길을 내게 보이셨다는 것은 영육이 아울러 구원을 얻는 것을 가리킨다(박윤선). 경건한 자는 이 땅에서 죽는 것으로 끝나는 것이 아니다. 다윗은 이 사실들을 다 알았다.

다윗은 "내게 기쁨이 충만하게 하시리로다"라고 하였다. 이는 신자가 영육의 구원을 받아 하나님 앞에 서게 될 때 행복하게 될 것을 말한다. 이것은 그리스도의 부활로 이루어진다.

> 형제들아 내가 조상 다윗에 대하여 담대히 말할 수 있노니 다윗이 죽어 장사되어 그 묘가 오늘까지 우리 중에 있도다(행 2:29).

베드로도 유대인이므로 다윗이 그의 조상이다. 그런데 다윗은 주님처럼 부활하지 못하였다고 담대히 말한다. 그렇게 위대한 다윗도 죽어서 그 묘가 유대나라에 있다는 뜻이다. 베드로가 이 말을 하는 것은 예수님의 무덤은 비어 있다는 강한 의미를 심어준다.

그는 선지자라 하나님이 이미 맹세하사 그 자손 중에서 한 사람을 그 위에 앉게 하리라 하심을 알고(행 2:30).

다윗은 선지자다. 그 이유는 그가 하나님과 교통하였고 그 말씀을 듣고 순종하였기 때문이다. 그래서 다윗은 왕이며 선지자다. 또한 제사장과도 같다. 그는 제사장만 먹을 수 있는 진설병을 먹었다. 하나님은 다윗을 사랑하셨고, 그의 자손 중에서 한 사람을 그 위, 즉 왕위에 앉게 하리라 맹세하신 것이다. 선지자는 이러한 하나님의 비밀을 알 수 있다. 베드로는 다윗의 영적 직분과 상태를 말하고 있다.

미리 본 고로 그리스도의 부활을 말하되 그가 음부에 버림이 되지 않고 그의 육신이 썩음을 당하지 아니하시리라 하더니(행 2:31).

다윗은 예수님이 십자가에서 죽고 부활하시기 약 천 년 전에 이러한 사실을 영안이 열려 환상으로 보았다. 베드로는 이러한 사실을 깨닫고 설교하였다. 사람이지만 영안이 열리고 하나님이 가르쳐주시면 미래를 보거나 알 수 있다. 그러므로 선지자는 이렇게 신적 존재가 된다. 또한 그리스도의 부활에 대해서도 말하였는데 이는 주님이 죽으시는 것으로 끝나지 않을 것을 가리킨다. 주께서 부활하시기 때문에 육신이 썩어 이 땅에 있지 않을 것이라는 다윗의 말을 베드로가 인용하였다. 베드로는 위대한 조상 다윗 왕의 육신은 썩어 이 땅에 있지만 예수 그리스도는 썩지 않고 부활하셨다고 하였다. 베드로의 이 말에는 다윗보다 후손인 예수께서 얼마나 위대하신가라는 의미가 내포되어 있다.

이 예수를 하나님이 살리신지라 우리가 다 이 일에 증인이로다(행 2:32).

베드로는 시편 16편의 말씀이 예수님께 응한 것을 말한다. 다윗이 예언했던 "한 사람을 그 위에 앉게 하리라" 한 대상이신 예수 그리스도가 죽었으나 하나님께서 살리셨다는 말이다. 베드로는 주님이 부활하신 것을 실제로 여러 차례 보았고 또한 구약 성경에 예언된 말씀을 보고 확실하게 믿게 되었다. 이것은 다른 사도들도 마찬가지였다. 그러므로 자신들이 예수 그리스도의 부활의 증인이라고 선언했다. 증인은 어떤 사건의 역사적 의미까지 보아야 한다. 베드로는 다윗부터 예수님까지 역사적 사실에 근거하여 설교하고 있다.

> 하나님이 오른손으로 예수를 높이시매 그가 약속하신 성령을 아버지께 받아서 너희가 보고 듣는 이것을 부어 주셨느니라(행 2:33).

예수님을 높이신 분은 성부 하나님을 가리키는데 성부 하나님은 형체가 없으시므로 오른손이란 표현을 사람의 손으로 생각하면 안 된다. 하나님이 성자 예수님을 이처럼 부활케 하시고 높이셨다. 예수님은 살아계실 때 제자들에게 성령을 보내주겠다고 약속하셨는데 그 성령은 예수님이 아버지께 받은 것이다. 성자이신 예수님이 성령을 움직이신 것이 아님을 말한다. 지금 사람들이 보고 듣는 것은 성령의 역사다. 이 성령은 예수 그리스도가 약속에 따라 하나님께 받아 부어주시는 은혜다. 그리고 주님이 부활, 승천하시므로 성령을 제자들에게 부어주신다는 약속이 이루어졌다. 그러므로 주님의 공로로 지금 제자들은 성령 충만하고, 방언을 하고, 사람들은 각 나라 말로 알아듣는 놀라운 일이 일어나고 있다는 것을 알아야 한다.

> 다윗은 하늘에 올라가지 못하였으나 친히 말하여 이르되 주께서 내 주에게 말씀하시기를(행 2:34).

베드로는 다윗이 하늘에 올라가지 못했다고 했다. 이것은 다윗의 육신이 이 땅에 그대로 있다는 의미다. 다윗은 "너는 내 오른쪽에 앉아 있으라"고 하신 시편 110편 1절의 대상이 되지 못했다. 엘리야나 에녹이 그 몸이 하늘에 간 것과 비교된다. 그렇다고 다윗의 영혼까지 하늘에 가지 못한 것은 아니다. 다윗의 영혼은 천국에 갔다. 다윗은 지금 성부와 성자의 이야기를 보고 들었다. 그 사실을 기록한 것을 베드로가 증언하는 내용이다.

> 내가 네 원수로 네 발등상이 되게 하기까지 너는 내 우편에 앉아 있으라 하셨도다 하였으니(행 2:35).

이 말은 하나님은 예수 그리스도의 원수가 예수님의 발에 밟힐 때까지라는 의미다. 사탄의 세력은 완전히 정복되고 최후의 승리가 온다(박윤선). 성부 하나님의 말씀은 언젠가 예수님의 원수들이 발에 밟히듯 완전히 망할 것인데 그때까지 예수님은 하늘 보좌 하나님 우편에 앉아 계시라는 말씀이다. 성부 하나님과 성자 그리스도가 하늘 보좌에 같이 계시는 형상이다. 다윗은 이런 깊은 비밀을 알았다. 그리고 글로 남겼다.

> 그런즉 이스라엘 온 집은 확실히 알지니 너희가 십자가에 못 박은 이 예수를 하나님이 주와 그리스도가 되게 하셨느니라 하니라(행 2:36).

베드로는 다윗이 천 년 전에 언급한 주인공이 현재의 예수님이신 것을 확실히 말했다. 여기서 베드로가 말하는 "온 집"은 다윗의 통치를 받았던 이스라엘의 온 집이다. 즉, 현재 이스라엘 나라다. 이스라엘 온 집은 다윗이 이처럼 존귀하게 여긴 예수를 십자가에 못 박아 죽였다. 그러나 다윗에게 보여주시고 다윗이 예언한 대로 예수 그리스도는 주와 그리스도가 되셨다고 베드로는 설교하였다. 주님은 이 땅에서도 주가 되셨지만 승천하셔서 더욱 주가 되셨다. 주님은 왕이시며 다스리는 분이시다. 그러므로 그분의 통치를 받는 것이 정상이다. 그리스도는 기름 부음을 받으신 분이다. 이렇게 설교하는 것을 볼 때 베드로는 성경을 보는 눈이 활짝 열렸다. 이러한 깊은 의미는 당대에 내로라하는 서기관들도 알아내지 못했다. 그들은 성령의 역사 없이 이성적이고 신학적으로 성경을 연구했기 때문이다. 그래서 많은 영혼들을 잘못 가르쳤고, 그들이 주님을 거역하게 하여 선한 영혼을 지옥으로 내몰았다. 돌팔이 신학자는 영혼을 지옥으로 보낸다.

> 그들이 이 말을 듣고 마음에 찔려 베드로와 다른 사도들에게 물어 이르되 형제들아 우리가 어찌할꼬 하거늘(행 2:37).

베드로가 그의 깊은 성경 지식과 성령 충만함 가운데 흘러나오는 진실 된 말씀을 외칠 때, 설교를 듣는 자들은 감동을 받았고 마음이 찔렸다. 말씀을 듣자 어둠에 가려 있던 그들의 영혼이 살아났다. 그들은 자신들이 지은 죄를 전에는 몰랐으나 이제 성령의 말씀을 듣고 알게 되었다. 이렇게 영적 현상이 일어나자 관심을 기울이며 계속 머물러 있던 그들도 영적인 사람들이라 할 수 있다. 베드로를 통해 오랜만에 생수를 한껏 얻어 마신 기분이었을 것이다. 성도가 바른 말씀을 들을 때 마음이 찔리는 것은 정상이다. 이것은 마음에 상처가 난 것이거나 기분 나쁜 태도가 아니다.

그들은 베드로와 다른 사도들에게 물었다. 그러나 찾아온 사람의 숫자가 너무 많아서 베드로 혼자 이야기를 받아주기가 힘든 상황이 되었다. 묻는 사람이 너무 많았다.

그들은 "형제들아 우리가 어찌할꼬" 하였다. 베드로의 설교를 듣고 예수님을 죽인 것이 큰 잘못이었다는 사실을 이제 알았다. 그 가운데는 예수님을 십자가에 못 박으라고 현장에서 소리친 사람도 있었을 수 있고 아니면 그들의 자녀나 가족도 있었을 것이다. 그들은 누구보다 그 설교에 더 가슴이 아팠을 것이다. 물론 주님을 죽이는 데 참여하지 않은 사람도 있었을 것이고 무지하여 방조한 사람들도 있었을 것이다. 그들은 이제 자기들이 어떻게 처신해야 하는지 물었다. 사람이 죄를 지으면 속히 해결을 받아야 한다.

> 베드로가 이르되 너희가 회개하여 각각 예수 그리스도의 이름으로 세례를 받고 죄 사함을 받으라 그리하면 성령의 선물을 받으리니(행 2:38).

베드로는 백성들이 "우리가 어찌하면 좋을까요?" 하고 물었을 때 첫 마디로 너희는 "회개하라"고 하였다. 죄를 지었으면 회개해야 한다. 예수님을 죽이는 데 앞장선 사람들뿐 아니라 전 이스라엘이 회개해야 한다. 그러므로 "어찌할꼬" 묻는 모든 사람, 즉 100퍼센트 다 회개해야 한다. 회개하지 않아도 되는 사람은 이 세상에 없다. 베드로의 설교처럼 회개한 후에 세례를 받는 것이 순서다. 회개는 아무리 강조해도 지나치지 않는다. 회개를 다 했다고 쉴 수 있는 사람도 없다.

베드로는 "각각 예수 그리스도의 이름으로 세례를 받고"라고 했는데 세례는 각각 받는 것이 원리다. 죄 사함도 역시 각각이다. 어차피 인간은 하나님 앞에서 각각 개인별로 서게 된다. 가족 단위도 아니고 동창별로도 아니다. 그리고 세례는 '예수 이름'으로라야 된다. 그들은 자기들이 예수님을 죄인이라고 죽였는데 이제 와서 다시 그 예수의 이름으로 세례를 받는 이 상황에서 입장이 난처했을 것이다. 그러나 그렇게 해야 한다. '예수 이름'만이 성도가 죄에서 벗어날 수 있기 때문이다. 또한 회개하고 "죄 사함을 받으라"고 했다. 회개하고 세례받고 죄 사함 받는 것이 주님 앞에 서는 사람이 거쳐야 할 단계다. 죄가 사해져야 거룩해지고 주님 앞에 나아갈 수 있다.

그렇게 하면 "성령을 선물"로 받는다고 하였다. 120여 명의 제자가 마가의 다락방에서 기도하고 성령 충만을 받아 방언을 말하는데 이것은 회개와 죄 사함 이후에 일어난 현상이라는 것을 말해준다. 성령 충만은 회개의 열매였다. 사도를 비롯하여 120여 명의 제자가 그렇게 했을 때 성령이 임하셨기 때문에, 베드로는 너희도 우리와 똑같이 그렇게 하라고 담대히 말한 것이다. 물론 120여 제자에게는 각지에서 모인 사람에게 예수를 증거해야 했으므로 방언의 역사가 나타났다. 그러나 사람과 환경에 따라 다른 현상이 나타날 수 있다. 병든 사람이 많이 모인 곳에서는 병 고침의 역사가 강하게 나타날 것이고, 사탄과 싸워야 할 상황에서는 영분별의 은사와 능력 행함이 나타날 것이다. 만일 진심으로 회개하여 성령을 받았다면 그들은 구원의 완성을 위하여 계속적으로 역사하실 성령의 은사를 받게 된다.

> 이 약속은 너희와 너희 자녀와 모든 먼 데 사람 곧 주 우리 하나님이 얼마든지 부르시는 자들에게 하신 것이라 하고(행 2:39).

요엘 선지자는 성령의 역사하심을 예언했고 예수님도 말씀하셨다. 여기에서 약속의 대상인 "너희"란 먼저 유대인을 가리킨다. 유대인은 은혜 받는 데 우선적이었다. 또한 하나님은 어른뿐 아니라 아이들에게까지도 성령을 보내주신다. 그리고 "모든 먼데 사람"은 유대인이 아닌 이방 나라의 사람을 가리킨다. 하나님은 이방 사람이라도 앞으로 얼마든지 택한 자로 부르실 것임을 밝히셨다. 그들에게도 유대인에게 하셨던 것과 똑같이 성령을 부으신다는 말씀이다.

> 또 여러 말로 확증하며 권하여 이르되 너희가 이 패역한 세대에서 구원을 받으라 하니(행 2:40).

베드로는 또 여러 말로 확증하며 권하였다. 베드로는 성경에는 기록되지 않았지만 많은 구약 성경과 주님이 행하신 일을 예화로 들면서 사람들을 설득하고 진리를 증거했다. 성경에 베드로의 모든 말과 행동이 기록된 것은 아니다.

베드로는 말을 많이 하며 애를 썼다. 잘못된 사상을 가진 사람을 진리로 돌아오게 하는 것은 쉬운 일이 아니다. 그러나 베드로와 같이 그 일이 힘들어도 잘못된 것을 경고도 하고 권고도 해야 한다.

베드로는 자신이 사는 시대를 "패역한 세대"라고 확정했다. 사실 죄 없으신 하나님의 아들 예수님을 죽인 것만 봐도 패역한 시대요, 살인자와 같은 시대임을 알 수 있다. 유대인들은 지금까지 자신들이 훌륭한 민족이라고 생각할 가능성이 크다. 그러나 이제는 베드로의 말처럼 유대인 사회가 패역한 세대라고 인정해야 한다. 그리고 예수를 믿어야 이런 흉측한 세상에서 벗어나 하나님의 은총을 받는 사람이 된다. 우리 인간이 이렇게 패역한 자로 살 수는 없다. 그것은 오늘날도 마찬가지다. 온 세상이 주님을 거역하는 시대다. 정치, 문화, 사회 그 밖의 모든 부분에 영적인 오염이 많이 되었다. 성도가 이런 사실을 인식하지 못하면 세상을 별 문제 없다고 여기면서 타협하기 쉽다. 그리고 세상의 잘못이 무엇인지도 모른 채 불의와 맞서야 할 이유도 용기도 없게 된다.

> 그 말을 받은 사람들은 세례를 받으매 이 날에 신도의 수가 삼천이나 더하더라(행 2:41).

베드로의 말을 받은 사람들은 세례를 받았다. 베드로가 회개하고 예수 그리스도의 이름으로 죄 사함을 받으라고 했더니 놀랍게도 많은 사람들이 회개하고 사도들에게 세례를 받았다. 회개하지 않았는데 사도들이 세례를 베풀 리 없다. 누구든 복음을 받아들이고 회개해야 세례가 가능하다. 이와 같이 주님 앞에 나오면 복음의 내용이 무엇인지 확실히 알고 그 내용을 믿고 받는 것이 순서다. 그 내용을 자기가 받았다면 철저히 순종해야 한다.

이 날에 신도의 수가 삼천이나 더하였다. 마가의 다락방 근처에서 또는 성전 주변에서 제자들이 성령 충만하여 방언으로 말하는 것을 들은 사람이 얼마인지 몰라도, 결국 이렇게 많은 무리가 사도들의 말에 순종하였다. 그들은 회개하고 하루아침에 변화되어 자기들이 버렸던 예수 그리스도를 높이고 구주로 모셨다. 잘 모르고 행했던 것은 깨달았을 때 고치면 된다. 그래서 회개가 필요하다. 베드로를 위시한 사도들의 활동으로 엄청난 영적 바람이 불자 성령의 역사를 받은 사람이나 그것을 옆에서 본 사람까지도 그 파장에 겸손해질 수밖에 없었다.

> 그들이 사도의 가르침을 받아 서로 교제하고 떡을 떼며 오로지 기도하기를 힘쓰니라(행 2:42).

세례를 받고 새로운 공동체에 들어온 사람들은 사도의 가르침을 받았다. 오순절 예배를 위해 예루살렘에 왔던 사람들이 어느 정도 본국으로 돌아간 후 이제 새로운 공동체가 만들어졌다. 이것은 구약교회에서 신약교회로 넘어온 것을 뜻한다. 신약교회는 예수 중심의 교회다. 예수 중심의 교회는 성령 안에서 세워진다(엡 2:18, 22). 이제 신약교회에서는 사도의 가르침을 받아야 한다. 주님께서 그들을 불러 사도로 세우셨고 성령도 부어주셨기 때문이다. 이제 더 이상 대제사장이나 제사장 또는 서기관들의 도움과 지도를 받지 않아도 부족함이 없는 공동체가 되었다. 사도들의 가르침은 기존의 어떤 직책을 가지고 있는 사람들과도 비교할 수 없는 강력한 것이다.

이제 예수의 이름으로 모인 사람들끼리 모여 교제할 필요성을 느끼게 되었다. 그들은 새로운 교회의 진리와 질서를 새롭게 배워나가야 했다. 그들은 예수께서 가르쳐주신 성찬을 행했고 함께 모여 음식도 나누었다. 성전에 있는 진설병은 제사장만 먹었지만 신약교회는 성도 전체가 성찬에 참여하고 떡을 먹었다.

모인 그들은 오로지 기도하기를 힘썼다. 베드로를 위시한 제자들이 기도했을 때 성령이 임했으므로 역시 성령이 임하시기를 기대하며 기도하였다. 그들의 기도 시간은 실로 엄청났다. 실제로 이렇게 할 때 개인이나 공동체의 영적 성장이 이루어진다. 교회가 모이면 기도하는 것이 정상이다. 이렇게 살아야 주님이 원하시는 교회가 유지되고 승리할 수 있다. 중요한 것은 마가의 다락방에서 기도하고 불을 받은 사람들이 자기들은 이제 구원받았으니 더 이상 바랄 것이 없다고 하면서 집으로 돌아가버린 것이 아니라는 점이다. 성령을 받으면 오히려 주님을 사랑하고 공동체를 사랑하고 모이기에 힘쓰게 된다. 성령 충만하면 주님 나라를 사모하는 마음도 충만해진다.

사람마다 두려워하는데 사도들로 말미암아 기사와 표적이 많이 나타나니(행 2:43).

초대교회를 보는 사람마다 두려워하였다. 교회 밖의 사람들과 새로운 공동체에 나오는 구성원들은 사도들을 두려워하고 하나님을 두려워했다. 특히 공동체 전체 분위기는 겸손과 거룩한 두려움이 가득했다. 교만과 혈기, 헛된 웃음소리와 난잡함은 볼 수 없었다. 교회는 거룩한 두려움으로 휩싸여 있는 것이 정상이다.

성령의 역사는 오순절 날로 끝나지 않았다. 사도들이 기도하거나 명령할 때 기사와 표적이 계속해서 많이 나타났기 때문이다. 이것은 과거 예수님이 행하시던 일들이 다시 재현되는 것 같았다. 병든 사람이 치료되고 귀신이 사람에게서 쫓겨나가는 등 희한한 일들이 일어났다. 사람들이 사도들의 기적을 볼 때만 두려워한 것이 아니었고, 사도들의 말과 행동을 비롯한 모든 것이 두려움을 줄 만했다. 그 공동체는 모일 때 항상 거룩한 두려움이 있었다. 이 땅 위에 교회를 세워나갈 때 하나님은 이렇게 특별한 일들이 나타나게 하셨다.

믿는 사람이 다 함께 있어 모든 물건을 서로 통용하고(행 2:44).

믿는 사람이 다 함께 있었다. 예수를 믿는 몇 천 명 아니 그 이상 되는 많은 사람이 상당히 오랜 시간을 함께 보내기 시작했다. 물론 집에 오가는 사람도 많았지만 모임 장소는 늘 사람들로 북적였다.

그들은 가까이 지내면서 서로의 형편을 알게 되었다. 그 가운데는 형편이 어려워 기초적인 생필품이 없는 사람도 있었다. 서로의 사정을 안 그들은 모든 물건을 서로 통용하였다. 당시는 생필품이 많이 부족한 시대였는데 형편이 넉넉한 사람이 공동체에 물건을 가져오면 필요한 사람들이 그것을 썼다. 이러한 일들은 서로를 사랑하고 하나 되는 데 유익했다. 예수 그리스도를 바로 알고 성령의 사람이 되면 주님을 사랑하고 성도들을 사랑하게 된다.

또 재산과 소유를 팔아 각 사람의 필요를 따라 나눠 주며(행 2:45).

그 중에는 다른 성도들을 위해 자신의 재산과 소유를 파는 사람들도 있었다. 그 당시 어려운 여건 속에서도 재산을 소유한 사람들이 있었다. 그들은 자신들의 재산을 아낌없이 팔았다. 사실 이스라엘 땅은 하나님이 조상 때부터 물려주신 것이기 때문에 팔면 안 되었다. 하지만 하나님께 물려받은 이스라엘 땅이 아닌 이방 지역의 땅은 상관이 없었다. 유대인들은 주변 나라에 많이 흩어져 살면서 땅을 구입했었다.

그들은 땅을 판 돈을 각 사람의 필요를 따라 나누어주었다. 신자들 가운데 가난한 사람들에게 나누어주었다. 물론 가난을 해소할 만큼의 큰 금액은 아니었으나 요긴한 도움이 되었을 것이다. 이것은 누구의 강요로 인한 것이 아니었고 자발적 행동이었다.

날마다 마음을 같이하여 성전에 모이기를 힘쓰고 집에서 떡을 떼며 기쁨과 순전한 마음으로 음식을 먹고(행 2:46).

그들은 날마다 마음을 같이하여 모여 다녔다. 서로 마음이 맞았다. 예전에는 그런 마음이 없었는데 새롭게 생겨난 현상이었다. 이제 예수 그리스도 중심의 새로운 신앙생활이 시작된 것이다.

그리고 그들은 아직까지 예루살렘에 있던 성전에 모이기를 힘썼다. 새로운 공동체가 만들어졌다고 해서 구약교회의 상징인 성전을 버리거나 무시하지 않았다. 그들은 성전에서도 모이고 집에서도 모였다. 집에서 모이면 떡을 만들어 서로 나누어 먹었다.

음식을 먹을 때도 기쁨과 순전한 마음으로 먹었다. 경제적으로 넉넉한 사람이 기쁨으로 음식을 준비하니 다른 사람들도 부담 없이 먹으며 즐거워했다. 당시에는 특히 먹는 문제가 일반 백성들에게는 중요한 관심이었다. 이스라엘에 가난한 사람들이 많았기 때문이다.

> 하나님을 찬미하며 또 온 백성에게 칭송을 받으니 주께서 구원 받는 사람을 날마다 더하게 하시니라(행 2:47).

사람들이 회개하고 성령이 임하시니 하나님을 찬미하는 데 열심이었다. 사람은 은혜가 없으면 하나님이라는 말도 꺼내기 싫어진다. 그리고 찬양이 막혀 나오지 않는다.

당시 사도들의 가르침을 따라 모인 새로운 공동체는 활기가 넘치는 신앙생활을 하였다. 그러므로 예수를 믿지 않는 일반 백성들조차도 칭찬하게 되었다. 이런 모습이야말로 오래전부터 모든 유대인이 그리워한 모습이었다. 이제야말로 진정한 의미의 신앙생활을 하는 것이었다.

주께서 구원받는 사람을 날마다 더하게 하셨다. 칭찬 듣는 공동체로 사람들이 몰려들었다. 그들은 단순히 숫자만 늘어난 것이 아니라 회개하고 사도들의 지도를 잘 받았기에 구원받은 백성이 되었다. 처음 주님을 따랐던 사람들의 출신 성분을 보면 어부, 창녀, 세리 등으로 칭찬을 받기 어려운 사람들이었다. 하지만 오순절 성령강림으로 근본적 변화가 일어났기 때문에 칭찬을 듣는 것이 가능했다. 성령의 사람이 되면 그리스도 중심으로 변해야 한다. 날마다 이런 즐거움이 더해갔는데 이것은 전적으로 주께서 하신 일이다. 바른 교회를 세워나가면 주님이 축복하신다. 신약교회의 성장은 인위적인 어떠한 계획 없이 이루어졌다.

3장

예수가 복의 근원이다

1장에서는 베드로를 중심으로 열두 사도의 수가 채워지는 모습, 2장에서는 오순절에 성령이 충만히 임하고 새로운 성도들이 복음을 받아들이는 아름다운 모습이 나온다. 3장에는 베드로와 요한이 앉은뱅이 걸인을 일으키고 그 능력은 바로 예수 이름이라는 것을 선포하는 박진감 넘치는 내용이 나온다.

제 구 시 기도 시간에 베드로와 요한이 성전에 올라갈새(행 3:1).

제 구 시 기도 시간은 오후 3시를 말한다. 유대인들은 율례에 따라 이 시간에 기도하였다. 성전 뜰에서 열리는 오후 기도회는 유대인들의 오후 3시 번제 시간에 열린 기도회와 관계가 있다. 제사장이 번제를 드리면 유대인들은 성전 뜰에 모여 기도하였다. 신약교회 성도들은 성전 뜰의 다른 곳에 모여 기도했을 것으로 본다.

이때 베드로와 요한이 성전에 올라갔다. 당시 최고 사도인 베드로는 가장 나이가 어린 것으로 보이는 요한과 함께 성전에 갔다. 둘씩 함께 다니는 모습은 주님께서 훈련하실 때 그렇게 하셨던 것을 연상케 한다. 요한 혼자서 무엇을 한다는 것이 아직은 역부족이었기에 베드로와 함께하는 것이 좋았을 것이다. 사실 베드로는 사도 중에 최고다. 그에 비해 요한은 주님이 사랑하신 지도자급의 무리에 들지만 베드로보다는 조금 아래에서 주님을 섬기는 사도라고 할 수 있다. 그러므로 두 사람이 함께 다녀도 나이로 보나 능력으로 보나 위아래가 있어 서로 충돌하지 않았다.

> 나면서 못 걷게 된 이를 사람들이 메고 오니 이는 성전에 들어가는 사람들에게 구걸하기 위하여 날마다 미문이라는 성전 문에 두는 자라(행 3:2).

이 때 태어나면서부터 걷지 못하던 앉은뱅이가 성전에 왔다. 사람들이 그를 메고 온 것이다. 앉은뱅이는 자신의 힘으로는 성전에 올 수 없었다. 그는 자신의 어떠한 문제도 해결할 수 없었다. 그것은 무능한 이스라엘의 모습을 연상시킨다. 앉은뱅이가 온 시간은 많은 사람들이 기도 시간에 맞춰 성전에 오는 시간이었다. 앉은뱅이는 기도하러 오는 사람들을 대상으로 구걸하기 위해 날마다 왔다. 기도하는 사람은 아무래도 하나님께 응답을 받고 싶어 하는 마음 때문에라도 약한 자에 대한 동정심이 많을 것이다. 앉은뱅이는 영적인 면이 아닌 물질적인 면에 도움을 청했다.

그는 늘 미문이라는 성전 문에 있었다. 성전에는 여러 문이 있는데 미문은 여인들이 모이는 곳으로서 성전 동편에 있는 니가놀문의 별명일 것이다(박윤선). 이 문은 사람들이 많이 드나들었기 때문에 구걸하기에 안성맞춤이었다. 이곳으로 사람들이 앉은뱅이를 메고 왔다. 여러 사람이 동원되어 앉은뱅이를 성전까지 옮겨다주었다. 그러나 그것은 구걸을 돕는 일에 불과하다. 사람들이 수년 혹은 수십 년 그를 메고 다녔지만 정작 그가 병에서 낫도록 도와주지는 못했다. 그들은 진정으로 앉은뱅이를 돕는 자가 아니었다.

그가 베드로와 요한이 성전에 들어가려 함을 보고 구걸하거늘(행 3:3).

구걸하던 자는 베드로와 요한이 사도라는 사실을 알고 있었는지는 모르지만 여러 사람 중에서 관심 있게 보았을 것이다. 앉은뱅이가 이 세상에서 살아갈 길은 다른 사람에게 물질적인 도움을 받는 것뿐이다. 자신의 근본적인 문제를 해결할 수 없었기에 다른 사람에게 물질을 구걸하였다. 그는 건성으로 구걸하지 않았다. 주면 좋고 주지 않아도 괜찮은 것이 아니었다. 진정 물질이 필요했다.

베드로가 요한과 더불어 주목하여 이르되 우리를 보라 하니(행 3:4).

베드로는 요한과 함께 성전에 기도하러 갔다가 앉은뱅이 걸인이 구걸하는 것을 보고는 그를 주목하였다. 유심히 보았다는 뜻이다. 베드로와 요한은 함께 했다.

베드로는 앉은뱅이 걸인에게 "우리를 보라"고 하였다. 먼저 "우리"라고 말한 의미를 알아야 한다. 베드로는 나를 보라고 하지 않았다. 둘 다 사도이기 때문에 그들은 같은 권위를 가진다. 함께 행동할 때는 서로의 권위를 인정해주어야 한다. 베드로는 요한과 비교할 때 모든 면에서 우월하지만 서로 존경해야 교회에 덕을 세울 수 있다. 또한 구걸하는 사람에게 자신들을 보라고 하며 눈을 마주치려고 하였다. 사도들이 구걸하던 사람을 주목한 것처럼 그도 사도를 보아야 한다. 인격과 인격의 만남, 관심과 관심이 연결되어야 어떤 일이든 일어난다.

그가 그들에게서 무엇을 얻을까 하여 바라보거늘(행 3:5).

구걸하던 걸인은 베드로가 자기를 바라보면서 "우리를 보라" 하므로 기대를 가지고 쳐다보았다. 동전이라도 하나 줄까, 아니면 자기를 쳐다보라고까지 말하는 것을 보면 은전 한 닢이라도 줄까 하는 소망을 가졌다. 어쨌든 이렇게 구걸하는 자신에게 “우리를 보라”고 한 사람은 만나본 적이 없었을 것이다. 구걸하는 사람이 있는 것만으로도 통행하는 사람들에게는 부담이 된다. 구걸하는 앉은뱅이는 많은 사람에게 알게 모르게 피해를 주고 있었다.

> 베드로가 이르되 은과 금은 내게 없거니와 내게 있는 이것을 네게 주노니 나사렛 예수 그리스도의 이름으로 일어나 걸으라 하고(행 3:6).

베드로는 그 걸인에게 은과 금은 자신에게 없다고 서두를 시작했다. 걸인은 물질을 얻지 못할 것을 알았기에 크게 실망했을 것이다. 베드로는 재정이 넉넉하지 않은 상태였던 것 같다. 얼마라도 있었으면 도움을 줄 수도 있었지만 그렇게 푼돈을 주지는 않았다. 푼돈은 그에게 큰 도움이 되지 않는다. 그런 정도의 일은 대사도가 할 일이 아니다.

베드로는 없는 것을 억지로 조달해 구걸하는 자에게 주지 않았다. 단지 자신에게 있는 것을 주기로 하였다. 그런데 베드로는 은과 금은 없었어도 이 세상에서 가장 좋은 것을 가지고 있었다. 그것은 다른 사람들이 소유하지 못한 것이었다. 베드로는 갖고 있던 값진 것을 자랑스럽게 내놓았다. 아낄 이유가 전혀 없었다. 베드로는 그 걸인에게 가장 큰 보화, 즉 선물을 주기로 했다. 그것은 앉은뱅이인 걸인을 걷게 하는 일이다.

앉은뱅이가 일어나 걷게 하는 일은 세상 사람은 할 수 없고 예수님이 하셔야 한다. 그런데 베드로 안에 예수 그리스도의 능력이 있었다. 베드로 안에 있던 것은 예수님의 능력이며 성령이었다. 성령이 임하시면 능력이 나타난다. 그것은 주님이 베드로 안에 계신 것과 마찬가지다. 그래서 “예수의 이름”으로 일어나라고 명령하였다. 사람은 자신에게 없는 것을 줄 수 없다. 지금까지 제사장이나 서기관들이 줄 수 없기에 주지 못한 것이지, 줄 수 있음에도 주지 않은 것이 아니다.

오른손을 잡아 일으키니 발과 발목이 곧 힘을 얻고(행 3:7).

베드로는 "일어나 걸으라"고 명령한 다음 앉은뱅이가 스스로 노력하기 전에 가까이 다가가 그의 오른손을 잡아 일으켰다. 오른손은 왼손보다 더 힘이 있는 손인데 그 손을 잡아서 베드로가 일으켰다. 일으킬 수 있다는 베드로의 믿음을 알 수 있다. 주님이 자신 안에 충만히 계시고 자기가 손을 잡아 올릴 때 그가 일어날 것을 믿었다.

역사를 일으키는 믿음은 믿음의 주체이신 주님과 사전 약속이 전제되어야 한다. 그러므로 베드로는 그 앉은뱅이에게 믿음이 있고 주님이 그를 일으키실 줄 알았다. 기적의 주권은 항상 주님께 있다. 베드로는 주님의 뜻과 그분의 능력을 분명히 알았기 때문에 이렇게 할 수 있었다. 되는지 안 되는지 시험 삼아 해본 것이 아니었다. 앉은뱅이는 자신의 의지와 상관없이 베드로의 힘에 의해 일어서게 되었다.

베드로의 명령과 힘에 의해 앉은뱅이가 일어났는데 신기하게도 발과 발목이 힘을 얻었다. 베드로는 단지 말만 했어도 그의 다리를 치료했겠지만 손을 잡는 감각적이고 시각적인 행동을 함께했다. 사실 손과 손을 마주 잡으면 한쪽에 있는 영적인 힘이 상대에게 잘 전이되기도 한다. 그러므로 손을 잡는 것이 효과가 더 컸을 것이다. 결국 베드로는 앉은뱅이를 일으켰다. 믿음 있는 자들이 병자를 위해 기도해주는 것은 성경적이다(박윤선).

뛰어 서서 걸으며 그들과 함께 성전으로 들어가면서 걷기도 하고 뛰기도 하며 하나님을 찬송하니(행 3:8).

앉은뱅이가 일어나더니 이제는 뛰었다. 그리고 서서 걸었다. 눈물 나도록 감격스러운 장면이다. 지금까지 그는 땅바닥에서 기어 다녔다. 땅바닥에 붙어 벌레처럼 기어 다니던 사람이 그 땅을 박차고 일어나 뛰었다. 그에게 나타난 예수 그리스도의 능력이 얼마나 확실하고 위대한 것인지 말해준다. 그는 이제 땅바닥 생활을 청산하고 마음 놓고 하늘을 보았다.

앉은뱅이는 베드로, 요한과 함께 성전으로 들어갔다. 베드로, 요한과 당당히 함께 들어갔다. 장애인은 성전 안으로-이스라엘의 뜰일 것이다- 들어가지 못했다. 그는 성전 근처에서 오랜 세월을 보냈지만 하나님의 집에 들어갈 수 없었고 제대로 된 기도나 예배를 드리지 못했다. 육체의 병은 영혼의 축복을 받는 길도 제약한다. 이 일은 앉은뱅이에게 육적 회복과 영적 회복이 동시에 이루어진 쾌거였다. 이 앉은뱅이뿐 아니라 영적으로 갈급하여 그와 같이 무능한 이스라엘 지도자나 백성들도 '예수 이름'으로 이처럼 회복되는 것이 주님의 뜻일 것이다.

그는 하나님을 찬송하였다. 이것은 영적 회복과 그로 인해 나타나는 현상이다. 하나님을 찬송하지 않을 수 없는 감격이 그의 속에서 생수처럼 터져 나왔다. 그에게 육의 회복과 영의 회복이 동시에 일어났다. 구원이란 이렇게 영육이 다 구원받는 것임을 보여주었다.

모든 백성이 그 걷는 것과 하나님을 찬송함을 보고(행 3:9).

성전은 항상 기도하기 위해 모인 사람들로 만원이었다. 하루 세 번 기도하는 것은 그들의 의무였다. 그들 각자에게는 해결해야 할 문제와 소원이 있었을 것이다. 모든 백성이 앉은뱅이 걸인이었던 자가 걷는 것과 하나님을 찬송하는 모습을 보았다. 사람들은 앉은뱅이가 기쁨에 차 걷거나 뛰면서 하나님께 감사를 외치는 소리를 몇 시간 동안 듣게 되었다. 이것은 이 기적이 구석방에서 비밀스럽게 된 일이 아니라 많은 사람들 앞에서 공개적으로 이루어졌기 때문이었다. 그 장면을 본 사람들은 성전에 왔다가 정말 오랜만에 신비스러운 현상을 목격했다. 그동안 아무리 성전에 다녀도 서기관이나 제사장들을 통해 이런 기적이 일어나는 것을 듣거나 보지 못했었다. 그 지도자들은 말만 요란했다. 그런데 오늘 성전 책임자가 아닌 베드로와 요한을 통해 기적을 본 것이다. 어쨌든 성전마당은 축제 현장이 되었다. 시원한 생수를 마신 것처럼, 포도주를 마신 것처럼 그들은 흥분되었다. 성전은 하나님이 계신 곳이고 역시 신적 능력이 나타나야 성전의 권위와 성도의 기쁨이 있다.

앉은뱅이 걸인이었던 남자는 그 이후 성전을 떠나 신약교회 안에 들어왔을 것이다. 그러나 그 이후 성경에서 특별히 언급되지 않는 것을 볼 때 큰일을 행했거나 충성했다고 볼 수는 없다. 그래도 구원을 받은 것으로 본다. 하나님께 치료를 받았다고 신앙생활을 특별히 잘하는 것은 아니다.

> 그가 본래 성전 미문에 앉아 구걸하던 사람인 줄 알고 그에게 일어난 일로 인하여 심히 놀랍게 여기며 놀라니라(행 3:10).

성전에 오는 사람들은 수년 혹은 수십 년에 걸쳐 그 성전에서 기도를 했을 것이다. 그들은 모두 성전 미문에서 오랫동안 구걸하던 앉은뱅이를 잘 알고 있었다. 그런데 갑자기 앉은뱅이로 불쌍하게 앉아 구걸하던 사람이 성전 마당에서 뛰어다니고 하나님을 찬양하므로 놀라지 않을 수 없었다. 앉은뱅이가 일어났다는 말은 순식간에 성전뿐 아니라 온 예루살렘에서 화제가 되었다.

백성들은 베드로를 통해 이 이야기를 듣고 세상에 지금 무엇인가 변화가 일어나고 있다는 사실을 직감했을 것이다. 지금 이스라엘은 영적으로 큰 소용돌이 속에 있는 것이 사실이다. 구약교회에서 신약교회로 옮겨지는 역사적 순간인 것이다. 예수님 때부터 서서히 요동치던 것이 이제 사도들을 통해 본격적인 시동이 걸렸다.

세상은 변하는 것이고 변화에는 주요한 힘이 있다. 그리고 변화시키는 특별한 내용이 있게 마련이다. 이스라엘에는 이제 영적인 격동 속으로 들어가는 징표가 나타났다. 앉은뱅이가 일어났다는 소식을 보고 들은 사람들은 마음속으로 자신도 저렇게 "구걸했던 사람처럼 일어나서 뛰고 싶다"고 소리쳤을 것이다.

그 변화의 중심에 능력 있는 사도 베드로와 요한이 있었다. 우리가 사는 시대에도 이런 기적을 기대해야 한다. 성전에서는 백성이 살아나고 기뻐하는 함성소리를 기대할 수 있다. 이 시대에 우리 교회도 이런 변화가 필요하고 지금도 그런 사건이 일어날 수 있다(존 스토트).

> 나은 사람이 베드로와 요한을 붙잡으니 모든 백성이 크게 놀라며 달려 나아가 솔로몬의 행각이라 불리우는 행각에 모이거늘(행 3:11).

앉은뱅이였다가 고침받은 사람이 감격 속에 뛰고 걷고 성전 뜰에 들어가 하나님을 찬양했다. 그리고 자신의 손을 잡아 일으킨 베드로와 요한을 다시 보자 그들을 붙잡았다. 자신을 치료한 사람에게 다가가서는 놓아주지 않았다. 이 상황을 지켜보던 사람들은 앉은뱅이였던 사람이 베드로와 요한을 붙잡고 감격과 즐거움으로 말하는 것을 보고 그들이 앉은뱅이를 일으킨 주인공임에 놀라워하며 모여들었다. 기적을 보는 일은 쉽지 않은데 지금 자기들 눈앞에서 일어난 것이었다. 성전에 왔던 사람들이 일제히 베드로와 요한을 주목하였다.

솔로몬의 행각은 이방인의 뜰 동편에 있는 행각이다. 그 앞에 사람들이 모여들며 수근 대기 시작했다. '저 베드로가 어떻게 일으켰을까? 저에게는 무슨 힘이 있을까? 나도 기도를 부탁할까?' 그들은 베드로가 모이라고 한 것이 아니었는데도 앉은뱅이가 일어나 뛰는 것을 보고 자발적으로 모였다. 사람들의 관심이 처음에는 앉은뱅이 걸인에게 있었으나 이제는 그를 일으킨 기적의 주인공인 베드로에게 옮겨갔다. 세상은 구세주에게 그리고 능력 있는 사역자에게 주목하기 마련이다.

> 베드로가 이것을 보고 백성에게 말하되 이스라엘 사람들아 이 일을 왜 놀랍게 여기느냐 우리 개인의 권능과 경건으로 이 사람을 걷게 한 것처럼 왜 우리를 주목하느냐(행 3:12).

베드로는 많은 사람들이 자기에게 몰려드는 것을 보고 "이스라엘 사람들아 이 일을 왜 놀랍게 여기느냐"고 말했다. 기적은 언제든지 일어날 수 있기 때문에 놀랄 것이 없다는 뜻이다. 이스라엘 백성이 어려서부터 구약성경에서 배운 것처럼 모세도, 엘리야도, 엘리사도 수많은 기적을 행했다. 하나님의 사람에게는 능력이 나타날 수 있다. 그리고 예수님이 세상에 계시는 동안 많이 나타내셨다. 그것을 모르는 사람이 없었다.

사람들이 베드로와 요한을 쳐다보고 어찌된 영문인지 궁금해하자 베드로는 "우리 개인의 권능과 경건으로" 행한 것이 아니라고 말했다.

베드로는 "왜 우리를 주목하느냐"고 하면서 자신들을 주목하지 말라고 했다. 앉은뱅이를 일으킨 주인공이 자신이 아니므로 자신에게 관심을 두지 말도록 한 것이다. 이것은 베드로의 진심이었다. 진정으로 성령에 충만하고 성령의 다스림을 받는 하나님의 사역자는 영광이 자기에게 돌려지는 일을 두려워한다. 오직 하나님 중심, 그리스도 중심이 된다. 베드로는 그러한 상황을 우려한 것이다.

교계를 보면 가끔 능력 있는 사람 중에 문제 있는 사람도 있는데 대부분 영광을 자기가 받고 자기를 추앙하도록 조장한다. 그리고 하나님이 허락하신 능력, 그 이상이 있는 것처럼 행세하기도 한다. 그것은 교만에서 비롯된 것이다. 그들에게서 처음에는 능력이 나타나지만 나중에는 하나님께서 능력을 서서히 거두어 가신다. 그리고 끝까지 그런 허황된 모습으로 살면 하늘나라에서 주님께 버림받을지도 모른다.

> 아브라함과 이삭과 야곱의 하나님 곧 우리 조상의 하나님이 그의 종 예수를 영화롭게 하셨느니라 너희가 그를 넘겨 주고 빌라도가 놓아 주기로 결의한 것을 너희가 그 앞에서 거부하였으니(행 3:13).

베드로는 아브라함과 이삭과 야곱의 하나님을 말했다. 이스라엘은 항상 아브라함, 이삭, 야곱을 조상 중의 조상으로 생각했다. 곧 그들 조상의 하나님이 시기 때문이다. 베드로는 자기의 설교를 듣고 있는 사람과 같은 민족이고 다를 것이 없는 것을 강조한다. 그런데 이스라엘의 하나님은 예수를 종으로 삼으셨고 그 종 예수를 영화롭게 하셨다고 베드로가 말했다. 그 종이란 이사야 52장 13절-53장 12절의 메시아 칭호를 채용한 것이다(박윤선). 주님은 이 땅에서 그리스도로서 사셨다.

그런데 이스라엘 백성들이 하나님의 종이신 예수님을 잡아 빌라도에게 넘겨주었다. 죽여 달라는 요구였다. 예수님께 죄를 발견하지 못한 빌라도는 예수님을 풀어주기 위해 사형대상자 바라바를 두고 둘 중 누구를 풀어주고 싶은지 백성들에게 제안하였다. 바라바를 풀어주면 그는 세상에 나와 더 포악한 행동을 할 것이었다. 그런데도 백성들은 바라바를 풀어주고 예수님을 풀어주지 못하게 하고 죽이라고 했다. 그래서 빌라도는 백성들의 말대로 했다. 사형 대상자 바라바는 석방되어 어떻게 살았을까. 이스라엘은 그 사회 속에서 그들과 함께 살면서 어울릴 사람으로 의인이신 예수님이 아니라 포악한 바라바를 택했다.

> 너희가 거룩하고 의로운 이를 거부하고 도리어 살인한 사람을 놓아 주기를 구하여(행 3:14).

예수님을 십자가에 매달라고 하면서 빌라도에게 넘겨준 사람이 그 자리에 있을 수 있고, 그리고 그들 대부분은 그렇지 않았을 테지만 베드로는 "너희가"라고 말하면서 지금 베드로 앞에 있는 사람과 그 공동체의 책임을 묻고 있다. 공동체의 죄는 그 공동체에 속한 모두의 죄다. 그들은 의로우신 예수님을 살리는 제안을 거부한 것이다. 그 사회는 거룩을 거부한 사회다. 대신 불의한 자를 선택했다. 구약교회는 정상이 아니었다. 그런 사회는 결국 타락하고 패망의 길로 들어설 수밖에 없다.

그들은 살인자를 놓아달라고 구했다. 바라바는 흉악범이었다. 그러나 이스라엘은 그를 공동체의 일원으로서 다시 받아들였다. 역설적으로 포악한 바라바와 이스라엘은 아주 잘 어울렸다. 이것은 의미하는 바가 크다.

> 생명의 주를 죽였도다 그러나 하나님이 죽은 자 가운데서 그를 살리셨으니 우리가 이 일에 증인이라(행 3:15).

베드로는 "생명의 주를 죽였"다고 했다. 그들은 바라바라는 살인자의 편을 들었는데 이것은 그들에게도 부지불식간에 살인 의도가 있다는 증거였다. 살인자 바라바를 품에 안은 결과는 바로 그 현장에서 억울한 예수를 죽이는 것으로 나타났다. 이스라엘 백성들은 이중삼중의 살인자가 되었다. 주님은 살리는 분이시다. 이에 비해 유대인들은 결국 죽이는 자들인 것이다. 하나님의 백성이 하나님의 종이신 주님과 정반대의 길을 걷고 있다. 이것을 볼 때 유대인의 지은 거역의 죄는 말할 수 없이 크다.

이스라엘이 이처럼 무자비하게 생명의 주를 죽였으나 우리 조상의 하나님이 그의 종 예수를 살리셨다고 베드로는 말하고 있다. 이것은 유대인들의 불의에 대한 하나님의 심판이기도 하다(박윤선). 하나님은 악독한 사람들이 행하는 대로 이 세상을 방치하지 않으신다.

베드로는 자신들이 죽으셨다가 살아나신 '예수 부활'에 대한 이 모든 사실의 '증인'이라고 자처하였다. 예수님을 죽인 사람들 앞에서, 즉 원수 앞에서 담대하게 예수님 편을 들었다. 예수님이 십자가에 달리시기 전날 밤 예수님을 부인하던 것과 정반대의 모습이다.

> 그 이름을 믿으므로 그 이름이 너희가 보고 아는 이 사람을 성하게 하였나니 예수로 말미암아 난 믿음이 너희 모든 사람 앞에서 이같이 완전히 낫게 하였느니라(행 3:16).

"그 이름을 믿으므로"란 말은 베드로가 예수 그리스도를 믿었다는 뜻이다.

그 앉은뱅이가 적극적으로 예수님을 믿었다고 보기는 어렵다. 베드로는 '예수의 이름'이 앉은뱅이를 치료하였다고 말했다. 그 이름은 예수님이고 하나님의 아들이심을 나타낸다(박윤선). 예수의 이름은 이처럼 역사하는 힘이 크다. 그런데 사람에게 있는 이 믿음조차도 예수님으로부터 나온 선물이다. 이 믿음이 모든 사람 앞에서 공개적으로 앉은뱅이의 몸을 낫게 하였다고 베드로는 선포한다. 결국 앉은뱅이를 낫게 한 것은 베드로 자신이 아니고 오직 예수님이라는 논리다. 베드로의 말에 의하면 어떤 기적과 이적이든 그곳에는 '예수 이름'만 드러나야 한다.

> 형제들아 너희가 알지 못하여서 그리하였으며 너희 관리들도 그리한 줄 아노라(행 3:17).

베드로는 존귀하신 예수 그리스도를 죽인 것에 대해 "너희가 알지 못하여서 그리하였으며"라고 하였다. 책망을 끝낸 베드로는 이제 사람들에게 긍휼한 마음을 갖고 부드럽게 이야기를 해나가고 있다. 예수님을 십자가에 못 박는 데 동조하거나 방조한 것은 결국 하나님의 뜻과 영적인 것을 몰라서였다고 베드로는 말한다. 이것은 사실이다. 예수께서 하나님의 아들이시며 구세주이신 것을 알았다면 그렇게 하지 않았을 것이다. 백성들은 몰라서 그랬다. 역사적으로 불행한 사건들은 영적으로나 지식적으로 몰라서 일어난 일이 너무 많다.

모르는 것은 백성뿐만이 아니다. "너희 관리들도 그리한 줄 아노라"는 말에서 나오듯 성전을 맡은 관리들도 십자가에 못 박는데 관여한 공직자들이었다. 그들도 역시 모르는 것은 마찬가지였다. 그러나 죄가 아무리 커도 예수님의 부활 능력이 너무 크고 위대해 그들이 지은 죄는 작아 보인다. 그러므로 죄를 회개하면 부활의 능력 속에서 죄는 사라져버린다. 결과적으로 이러한 베드로의 말에 설교를 들은 사람들은 죄를 깨닫게 되었지만 죄에 눌렸던 마음은 가벼워졌을 것이다.

그러나 하나님이 모든 선지자의 입을 통하여 자기의 그리스도께서 고난 받으실 일을 미리 알게 하신 것을 이와 같이 이루셨느니라(행 3:18).

비록 백성들이나 관원들이 모르고 예수님을 십자가에 못 박았다 하더라도 배후를 보면 선지자의 입을 통하여 이 모든 것을 이미 말씀하셨다는 내용이다. 하나님은 앞으로 될 일을 선지자를 통해 예고하셨다. 이것이 예정이다. 하나님이 기름 부으신 그리스도가 고난을 받으실 것이라는 예언이 선지자의 입을 통해 미리 알려졌다. 그리고 그 말씀을 하나님이 이루신 것이다. 어찌 보면 사람들이 무지하여 주님을 죽이고 그들이 승리한 것 같으나 그들은 실상 실패하였고 최후의 승자는 하나님이시다.

그러므로 너희가 회개하고 돌이켜 너희 죄 없이 함을 받으라 이같이 하면 새롭게 되는 날이 주 앞으로부터 이를 것이요(행 3:19).

베드로는 회개하고 돌이키라고 하였다. '회개'는 기독교에서 가장 중요한 것 중 하나다. 세례 요한과 예수님도 처음 사역을 시작하실 때부터 외치신 내용이다. 베드로도 여기서 유대인의 회개를 촉구하고 있다. 회개는 하나님께 자신의 잘못을 깊이 인정하고 고백하는 행위이고 죄지은 자리에서 돌이키는 것이다.

"너희 죄 없이 함을 받으라"고 베드로는 또 외쳤다. 회개하는 목적은 죄가 없다는 인정을 받는 일이다. 죄의 값은 사망이기 때문에 죄가 없어야 생명에 이른다. 그러므로 죄 없다고 인정받는 길은 무엇보다 중요하다. 사람은 자신의 죄가 완전히 사함을 받았는지, 아니면 그대로 있는지 잘 모른다. 이것을 기도하며 철저히 깨달을 때 성도의 진정한 축복된 삶이 있다. 죄를 회개했다고 말하지만 실상 아직도 너무 많은 죄가 개인과 가정과 교회와 민족 가운데 있음을 깨달아야 한다.

베드로는 죄가 없어야 "새롭게 되는 날"이 주님께로부터 온다고 하였다. 새롭게 되는 것은 죄를 씻고 주님과 축복의 관계를 맺는 것이다. 성도는 날마다 새로워져야 하며, 만일 회개되지 않은 상태로 산다면 어둠의 영향을 계속 받게 된다. 회개하여 깨끗해지면 주님께서 그와 동행하시고 하늘의 신비한 것들을 제공해주신다. 예수를 믿는다는 것은 실제로 상황 속에서 구주를 알고 만나는 것이다. 베드로는 지금 회개한 자에게 나타나는 능력을 실제로 보여주고 있다.

> 또 주께서 너희를 위하여 예정하신 그리스도 곧 예수를 보내시리니(행 3:20).

하나님께서 깨끗하게 된 사람을 위하여 예정하신 일이 있다. 하나님은 이 세상을 통치하시는 큰 계획을 가지고 계신다.

부활하신 예수님은 하늘에 올라가셔서 보좌에 앉으셨다. 그런데 그 예수 그리스도를 '다시 보내신다'고 하셨다. 주님은 언젠가 다시 이 세상에 오신다는 말씀이다. 하나님이 예수 그리스도를 세상에 다시 보내신다는 것도 예정이다. 구원 계획은 전적으로 하나님의 지혜와 능력으로만 이루어진다. 주님은 세상 마지막 때 재림 주로도 오시지만 성도가 세상 사는 날 동안 필요할 때 방문해주시고 힘을 주기도 하신다.

> 하나님이 영원 전부터 거룩한 선지자들의 입을 통하여 말씀하신 바 만물을 회복하실 때까지는 하늘이 마땅히 그를 받아 두리라(행 3:21).

하나님은 이 세상을 만드시기 전부터 계획을 가지고 계신다고 베드로는 말한다. 하나님은 그 계획을 당신의 종들에게 직접 말씀하실 때가 많다. 특히 "거룩한 선지자"에게 말씀하신다. 그들은 하나님의 뜻도 알고 마음을 알게 된다. 그리고 그 선지자들은 백성에게 하나님의 뜻을 전달하게 된다. 하나님은 직접 백성에게 나타나셔서 말씀하시거나 일하시지 않고 선지자들을 통해 하신다. 이 세상은 문제가 있고 고장이 났다. 그러나 때가 되면 하나님께서 세상을 영적으로나 육적으로 회복하실 날이 온다. 그 회복의 주인공은 예수 그리스도시다. 주님은 이 세상이 회복되기 전 하늘 보좌에 계시게 된다는 뜻이다. 그러므로 주께서 오시는 날이 이 세상이 회복되는 날인데 이 날의 특징은 죄가 형벌을 받고 죄가 떠나는 날이다. 죄는 결국 망한다. 죄가 망하면 사탄도 망한다. 죄와 사탄은 쌍둥이다.

> 모세가 말하되 주 하나님이 너희를 위하여 너희 형제 가운데서 나 같은 선지자 하나를 세울 것이니 너희가 무엇이든지 그의 모든 말을 들을 것이라(행 3:22).

"모세가 말하되." 베드로는 앞에서 언급한 선지자에 대해 계속 말하는데 성경에 기록된 모세의 말을 인용한다.

모세는 하나님께서 너희를 위하여, 즉 이스라엘 백성을 위하여 너희 형제 가운데서 선지자를 세우신다고 하였다. 그런데 그 선지자는 "나 같은 선지자"다. 모세와 같은 선지자는 성경 역사상 최고의 선지자다. 그는 40일을 금식하며 하나님을 대면했고 하늘의 모습을 보고 성막을 만들었다. 그리고 하나님께로부터 율법을 받아 제정했다. 이런 수준 있는 선지자는 또 없을 것이다.

그런데 모세 같은 선지자를 또 세우신다고 하셨으니 그야말로 천 년, 이천 년 만에 나올까 말까 하는 수준 높은 선지자인 것이다. 이런 선지자가 나온다면 과연 얼마나 능력을 행할 것이며 백성들은 어떤 반응을 보일까 기대할 만하다. 그런데 모세가 말하는 나 같은 선지자는 놀랍게도 '예수 그리스도'라고 베드로는 단호히 말했다. 모세와 예수님은 공통점이 있다. 모세는 구약 시대에 하나님의 백성을 위하여 충성하였고, 예수님은 신약 시대에 하나님의 백성을 위하여 충성하셨다(박윤선).

나 같은 선지자가 나오거든 무슨 말이든지 그가 하는 말을 들으라고 한 모세의 말을 베드로가 인용하였다. 모세가 한 거의 모든 말은 하나님이 가르쳐주신 말씀이고 모세의 말은 항상 옳았다. 모세에게 불순종한 사람은 누구든 하나님의 진노를 맛보았다. 그러므로 '나와 같은 귀한 선지자'가 세상에 나오거든 백성들은 절대적으로 순종해야 한다고 베드로는 말하고 있다.

> 누구든지 그 선지자의 말을 듣지 아니하는 자는 백성 중에서 멸망 받으리라 하였고(행 3:23).

광야 교회 시절 모세의 지도를 따르지 않았던 사람들이 있었던 것처럼 이 시대에도 모세와 같은 선지자가 등장할 때 혹시 그의 말을 듣지 않을 수도 있다는 말이다. 모세 때도 불순종한 사람들이 죽거나 어려움을 겪었듯이 모세와 같은 선지자의 말을 듣지 않은 사람 역시 멸망받을 것을 모세가 말했는데, 베드로가 그것을 인용하였다. '나와 같은 선지자'의 말을 듣지 아니하면 영원히 멸망 받을 수밖에 없다.

> 또한 사무엘 때부터 이어 말한 모든 선지자도 이 때를 가리켜 말하였느니라(행 3:24).

사사 시대가 끝나고 왕정으로 들어가면서 선지자들이 활발하게 등장하는데 이스라엘 멸망 때까지 많은 선지자가 있었다. 그런데 그 선지자들도 모세가 말한 것과 같이 그런 선지자가 장차 올 것을 예언했다고 베드로는 설명하고 있다. 베드로는 구약 성경에 정통하였고 그 의미를 정확하게 꿰뚫고 있었다. 베드로야말로 서기관들을 제치고 최고의 성경학자라 할 수 있다. 성령으로 충만해진 베드로가 성령으로 기록된 성경을 해석하는 데 능통할 수밖에 없다. 또한 예수 그리스도에 대한 예언은 몇몇 구절만 가지고 말할 수 있는 것이 아니다. 구약의 성전이나 제사제도 등도 간접적으로 메시아 예수 그리스도를 나타낸다고 볼 수 있다. 그러므로 주님은 구약 예언의 성취라고 할 수 있다. 구약 시대에 그림자가 나타났다면 주님은 그 모든 것의 본체시다.

> 너희는 선지자들의 자손이요 또 하나님이 너희 조상과 더불어 세우신 언약의 자손이라 아브라함에게 이르시기를 땅 위의 모든 족속이 너의 씨로 말미암아 복을 받으리라 하셨으니(행 3:25).

선지자들은 한결같이 예수 그리스도를 증거했는데 이스라엘 백성은 선지자들의 말을 들어야 한다. 그 이유는 선지자는 하나님의 뜻을 알 뿐 아니라 백성들은 같은 민족이었고, 먼저 살다간 믿음의 선조이기 때문이다. 선지자들은 이스라엘에 애정을 가지고 예언하고 가르쳤다. 하나님은 선지자뿐 아니라 근본적으로 현재 이스라엘 백성의 조상과 언약을 맺었기 때문이다. 그 대표적인 당사자는 아브라함이었다.

하나님은 아브라함에게 땅 위에 있는 족속들이 복을 받는 길을 말했다. 그것도 모든 족속들이다. 그런데 '아브라함의 씨'로 말미암아 복을 받는다고 했다. '아브라함의 씨'는 모든 족속에게 복을 줄 수 있는 엄청난 권세와 능력이 있다는 것이다. 그러므로 '아브라함의 씨'를 절대적으로 믿고 따라야 한다. 이것은 온 세계적인 복이다. 그동안 이 세상의 땅은 더러워지고 죄를 지었다. 그리고 땅도 저주를 받아 소출을 많이 내지 못하고 재앙이 있었다. 그런데 그 땅도 죄가 용서되고 복을 받는다. 땅이 회복되어야 그 위에 사는 인간도 복을 받는다. 그런데 그 씨가 '예수'이신 것이다. 그러므로 예수 그리스도가 오심으로서 유대인들은 언약의 성취를 보게 되었다. 따라서 언약의 자손인 너희들은 예수를 믿어야 한다는 의미다.

> 하나님이 그 종을 세워 복 주시려고 너희에게 먼저 보내사 너희로 하여금 돌이켜 각각 그 악함을 버리게 하셨느니라(행 3:26).

아브라함의 씨는 '하나님의 종'이고 하나님이 그 종을 세우셨다. 종을 세우신 이유는 모든 민족에게 복을 주시기 위함이다. 종은 주인에게 순종하며 사는 것이고 메시아는 순종의 사람인 것을 나타낸다. 이 종은 예수 그리스도시다.

하나님이 세우신 아브라함의 씨이자, 하나님의 종인 예수님은 복을 주시는데 "너희에게", 즉 이스라엘 백성에게 먼저 주셨다. 수많은 민족 중 먼저 이스라엘 백성을 택하신 것은 영광스럽고 감사한 일이다. 우선권을 손에 쥔 이스라엘은 기뻐 뛰며 대환영을 해야 했다.

아브라함의 씨인 종이 복을 주시려고 이스라엘에 가장 먼저 오셨는데 그가 오셔서 처음 하신 일이 이스라엘 백성이 회개하고 악함을 버리게 하시는 것이었다. 악함을 버리게 하는 것이 그분의 첫째 사명이셨고, 이를 위해 밤낮을 가리지 않고 열심히 하셨다. 회개는 하나님의 종이 항상 어디서나 주창하던 내용이다. 이스라엘은 회개할 것이 많았다. 회개는 단체로 하는 것이 아니라 "각각" 개개인이 해야 한다. 하나님은 각 개인과 만나서 교제하기를 원하신다. 그리고 회개의 말을 듣기 원하신다.

이스라엘은 우상숭배를 비롯해 제사를 성의 없이 드린 것, 선지자를 핍박한 것 그리고 온갖 자범죄를 지었다. 베드로는 여기에서 모두 자발적인 회개를 하라고 설교하였다. 예수 그리스도가 진정한 복의 근원이신데 성령의 임재로 그 사실이 확증되었다.

4장

강력한 사도와 신약교회

1장에서는 베드로를 중심으로 열두 사도가 채워졌고,
2장에서는 오순절 날 백이십여 명에게 성령이 충만히 임하였으며,
3장에서는 베드로와 요한이 앉은뱅이 걸인을 일으키고 예수 이름을
증거하였다. 4장에서는 신약교회의 대표인 베드로가 구약교회의
대표인 대제사장 무리에게 예수 그리스도를 증거한다. 그리고
성령 충만한 신약교회 공동체가 서로 물건을 통용해 쓰는 장면이 나온다.

사도들이 백성에게 말할 때에 제사장들과 성전 맡은 자와 사두개인들이 이르러(행 4:1).

베드로와 요한이 앉은뱅이 걸인을 일으키고 베드로가 솔로몬 행각에서 설교한 것으로 한 상황이 일단락되었다. 이제 새로운 장면이 펼쳐진다. 열두 명의 사도가 예수 그리스도께서 죽으셨다가 부활하셨고 우리의 구주가 되신 것을 증거하고 다녔다. 그들에게는 힘이 넘쳤다. 많은 유대인들이 예수를 믿고 따랐음은 물론이다.

그때 제사장들과 성전 맡은 자와 사두개인들이 사도들에게 왔다. 이들 대부분은 모두 성전과 관계되어 일하면서 수입을 얻고 있었다. 제사장도 성전에서 일하고 수입을 얻는다. 성전 맡은 자는 제사장, 레위인 또는 사두개인으로서 성전을 관리하고 지키는 등 여러 일을 하고 사는 사람들이다. 사두개인은 당시 하나님의 집인 성전의 주류 세력이었다. 그런데 이들은 놀랍게도 부활을 믿지 않았다. 부활을 믿지 않는 세력이 성전을 위해서 주도권을 가지고 중요한 일을 행하는 것은 어처구니가 없는 일이다. 어느 시대이든지 주님의 죽음과 부활을 진실로 믿지 않는 자들이 교회의 중요한 일을 맡을지 모른다. 만일 성도가 그런 교회에 속해 있다면 불쌍한 일이다.

> 예수 안에 죽은 자의 부활이 있다고 백성을 가르치고 전함을 싫어하여 (행 4:2).

예수 안에 죽은 자의 부활이 있다는 것은 사도들이 날마다 증거한 내용이다. 예수께서 죽으셨다가 부활하셨기 때문에 주를 믿는 모든 사람도 예수 안에서 부활한다. 이것은 주의 가르침으로서 사도들이 믿었다. 사도들은 날마다 그야말로 목숨 걸고 가르치고 전도하였다. 진리를 아는 자가 진리를 전하는 것은 당연하다. 또한 복음 전파는 주님의 지상명령이기도 하다.

그런데 제사장들과 성전 맡은 자들은 사도들이 전하는 것을 싫어하였다. 이것은 "화가 나서" 혹은 "심히 괴로워서"로 번역될 수 있다(박윤선). 그들이 싫어한 이유 중 하나는 사도들의 권위가 높아지면 자신들의 권위가 약해지기 때문이다. 또한 그들은 부활을 믿지 않고 부활이 없다고 백성들에게 가르쳤는데 베드로와 사도들은 정반대로 부활이 있다고 가르친 것이다. 이렇게 옛 교회와 새로운 교회가 충돌하였다. 때문에 그들이 사도의 가르침을 싫어한 것은 당연하였다. 세상에는 바른 진리를 가르칠 때 회개하는 사람도 있고 싫어하는 사람도 있는 법이다. 이 부활에 대한 싸움은 2천 년이 지난 지금도 계속된다.

그들을 잡으매 날이 이미 저물었으므로 이튿날까지 가두었으나(행 4:3).

성전 맡은 자들은 기득권을 가지고 있었기 때문에 사도들을 강제로 붙잡았는데 날이 저물자 이튿날까지 가두었다. 정식으로 공권력을 가지고 체포한 것이 아니라 성전에서 소득을 얻는 사람 중심으로 사도들을 체포하였다. 사도들을 체포한 이유는 그들이 율법을 지키지 않아서가 아니라 자신들의 권위가 떨어지고 백성들이 예수를 믿음으로 성전에 적게 오므로 특히 물질에 손해를 보았기 때문이었다. 경제적 손실이 가장 큰 이유였던 것이다. 물질을 탐하는 기득권 세력의 횡포였다.

그들이 전날 재판하지 않고 이튿날까지 가둔 것은 유대 랍비의 법에 밤에는 심문하지 못하게 되어 있었기 때문이다. 그들은 당시 많은 사람에게 존경받던 사도들을 자기들 마음대로 체포하여 가두는 폭력성을 보여주고 있다. 성전에서 일하는 사람들이 폭력 집단처럼 행동한 것이다. 그들은 제정신이 아니었다. 사도들은 이렇게 '예수 부활'을 증거하다 수난을 받았다. 마귀가 이 일의 배후에서 역사했을 것이다(존 스토트).

말씀을 들은 사람 중에 믿는 자가 많으니 남자의 수가 약 오천이나 되었더라(행 4:4).

반대자들이 사도들을 싫어하고 가두는 것과는 달리 많은 사람이 사도들의 말을 듣고 예수를 믿었다. 복음은 위협을 당해도 전파된다. 예수님이 십자가에 못 박히실 때는 주님을 당당히 편드는 사람이 없었는데 오히려 하늘나라에 올라가셔서 이 땅에서 만나볼 수 없음에도 주님을 믿었다. 백성들이 주님을 믿는다는 것은 어떤 면에서는 성전을 중심으로 일하는 제사장, 사두개인과는 결별하는 행위였다. 그리고 친척이나 친구와도 갈라설 수 있는 일이었다.

그런데 믿는 자가 남자만 오천 명이나 되었다. 이것은 어마어마한 숫자다.

초대교회의 출발은 마치 잘 마른 장작에 불이 붙는 것 같았다. 오순절에 역사한 성령의 불이 예루살렘과 유대 지방 등 세상에 퍼지고 있다. 지금 사도들이 붙잡혀 갔으나 큰 상관이 없었다. 이스라엘 사람들은 신약교회로 물밀 듯이 몰려들고 있었다.

이튿날 관리들과 장로들과 서기관들이 예루살렘에 모였는데(행 4:5).

사도를 체포한 것은 제사장, 성전 맡은 자, 사두개인들인데 이제 성격은 조금 다르지만 당시 종교 지도자급 사람들이 예루살렘에 긴급히 모였다. 이것은 산헤드린 공회의 모임이다. 관리들은 대제사장일 것이다. 장로는 오늘날 교회의 장로와는 다르다. 이 직분은 모세가 이스라엘 백성의 재판을 위하여 세운 것이다(민 11:16-17). 서기관은 율법을 해석하는 선생이다. 지금 모여 있는 이들은 예수 그리스도와 사도들을 박해하기 위해 모인 집단이다. 겉은 그럴싸해 보이고 대단한 것 같지만 영적으로는 맹물 같은 사람들이다. 어느 시대나 교권주의자는 주님의 신실한 종을 핍박한다(박윤선).

대제사장 안나스와 가야바와 요한과 알렉산더와 및 대제사장의 문중이 다 참여하여(행 4:6).

안나스는 현직 대제사장은 아니다. 주후 6-15년 사이에 재임했다. 그러나 재직 중이던 가야바는 주후 18-36년에 재임하였는데 안나스는 그의 장인이었고 유력한 인물이었다. 요한은 주후 36년에 대제사장이 된 안나스의 아들을 요나단으로 보기도 한다.

대제사장의 문중이 다 참여한 것은 그들이 얼마나 다급하고 긴장하고 있는지를 보여준다. 사도들이 복음을 증거하는 것과 성전 맡은 자들 사이에 어떤 심각한 문제가 지금 발생했다는 것이다. 앞에서 말했듯이 구약 교회 끝자락에 있던 그들은 결국 예수를 죽인 죄인이 되었고, 그들의 권위는 땅에 떨어졌다. 사람들은 베드로를 중심으로 한 신약교회로 몰려가고 있었다. 헌금은 신약교회로 몰리고, 신약교회는 날마다 신선한 바람을 일으키고 있었기에 긴장하지 않을 수 없었다. 그들은 사도들의 복음 전도로 비상사태를 맞은 것과 다름이 없었다. 구약교회 끝자락에 있던 그들은 지금 위기에 빠졌다. 그러나 그 위기를 돌파할 내부에서의 신선한 바람은 불지 않았다. 그들은 신약교회의 바람을 잠재울 만한 신학적 이론이나 능력이 전혀 없었다. 그저 수백 년 동안 내려온 전통과 성전 건물만 붙잡고 있는 중이었다.

그들은 사방이 꽉 막힌 담에 갇혀 있는 듯한 상황이었다. 그들이 사도들을 가둔 것 같지만 실은 그들 자신이 거짓된 이론과 사탄에 갇혀 있는 것이었다. 그들은 막다른 골목에 있으면서도 대처방법이 전혀 없었다. 하는 수 없이 밖에서 답을 찾을 수밖에 없었다. 그것은 솟아오르던 신약교회를 발로 밟고 칼로 쳐 탄압하는 것이었다.

> 사도들을 가운데 세우고 묻되 너희가 무슨 권세와 누구의 이름으로 이 일을 행하였느냐(행 4:7).

대제사장 일파는 사도들을 가운데 세우고 물었다. 성전의 최고책임자 가문이 산헤드린 공회를 열고 하나가 되어 단결하였다. 그리고 사도들을 세워놓고 심문하듯 따져 물었다. 심문 내용은 무엇보다 먼저 왜 성전 책임자인 자신들의 허락 없이 성전에서 전도하느냐는 것이었다. 당시 사도들은 주로 성전 근처에서 전도하고 가르쳤었다. 또 하나는 무슨 권세로 사람들을 예수 믿게 하고 그들의 공동체로 데려가느냐는 것이었다.

또한 '이름' 때문에 시비를 걸었다. 그들은 사도들이 '예수의 이름'으로 행한 것을 알고 있었기 때문에 이를 비판하려는 것이었다. 즉, 그들은 '예수 이름'은 빼고 하나님의 이름으로 해야 하지 않느냐면서 하나님을 높이는 것처럼 말했다. 그들은 예수 이름을 거론조차 하지 않았고 오직 하나님 이름만 붙잡았는데, 그 믿음은 이론적이고 행함이 없는 것이었다. 그들은 또한 자기들의 허락 없이 앉은뱅이를 일으킨 것을 따졌다. 불치병을 치료받았는데도, 사람이 새 삶을 찾았는데도 그런 것은 안중에 없었다. 자기들은 성전에서 월급 받는 사람들이면서도 치료하지 못했노라고 미안한 기색도 없었다. 그들은 문제를 만들기 위해 사도들이 한 일에 꼬투리를 잡았고 치료의 질서만을 따졌다. 자신들은 대제사장이고 그리고 여러 공적인 직책이 있기 때문에 사람들을 가르치고 관리할 수 있다는 뜻이다.

이에 베드로가 성령이 충만하여 이르되 백성의 관리들과 장로들아(행 4:8).

베드로가 성령이 충만하지 않을 때는 주님을 배신하는 허약함을 보였지만 성령이 그에게 강하게 역사하신 후로는 마치 다른 사람을 보는 듯 행동하였다. '성령의 충만'은 하나님의 일을 가능하게 하는 직접적인 힘이자 배후에서 역사하는 힘이다. 베드로는 대제사장 일파의 심문에도 조금도 주눅 들지 않았다. 주님이 살아계실 때도 늘 앞장서왔는데 지금도 선두에 서 있다. 이것은 주님이 주신 그의 특별한 은사다.

베드로는 관리와 장로들에게 당당히 선포하였다. 그 삼엄한 산헤드린 공회에서 이렇게 말하는 것은 결코 쉽지 않다. 어려움을 당할수록 하나님은 그의 종들에게 예상치 못한 더 큰 힘을 주신다. 이러한 당당함은 베드로가 교만하거나 질서를 무시하거나 무지해서가 아니다. 성령께서 담대하게 하셨기 때문이다. 성령으로부터 온 것은 담대함이고 마귀에게서 온 것은 교만이다.

만일 병자에게 행한 착한 일에 대하여 이 사람이 어떻게 구원을 받았느냐고 오늘 우리에게 질문한다면(행 4:9).

병자에게 줄 수 있는 가장 착한 행위는 무엇일까? 그것은 병을 치료해주는 것으로 그 어떤 것과도 비교할 수 없는 착한 일이다. 베드로는 비판자들에게 "내가 착한 일을 했는데 왜 그러느냐"고 반문하며 자신감을 보인다. 대제사장 일파는 지금까지 오랜 시간 그 앉은뱅이를 미문에서 구걸할 수 있도록 기회와 자리를 마련해준 것을 자신들이 대단한 일을 한 것처럼 생각할지 몰라도 그것은 평범한 인간들이 베푸는 인도주의에 불과하다. 영적 능력이 없는 그들은 그 정도밖에는 그에게 은혜를 베풀지 못했다. 신본주의는 신이 개입한 은혜를 주어야 한다.

대제사장 일파는 높은 종교직책을 맡고 있으면서도 병이 어떻게 나았는지 궁금해할 뿐 그 일어난 역사를 이해하지 못했다. 그래서 베드로에게 질문한 것이다. 당시 상당히 많은 사람들이 '예수 이름'이 능력 있다는 사실을 알고 있었다. 그런데 정작 대제사장 일파는 하나님이 쓰시는 사람은 이런 일, 즉 기적 같은 능력을 베푼다는 사실을 생각도 못하고 있었던 것이다. 자기들은 오랜 세월 인생을 살았고 또 성전을 맡고 제사를 독점하고 성경연구를 한다고 월급 받으면서 몰려다니며 연구 결과를 자랑했지만 정작 이런 기적을 일으켜본 적은 없었다. 또한 가까운 동료 가운데서도 이런 신적 능력을 행한 일을 본 적도 없었다. 그들에게는 기적이 낯선 일이다. 아니 아예 기적은 일어나지 않는다고 결정해버렸을 것이다.

> 너희와 모든 이스라엘 백성들은 알라 너희가 십자가에 못 박고 하나님이 죽은 자 가운데서 살리신 나사렛 예수 그리스도의 이름으로 이 사람이 건강하게 되어 너희 앞에 섰느니라(행 4:10).

"너희와 모든 이스라엘 백성들은 알라." 베드로는 그들에게 당당히 외쳤다. 이 앉은뱅이가 어떻게 나은 것이냐고 대제사장 일파가 질문하였지만 베드로는 그들뿐 아니라 그 자리에 있던 이스라엘 백성 전체에 들으라고 대답하는 것으로 "알라'"를 강조하고 있다. 당신들 모두 제발 좀 이 사실을 알라는 뜻이다. 종교적으로 직책이 높다는 사람들이 그동안 무시했던 베드로에게 '왜 모르느냐'는 책망의 말을 듣고 있는 형국이다. 모르면 지도자라도 이런 망신을 당할 수 있다.

"너희가 십자가에 못 박고." 베드로는 강하게 말했다. 베드로 앞에 있던 사람들 대부분이 예수님을 죽이는 데 앞장을 서거나 방관했을 것이다. 예수님은 죽으셨으나 하나님이 살리셨다. 베드로는 이 사실을 언제 어디서나 외쳤다. 지금처럼 예수님을 죽이는 데 앞장 선 사람들 앞에서도 외쳤다. 능력의 근원이 '예수님의 이름'이라는 것이다.

너희가 죄인이라고 죽인 '예수 이름' 때문에 앉은뱅이가 건강하게 되었다고 베드로는 간증하며 선언하고 있다. 이 말을 들은 그들은 간담이 서늘했다. 베드로는 그가 치료된 것은 너희의 공로가 아니며, 너희는 수십 년간 그와 함께 있으면서도 아무것도 해준 것이 없지만, 예수님은 이 자리에 계시지도 않았는데도 '그 이름' 하나만으로도 사람을 낫게 해주었다는 선언이다. 베드로는 이 말이 그들에게는 모욕적일 수밖에 없다고 판단했다. 베드로의 판단은 정확했다. 진정한 하나님의 종은 상대가 마음이 어떻든 진리만 올바로 전한다.

> 이 예수는 너희 건축자들의 버린 돌로서 집 모퉁이의 머릿돌이 되었느니라(행 4:11).

베드로는 "이 예수는 너희 건축자들의 버린 돌"이라고 하였다. 시편 118편 22절이 성취된 것이다. 이 구절은 당시 대제사장과 지도자들을 집 짓는 건축자로 비유했다. 사실 그들은 이스라엘을 세우고 설계해나가기 위한 최고 결정권자들이다. 그런데 그들은 집을 세워나갈 때 예수님이 쓸모없는 돌이라고 판단했다. 그래서 저 밖으로 내동댕이쳤다. 아무 미련이나 아까운 것 없이 버렸다. 이것은 십자가에 달아 죽인 행동으로 표현되었다.

그런데 '예수 그리스도'가 집 모퉁이의 머릿돌이 되셨다. 집은 여러 사람들이 세워나가는데 그 중 머릿돌은 가장 중요하고 의미 있는 돌이다. 여기서는 특히 성전의 양 벽을 연결하는데 놓인 요석이다(박윤선). 결국 예수님이 성전의 기초시라는 말이다. 모든 건물은 '예수 이름' 위에 쌓는다. 사실 주님은 성전의 본체시다. 결국 이스라엘이라는 집의 주인이 예수라는 말이고 성도들은 재료다. 그 재료를 쌓아올려 성전이 된다. 따라서 집주인인 예수 그리스도가 온전하시므로 집을 구성하는 다른 재료도 온전케 되는 것이다.

> 다른 이로써는 구원을 받을 수 없나니 천하 사람 중에 구원을 받을 만한 다른 이름을 우리에게 주신 일이 없음이라 하였더라(행 4:12).

베드로는 단호하였다. 예수 외에 다른 이로서는 구원을 받을 수 없다. 구원은 우리 인생에서 정말 소중한 일이다. 영혼의 구원과 육의 구원, 생활의 구원 등으로 나눌 수 있는데 이 모든 것은 연결되어 있으며 그 구원자가 있다.

모든 사람이 구원을 받아야 하는데 구원받을 수 있는 '이름'이 필요하다. 그런데 어떤 사람의 이름으로도 구원을 받을 길이 없다. 베드로는 구원을 위해 하나님께서 예수 그리스도를 우리에게 보내주셨는데 다른 이름을 우리에게 주신 일이 없다는 것이다. 오직 예수만이 구원자시다. 베드로는 지금 자신을 심문하고 있는 그들도, 즉 대제사장들도 구원자가 아니라고 하였다. 베드로의 이 말 한마디로 구약교회는 수명을 다한 것이고 이제 끝이 났다.

사실이지 교회는 예수가 빠지면 존재할 수 없고, '다른 이름'이 교회에 들어오면 그 교회는 무너진다. 이 세상에 여러 종교와 신앙 집단이 많지만 예수 외에는 구원이 없다. 구원받을 수 있는 다른 이름이 있다고 말한다면 그것은 기독교회가 아니다. 그러므로 베드로의 설교는 신약교회의 근본 진리를 명쾌하게 밝히고 있다.

그들이 베드로와 요한이 담대하게 말함을 보고 그들을 본래 학문 없는 범인으로 알았다가 이상히 여기며 또 전에 예수와 함께 있던 줄도 알고(행 4:13).

대제사장과 그 일파들이 베드로와 요한의 말을 듣고 깜짝 놀랐다. 그들이 말한 내용과 말하는 담대한 태도에 놀랐다.

대제사장은 그 지위 상 지식인일 것이고 무리 중에 서기관들도 있었기 때문에 그들은 성경에 대한 지식과 세상의 학식이 많았다. 그에 비해 베드로와 요한은 어부 출신이기 때문에 자신들과 경쟁이 아예 되지 않는다고 생각했다. 그러나 베드로는 어느 성경학자 못지않은 성경 지식과 해박한 해석을 하고 있었다. 남 부럽지 않게 공부한 그들은 크게 당황하였다. 그들은 베드로의 말에 대항할 말을 미처 준비하지 못했다. 그들은 베드로 등 사도들의 당당한 태도와 예상치 못한 대응에 당혹해하고 있는 모습이다.

사실 베드로와 요한은 예수의 제자였다. 그들은 예수님이 상당히 깊은 진리의 말씀을 그 제자들과 사람들에게 가르치셨기 때문에 그 제자들도 성경에 대한 깊이가 있을 거라는 생각을 점차 하게 되었다. 때문에 제자들의 담대한 반응을 어느 정도 이해하게 되었다.

또 병 나은 사람이 그들과 함께 서 있는 것을 보고 비난할 말이 없는지라(행 4:14).

베드로와 요한은 담대히 예수 그리스도를 증거할 뿐 아니라 병이 나은 사람도 베드로 옆에 서 있었다. 병이 나은 사람은 베드로가 자기를 치료했다고 주장하면서 감사하는 태도로 같이 서 있었기 때문에 베드로를 공격하기가 쉽지 않은 상황이었다.

앉은뱅이가 일어났고, 그 당사자가 베드로를 지지하고 베드로는 담대히 그들에게 설교했기에 그들은 곤란에 빠졌다. 대제사장 일파는 베드로를 다시 공격하고 싶었다. 하지만 조그만 꼬투리라도 있어야 비난할 수 있는데 그조차도 베드로에게서 찾아낼 수 없었다. 결국 그들은 그 자리에서 베드로를 비난할 거리를 찾지 못했다. 그리고 그들은 유구무언이 될 수밖에 없었다.

명하여 공회에서 나가라 하고 서로 의논하여 이르되(행 4:15).

그들은 비난을 멈추고 베드로와 요한을 일단 공회에서 나가라고 명령하였다. 그들은 이 말밖에 할 말이 없었다. 대제사장과 장로와 서기관들의 모임은 공회라고 할 수 있다. 그 공개된 산헤드린 공회는 이렇게 마쳤다. 이제 사도들이 다 나간 상태에서 그들은 비밀회의로 다시 모였다. 그들은 심각하게 이번 앉은뱅이 걸인이 일어난 사건에 대해 의논하였다. 기적이 나타난 것에 대해 감사하는 것이 아니라 반대로 심각하게 우려하고 있다. 이것은 빛과 어두움의 차이와 같다. 진리는 언제나 광명정대하고 비진리는 사특하고 음흉하다(박윤선).

이 사람들을 어떻게 할까 그들로 말미암아 유명한 표적 나타난 것이 예루살렘에 사는 모든 사람에게 알려졌으니 우리도 부인할 수 없는지라(행 4:16).

산헤드린 사람들은 사도들, 특히 베드로와 요한을 어떻게 할까에 대해 의논했다. 의논 끝에 대제사장, 서기관, 장로 등도 어쩔 수 없이 베드로와 요한을 통해 앉은뱅이가 일어난 유명한 표적을 인정했다. 아니라고, 잘못되었다고 하고 싶은데 그렇게 말할 수가 없었다. 이번 일은 아무리 어린아이라도 믿지 않을 수 없었다. 치료한 사람과 치료받은 사람이 인정하고 수많은 목격자들이 있는데 어떻게 이 사실을 시인하지 않을 수 있겠는가. 그리고 이 표적은 유명한 표적이었다. 자기들도 전혀 행할 수 없는 표적이었다. 그들은 '자기들도 그런 능력이 있었으면' 하고 내심 부러워했을 것이다.

사도들을 통해 기적이 일어났고 하루 사이에 예루살렘 성 안에 소문이 퍼졌다. 입소문을 막을 시간도 없었고 막을 수도 없었다. 그리고 앉은뱅이 되었던 자가 예루살렘 거리를 여기저기 다니면서 걷기도 하고 뛰어다니면서 소문을 내는데 어찌할 도리가 없었다. 만일 세상에 알려지지 않았다면 어떻게 해서라도 그 사실을 은폐시켰을지도 모른다. 그들은 사실을 막지 못해 괴로워했다. 그들은 양심을 누르고 진리를 막아버리는 운동에만 급급했다(박윤선).

인간으로서 제대로 된 지적, 감성적, 의지적인 면이 움직인다면, 역사적이며 현상적인 사실을 부인할 수 없다. 그들이 가만히 있는 것은 예수를 인정한 것이 아니고 결과로 나타난 것에 대해 시인한 것뿐이다. 우리가 사는 이 세상에는 혹 종교지도자들 가운데 앞뒤 가리지 않고 무조건 기적은 없다고 주장하는 사람도 있을 것이다. 왜냐하면 사두개인들은 하나님의 백성인 유대인이었고 또한 종교의 최고지도자였음에도 기적을 믿지 않았기 때문이다. 지금도 지도자라고 해서 성경의 내용이나 기적을 다 믿는 것은 아니다.

> 이것이 민간에 더 퍼지지 못하게 그들을 위협하여 이 후에는 이 이름으로 아무에게도 말하지 말게 하자 하고(행 4:17).

대제사장과 그 무리는 사도들이 병을 치료했다는 사실은 인정하지만 더 이상 퍼지지 못하게 하려 했다. 그것은 사도들을 자신들의 경쟁자로 생각한 결과다. 자신들의 경쟁자 혹은 대적이 훌륭하다는 사실이 세상에 알려진다면 자신들에게 타격이 될 것은 뻔하다. 대제사장 일파는 진리가, 옳은 것이 그리고 공공에 유익한 사실이 세상에 알려지는 것도 자기들의 이익에 반대되면 막으려고 했다. 그들은 백성들의 병이 치료되고 치료되지 않는 것에는 일말의 관심도 없었다. 당시 대제사장과 기득권층의 행위는 상당히 간악한 것이었다.

대제사장 무리가 사도들을 권력이나 숫자로 계속 위협하려고 했다. 이것은 진리운동을 위협해 막아보려는 어리석은 행동이다. 이것은 구약교회가 신생 신약교회를 위협하려는 강압적 태도다. 또한 무력한 전통과 교리를 지키려고 예수 이름으로 강력한 능력이 나타나는 현상을 막아보려는 술수이다. 현재 대제사장 일파는 자기들이 가지고 있는 힘을 사도들을 협박하는 데 사용했다. 이런 교회는 망해야 한다. 실제로 그들은 이미 서서히 망해가는 중이다.

그들은 "이 이름"으로 전하지 못하게 하였다. 그것은 '예수 그리스도의 이름'이다. "예수의 이름"은 여러 의미가 있는데 예수님의 계시 또는 권위다. '예수 이름'은 이 세상의 희망이다. 그런데도 그들은 사도들이 아무에게도 예수를 전하지 못하게 하고 예수 이름으로 병을 치료하지도 못하게 하기로 자기들끼리 결의하였다. 기득권을 가진 자가 자기 방어를 위해 진리를 덮어보려는 술책이다. 그들은 산헤드린이라는 권력을 진리를 가리고 엎는데 썼다. 그들은 결국 구속자이신 예수님을 위협한 망동을 저질렀다. 인간은 하나님 혹은 그의 아들을 위협해도 결코 성공하지 못한다. 그들의 결과는 여지없이 망하는 것이 뻔하다. 아마 그들은 자기들이 이렇게 막아도 사도들이 그 능력을 끝까지 사용할 것을 알고 있었을 것이다.

> 그들을 불러 경고하여 도무지 예수의 이름으로 말하지도 말고 가르치지도 말라 하니(행 4:18).

그들은 베드로와 요한 그리고 사도들을 불러서는 "너희들 경고하는데" 하면서 눈을 부릅뜨고 압박하였다. 그들은 내부적으로 결의한 대로 사도들에게 앞으로는 '예수의 이름'으로 어디서든지 말도 하지 말고 가르치지도 말라고 하였다. 예수란 말은 아예 입에 올리지도 말라는 협박이었다. 다른 사람의 언론의 자유를 막고 이미 이루어진 사실도 말 못하게 하는 불법 행위였다. 엄연히 존재하는 '예수 이름'을 유령처럼 만들려는 속셈이다. 구약교회 지도자들은 사악한 마귀 집단이었다.

베드로와 요한이 대답하여 이르되 하나님 앞에서 너희의 말을 듣는 것이 하나님의 말씀을 듣는 것보다 옳은가 판단하라(행 4:19).

대제사장 무리가 결코 예수 그리스도의 이름을 입 밖에도 내지 말라고 할 때 베드로와 요한은 대답하였다. 베드로와 요한은 하나님 앞에서의 삶을 생각했다. 그리고 "너희의 말을 듣는 것이" 하면서 예수를 증거하지 말라는 너희의 말을 듣는 것이 어떤 것인지를 말한다.

베드로와 요한은 '예수'를 증거하는 것이 하나님의 말씀을 듣는 것이라고 생각했다. 그것은 성경의 예언을 통해서도 깨달은 것이며 예수님이 직접 가르쳐 주신 것이다. 또한 각자 기도하던 중에 하나님께서 예수 그리스도를 증거하라고 하셨음이 분명하다. 베드로는 환상도 잘 보았고 천사도 그를 찾아왔었다. 베드로는 그래도 산헤드린 공회원들이 일말의 양심이 있을 것이라 생각하고 호소하였다. 그래서 너희 말을 듣고 예수를 증거하지 않는 것이 옳은지, 아니면 너희 말을 듣고 침묵하며 사는 것이 옳겠는지 판단 좀 해보라는 것이다.

기적을 행하지 못하고 병도 고치지 못하면서 행세만 하는 무리들은, 병을 고치고 기적을 행하는 사람을 싫어하고 그 일을 하지 못하게 한다. 그들은 기적을 행하는 것이 진리가 아니라고 말하지만 실상은 시기와 질투일 뿐이다. 자신들의 시기질투 때문에 기적적으로 치유를 받아야 할 사람들이 한평생 불행 속에 살거나 그대로 죽어야 한다. 그러나 그런 불행은 그들의 안중에도 없다. 옛날이나 지금이나 마찬가지다. 이런 지도자를 만난 백성이 불쌍할 뿐이다. 정말 가슴치고 통탄할 일이다.

우리는 보고 들은 것을 말하지 아니할 수 없다 하니(행 4:20).

베드로와 요한은 주님께서 행하신 수많은 가르침과 이적을 보고 들었다. 그리고 자신들도 똑같이 행했다. 그러므로 대제사장 일파에게 보고 들은 것을 말하지 않을 수 없다고 했다. 너희들도 양심적으로 판단하라. 나도 양심적으로 생각한다는 취지다. 그런데 일반 사람들은 혹시 보고 들어도 말하지 않을 수도 있지만 베드로와 요한은 성령이 충만하여 주의 나라를 위해 뜨거운 열정을 가졌기 때문에 말하지 않을 수 없다고 하였다. 어떤 사악한 위협도 주님을 높이고 백성들의 문제를 해결해주려는 사도의 열정을 막을 길이 없다. 산헤드린의 제사장, 서기관들이 아무리 베드로와 요한을 미워하고 비판해도 살아계신 주님은 사도들을 사랑해주시고 계속 능력이 나타나게 하신다.

> 관리들이 백성들 때문에 그들을 어떻게 처벌할지 방법을 찾지 못하고 다시 위협하여 놓아 주었으니 이는 모든 사람이 그 된 일을 보고 하나님께 영광을 돌림이라(행 4:21).

여기서 관리들은 산헤드린 공회원이자 성전관리자들을 가리키는데 그들은 베드로와 요한을 엄하게 벌주고 싶었다. 자기들의 말을 듣지 않고 계속 예수를 높이고 기적을 베풀고 병을 치료할 것이라고 했기 때문이다. 하지만 관리들은 백성들의 눈치를 보았다. 그들은 하나님이나 진리보다는 사람들의 반응이 두려웠다. 반면 베드로는 백성이나 대제사장 등 종교기득권층을 전혀 의식하지 않았다.

당장 벌을 주고 싶어도 백성들이 자기들한테 어떻게 나올까 눈치를 보았다. 만일 벌을 주었다가 백성들이 베드로나 요한 편을 들면서 자기들을 욕하고 등을 돌리면 큰일이었다. 그렇다면 일이 너무 커진다. 혹을 떼려다가 더 커질 수 있는 것이었다. 그래서 사도들을 다시 위협하고는 할 수 없이 그대로 놓아주었다. 위협의 내용은 예수 그리스도의 이름을 입 밖에 내지 말라는 것이었다.

대제사장 일파가 베드로 등 사도들을 놓아준 것은 결국 백성들의 태도 때문이다. 모든 백성은 베드로와 요한이 앉은뱅이를 고친 것을 눈으로 똑똑히 보았고 이제 사도들을 인정하게 된 것이다. 그리고 그 일에 대해 대제사장이나 장로

들같이 의심을 품지 않고 오히려 확실히 믿고 하나님께 영광을 돌렸다. 백성들도 서서히 무엇이 진실인지를 알아가고 있었다. 역사적으로 보면 거짓된 지도자의 생각보다 백성들의 생각이 옳을 때도 많다. 이적과 기적, 병 고침 같은 권능의 나타남은 어느 시대나 위력이 있는 법이다. 이러한 능력이 나타나면 그가 하나님의 사람임이 입증되는 증거가 된다. 사도성이란 곧 예수 그리스도의 이름으로 능력을 행하는 것이다. 어느 시대든 '예수의 이름'으로 강력한 은사와 능력이 나타날 수 있다. 이것을 누가 막겠는가. 성령의 역사를 무시하거나 막으려는 사악한 자들의 계획은 결국 그들 자신의 무덤을 파는 것으로 끝난다.

이 표적으로 병 나은 사람은 사십여 세나 되었더라(행 4:22).

앉은뱅이였던 사람은 사도의 능력 때문에 병이 나았다. 기독교는 병이 있을 때 참고 지내는 것이 아니라 히스기야처럼 병 낫기를 위해 기도해야 하고 베드로처럼 능력으로 치료를 해야 한다. 야고보도 병이 낫기를 위하여 서로 기도하라고 하였다(약 5:16).

병 나은 사람은 사십여 세가 되었다고 증언하고 있다. 그는 무려 사십여 년간 앉은뱅이로 산 것이다. 이 정도면 불치병이다. 그는 고난의 사십 년을 보냈다. 병이 나은 그가 드디어 얼굴을 떳떳이 들고 세상에 나타났다. 누가는 성경을 기록하면서 나이를 기록했다. 사람은 대개 얼굴을 보면 어느 정도 나이를 짐작할 수 있다. 그리고 병 나은 자가 장성했기 때문에 자신에게 어떠한 일이 일어났는지 누가 어떤 방법으로 불치병을 고쳤는지 다 알 수 있다. 자기 몸으로 체험한 사람은 누가 뭐라고 해도 그 체험에 대해 증거할 수밖에 없다. 자신이 맛을 보았는데 다른 사람이 그 맛본 내용을 아니라고 한다고 해서 자신의 체험이 허구였다고 포기할 사람은 없다. 기독교는 누가 뭐라고 해도 체험의 종교다. 앉은뱅이였던 그가 주님의 특별한 사랑을 받은 것을 볼 때 그리고 베드로에게 감사하는 것을 볼 때 장차 구원의 자리에 들어간 것이 확실하다.

사도들이 놓이매 그 동료에게 가서 제사장들과 장로들의 말을 다 알리니(행 4:23).

대제사장 일파에게 하마터면 감금되어 큰 고초를 겪을 뻔 했지만 사도들은 풀려났다. 사도들은 자신들이 죄가 있음을 인정하고 다시는 이적을 베풀지 않겠다고 사정사정하여 비굴하게 풀려나온 것이 아니라, 우리는 너희 말을 듣지 않고 하나님의 말씀을 듣겠다고 하면서 당당하게 돌아왔다.

대제사장 일파에게서 풀린 사도들은 동료에게로 갔다. 다른 제자들이 붙잡힌 그들을 염려했을 것이다. 사도들은 그들을 만나 이번 사건의 상황을 설명해주었다. 그들은 앉은뱅이 걸인을 일으킨 일과 제사장들과 장로들이 자신들을 어떻게 억압하고 훼방하였는지를 자세히 보고하였다. 예수 그리스도의 이름이 분명히 드러난 사건이었다. 그들은 서로 위로하고 협력하며 기도하는 사람들이었다. 지금 초대교회는 구약교회와 신약교회 두 교회가 공존하고 있는 중이다. 하나는 능력이 없고 하나는 능력이 있다. 하나는 폭력적이고 하나는 진리 중심적이다. 하나는 떼거리로 몰려다니고 하나는 은혜로 모인다. 하나는 불안해하고 하나는 기쁨이 넘친다. 하나는 사람들이 외면하고 하나는 사람들이 몰려든다.

그들이 듣고 한마음으로 하나님께 소리를 높여 이르되 대주재여 천지와 바다와 그 가운데 만물을 지은 이시요(행 4:24).

붙잡혔다가 풀려난 사도들의 자세한 이야기를 듣고 다른 사람들과 일행들은 하나님께 소리 높여 기도하였다. 감격과 보람과 기쁨이 그들의 가슴을 가득 채웠다. 하나님께 기도하면서 하늘과 땅과 바다와 그 가운데 만물을 지으신 하나님을 소리 높여 불렀다. 하나님은 실로 창조주시다. 모든 것을 하나님이 만드셨다. 그 만물을 볼 때 하나님의 말로 표현할 수 없는 큰 능력을 안다. 창조물을 볼 때 겸손해지고 찬양이 넘쳐나고 기도할 수밖에 없다. 그래서 그 크신 창조주가 사도들을 도우실 것을 믿었는데 정말 도우셨다.

> 또 주의 종 우리 조상 다윗의 입을 통하여 성령으로 말씀하시기를 어찌 하여 열방이 분노하며 족속들이 허사를 경영하였는고(행 4:25).

사도들과 동료들은 기도하면서 다윗을 주의 종이라고 했다. 그것은 단순히 권력을 갖고 있는 왕의 차원을 넘는 것이다. 그런데 하나님은 주의 종인 다윗의 입을 통하여 말씀하셨다.

다윗이 입을 열어 말하였지만 성령이 강하게 역사하신 것이다. 예수님이 오시기 천 년 전 사람인 다윗이나 예수님 당시 다윗에 대해 말하는 사도들이나 모두 성령에 충만하였다. 성령은 시대를 뛰어넘어 종교개혁자 루터, 칼빈에게도 역사하셨고 지금도 역사하신다. 성령은 어느 시대나 역사하신다.

사도들이 인용한 다윗의 예언은 시편 2편의 내용을 옮긴 것이다. 사도들 일행은 구약성경을 많이 알았고, 사건 사건을 구약성경의 예언이 성취된 것으로 보았다. 그들의 성경 실력과 영적 수준은 대단했다. 다윗이 예언한 내용은 열방이 분노한다는 것이다. 분노할 이유가 없는데 분노한다. 그리고 족속들이 헛된 일을 한다. 그런데 이런 엉뚱한 분노와 헛된 일을 하는 자들이 사도들 시대에 있다. 또한 열방이 분노한다고 하였는데 열방이 복수로 되어 있어 '열방들'이라고 할 수 있고, '족속들'이라고 한 것을 볼 때 주님을 대적하는 나라는 유대 나라뿐 아니라 여러 나라인 것을 보여준다. 지금 이스라엘에서 누가 '예수'에 대해 분노하고 허사를 경영하는가.

> 세상의 군왕들이 나서며 관리들이 함께 모여 주와 그의 그리스도를 대적하도다 하신 이로소이다(행 4:26).

세상의 권력자들과 관리들이 함께 모여 무슨 못된 일을 하는데 지금 사도들 시대에도 그런 일이 벌어지고 있다. 그들이 모여서 하는 일이란 주와 그의 그리스도를 대적하는 것이라고 다윗이 말했다. 세상 권력이 하나님과 그의 보내신 메시아를 대적하는 어이없는 일이 벌어진다고 하였다. 사도 일행은 다윗이 천년 전 그렇게 말했는데 과연 그 일이 지금 자신들이 사는 시대에 일어나고 있다고 말하는 것이다. 사도들의 성경 해석과 시대를 보는 눈은 정확하였다.

> 과연 헤롯과 본디오 빌라도는 이방인과 이스라엘 백성과 합세하여 하나님께서 기름 부으신 거룩한 종 예수를 거슬러(행 4:27).

예수 그리스도를 십자가에 못 박아 죽일 때 권력자인 이방 사람 헤롯과 본디오 빌라도가 연합했다. 또한 이방인 중 예루살렘에 거주하는 사람이 합세하였다. 모든 면에서 서로 하나가 되거나 어울리지 않을 사람들이 이스라엘 백성들과 의기투합했다. 신기하고 놀랍게도 주님을 죽이는 데 하나가 된 것이다. 하나가 되는 것은 좋은 일이지만 망하려고 하나가 될 때도 있다.

그들은 하나가 되어 주를 대항하였다. 하나님은 구약 시대 왕이나 선지자 또는 제사장에게 기름을 부으셨다. 기름 부음을 받을 때 하나님의 능력이 임한다. 그리고 외적으로도 하나님의 사람이라는 징표가 된다. 기름 부음 받은 예수님은 거룩한 종이시다. 구약 시대 누구와도 비교할 수 없는 특별한 하나님의 은혜가 주님께 임했다. 그런데 헤롯과 빌라도 등 세상 사람들이 주님을 거슬렀다. 그분의 말씀을 듣지도 않고 오히려 고개를 쳐들고 대들었다. 하나님의 종, 주님에게 대드는 것은 죽을 일이다.

> 하나님의 권능과 뜻대로 이루려고 예정하신 그것을 행하려고 이 성에 모였나이다(행 4:28).

하나님께는 큰 권능이 있으시고 그분은 자신의 뜻을 세워나가신다. 하나님이 예정하신 일은 다윗이 예언한 대로 세상의 군왕과 족속들이 하나님의 종을 대적하는 것이다. 그 예언대로 그들이 주님을 대적하기 위해 예루살렘 성에 모였다. 이것은 그들이 악한 계획을 세워 하나님의 종 예수를 해하려는 것으로 보이지만 실상 다윗이 미리 내다본 것이고 그 예언이 이루어지는 것뿐이다. 마귀의 계획은 처음에는 자기들의 뜻대로 이루어지는 것 같지만 결국 주님이 이기신다. 사탄은 주님과 상대가 되지 않는다.

> 주여 이제도 그들의 위협함을 굽어보시옵고 또 종들로 하여금 담대히 하나님의 말씀을 전하게 하여 주시오며(행 4:29).

지금 여러 권력자들이 예수님을 핍박한 것뿐만 아니라 사도들까지 위협하는 것을 주께서 보시라는 간구다. 이것을 보시고 핍박자의 행동이 오히려 하나님의 뜻을 이루는 것이 되도록 섭리해주시기를 바라는 것이다(박윤선).

권력자들이나 다수의 무리에게 위협을 받으면 누구나 위축되기 마련이다. 그러나 사도들의 간구는 도망갈 수 있게 해달라는 것이나 막아달라고 하는 것이 아니라 그들과 맞서도록 담대하게 해달라는 것이다. 사도 일행은 하나님의 뜻이 세상에 이루어질 것을 믿었다.

사도들은 왜 담대해야 하는 것일까. 그것은 하나님의 말씀을 담대히 증거하기 위해서다. 하나님의 말씀을 평안한 가운데 증거한다면 더없이 좋은 일이지만 위협과 훼방과 어려움이 있어도 증거해야 한다. 선지자는 이 세상 누구도 두려워하지 않는다. 그리고 믿음 없는 사람의 지도를 따르지 않는다. 사도 일행의 기도를 보면 핍박이 물러가거나 그것을 피하게 해달라는 나약한 기도를 하지 않았다. 또한 핍박하는 자들이 상하거나 죽게 해달라고 기도하지도 않았다. 핍박이 오면 당해주고 죽이면 죽을 수도 있다는 각오가 되어 있다. 사도들은 예수님께서 고난받으셨지만 끝까지 달려가신 것을 몸소 따라가고 있다.

손을 내밀어 병을 낫게 하시옵고 표적과 기사가 거룩한 종 예수의 이름으로 이루어지게 하옵소서 하더라(행 4:30).

베드로는 지금 앉은뱅이 걸인의 병을 치료해주었다가 대제사장 일파에게 비난을 받으며 어려움을 겪고 있는 중이다. 그런데도 사도들은 자신들에게 능력을 주셔서 계속해서 병을 고칠 수 있게 해달라고 간구하며 병을 치료하는 것에 대해 강한 의지를 보이고 있다. 사람들의 비난이 있다고 해서 자신에게 있는 병을 고칠 수 있는 능력을 포기할 수는 없다. 지금 많은 하나님의 백성들이 병으로 고통당하고 있는데 그것을 당장 치료해주어야 한다. 병을 고치는 것은 병든 자를 위한 것이지 비판자들의 병을 고쳐준다고 시도한 것이 아니다. 그러므로 사도들이 병을 치료하는 것에 대해 제삼자가 개입할 일이 아닌 것이다. 병든 자들이 치료받기를 원하고 있는 한, 사도들은 계속 병을 고칠 것이다.

능력은 병만 고치는 것이 아니다. 자연을 움직일 수도 있고 귀신을 내쫓을 수도 있으며 오병이어의 기적 같은 것도 행할 수 있다. 그래서 병 고치는 것 외에도 표적과 기사는 다양하게 있다.

예수님은 거룩한 종이시다. 누구든지 예수님처럼 거룩하면 할수록 능력이 강해진다. 반대로 거룩하지 않을수록 능력은 약해진다. 하나님의 종이면서도 어떤 모양으로든지 신적 능력이 나타나지 않는다면 그 거룩성이 의심받을 수 있다. 그리고 능력은 사도의 이름이나 대제사장의 이름 그리고 황제의 이름도 아니다. 오직 "예수의 이름"뿐이다. 예수 외에 구원의 길은 없다. 예수는 살리는 영이고 사탄은 죽이는 영이다. 그러므로 사탄을 따라가면 결국은 죽음이 닥친다. 사도들은 도전과 위협을 받으면서도 간절히 하나님께 살리는 일을 잘하게 해달라고 기도했다.

빌기를 다하매 모인 곳이 진동하더니 무리가 다 성령이 충만하여 담대히 하나님의 말씀을 전하니라(행 4:31).

사도들과 함께했던 제자들이 간절히 그리고 충분히 기도했더니 모인 곳이 진동했다. 즉각 하나님께로부터 응답이 왔다. 오순절도 아닌데 모인 곳이 진동했다. 진동은 하나님의 임재의 징표다. 이 진동을 영적으로만 느낀 것이 아니라 각 사람 몸에도 나타났고 기도하던 장소에도 신비한 징조가 나타났다. 강력한 은혜가 임하면 이렇게 된다. 표적과 기사를 행하게 해달라고 구했더니 그렇게 할 수 있는 신비한 능력이 더 임한 것이다. 목전에서 기도가 바로 응답되었다.

기도 후에 진동이 있었고 그것이 성령이 임한 증거임이 곧 밝혀졌다. 기도하던 모두가 성령에 충만해졌기 때문이다. 오순절 때 성령이 마가의 다락방에 강력하게 임했는데 또다시 기도할 때 그와 같은 성령의 은혜가 임했다. 오순절 성령은 신약교회의 문을 여는 강력한 첫 번째 은혜였는데 비록 그때와는 수준이 차이가 있지만 상당한 성령의 역사가 이 장소에서 또 나타났다. 이런 임재는 사도들이 선교 여행을 하던 중에도 계속해서 나타났다. 기도하는 자리는 하나님이 오시는 자리다.

성령이 충만히 임하면 그 증거로서 성령받은 사람이 하나님을 증거하지 않을 수 없다. 그러므로 교회와 성도가 담대히 말씀을 증거하지 못하는 것은 성령이 아직 강하게 역사하지 않았다는 증거다. 그것은 변명의 여지가 없는 일이다. 초대교회는 종교권력자들의 핍박이 있었지만 아랑곳하지 않고 성령의 역사하심으로 전도하며 기쁨이 충만했다.

> 믿는 무리가 한마음과 한 뜻이 되어 모든 물건을 서로 통용하고 자기 재물을 조금이라도 자기 것이라 하는 이가 하나도 없더라(행 4:32).

사도들을 포함한 무리는 성령으로 한마음과 한뜻이 되었다. 하늘에서 불이 쏟아지고, 기도하던 곳이 진동할 뿐 아니라 몸으로 느껴지는 그 순간에 감격하지 않을 수 없었다. 그야말로 신비로움에 사로잡혔다. 이제 그들은 목표도 소망도 하나였다. 성령 충만하여 신적 은혜 속에 들어가면 이렇게 된다. 그들은 모두가 구원을 받을 것이라는 마음을 가졌다. 그들에게 예수 믿는 기쁨이 흘러넘쳤다.

성도들은 영적 세계에 들어갔기 때문에 세상 물질에 집착하지 않게 되었다. 성도들의 모습이 신들린 듯해졌는데, 땅과 집을 비롯한 모든 재산을 자신의 것으로 생각하지 않았다. 그러므로 자신의 소유와 물건을 나누어 사용했다.

누구 하나 이 일을 피하거나 이 일에서 소외된 사람이 없었다. 성령에 충만하면 성령의 사람이 된다. 그들은 자발적으로 마음과 기도와 물질이 하나가 되었다.

> 사도들이 큰 권능으로 주 예수의 부활을 증언하니 무리가 큰 은혜를 받아(행 4:33).

사도들이 예수 그리스도를 증언하는데 말로만 또는 설교로만 한 것이 아니다. "큰 권능"을 나타내면서 부활을 증언했다. 권능도 보통 권능이 아니었다. 모든 사람이 죽었다고 생각하는 예수님이 부활해 살아나셨다고 주장하려면 그 정도의 신비한 능력이 나타나야 신뢰할 수 있고 신빙성이 있게 된다. 사도들에게 병을 치료하는 등의 능력이 나타났기 때문에 사람들이 부활을 믿을 수 있었다. 사도들도 전도하는 것이 신이 났다. 성도들도 주님을 믿는 것이 그렇게 흥분되고 재미있을 수가 없었다. 성도들이 사도들을 쳐다볼 때마다 존경심이 절로 우러나왔다. 그들은 정말 오랜만에 진정한 영적 지도자를 만나서 행복했다. 사도들에게 권능이 나타나지 않았다면 초대교회는 지리멸렬할 수밖에 없었을 것이다.

사도들이 행하는 권능을 보고 그들이 하는 설교를 들었을 때 사람들이 큰 은혜를 받았다. 은혜를 받으면 가슴이 벅차고 깨달음도 있으며 의지적으로 주님을 섬기고 싶은 마음이 생겨난다. 신약교회는 성령 충만으로 은혜가 있는 교회다. 수많은 사람들에게 하나님을 믿는 재미가 깨가 쏟아지는 듯했다.

그 중에 가난한 사람이 없으니 이는 밭과 집 있는 자는 팔아 그 판 것의 값을 가져다가(행 4:34).

복음이 전파되면서 그리고 신약교회가 형성되면서 나타난 현상으로 가난의 문제가 해결된 것이었는데 이것은 중요한 점이었다. 당시에는 빈부격차도 심했고 가난한 사람들이 많았다. 그런데 신약교회에 발을 들여놓으면 가난 문제가 어느 정도 해결되었다. 그들이 갑자기 일을 더 많이 한 것이 아니다. 그것은 사도 중심으로 모인 신약교회의 성도들이 자신들의 재산, 즉 부동산을 처분했기 때문이다. 그들은 물질을 자기 혼자서만 차지하려 하지 않았다. 재산을 매매하고 현금을 확보하였다.

사도들의 발 앞에 두매 그들이 각 사람의 필요를 따라 나누어 줌이라(행 4:35).

땅을 판 돈은 액수가 클 것이다. 그런데 그런 돈을 사도들 발 앞에 가져왔다. 이는 십일조나 감사 헌금의 성격이 아니라 전 재산을 하나님께 드리는 마음이다. 십일조는 아마도 당시 성전에 가져간 사람이 많았을 것이다. 밭과 집을 판 돈들이 사도들에게 들어왔을 때 그들은 그 돈으로 부동산을 매입하는 등 다른 용도로 쓰지 않고 성도들의 가난, 즉 먹는 문제를 먼저 해결하였다. 물질을 신약공동체 성도들에게 필요에 따라 조건 없이 나누어준 것이다. 오늘날 교회는 이 문제에 깊은 관심을 가져야 한다.

구브로에서 난 레위족 사람이 있으니 이름은 요셉이라 사도들이 일컬어 바나바라(번역하면 위로의 아들이라) 하니(행 4:36).

구브로는 이스라엘 서쪽에 있는 섬으로, 바나바는 그곳 출신 레위인이다. 그는 거기에서 태어나 그 근처에서 살았다. 그의 이름은 요셉이지만 사도들은 위로의 아들이라는 뜻의 이름인 바나바라고 불렀다. 아마도 그가 성도들을 위로하는데 앞장섰던 사람이었기 때문이었을 것이다. 그는 레위 족속다웠다. 레위 족속은 백성을 위해 하나님께 제사하는 일을 맡았다. 그들은 그 일을 행할 수 있는 은사를 많이 받았다. 바나바는 모든 면에서 실라나 디모데와 같은 수준의 존경받는 사람이었다. 나중에 나오지만 바나바가 바울로부터 떠나고 실라가 대신 들어온 것을 보면 그들이 서로 비슷한 수준인 것을 알 수 있다. 바나바는 사도라는 말을 들었다(13:43).

> 그가 밭이 있으매 팔아 그 값을 가지고 사도들의 발 앞에 두니라(행 4:37).

레위 사람 바나바가 자신의 밭을 팔았다. 그는 구브로 출신이기에 그가 판 땅은 이방 지역에 있었을 것이다. 그 땅은 여호수아가 가나안에 들어왔을 때 하나님으로부터 분배받은 땅이 아니다. 이렇게 물려받은 가나안 땅은 팔면 안 되었다. 물론 레위인에게 사유재산은 금지되었지만(민 18:20, 신 10:9) 포로 귀환 후에는 지켜지지 않았다. 그렇다고 해서 레위인으로서 물려받은 가나안 땅을 판 것은 아니었다. 존 스토트도 그 땅이 구브로에 있었을 것으로 추정한다.

바나바는 레위인으로서 성전에서 일할 수 있었다. 성전과 가까이 지내며 기득권층으로 살 수도 있었지만 구약교회를 떠나 그 신분과 자존심을 내려놓고 새로운 신앙운동에 협력하였다. 그리고 사도들 앞에 겸손히 나아가 큰 물질을 드렸다. 당시 제사장으로서 구약교회를 떠나 모든 기득권을 포기하고 신약교회에 들어온 사람은 이 외에도 많았다.

시간이 지나면서 주님의 사도들은 많은 물질을 관리하게 되었다.

5장

아나니아와 삽비라, 구약교회와 신약교회의 충돌

1장에서는 열두 사도가 채워지고, 2장에서는 열두 사도가 중심이 된 오순절 날 성령이 충만히 임한 내용이다. 3장은 베드로와 요한이 앉은뱅이 걸인을 일으키고, 4장은 베드로가 대제사장의 무리에게 담대히 예수 그리스도를 증거하였다. 5장에서는 아나니아와 삽비라의 죽음과 사도들이 대제사장 무리의 시기 때문에 감옥에 갇혔다 풀려난 이야기가 나온다.

아나니아라 하는 사람이 그의 아내 삽비라와 더불어 소유를 팔아(행 5:1).

초대교회에 아나니아라 하는 사람이 있었는데 아내와 함께 신약공동체에 출석하였다.

그 부부는 자신들의 소유를 팔았다. 그 당시 교회 분위기는 훌륭한 성도들, 즉 레위지파 사람인 바나바를 비롯해 많은 사람들이 자신들의 밭과 땅을 팔아 사도 앞에 드렸다. 그것이 가난한 사람들을 위해 쓰이자 공동체는 힘이 났고 기부자들은 사랑과 존경을 받았을 것이다. 바로 그때 이 부부도 그들과 마음을 같이 하여 자신들의 소유를 팔았다. 부부가 마음을 함께하는 것은 귀한 일이다.

> 그 값에서 얼마를 감추매 그 아내도 알더라 얼마만 가져다가 사도들의 발 앞에 두니(행 5:2).

아나니아는 땅을 팔아 받은 돈에서 일부를 감췄다. 자신의 소유를 팔아 받은 값인데 그렇게 감추는 행위는 이해하기 어렵다. 그는 처음에 그 돈을 하나님께 다 바친다는 마음을 가졌을 것이다. 그리고 다른 사람들에게도 말했을 것이다. 땅은 하루 이틀에 팔리는 것이 아니기 때문에 주님께 드리려고 파는 것이라는 소문이 났을 것이다. 사도들 또한 알았을 것이다. 사도들이 땅을 파는 것을 용납했다는 뜻이다. 그 부부는 이미 칭찬을 들었을 것이고 존경받는 사람들이 되었을 것이다. 하지만 도중에 마음이 변했고 일부를 감추게 되었다.

아내도 남편이 감추는 것을 알고 있었다. 그런데 아내는 제지하거나 의견을 표시하지 않았다. 그것은 부부가 그 일에 의견이 일치했기 때문이다. 그들이 처음 땅을 판 목적은 바나바처럼 사도들의 발 앞에 두려고 했던 것은 확실하다. 그런데 그들은 전부를 바치지 않고 일부를 떼어서 후에 자신들이 사용하려 했다. 그러고는 사도들에게 드리며 시침을 뗐다. 그들이 진정 하나님을 바라보았다면 숨길 수 없었을 텐데 하나님의 임재를 알지 못했기 때문에 숨길 마음도 생겼다. 하나님이 마음에서 말씀하시거나 역사하셨다면 그렇게 속이려는 마음은 생기기 어렵다.

> 베드로가 이르되 아나니아야 어찌하여 사탄이 네 마음에 가득하여 네가 성령을 속이고 땅 값 얼마를 감추었느냐(행 5:3).

아나니아가 베드로에게 땅을 판 돈을 내놓았는데도 베드로는 칭찬하거나 기뻐하지 않고 "아나니아야 어찌하여"라고 하면서 불호령을 내렸다. 그들은 물질을 바치고 왜 야단을 맞는 것일까?

초대교회라는 공동체에 들어와 은혜를 받고 자신의 물질을 하나님께 드리는 단계까지 왔는데도 베드로는 아나니아의 마음에 사탄이 가득하다고 하였다. 이 말은 은유적 표현이 아니라 실제적인 것으로, 베드로가 아나니아의 마음에 있는 사탄을 본 것이었다. 그리고 그 사탄이 한두 놈도 아니고 가득하다고 하였다. 사탄은 조금 있을 수도 있고 가득할 수도 있다. 아나니아가 아무리 교회에 나왔어도 그리고 성령을 체험했고, 하나님께 물질을 드렸음에도 그의 마음에는 사탄이 가득 차 있었다. 사탄이 마음에 가득 찼다는 것은 성령께서 마음에 들어와 계실 자리가 없다는 것으로 그들은 애초부터 성령이 크게 역사하신 사람들이 아니라는 의미다. 이것을 보면 사탄이 가득 찬 사람도 좋지 않은 이유로 주님께 물질을 바칠 수 있다. 어느 시대의 성도에게도 사탄이 가득 차거나 일부만 들어가는 일이 있을 수 있다.

아나니아가 성령을 속였다는 베드로의 말은 무슨 뜻인가. 과연 사람이, 특히 신자가 성령을 속일 수 있는 것인가 하는 문제는 중요하다. 이 말이 나온 배경은 이런 것이다. 교회에 나와 은혜를 받은 아나니아와 삽비라는 성령의 역사하심을 따라 자신들도 물질을 드리고 싶었을 것이다. 그것은 성령의 역사다. 그러나 아나니아의 마음은 사탄이 다 떠나고 완전히 거룩해진 상태가 아니었다. 거룩해지기 위한 회개의 시간은 많이 필요하다.

그러므로 그 마음에 물질을 다 바치기 아까운 마음, 그럼에도 사람들한테 인정받고 싶은 마음과 높아지고 싶은 마음이 있기에 바치지 않을 수는 없어서 일부를 떼고 드린 것이다. 또한 베드로에게 일부를 바치면서도 "내가 판 모든 것을 드린다"고 했을 것이므로 이것은 베드로를 속인 행위다. 이것은 베드로 한 개인만 속인 것이 아니라 아나니아의 마음속에 계신 성령을 속인 것이고, 베드로가 속을 것이라고 생각했으니 베드로에게 역사하시는 성령을 속인 것이다.

아나니아의 마음에 사탄이 가득하여 성령을 속이려고 했는데 성령의 사람인 베드로는 속지 않았다. 베드로가 성령 충만하지 않았다면 그리고 어둠에 가려 있었다면 속았을 가능성이 많다.

베드로는 지금 성령이 충만한 상태에 있어서, 특히 지식의 말씀의 은사와 영 분별의 은사가 뛰어나 아나니아가 속이는 것을 알았다. 그러므로 아나니아에게 자초지종을 물을 것도 없이 다짜고짜 땅 값을 감추었느냐고 호통을 쳤다. 베드로는 땅 값을 감추었는지 진위여부를 알고자 상담하거나 물은 것이 아니다. 소문을 듣고 추궁한 것도 아니다. 땅 값을 감춘 것은 그 부부 외에는 아무도 모르는 일이었다. 아나니아는 지금 하나님을 업신여긴 죄, 거짓으로 바친 죄, 허영심의 죄, 배신의 죄, 거룩한 교회에 상처를 남긴 죄, 외식의 죄 등을 지은 것이다(박윤선).

"감추매"란 말은 여호수아 7장 1절에 기록된 "가졌다"는 말과 같다. 아간과 같은 죄를 지었다는 의미다. 이것은 불의한 재물이다. 베드로는 대사도로서 이런 범죄 행위를 적발했다. 참된 회개를 시키기 위해서는 베드로와 같은 영적 분별력이 있어야 한다. 성도가 어떤 죄를 지었는지 가르쳐준다면 초대교회와 같은 신선하고 능력 있는 교회가 될 수 있다. 우리는 오늘날 성령과 악한 영의 활동 둘 다를 인식하기 위해 그들과 같은 분별력이 필요하다(존 스토트). 오늘날 교회 지도자들에게서 베드로와 같은 영적 분별력이 나타나면 좋을 것이다.

> 땅이 그대로 있을 때에는 네 땅이 아니며 판 후에도 네 마음대로 할 수가 없더냐 어찌하여 이 일을 네 마음에 두었느냐 사람에게 거짓말한 것이 아니요 하나님께로다(행 5:4).

베드로의 말대로 아나니아가 판 땅은 그의 것이 아니다. 사실 이스라엘에서 땅은 개인의 소유일 수 없다. 여호수아 때 가나안 점령 후 지파별로 가족별로 나누어 받은 것이기 때문에 하나님이 주신 것이다. 그러므로 땅은 사고 팔 수 없으며, 혹 어쩔 수 없는 사정 때문에 그렇게 했더라도 희년이 되면 돌려주고 돌려받아야 한다. 그러므로 아나니아의 땅이 아니라는 베드로의 말은 옳다.

아나니아가 팔 때는 하나님께 드린다고 했다. 하나님께 돌려드리는 의미이므로 탓할 수 없다. 그러므로 사도들도 반대하지 않았다. 그러나 그렇게 결심하고 팔았는데 네 마음을 지키지 못하고 사탄에게 휘둘렸느냐고 베드로는 책망한 것이다. 그러고는 땅 값 일부를 갖겠다는 마음을 가졌느냐고 했다. 아나니아는 마음에 그런 생각을 갖고 있었기 때문에 그렇게 행동한 것이다.

아나니아가 사도들 앞에 땅 값 전부를 가져왔다고 한 것은 결국 하나님의 땅을 팔아놓고 자신이 일부를 취하고 하나님께 드렸으므로 그것은 하나님을 속인 죄다. 땅의 원주인 되시는 하나님께 종이 그 판 값을 다 가져오지 않은 것이 되었다. 한편 고르반 사상에 따르면 하나님께 드린다고 했으니 이미 하나님의 성물이 되었다(이달). 존 스토트는 이것은 마귀가 아나니아의 마음에 들어와 그렇게 하도록 꾀었다고 말한다. 또한 감추어진 것을 보게 하는 영적 능력이 있는데 베드로에게 그것이 주어졌다고 했다.

> 아나니아가 이 말을 듣고 엎드러져 혼이 떠나니 이 일을 듣는 사람이 다 크게 두려워하더라(행 5:5).

하나님을 속인 것이라는 말밖에 베드로가 한 말이 없는데 그 말을 들은 아나니아는 혼이 떠나 그 자리에서 죽었다. 이는 베드로의 말이 맞다는 것이고 하나님을 속인 죄로 그 자리에서 죽은 것이 된다. 하나님을 속인 죄는 큰 것이고 또 즉석에서 벌이 임했다. 초대교회에는 성령이 강하게 임하여 기적과 이적이 많이 나타나 좋은 일도 많이 일어났는데 죄를 심판하시는 무서운 권세도 정비례해 크게 나타났다. 성령이 강하게 임재하지 않는 교회는 기적과 이적도 없고 징계도 급작스럽게 이루어지지 않는다. 그래서 성령이 역사하지 않으면 신적 운동이 사라지는 맹물 교회가 된다. 그런 교회는 인본주의적인 교회를 운용하게 된다. 세속적인 사람은 그리고 말세에는 그런 조용한 교회를 오히려 좋아한다.

초대교회 때에는 성령이 강하게 역사하므로 기뻐하기도 하고 두려워하기도 하였다. 좋은 일이 일어나도 두렵지만 나쁜 일도 두렵다. 그래서 하나님이 역사하시면 교회 공동체에 거룩한 두려움이 발생한다. 하나님의 임재로 교회에는 율법이 아니라 거룩한 영적 질서가 생겼다.

젊은 사람들이 일어나 시신을 싸서 메고 나가 장사하니라(행 5:6).

교회 공동체의 젊은 성도들이 죽어 넘어져 있는 아나니아의 시신을 싸서 메고 나갔다. 그리고 즉시 장사하였다. 당시에는 죽은 사람을 24시간 안에 매장하는 것이 원칙이었는데 범법자나 배도자의 죽음은 하나님의 심판을 받았다고 보고 즉각 장례를 행했다. 하나님이 역사하시면 인간의 눈으로 볼 때 불행해 보이는 일도 일어날 수 있다. 그러나 이것은 하나님이 살아계신 것을 보여주는 징표다. 이 일로 초대교회에 원치 않는 장례식이 있었다.

세 시간쯤 지나 그의 아내가 그 일어난 일을 알지 못하고 들어오니(행 5:7).

세 시간쯤 지나 아나니아의 아내가 들어왔다. 남편은 이미 죽어 장사되었다. 남편이 장사된 사실을 아내가 몰랐다는 것이 이해가 되지 않는다. 그만큼 아나니아의 장례가 속전속결로 된 것이었다. 어쨌든 아내가 세 시간 후 사도들 앞으로 왔다. 남편이 땅 값을 일부 감추고 베드로에게 바쳤다가 그 자리에서 죽은 것을 몰랐다. 그 상태로 베드로 앞에 왔다.

베드로가 이르되 그 땅 판 값이 이것뿐이냐 내게 말하라 하니 이르되 예 이것뿐이라 하더라(행 5:8).

아나니아에게 받은 땅 값 일부를 가지고 있던 베드로는 아나니아의 아내인 삽비라가 오기를 기다렸다. 그리고 삽비라에게 "그 땅 판 값이 이것뿐이냐" 하고 물었다. 베드로에게는 조금 전에 죽은 아나니아의 아내인 삽비라를 동정하는 기색이 전혀 없다. 또한 그 일에 대해 미안해하지도 않았다. 단지 땅 값이 이것뿐이냐고 하면서 세 시간 전 아나니아가 바친 돈을 내보이며 물었다. 베드로가 감춘 물질에 대해 상당히 예민해 있는 모습이다. 베드로는 책망하는 말투이지만 실상은 삽비라의 양심을 찔러 그녀를 회개시키려는 것이었다(박윤선).

그러나 삽비라는 각성하지 않았다. 그러고는 천연덕스럽게 "네, 이것뿐입니다"라고 하였다. 삽비라는 베드로가 왜 묻는지도 몰랐다. 그녀는 아나니아처럼 자신이 성령을 속이고 하나님을 속이고 있는 줄 몰랐다. 그녀는 미련하게도 남편과의 잘못된 약속을 지켰다. 그러므로 사도 앞에서 거짓으로 답한 것이다. 속였기 때문에 또 거짓으로 말할 수 있었다. 속임의 영과 거짓의 영은 같다.

> 베드로가 이르되 너희가 어찌 함께 꾀하여 주의 영을 시험하려 하느냐 보라 네 남편을 장사하고 오는 사람들의 발이 문 앞에 이르렀으니 또 너를 메어 내가리라 하니(행 5:9).

베드로는 삽비라에게 야단을 쳤다. 그것은 부부가 땅을 팔아 하나님께 드린다고 하면서 일부를 빼내는 좋지 않은 계략을 세웠기 때문이다. 주의 영은 성령님이시다. 즉, 그녀가 성령을 시험했다는 말인데 땅 판 돈을 베드로에게 다 드렸다고 거짓말하는 것은 마음에 역사하시는 성령과 베드로에게 역사하시는 영이 모를 것이라 여겼으니 이것은 시험한 것이다. 시험을 해보았는데 금방 발각된 것이다.

베드로의 말은 아나니아가 죽어 장사를 지냈다는 것이고 장사 지낸 사람들이 다시 베드로가 있는 곳까지 왔다는 말이다. 사람을 메어 나간 것은 바로 전 아나니아가 죽었을 때의 상황이다. 다시 말해 삽비라 너도 죽어 사람들이 메고 나가게 된다는 뜻이다. 어찌 보면 베드로의 태도는 냉혹하다. 그러나 이것은 베드로가 마음 내키는 대로 행한 것이 아니라 하나님이 베드로를 강하게 붙잡으시고 하나님이 행하신 것이다. 베드로는 성령 충만했기에 상대가 성령을 속이는 것을 알았고, 성령이 충만했기에 말만 해도 사람이 죽었다. 하나님의 사람의 말은 살리고 죽이는 능력이 있다. 성령이 사로잡고 있는 사람들은 두려운 존재다.

> 곧 그가 베드로의 발 앞에 엎드러져 혼이 떠나는지라 젊은 사람들이 들어와 죽은 것을 보고 메어다가 그의 남편 곁에 장사하니(행 5:10).

삽비라는 남편 아나니아처럼 책망하고 있는 베드로의 발 앞에 엎드러져 혼이 떠났다. 죽은 것이다. 아나니아를 장사지내고 온 사람들도 삽비라에 대해 궁금했을 텐데 들어와 보니 그녀 역시 남편처럼 되어 있었다. 베드로의 발 앞에 엎드러져 죽은 것은 성도들이 베드로의 발 앞에 땅 판 돈을 갖다 놓은 것과 같은 말이다. 아나니아와 삽비라는 재물을 놓을 자리에 그들의 생명을 바쳤다.

부부가 가까이 묻히게 되었다. 신약교회에 하루에 초상이 두 번이나 나는 슬픈 일이 일어났다. 충성하려 했던 마음이 잠깐 흔들려 죽음을 맞이했다. 이 사건을 보면서 아나니아와 삽비라는 과연 구원받았을까 하는 궁금함이 있다. 많은 사람들이 성령을 속였기 때문에 징계를 받았으니 지옥에 갔다고도 하고, 구원받은 성도라고도 한다(유상섭).

이 죄를 성령 훼방 죄로 보는 경우가 있는데 그렇지 않다. 성령 훼방 죄는 명백히 하나님이 행하신 일을 귀신이 행했다고 하는 것이기 때문이다. 아나니아와 삽비라의 죄는 성령을 속인 것이지 성령 훼방 죄는 아니다.

아나니아와 삽비라처럼 분명하지는 않지만 정황상 아무리 보아도 하나님의 징계인 것이 확실한 일이 교회에나 세상에 많기 때문이다. 오늘날은 아나니아와 삽비라보다 교회에서나 세상에서나 더 큰 죄를 지었음에도 당장 하나님의 심판이 없는 경우도 있다. 이유는 여러 가지인데 그 중 하나는 5장 5절에서 말한 것처럼 지금은 초대교회처럼 하나님의 강력한 임재가 없기 때문이다. 하나님이 강하게 역사하시면 성령의 역사가 강하게 나타나 기적이 많이 나타남과 동시에 죄에 대한 벌도 강하게 나타난다. 현장에서 즉각 나타나는 징계는 큰 죄이기 때문이다. 성령이 강하게 역사하시면 징계도 신속하다. 오늘날의 성도들도 마음에 사탄이 가득할 수 있다. 그러므로 하나님 앞에서 두려움을 가져야 한다.

또한 하나님의 징계를 받은 사람에 대해 너무 쉽게 지옥에 갔다고 속단하는 것은 피해야 한다. 더욱 조심할 일은 자기와 원한 관계에 있거나 경쟁 관계에 있는 사람들을 시기하는 것이다. 그들이 큰 어려움을 겪거나 사망했을 경우 그들이 하나님의 징계를 받았다거나 지옥에 갔다거나 한다. 또한 사악한 마귀의 말을 듣고 진실인 것처럼 착각하여 주의 종들이 지은 약간의 허물을 들추어내며 지옥에 갔다고 말하는 악한 사람들도 있다.

우리는 누구나 하나님 잎에서 두려움을 가져야 하지만 교회를 해치는 이러한 행동은 용납해서는 안 된다. 한 개인의 일에 대해 지극히 사적인 자리에서가 아닌 공개적인 자리에서 그들이 불행하게 보이는 말을 하는 것은 옳지 않다. 베드로나 바울 같은 유력한 인물들은 어느 누구에 대해서도 지옥에 갔다고 말하지 않았다. 그러므로 아나니아와 삽비라가 구원받지 못했다고 말하는 것은 성경적인 근거가 약할 뿐 아니라 좋지 않은 풍토를 만들 수 있기에 아예 언급하지 않는 것이 좋다.

아나니아와 삽비라 사건에는 깨달을 점이 많다. 첫째, 땅은 원래부터 내 소유가 아니라는 것이다. 또한 남들을 속여 인기를 얻으려 하는 것은 옳지 않다. 그리고 교회 지도자를 속이는 것은 큰 죄다. 성령이 역사하시면 성도들은 자유롭게 섬기게 된다. 사람이 죽는 불행한 일이 신약교회에는 유익이 되었다. 이 일로 성도들이 하나님을 두려워하며 잘 섬기는 계기가 되었고, 교회는 정결해졌기 때문이다.

온 교회와 이 일을 듣는 사람들이 다 크게 두려워하니라(행 5:11).

두 사람이나 베드로의 책망을 듣는 자리에서 죽었기에 온 교회에 소문이 났고 교회 밖의 사람들도 상당수가 알게 되었다. 여기에서 교회란 말이 처음 나오는데 드디어 신약교회가 이름을 얻었다. 그들은 다 크게 두려워하였다. 사람이 벌을 받아 죽으면 두려움이 생긴다. 그것은 나도 그와 같은 죄를 지을 가능성이 있고, 그렇다면 그와 똑같이 될 것이기 때문이다. 하나님을 믿는다는 것에는 축복과 징계가 다 포함된다. 이런 일은 현대에서도 어김없이 나타난다. 수십 년 동안 예수를 믿은 사람은 지금도 교회 안에 이런 일이 있다는 것을 경험으로 알게 된다.

사도들의 손을 통하여 민간에 표적과 기사가 많이 일어나매 믿는 사람이 다 마음을 같이하여 솔로몬 행각에 모이고(행 5:12).

사도들이 손으로 영적 사역을 많이 하였다. 안수를 하기도 하고 손으로 일으키기도 하며 선언하기도 했다. 누구에나 있는 같은 손인데 신비한 도구가 된 것이다. 그들의 손은 일반 사람들의 손과 다르다. 능력이 나타나지 않는 제사장이나 서기관들로서는 도저히 받아들일 수 없었지만 현실이었다. 그들이 아무리 사도들을 비판해도 자신들의 입만 아플 뿐이다.

그리고 기적은 한두 번이 아니라 수도 없이 일어났다. 열두 명의 사도가 여기저기서 능력을 행했다. 꼭 주님이 여러 명이 되어 살아 돌아오신 것과 같은 능력이 신약교회 안에 일어났다. 원수들은 예수님 한 분을 죽였는데 예수님의 제자 수십 명이 예수님처럼 행했다. 성령이 충만히 임하면 사도들과 같은 일이 지금도 나타난다.

초대교회는 잘 뭉쳤다. 그것은 과거의 미지근하고 고리타분하고 말과 형식만 있는 성전 중심의 신앙생활이 아닌, 활기차고 감격이 있고 기적과 이적이 연속적으로 나타나기 때문이다. 교회에 생동감이 있고 하나님이 역사하시는 것은 누가 보아도 알 수 있다.

당시 성전 동편 외벽에 솔로몬 행각이 있었는데 평상시에도 사람들이 이곳에 많이 모였다. 특히 새로운 교회 공동체 구성원들이 자주 모였다. 모인 그들은 사도들의 설교를 들었고 그 모임에 이적이 나타났으며 병든 자가 치료되었다. 그리고 함께 음식을 먹었다. 그들은 모이면 집에 갈 줄을 몰랐다. 매일 매일이 기대로 가득 찼다. 성령 충만한 성도나 교회는 자발적으로 모이기를 힘쓴다.

> 그 나머지는 감히 그들과 상종하는 사람이 없으나 백성이 칭송하더라 (행 5:13).

그 자리에 모이지 않은 유대인들은 신약교회의 성도들과 가까이하지 않았다. 왜냐하면 자신들의 죄로 인해 아나니아와 삽비라처럼 즉사하게 될 수 있었기 때문이다. 죽음이 두려웠던 것이다. 그들은 사도가 두려웠고 성도가 두려웠으며 교회가 두려웠다. 그렇지만 그들은 신약교회의 믿는 자들을 칭송하였다. 그들은 순수하게 새로운 교회공동체를 칭송했다. 가까이 오지는 않았지만 멀리서 모든 것을 다 보고 있었다. 그러나 지금은 거룩한 무리를 함부로 가까이 할 수 없었다. 물론 구경하다 끝난 사람도 있고 나중에 공동체에 들어온 사람도 있을 것이다. 죄인이나 불량배는 거룩한 사람이나 공동체를 꺼려한다.

> 믿고 주께로 나아오는 자가 더 많으니 남녀의 큰 무리더라(행 5:14).

성령의 역사를 본 보통 사람들에게 믿음이 생겼다. 믿음은 듣고 볼 때 생긴다. 믿고 교회에 나오는 것은 주께 나오는 것이다. 그러므로 교회에 출석하는 목표는 주를 만나는 것이다. 반대로 불신앙의 무리는 교회를 더욱 멀리했다.

교회에 나오는 사람이 점점 더 많아졌다. 대부분 성전 중심의 구약 교회 성도들이었다. 남녀 구별 없이 신약교회로 몰려들었다. 초대교회는 그야말로 사람으로 넘쳤다. 어느 시대이든지 진실로 하나님을 믿고 싶어 하는 사람은 있다. 이들이 베드로 중심의 교회 공동체에 나올 때에는 기존의 성전 중심의 구약교회에서 발을 빼야 했고, 그 때문에 가까운 친척과 친구를 잃어버릴 수도 있었다. 그럼에도 과감히 새로운 신앙 운동에 참여하였다. 당시에 이는 모험적 행위였다. 그러나 진리를 발견하면 의로운 자들은 이렇게 결단하게 된다.

> 심지어 병든 사람을 메고 거리에 나가 침대와 요 위에 누이고 베드로가 지날 때에 혹 그의 그림자라도 누구에게 덮일까 바라고(행 5:15).

큰 무리가 교회 공동체로 몰린 것뿐 아니라 병든 사람들도 찾아와 치료를 받았는데 그 숫자가 너무 많아 일일이 손길이 미치지 못했다. 어느 경우에는 거리에 침대와 요를 깔고 그 위에 병든 사람을 뉘였다. 그들에게 기대가 있었기 때문이다.

그들은 하나님의 사람 베드로가 길을 지나갈 때에 그로부터 안수를 받거나 일어나라고 손이 잡히는 것은 바라지도 않고 다만 베드로의 그림자라도 덮이기를 바랐다. 그림자만 덮여도 나을 것이라는 강한 믿음은 미신이 아니라 실제 베드로의 능력이 그만큼 컸기 때문이다. 베드로는 사도 중 최고 수준이다. 다른 어느 사도와도 비교가 안 된다. 그것은 성령이 그에게 강력히 함께하셨기 때문이다. 같은 사도라도 더 강한 은사가 있는데 베드로는 모든 은사가 능하였다. 그야말로 안 되는 것이 없었다.

성령은 사람의 몸 안에서도 역사하시고 몸 밖에서도 역사하신다. 사도 바울도 에베소에서 복음을 전할 때 사람들이 바울의 손수건이나 앞치마를 가져다가 병자에게 얹으면 그 병이 나았다(행 19:11-12). 성령은 보통 사람의 눈에는 보이지 않지만 신비한 역사를 일으킨다. 아마도 당시 제사장이나 서기관들, 장로들은 사도들이 부러워 가슴도 치고 한숨도 쉬며 불면의 밤을 보냈을 것이다. 그러면서도 백성들에게는 사도들에게 가지 말라고 하였다.

> 예루살렘 부근의 수많은 사람들도 모여 병든 사람과 더러운 귀신에게 괴로움 받는 사람을 데리고 와서 다 나음을 얻으니라(행 5:16).

베드로의 능력은 가장 큰 도시이자 종교의 중심지인 예루살렘과 그 주변으로 퍼져나갔다. 당시 가장 큰 권력자 대제사장과 그 일파가 있었지만 명성은 베드로가 한참 위였다. 세습된 권력이나 돈으로 산 권력은 겉으로는 멋있어 보일지 모르지만 영적인 힘이 없다. 그러나 성령이 함께하셔서 나타나는 힘과 명예는 세상과 비교되지 않을 만큼 크다. 베드로는 그야말로 대제사장 이상으로 최고의 영적 지도자이며 당시 가장 관심을 집중시킨 인물이 되었다. 수많은 서기관들, 장로들의 존재 가치는 여지없이 떨어졌다. 성령이 역사하시지 않으면 그 사람의 값이 나가지 않는다.

당시 많은 병든 사람이 베드로를 통해 나았다. 그러므로 더 많은 병자들이 찾아왔다. 이뿐 아니라 귀신에게 괴로움당하던 사람도 왔다. 귀신들려 괴로움 당하는 것은 병든 것과 조금 차이가 있다. 하나님의 자녀들 중 왜 그렇게 귀신들린 사람이 많은지 수를 셀 수도 없었다. 겉은 하나님 자녀로서 무슨 지파 소속인데 실제는 귀신이 사로잡고 있는 것이다. 그들은 이 엄청난 문제도 베드로가 해결해줄 것을 믿었다. 사실 베드로가 큰 은혜를 받기 전에도 70문도가 전도하면서 귀신을 쫓아냈기 때문에 베드로에게는 과거에도 귀신을 쫓는 능력이 있었지만 지금은 확실히 더 강력해졌다.

놀라운 것은 베드로에게 와 치료되지 않은 사람이 없다는 것이다. 어떤 병이 들었든지, 그 이유가 무엇이든지 다 나았다. 베드로를 통해 치료된 사람의 수는 수천 명 이상 될 것이다. 실로 하나님이 아니면 될 수 없는 치료의 능력이다. 많은 이스라엘 백성이 육체의 고통에서 자유를 얻었다. 하나님의 사람 한 명이 이처럼 큰 은혜를 나누어주는 통로가 되었다. 사람들은 지난날 주님께서 살아계실 때 행하셨던 능력의 모습을 떠올렸다. 주님이 베드로 속에 살아계신 것처럼 느껴졌다. 주님은 죽으신 것이 아니다. 저 사도들 속에 살아계셨다.

초대교회 성도들은 신이 났다. 자기들의 지도자가 대제사장이나 서기관보다도 더 훌륭하지만 그들처럼 거만하지 않고 학식을 자랑하지 않으며 자기들을 가까이하고 사랑해주었기 때문이다. 사도들도 즐거웠다. 주님이 계실 때보다 오히려 더 활기가 넘쳤다. 예수 믿는 것이 이렇게 즐겁고 재미있을 수가 없었다.

> 대제사장과 그와 함께 있는 사람 즉 사두개인의 당파가 다 마음에 시기가 가득하여 일어나서(행 5:17).

온 백성이 즐거워하고 있는데 대제사장의 무리는 불만으로 가득 찼다. 당시 대제사장은 사두개인이다. 그들은 대제사장을 중심으로 똘똘 뭉쳤다. 부활도 믿지 않고 천사도 믿지 않는 그들은 사도들과 정반대였다. 신약교회와 교리에서도 전혀 달랐다. 사두개인은 성전 중심이고 사도들은 교회 공동체 중심이다. 대제사장과 사두개인에게는 예식은 있지만 능력이 없고, 사도들은 제사를 드리지 않았지만 강력한 기적과 이적, 병 고침, 귀신 쫓음의 역사가 나타났다. 대제사장과 사도, 이 두 진영은 기름과 물처럼 완전히 갈라졌다. 양측의 색깔은 누가 보든 명백히 달랐다. 백성들의 지지 성향도 나뉘었다. 이스라엘 신앙 공동체는 완전히 반쪽이 났다. 하나가 될 가능성은 거의 없었다. 그러므로 어느 한쪽을 선택해야 한다.

세속적인 사두개파가 성전의 기득권을 차지하고 나서 탐욕스럽게 성전을 이용하여 부와 권력을 쌓고 있었다. 구약 교회는 더러워졌고 변질되었고 악취가 가득하였다. 그런데 이제 새로운 신약교회가 등장하자 구약교회의 주도권을 쥐고 있던 자들이 시기하기 시작했다. 그들은 교권이 떨어져나가는 것을 느꼈다. 그들은 극도로 발악하여 사도들을 시기하고 핍박한 것이다(박윤선). 그들은 이스라엘, 특히 예루살렘의 분위기가 베드로 등 사도 중심으로 급격히 바뀌자 엄청난 분노와 시기가 발동했다. 이제는 그들이 마음대로 움직이는 세상이 아니었다. 세상이 하루가 다르게 급박하게 돌아가고 있었다. 그들은 정의감 때문이 아니라 시기심 때문에 사도들과 충돌하였다. 기득권을 지키기 위해 유치한 줄도 모르고 남들이 비웃는 것도 모른 채 발버둥을 쳤다. 새 시대가 도래했음에도 자기가 살기 위해서 옛 것을 붙잡고 늘어지며 이것이 전통이고 옳은 것이라고 하였다. 그들은 신학과 전통 그리고 교권이라는 담에 갇혀버렸다.

사도들을 잡아다가 옥에 가두었더니(행 5:18).

당시 대제사장은 권력층이고 그 수하에 많은 무장 세력이 있었다. 그들 일파는 사도들을 잡아다가 자기들이 만든 옥에 가두었다. 많은 사람들이 만류했으나 소용없었다. 사두개인들은 이미 눈이 뒤집혔다. 세상 권력은 영적으로 가장 큰 영향을 끼쳤던 세례 요한도 죽였다. 그리고 세상 권력과 교권이 합하여 예수님도 죽였는데 그들은 베드로나 사도쯤은 별것 아니라고 생각했다. 우리의 반대자는 누구든 죽인다! 이것이 종교권력자들이었다.

그들이 이렇게 폭력적으로 나올 수밖에 없는 것은 진리를 가지지 못했고 실제로 능력도 나타나지 않았기 때문이다. 하나님의 나라는 말에 있지 아니하고 능력에 있는 것이다. 말만 있는 곳은 서당이다. 타락한 교권은 항상 폭력적이며 비겁한 방법을 쓴다. 그리고 여론을 조성하고 힘으로 밀어붙인다.

주의 사자가 밤에 옥문을 열고 끌어내어 이르되(행 5:19).

이 땅 최고 종교권력자와 그의 일파가 하나님의 사람을 가두었을 때 하나님은 가만히 계시지 않았다. 하나님이 보내신 주의 사자가 밤에 나타났다. "주의 사자"는 천사다. 천사는 신분적으로 다양하다. 그러므로 여기서의 "주의 사자"

는 구약의 '여호와의 사자'란 명칭과는 다르다. 구약성경에서 "여호와의 사자"를 만난 사람들이 있었는데 그는 '예수 그리스도'시다. 초대교회에는 천사가 여러 번 나타났다. 사두개인은 천사를 믿지 않았으나 사도들은 이미 경험했고 믿었다.

천사들은 사도들이 갇혀 있던 옥문을 열었다. 사람을 시킨 것이 아니다. 영적 실체가 물질세계를 직접 움직였다. 그리고 사도들을 옥 밖으로 끌어내었다. 주의 사자, 즉 천사는 사람을 움직일 수도 있다. 그것은 이상한 일이 아니다. 야곱도 밤새도록 천사와 씨름하였고 천사가 그의 환도뼈를 치자 뼈가 부러져 다리를 절었다. 사두개인들은 천사를 믿지 않으므로 천사가 사도들을 풀어준 사실을 영원히 믿지 못했을 것이다. 그리고 사도들이 어떻게 옥에서 나왔는지 영원히 숙제로 남았을 것이다. 영적 소경은 성경이나 세상의 일을 풀지 못하는 것이 많다. 그리고 모르는 것이 마치 훌륭한 것이고 인간의 한계를 인정하는 듯한 거짓 겸손을 드러낸다. 알아야 할 것을 모르는 영적 지도자가 너무 많다.

가서 성전에 서서 이 생명의 말씀을 다 백성에게 말하라 하매(행 5:20).

천사들은 사도들에게 지금 당장 성전으로 가라고 말했다. 그러나 성전은 그들을 옥에 가둔 대제사장과 그 일파인 사두개인들에게 점령되어 있었다. 그 소굴로 다시 들어가라는 것이었다. 이것을 볼 때 천사가 사도들을 풀어준 것은 사람들의 호기심을 사려는 것이 아니라 복음을 전하는 데 있었다.

천사들은 지금까지 일어난 모든 하나님의 역사하심을 백성들에게 전하라고 하였다. 사실 성전의 지휘부는 세속적인 사두개인이었지만 그곳에 드나들며 예배하고 믿음을 지키는 백성들은 어느 파와 관계없이 신실한 사람이 많았다. 그들은 왜곡된 말씀이 아닌 진실로 살아계신 하나님의 말씀을 듣고 싶어 하였다. 어느 시대든 들을 귀 있는 사람은 있다.

그들이 듣고 새벽에 성전에 들어가서 가르치더니 대제사장과 그와 함께 있는 사람들이 와서 공회와 이스라엘 족속의 원로들을 다 모으고 사람을 옥에 보내어 사도들을 잡아오라 하니(행 5:21).

주의 사자로부터 성전에 가서 백성들에게 말씀을 전하라는 말을 들은 사도들은 그 말을 알아들었다. 그리고 그것이 하나님의 명령인 것도 알았다. 천사가 자기에게 찾아왔는지 아닌지도 모른다면 그는 불쌍한 사람이다. 새벽녘에 옥에서 풀려나왔지만 그들은 천사의 말대로 곧장 성전으로 갔다. 그리고 그 새벽 시간에 백성이 얼마나 있을지는 모르지만 말씀을 가르쳤다.

대제사장, 성전 맡은 자, 사두개인 등이 아침 일찍 성전으로 달려왔다. 그들은 아침 일찍부터 사도들을 고문하고 무언가 조치를 취하고자 했다. 그들은 지난밤 한잠도 자지 못했을 것이다. 그들은 사람들을 소집했고 성전에서 일하는 사람들에게 비상이 걸렸다. 산헤드린 공회원뿐 아니라 원로들까지 다 모이라고 하였다. 그 숫자는 백 명도 넘을 것이다. 그리고 지난밤에 잡아 가둔 사도들을 어찌할 것인가를 두고 회의를 하려고 아침부터 사람들을 불러들였다. 때문에 유력한 무리들이 다 모였다.

회의에 참여할 사람이 다 모였으므로 사도들을 재판하기 위해 감옥으로 사람을 보내 그들을 끌고 오라고 명령했다. 그들은 아침부터 사도들을 처치하기 위해 동분서주한 것이다. 복음 전도를 막는 패역한 무리도 이렇게 부지런했다. 대제사장 무리의 입장에서는 자신들의 사업이 큰 도전을 받은 것이었다.

부하들이 가서 옥에서 사도들을 보지 못하고 돌아와(행 5:22).

대제사장에게 속한 아랫사람들이 옥으로 갔다. 그들은 옥에 가서 사도들이 없는 것을 보고 놀랐다. 분명히 어제 잡아 가두었는데 감쪽같이 사라진 것이다. 아무리 찾아도 한 명도 보이지 않았다.

이르되 우리가 보니 옥은 든든하게 잠기고 지키는 사람들이 문에 서 있으되 문을 열고 본즉 그 안에는 한 사람도 없더이다 하니(행 5:23).

사도들을 데리러 간 사람들이 보니 분명히 옥문이 잠겨 있었다. 그들은 몇 번이고 자세히 보았다. 그리고 파수꾼들이 철저히 지키고 있는 것을 확인했다. 파수꾼들은 아무 영문도 모른 채 지금 사도들이 옥 안에 있고 자기들은 파수를 잘하고 있는 줄 알고 있었다. 옥 안에 있어야 할 사도들이 없는 것을 본 그들은 놀라서 문을 열려 했는데 문도 분명히 잠겨 있었다. 기가 막힐 노릇이었다. 그들은 대제사장 일파에게 한 사람도 없다고 보고했다. 사도들을 가두어놓은 곳에는 아무도 없었다. 베드로와 요한만 주의 사자가 신비한 방법으로 구출한 것이 아니라 다른 사도들도 신비한 능력이 나타난 대상이 되었다. 파수꾼들이 거짓으로 보고할 이유가 없다.

성전 맡은 자와 제사장들이 이 말을 듣고 의혹하여 이 일이 어찌 될까 하더니(행 5:24).

아랫사람들의 보고를 받은 성전 관리들과 대제사장과 제사장들은 인간의 이성으로 도무지 이해가 가지 않았다. 어떻게 문이 그대로 잠겨 있는데 사람만 빠져나갈 수 있을까. 천사도 부활도 신비도 능력도 믿지 않던 자들의 사고가 멈추었다. 천사를 보지 못하는 자는 보는 자를 이상하게 여긴다. 아예 그들의 사전에는 천사가 없는 것이다. 이제 그들은 이 일이 어떤 파장을 몰고 올 것인가 두려워하였다. 회개하고 주께 돌아올 만한 사건인데도 그들은 당황만 하고 있다. 영적인 무지다.

사람이 와서 알리되 보소서 옥에 가두었던 사람들이 성전에 서서 백성을 가르치더이다 하니(행 5:25).

그때 밖에서 사람이 급하게 달려와 대제사장 일파에게 보고하였다. 그들은 사도들이 성전에서 백성들을 가르치는 것을 목격했다. 사도들은 자기들 때문에 대제사장 이하 많은 사람들이 혼비백산하여 여기저기 뛰어다니고 있는 중에도 성전 뜰에서 오직 '예수 이름'만 전했다. 사도들의 마음에는 주님밖에 없다. 그들은 잠시 전하고 그친 것이 아니라 쉬지 않고 계속 전하였다.

성전 맡은 자가 부하들과 같이 가서 그들을 잡아왔으나 강제로 못함은 백성들이 돌로 칠까 두려워함이더라(행 5:26).

성전 맡은 자들은 부하들을 이끌고 성전으로 가 백성들을 가르치고 있던 사도들을 잡아왔다. 어제 잡혀 감옥에 들어갔던 사도들은 천사가 풀어주었는데도 도망가거나 숨지 않고 또다시 그 자리에서 백성을 가르치다 체포되었다. 사도들에게는 감옥이나 성전이나 똑같았다. 어디에 있든지 주만 위해 사는 것이다.

반대자들은 어제 사도들을 체포할 때는 강압적이었지만 주의 사자가 풀어준 후 다시 아침부터 백성을 가르치고 있을 때에는 그렇게 과격하게 행동하지 못했다. 그리고 포승줄에 묶지도 못했다.

왜냐하면 이제 수많은 백성들이 사도들을 인정하고 있기 때문이었다. 그들은 사도들이 어제 잡혔지만 천사들이 풀어준 것도 사도들의 말을 통해 이미 다 알고 있었다. 이제 백성들은 진짜와 가짜를 알아가기 시작했다. 그러므로 권력은 성전 맡은 자와 제사장들이 가지고 있었지만 존경과 신뢰는 사도들이 받고 있었다. 그리고 백성들의 태도가 심상치 않았다. 기득권층 또는 제도권에 있는 종교지도자들에게 속았다는 생각과 분노심이 엿보였기 때문이다.

그들이 신뢰하는 사도들에게 함부로 했다가는 돌에 맞을지도 모른다는 두려움까지 들 정도로 분위기가 사도들 편이었다. 백성들이 당시 최고 종교지도자들에게 돌을 던질 수도 있다는 것은 성전 중심의 구약교회가 얼마나 불신을 받고 있었는지를 보여준다. 사도들을 잡아갔다면 그들은 정말 돌에 맞았을지도 모른다. 그러므로 사도들을 잡으려던 사람들이 오히려 겁을 냈다.

그들은 백성을 두려워하는 것이 아니라 하나님을 두려워해야 했다. 그들이 진정 하나님 중심의 지도자라면 그래야 했다. 그러나 그들은 하나님을 두려워하지 않았다. 그들은 하나님을 두려워하는 어떤 태도도 결코 보이지 않았다. 종교지도자들이 하나님을 두려워하지 않은 것은 하나님과 친해서가 아니라 영적으로 어두웠기 때문이다. 대제사장 일파는 입으로는 하나님 이야기를 하지만 실제로는 하나님과 아무런 인격적 관계가 없었다.

그들을 끌어다가 공회 앞에 세우니 대제사장이 물어(행 5:27).

대제사장 일파가 강제로 사도들을 대하지는 않았지만 그들은 사도들을 억지로 그들이 모인 공회 앞으로 데려갔다. 그리고 대제사장이 사도들에게 물었다. 당대 성전의 최고 책임자인 대제사장은 사도들의 활동에 민감히 반응하며 어떻게 해야 할지도 모르면서 깊숙이 개입하고 있었다. 그는 지금 자기들이 처한 입장이 심각한 상황이라고 판단했을 법하다. 그는 아침부터 여기저기 설치고 다녔다. 수백만 이스라엘 백성의 아버지가 새벽부터 눈이 휘둥그레져서 허둥대며 다녔다. 하나님 나라의 커다란 수치가 아닐 수 없다.

이르되 우리가 이 이름으로 사람을 가르치지 말라고 엄금하였으되 너희가 너희 가르침을 예루살렘에 가득하게 하니 이 사람의 피를 우리에게로 돌리고자 함이로다(행 5:28).

대제사장은 전에 자신이 사도들에게 예수의 이름으로 가르치지 말라고 했던 사실을 상기시키고 있다. 그러나 "예수"란 말을 하기 싫어 "이 이름"이라고 하고 있다. 그는 '예수 이름'을 두려워하고 있었다. 입 밖에 내거나 생각하기도 싫었을 것이다.

대제사장도 예루살렘 백성에게 예수 그리스도가 죽으셨다가 부활하셨다고 하는 말이 완전히 퍼져 있는 것을 잘 알고 있었다. 대제사장이 위기감을 느낀 것은 예수 그리스도가 죽으신 것이 대제사장과 그 일파의 모함 때문이라고 백성들이 믿을까 해서였다. 사실이었지만 지금은 숨겨야 하는 상황이었다. 그들이 주님을 죽이는 데 앞장섰던 것은 사실이다. 그리고 그 때문에 지금 스스로 마음이 찔리는 것이다. 하지만 지금 대제사장의 말은 자기는 전혀 예수님을 죽이는 데 관계없다는 투였다. 만일 예수 죽인 것 때문에 상을 준다고 했으면 순전히 자기 공로라고 했겠지만, 지금 예루살렘 분위기는 "예수"가 자기들보다 더 존경받고 있었다.

이렇게 분위기가 사도들에게 유리한 방향으로 돌아갔지만 사도들은 예수님을 죽인 자들을 색출하여 죄 값을 치르게 하려는 것이 아니라 회개하고 주님께 돌아오게 하려는 것이었다. 하지만 그들은 복음을 제대로 듣지도 않고 회피만 하였다.

> 베드로와 사도들이 대답하여 이르되 사람보다 하나님께 순종하는 것이 마땅하니라(행 5:29).

베드로를 위시한 사도들은 대제사장과 유력한 사람들이 있는 공회 앞에서 위축되지 않고 대답했다. 성령에 충만한 사도들은 한 몸처럼 움직였다. 사도들의 생각은 대제사장 이하 모든 유력자들도 사람에 불과하고 자신들은 하나님의 말씀대로 순종하여 지금 복음을 증거하고 있다고 하였다. 사도들의 이 말은 여러 면에서 옳다. 천사가 자기들을 옥에서 풀어주라고 당부하였기 때문이다. 하나님의 말씀에 순종하다가 사람들의 말과 충돌하게 된다면 당연히 하나님의 말씀이 우선이다. 어떤 사람도 하나님의 권위에 도전할 수 없다. 하나님의 말씀대로 하면 처음에는 손해인 것 같으나 하나님이 이 땅과 천국에서 기필코 갚아주신다.

너희가 나무에 달아 죽인 예수를 우리 조상의 하나님이 살리시고(행 5:30).

신명기 21장 22-23절에서 나무에 달린 죽음은 하나님께 저주받은 죽음이라고 하였다. 사도들은 대제사장 무리가 주님을 십자가에 달아 죽이는 데 앞장선 것을 여러 번 말했다. 그들은 그리스도를 죽였다. 하지만 주님이 십자가에서 당하신 죽음은 믿는 자들을 대신해 하나님께 저주를 받아 죽으신 그분의 사랑이다(박윤선).

유대인들은 우리 조상이라고 하면 누구나 관심을 갖는다. 사도들의 전도는 유대인이 이해 못할 도가 아니라 유대인들이 조상 때부터 믿어오는 하나님이 행하신 사건이라는 것이다(박윤선). 우리 조상이란 아브라함, 이삭, 야곱 등을 가리킨다. 그들이 믿고 또 그들을 축복하시고 인도하신 하나님이 예수 그리스도를 살리셨다. 그러므로 절대적으로 믿을 만하다. 신약교회의 구원은 언약에 기초한다.

이스라엘에게 회개함과 죄 사함을 주시려고 그를 오른손으로 높이사 임금과 구주로 삼으셨느니라(행 5:31).

이스라엘에게는 지금 회개와 죄 사함이 필요하다. 지금까지 이스라엘이 성전을 중심으로 수도 없이 희생양을 드리고 제사를 드렸는데도 아직까지 죄 사함이 필요했던 것이다. 그들은 여러 가지 죄가 많았다. 그동안 드린 수많은 제사로도 죄를 다 씻지 못했다. 이것은 단순히 예수님을 죽인 죄만 해당되는 것이 아니다. 그들에게는 수많은 죄가 있다.

하나님의 오른손은 힘 있는 손인데 창조주 하나님이 직접 예수 그리스도를 높이셨다. 이것은 죽으신 후에 부활하시고 승천하신 것을 가리킨다. 하나님이 높이신 것을 세상 어느 누가 낮출 수 있겠는가. 사도들이 지금 앞에서 그들을 심문하는 대제사장과 그 일파에게 담대히 말할 수 있었던 것은 예수님이 임금과 구주셨기 때문이다. 사도들은 예수님의 제자다. 주님은 진정 모든 백성의 임금이시며 구원자시다. 사도들은 지금 임금의 명령에 따라 활동하고 있는 중이다.

우리는 이 일에 증인이요 하나님이 자기에게 순종하는 사람들에게 주신 성령도 그러하니라 하더라(행 5:32).

사도들은 예수님이 십자가에 달려 죽으셨다가 사신 것, 무엇보다 예수님이 임금과 구주 되신 것에 증인이라고 선언하고 있다. 예수님을 증거하지 말라는 세속적인 인간 대제사장의 말을 들을 것인가, 아니면 만왕의 왕이시며 구주이신 주의 말씀을 따를 것인가. 사실 사도들에게는 고민할 필요도 없는 일이다. 하나님께 순종하는 사람에게 성령을 주신다. 그런데 그 성령도 역시 주님을 증거하는 증인의 역사를 감당하신다.

그들이 듣고 크게 노하여 사도들을 없이하고자 할새(행 5:33).

대제사장 무리는 사도들의 말을 듣고 마음이 찢어지는 아픔을 느꼈다. 사도들의 말을 들은 어떤 사람들은 회개하면서 "우리가 어찌할꼬" 했지만, 이들은 분노했다. 마음이 찢어졌으나 내용이 완전히 달랐다. 그들은 더 이상 사도들의 말을 들을 필요가 없었다. 사도들이 대제사장과 원수 되는 적대자인 것이 분명했기 때문이다. 그들에게 더 이상 용서나 설득, 타협이 필요 없어졌다.

지금까지는 헛된 소문을 퍼뜨리거나 선동한다는 차원에서 사도들을 보았지만 이제부터는 자기들을 해롭게 하는 원수로서의 실체가 드러났으므로 옥에 가두거나 겁주는 차원이 아니라 아예 죽여 없애려 하였다. 이제는 사도들을 지지하는 백성들의 눈치를 볼 여유조차 없었다. 진리를 발견하지 못한 채 구태에 갇힌 구약교회의 부끄러운 모습이다.

떨어지는 교권을 그리고 기득권을 놓지 않으려는 사악한 몸부림이었다. 영적으로 어두우면 어느 시대나 폭력적 힘으로 진리 운동을 막으려 한다. 그들은 진리를 수호하는 척하지만 정정당당하게 신약공동체와 순리적으로 경쟁하지 않았다. 그들의 교권과 힘을 영적 운동을 훼방하는 데 사용했다. 이것이 타락한 교회다. 종교개혁이나 영적 운동은 이러한 박해를 이기고 뻗어나가는 것이다.

> 바리새인 가말리엘은 율법교사로 모든 백성에게 존경을 받는 자라 공회 중에 일어나 명하여 사도들을 잠깐 밖에 나가게 하고(행 5:34).

사도들을 핍박하던 중심은 지금까지는 대제사장을 중심으로 한 사두개파 사람들이었다. 이제 바리새인이 등장한다. 그들은 이스라엘에서 가장 경쟁 관계에 있던 두 파였다. 바리새인은 사두개인과 달리 부활도 믿고 천사도 믿었다. 바리새인인 가말리엘은 율법교사다. 바리새파에는 쌍벽을 이루는 '힐렐'과 '샴마이'가 있었다. 힐렐은 율법을 너그럽게 적용하였고, 샴마이는 엄격하게 적용하였다(홍창표). 가말리엘은 유대의 유전 작성으로 저명한 힐렐의 손자요, 바울의 스승이다(행 22:3). 그는 그동안 율법을 이스라엘 백성에게 가르쳐왔다.

사람에게 존경받는 것은 쉽지 않고 모든 백성에게 존경받기는 더욱 어렵다. 가말리엘은 교법사, 즉 율법해석자였는데 그가 죽었을 때 사람들이 탄식하기를 율법의 영광이 떠났고 깨끗함과 거룩함이 죽었다고 했다(박윤선).

가말리엘이 공회에 참석했던 것이 분명하다. 공회는 다양한 파와 계층으로 구성되었다. 이때 그가 일어나 발언하였다. 바리새파로서는 처음으로 등장하는 것이다. 사도들이 있을 때도 발언할 수 있었지만 공정을 기하기 위해 밖에 나가 있도록 조치하였다. 당사자가 있으면 그에게 유리한 말을 할 가능성이 조금이라도 있게 된다. 사도들이 없다면 보다 자유롭게 말할 수 있고 한쪽 편만 든다는 오해도 받지 않을 수 있다.

말하되 이스라엘 사람들아 너희가 이 사람들에게 대하여 어떻게 하려는지 조심하라(행 5:35).

가말리엘은 사두개파 대제사장이 주도하는 이 공회에서 사도들을 재판하고 정죄하려는 일에 대해 조심하라고 하였다. 가말리엘은 지금까지 예수님과 사도들에 대한 이야기를 폭넓게 들었을 것이고 지금도 현장에서 듣고 보았다. 그런데 죽이거나 크게 벌주는 행위를 조심해야 할 것으로 판단했다. 가말리엘은 사도들에 대해 동정적으로 말했다. 사도들에게는 원수들 속에서 돕는 친구를 만난 격이었다. 하나님은 이렇게 주의 복음을 반대하는 자들의 입을 막고 팔을 꺾고 계신다.

이 전에 드다가 일어나 스스로 선전하매 사람이 약 사백 명이나 따르더니 그가 죽임을 당하매 따르던 모든 사람들이 흩어져 없어졌고(행 5:36).

가말리엘은 하나님을 아는 사람이다. 그는 하나님의 뜻이 아닌 스스로 일어난 운동은 무너진다는 사실을 역사를 살펴보며 말하고 있다. 드다가 자신을 따르라고 하면서 나타났을 때 약 400명이 따랐다. 그는 자신이 메시아라고 했다.

가말리엘의 말은 400명이나 따랐지만 지도자가 죽으므로 그 공동체 혹은 무리가 없어졌다는 말이었다. 운동이 지속될 이유가 없는 것이었다. 만일 드다의 운동을 하나님이 기뻐하셨다면 제자들을 통해서라도 확대되었을 것이라는 말이다. 가말리엘이 하나님의 섭리에 대해 이해하고 있다는 증거다.

그 후 호적할 때에 갈릴리의 유다가 일어나 백성을 꾀어 따르게 하다가 그도 망한즉 따르던 모든 사람들이 흩어졌느니라(행 5:37).

황제의 명으로 주후 6년 이스라엘이 호적한 때다. 유다는 갈릴리 지역 출신이다. 갈릴리 유다는 이방인의 통치자에게 납세할 수 없다고 반항했는데 그에게도 많은 사람이 따랐다. 그는 하나님을 믿는 자로 보인다.

앞에 언급된 드다처럼 그도 죽었는데 그 무리 또한 다 흩어졌다. 가말리엘은 몇 십 년 전에 일어난 역사적 사건의 시작과 끝을 보면서 말하고 있다. 예수님도 갈릴리 나사렛 출신이다. 앞서 일어난 갈릴리의 유다는 드다와 같이 망했다. 그러므로 갈릴리 예수도 갈릴리 드다와 같이 죽었으므로 만일 진짜가 아니라면 저 제자들도 결국 흩어질 것이라는 논리다.

> 이제 내가 너희에게 말하노니 이 사람들을 상관하지 말고 버려 두라 이 사상과 이 소행이 사람으로부터 났으면 무너질 것이요(행 5:38).

가말리엘은 사도들을 간섭하지 말고 무시하라고 했다. 이 말은 사도들에게나 대제사장 무리에게나 그리 기분 나쁘거나 불리한 말이 아니었다. 이 세상에 어떤 운동이 일어났을 때 민감하게 반응할 필요가 없다. 그리고 특히 폭력적으로 제압하는 것은 옳지도 않고 후유증도 많다. 물론 옳은 것을 주장해야 하고 또 옳은 측에 가담해야 한다. 그러나 너무 지나치게 행하며 부덕한 방법으로 투쟁하는 것은 도리어 자신에게 해롭다. 무엇이나 하나님이 되게 해주셔야 한다는 진리를 믿고 고요히 있으므로 승리하게 될 때도 있는 것이다(박윤선).

앞의 예에서 보듯 드다나 갈릴리 유다가 잘되는 것 같다가 무너진 것은 그 사상과 소행이 사람에게서 나와 계속 이어질 의미가 없었기 때문이라는 논리다.

> 만일 하나님께로부터 났으면 너희가 그들을 무너뜨릴 수 없겠고 도리어 하나님을 대적하는 자가 될까 하노라 하니(행 5:39).

인간에게서 나온 사상이 있고 하나님께로부터 나온 사상이 있다. 유대교회

뿐 아니라 이 세상에는 교회에나 설교, 신학에서도 하나님의 가르침이나 뜻이 아닌 인간에게서 나온 것이 많다. 만일 하나님이 주신 사상이라면 인간들이 하나님의 뜻을 무너뜨릴 수 없다는 논리다. 인간이 아무리 잘나도 하나님을 이길 수 없다. 하나님은 당신의 뜻을 반드시 이루시기 때문이다.

만일 어느 사상과 행동이 하나님께로부터 났다면 그것을 훼방하고 비판하는 사람은 졸지에 하나님의 대적자가 된다. 아무리 하나님의 이름으로 비판한다고 말해도 그들은 하나님의 일을 훼방하는 악한 자다. 가말리엘은 이것이 두려웠다. 그러므로 어느 시대이든지 교회 안에 어떤 신앙 운동이 있을 때 판단하는 일은 조심해야 한다. 자신이 그리스도라고 하든지 또는 구원자라고 하든지 간에 무차별적으로 재물을 탐하는 것이 아니면 오랫동안 살펴보고 기다려야 한다. 만일 죄를 짓는 행위가 있다면 시간이 지나 때가 차면 하나님이 징계하신다. 기독교는 교회가 벌을 내리는 행위를 조심할 필요가 있다.

그래서 가말리엘의 말은 이 시대에도 필요하다. 그는 당시 존경받는 자였는데 결과적으로 신약교회를 변호하고 보호하게 되었다. 아주 중요한 일을 한 잊을 수 없는 사람이다. 단언컨대 그는 주님께 가까이 나아간 자다. 영적으로 형편없던 산헤드린 공회에 이처럼 하나님을 두려워하는 바리새인 서기관도 숨어 있었다. 그는 그 당시에는 예수를 받아들이지 않았을지라도 후에는 분명 믿음의 길에 들어섰을 것이라 기대된다. 이런 사람은 천국에서 주의 보좌 가까이 나아가게 된다.

> 그들이 옳게 여겨 사도들을 불러들여 채찍질하며 예수의 이름으로 말하는 것을 금하고 놓으니(행 5:40).

산헤드린 공회의 대제사장을 비롯한 다양한 직책의 지도자들이 사두개인이든 바리새인이든 또는 다른 당이든 가말리엘의 말을 옳게 여겼다. 사실인지 들어보니 그의 말이 맞았다.

그러나 사도를 체포한 주체인 대제사장 일파는 사도들에 대한 악독한 마음까지 버리지는 않았다. 그래서 자신들의 기득권을 가지고 아직은 힘없는 무리인 사도들을 때리고 예수 그리스도를 증거하지 말라고 압박한 후 석방했다. 또 한 번 치졸한 발악을 하였다. 결코 조용히 보낼 수 없을 만큼 그들의 양심은 마비되었고 폭력적으로 되었다. 이것이 유대교회, 즉 구약교회 지도자들의 실상이었다.

> 사도들은 그 이름을 위하여 능욕 받는 일에 합당한 자로 여기심을 기뻐하면서 공회 앞을 떠나니라(행 5:41).

대제사장 무리에게 붙잡혀 공회에 끌려갔다 풀려나면서 사도들은 예수 그리스도를 증거하지 말라는 책망을 들으며 또 채찍에 맞았다. 이것은 예수님이 십자가에 달려 돌아가실 때 맞은 것과 같았다. 스승과 제자의 처지가 같게 된 것다. 그러나 '예수 이름' 때문이라면 사도들은 아무 상관이 없었다.

사도들은 채찍에 맞을 때 결코 슬퍼하지 않았다. 육체의 고통이 분명히 있었을 텐데도 오히려 기뻐했다. 왜냐하면 예수님이 하나님께 순종하시다가 매 맞으시고 고통당하시며 십자가에 달리셨는데 자신들도 같은 길을 걷고 있다는 것이 너무 감사했기 때문이다. 그들은 그리스도의 고난에 동참하는 영광을 누리는 중이다. 주님 때문에 고통당하는 것은 축복이었다. 그러므로 그들은 감옥에서 풀려났기 때문에 기뻐하지 않았다. 사도들의 기쁨은 환란과 핍박을 이겨낸 사람만이 느낄 수 있다. 이것은 성령이 주시는 기쁨이다. 성전을 차지하고 편안히 먹고 살았던 대제사장 일파는 결코 맛볼 수 없는 기쁨이다. 그들은 밤잠도 제대로 자지 못하고 불안한 가운데 동분서주하면서 살았다.

> 그들이 날마다 성전에 있든지 집에 있든지 예수는 그리스도라고 가르치기와 전도하기를 그치지 아니하니라(행 5:42).

사도들은 성전에 있기도 하고 집에 있기도 했는데 이 집은 자신들의 사생활을 위해 쉬는 집이기보다 성도들이 모인 공동체라 할 수 있다. 사도들은 날마다 성전이 아니면 성도들의 모임에 있었다. 다른 곳에 갈 시간도, 마음도 없었다. 그들의 마음과 생각에는 오직 하나님의 일밖에 없었다. 특별히 성전에서 그렇게 고초를 겪었는데도 여전히 성전에서 그들의 할 일을 했다.

사도들은 어디에 있든지 예수 그리스도를 생각했다. 주님이 비록 승천하셨지만 성령이 충만히 역사하심으로 외롭지 않았다. 그러므로 성령이 시키시고 기억나게 하시고 사랑하게 하시는 것은 "예수"시다. 그래서 입만 열면 예수 이야기만 했다. 그러므로 사도들은 늘 주님의 말씀을 가르치고 그분이 그리스도이신 것을 전도하였다. 소크라테스나 플라톤을 알기도 했지만 전하지 않았다. 윤리와 고기 잡는 방법과 돈 버는 법도 알았지만 말하지 않았다. 아무리 대제사장 일파가 때리면서 함구령을 내려도 더 힘써 전도하였다. 사도들은 세상이 감당하지 못하는 자들이다. 사도들은 예수 그리스도가 구약에 예언된 그리스도이신 것을 믿지 않는 영적 소경들인 대제사장 일파의 말을 들을 필요가 없었다.

영적 운동은 이렇게 운동의 근거가 되는 내부에서도 격렬한 반대가 있는 법이다. 루터 시대의 종교개혁자들도 이러한 과정을 다 겪었다. 어쨌든 사도들은 권위가 점점 더 높아졌고 영적 소경들인 대제사장 일파는 명예가 점점 더 실추되었다. 구약교회와 신약교회가 충돌하고 있지만 거대한 집단의 위력에도 신약교회는 도도하게 세워져 갔다.

6장

일곱 집사

베드로를 중심으로 하여 오순절 날 성령 충만하게 된 사도들은 앉은뱅이 걸인을 일으키고 대제사장 무리에게도 담대하게 예수를 증거하였다. 5장에서는 아나니아와 삽비라의 죽음과 사도들이 대제사장 무리의 시기 때문에 옥에 갇혔지만 천사들이 꺼내준 장면이 나온다. 그리고 그들은 끝까지 복음을 전했다. 6장에서는 사도들이 일곱 명의 집사를 세워 구제하는 사역을 맡긴 이야기와 집사 중 스데반이 강력하게 예수 이름을 증거하는 모습이 나온다.

그 때에 제자가 더 많아졌는데 헬라파 유대인들이 자기의 과부들이 매일의 구제에 빠지므로 히브리파 사람을 원망하니(행 6:1).

오순절 성령의 역사 이후 신약교회로 몰려온 성도들은 날로 늘어났다. 아나니아와 삽비라의 불미스런 일이 있었지만 그들은 오히려 더 두려운 마음을 가지고 주님을 섬겼다. 거기에 사도들이 능력 있게 복음을 전파하며 교회를 섬겼다. 대제사장 일파가 그렇게 몰아붙였어도 담담히 다 이겨냈다.

신약교회 안에 헬라파 유대인들이 있었다. 히브리파 유대인과 반대되는 무리다. 히브리파는 바벨론 포로에서 돌아온 후 이스라엘을 떠나지 않고 살아왔던 반면, 헬라파 유대인은 이스라엘을 떠나 다른 헬라 지역에서 살다온 사람들이다. 히브리파는 주로 아람어를 썼고 헬라파는 주로 헬라어를 썼다.

초대교회는 많은 사람들이 땅을 팔아 하나님께 드리고 헌금도 했기 때문에 물질이 넘쳐났다. 당시 성전 중심의 구약교회의 경우 대제사장 일파가 물질에 탐욕스러웠다. 그들은 돈이 되는 일은 무엇이든 불법으로라도 했다. 그러나 성전에서 수고하는 일반 제사장들은 넉넉하지 못했다. 그와 반대로 신약교회 공동체는 수탈하는 사람이 없었고 사도들이 개인적으로 큰돈을 가져가지 않았기 때문에 가난한 사람들을 구제할 여력이 있었다. 특히 고아와 과부는 구호대상자 중 최우선순위였다. 과부들을 구제하는 경우 아무래도 어려운 상황을 잘 아는 사람들을 돕게 되는데 그러다보니 헬라파 과부들이 매일 구제에서 빠지게 되었다.

그래서 헬라파 사람들에게 불만이 생겼다. 교회 안에서 원망은 금물이다. 이스라엘 백성들이 모세의 인도를 받아 가나안으로 들어갈 때 원망을 많이 했는데 하나님이 분노하셨다. 어떤 이유이든지 원망은 사탄의 역사다. 신약교회도 사람이 모인 곳이기 때문에 완벽할 수 없었다.

> 열두 사도가 모든 제자를 불러 이르되 우리가 하나님의 말씀을 제쳐 놓고 접대를 일삼는 것이 마땅하지 아니하니(행 6:2).

공동체 안이 물질 문제로 어수선해지자 열두 사도는 신속하게 대책을 세웠다. 지금까지는 성도들이 물질을 사도들에게 가져왔기 때문에 그들이 자연스럽게 그것을 맡아 사용했는데 원망이 생긴 것이었다. 헬라파가 히브리파를 계속 원망하면 내분이 일어날 수 있고 결국 모든 책임은 사도들이 질 수밖에 없다. 그래서 사도들이 제자들을 불렀다. 그 제자의 수는 수천, 수만 명이다.

사도들은 지금까지 대제사장 무리에게 핍박을 받으면서도 예수 그리스도를 증거했는데 언제부터인가 말씀을 가르치고 증거하는 것보다 물질을 관리하고 구제하는 데 시간을 더 많이 사용하게 되었다. 게다가 좋은 소리도 듣지 못했다.

사도들이 구제에 나선 것은 성도들을 접대한 것이었다. 이것은 잘한 일만은 아니었다. 사람이 하는 일은 실수도 있고 생각지 않은 변수도 있기 마련이다. 거룩하고 영적인 일을 하는 사도들은 이것이 사도가 할 일은 아니라고 생각했다. 만일 사도들이 말씀을 가르치는 일을 소홀히 하고 사회 구제에 힘을 쏟는다면 교회는 점점 약해질 것이다. 목사는 성도들의 은사를 잘 발견하고 적합한 사역을 하게 해야 한다(존 스토트).

> 형제들아 너희 가운데서 성령과 지혜가 충만하여 칭찬 받는 사람 일곱을 택하라 우리가 이 일을 그들에게 맡기고(행 6:3).

열두 사도에게 물질을 받아 구제하는 일이 마땅치 않음을 알고 성도 가운데 맡길 만한 사람을 세우기로 했다. 그 조건으로는 먼저 성령이 충만한 사람이다. 오순절 이후 모든 형제가 성령 충만하였고 사도들이 특히 그랬다. 성령이 충만해야 담대히 주께 충성할 수 있었으므로 사도들을 대신하는 사람도 역시 성령 충만해야 한다. 또한 지혜가 충만한 사람이다. 지혜는 일처리를 은혜롭게 잘하는 사람이다. 이것도 큰 은사 중 하나다. 많은 사람을 상대하고 특히 물질을 취급하는 자리에 있으려면 지혜가 필수다. 특히 교회의 구제 사업은 그리스도를 중심으로 한 영적 사역이기 때문에 영적으로 신령한 사람이어야 한다.

또한 사도들은 칭찬 듣는 자를 요구했다. 단, 어느 무리에서 칭찬을 받느냐가 중요하다. 깡패들에게 칭찬을 들으려면 깡패 짓을 잘해야 하고, 남을 비판하는 것을 좋아하는 자에게 칭찬을 받으려면 비판을 잘해야 한다. 여기에서 말하는 칭찬은 하나님을 잘 믿는 예수 공동체에서 칭찬을 받는 것인데 이것은 모든 것을 갖추어야 하며 특히 성령과 지혜가 충만한 자인 것이다.

사도들이 일곱 명을 택하라고 했는데 이들은 집사다(행 21:8). 초대 교회 성도는 수만, 수십만 명으로 추산되는데 구제를 위해 일할 사람 일곱 명을 뽑으려 하고 있는 것이다. 칠은 거룩한 숫자이기에 비록 적은 수이지만 그렇게 정했다. 물질을 관리하는 데 사람이 많이 필요한 것은 아니다. 그리고 사도들이 뽑지 않고 성도들 스스로 하게 했다. 사도는 주님이 뽑으시고 집사는 공동체 구성원들이 뽑았다.

구제의 일은 원래 사도들이 하던 것인데 그들이 맡은 업무도 많은데다 사람들의 말도 많아 다른 사람들에게 맡기는 것이었다. 일곱 집사가 처음부터 "구제는 우리가 합니다" 하고 나선 것이 아니었다. 사도들이 맡기지 않았다면 그들은 하고 싶어도 할 수 없다. 신약교회의 모든 것은 사도의 지도를 따라야 한다.

우리는 오로지 기도하는 일과 말씀 사역에 힘쓰리라 하니(행 6:4).

사도들의 결단은 구제의 일은 다른 사람에게 맡기고 자신들은 기도하는 일에 힘쓰겠다는 것이었다. 사도들은 영적인 공동체인 교회를 이끌어가야 하기 때문에 기도로 무장되어야 한다. 기도에 힘써야 계속 성령 충만한 상태를 유지할 수 있고 주님과 깊이 교제할 수 있다. 기도하지 않는다면 주님께 영적 공급을 받을 수 없다. 주님께 지도를 받지 못하면 주님의 몸 된 교회를 제대로 섬길 수 없다. 그러므로 교회의 지도자들은 진정 기도에 힘써야 하며 기도 시간이 많을수록 좋다. 그 기도는 개인의 욕망을 채우기 위함이 아니고 주의 일을 위한 목적이어야 한다. 이 시점에서 사도들의 판단은 바른 것이었다.

또한 사도들은 가르치고 전도하는 일을 계속 해야 한다. 처음 나온 사람에게는 기초를 가르치지만 똑같은 내용을 되풀이할 수는 없는 것이다. 그러므로 성경도 많이 알아야 하고, 많은 사람이 교회로 몰려오고 있기에 계속 가르치고 설교해야 하는데 여기에 힘을 쓰겠다는 것이었다. 교회 지도자, 특히 교역자가 이 세상에서 힘쓸 일은 기도와 말씀밖에 없다. 다른 일을 잘하거나 그 일에 열매가 있더라도 기도와 말씀에 비할 수는 없다. 교역자 중 세상의 헛된 것에 몰두하는 사람들도 있다. 세상적 재능이나 기술은 무게가 없다. 기도와 말씀에 전념하는 일꾼이야말로 가장 존경스러운 하나님의 종이다. 주의 종이 무엇을 자랑하겠는가.

> 온 무리가 이 말을 기뻐하여 믿음과 성령이 충만한 사람 스데반과 또 빌립과 브로고로와 니가노르와 디몬과 바메나와 유대교에 입교했던 안디옥 사람 니골라를 택하여(행 6:5).

사도들이 기도와 말씀에 전념하자 성도들이 기뻐하였다. 성도들은 사도들이 깊은 말씀을 전하고 깊이 기도하며 능력이 충만하여 자신들을 도와줄 것을 생각하니 기뻤다. 어느 시대나 성도들의 마음은 같다. 사도나 영적 지도자는 기도와 말씀에 힘써야 한다. 초대 교회 성도들은 자기들이 재정을 관리할 수 있는 권한을 가져서 기뻐한 것이 아니었다.

성도들은 교회 공동체를 위해 일할 사람을 택할 때 외모가 좋다거나, 계산을 잘한다거나, 힘이 세다거나 혹은 인맥이 좋다고 사람을 뽑지 않았다. 오직 믿음이 충만한 사람을 뽑았는데 믿음은 예수 그리스도가 부활하시고 구세주가 되신 것을 믿는 믿음이 가장 컸을 것이다. 믿음은 하나님의 선물이다(엡 2:8).

또한 그들은 성령이 충만한 사람을 찾았는데 이것은 사도들이 요구한 바였다. 이 선택에 대한 사도들의 요구 조건은 성령과 지혜가 충만한 사람이었는데 교회는 믿음과 성령이 충만한 사람을 뽑았다. 이것은 서로 상충하지 않는다. 성령도 선물이다(행 2:38).

이런 과정을 거쳐 교회가 일곱 사람을 택하였다. 사도는 주님이 임명하셨다. 일곱 집사의 이름이 다 헬라식인 것을 볼 때 그들은 헬라 세계에 흩어져 살던 유대인일 가능성이 있다. 아마도 헬라파의 불평이 있었기 때문에 공평한 일처리를 위해서 그랬을 것이다. 택했다는 것은 임명이 아니라 회중이 택했다는 의미다. 그들 중 스데반과 빌립의 활약상은 성경에 기록되어 있지만 다른 사람들에 대해서는 나오지 않는다. 그러나 각자 각자가 하나님께 받은 은사도 다르고 그 수준도 다르다. 스데반의 영적 권위와 능력은 사도 정도의 수준이다. 우리가 주님의 뜻을 알 수 없지만 그가 만일 주님을 일찍 만났더라면 사도로 부름받고도 남았을 것이다. 빌립도 범상치 않았는데 스데반과 빌립은 구제만 하기에는 받은 영적 능력이 너무 컸다.

사도들 앞에 세우니 사도들이 기도하고 그들에게 안수하니라(행 6:6).

사도들은 집사 선출에 직접 개입하지 않았다. 회중이 선택했다. 회중이 선택했다고 그들 스스로 업무를 시작한 것은 아니다. 그들은 선출된 사람들을 사도들 앞으로 데리고 왔다. 교회는 이 모습을 본받아야 한다.

사도들은 선출된 사람들이 일을 잘할 수 있도록 기도하고 안수했다. 그러므로 이들은 안수 받은 집사다. 구약교회에서도 선지자나 왕이나 제사장에게 안수하는 일은 일반적이었다. 안수할 때 성령께서 역사하시기도 하지만 이것은 공적인 예식이기도 하다. 교회는 선출을 한 회중의 뜻도 존중하지만, 성직은 하나님께로부터 온다는 분명한 원칙이 있으므로 안수가 필요했다. 성직자의 안수는 구약에 있었다(민 27:14-20). 디모데도 노회에서 안수를 받았다(딤후 1:6). 하나님께 부름받은 것이 확실한 사람에게 공적으로 안수하는 것은 옳다. 하나님은 안수받은 그들에게 특별히 역사하실 것이다.

하나님의 말씀이 점점 왕성하여 예루살렘에 있는 제자의 수가 더 심히 많아지고 허다한 제사장의 무리도 이 도에 복종하니라(행 6:7).

교회에 말씀이 강하게 선포되어야 한다. 초대교회에 말씀이 왕성한 것은 사도들이 말씀 전파에 전력을 다했기 때문이다. 물질 문제, 구제 문제를 집사에게 맡기고 나니 거칠 것이 없었다. 사도들의 말씀 전파가 강력해졌다. 말씀이 강해지면 사람들이 하나님께 순종한다.

예루살렘 교회의 성도 수가 급격하게 늘어났다. 이것은 사도들이 기도와 말씀에 전념한 후 나타난 현상이다. 성경이 당시 상황을 가감 없이 증거하고 있다. 현대 교회도 이 원리에서 결코 벗어날 수 없다. 당시 사도들은 성전을 중심으로 전도하였다. 그때 성전 봉사를 위해 많은 제사장들이 성전을 드나들다가 사도들의 설교를 들었을 것이다. 그들은 당시 구약교회에 속한 영적 지도자였는데 그중 많은 무리가 자신의 직업과 신분을 포기했다. 그리고 신약교회 속으로 들어와 회개하였다. 그들은 사도들에게 새롭게 배우기 시작했다.

이전에 그들은 사도들의 스승이었으나 이제는 성령으로 충만해진 사도들이 그들의 영적 스승이 되었다. 레위 지파도 제사장도 사도들에게 큰소리치지 못했다. 드디어 세상이 바뀌고 있었다. 구약교회가 신약교회에게 영적인 권위를 위임하는 역사적인 순간이었다. 구약교회는 이제 그 근본이 흔들리고 있었다.

스데반이 은혜와 권능이 충만하여 큰 기사와 표적을 민간에 행하니(행 6:8).

성령과 지혜가 충만한 사람을 집사로 뽑았는데 일곱 집사 가운데 가장 앞서 있던 스데반은 성령과 지혜뿐 아니라 은혜와 권능이 충만하였다. 그는 은혜와 권능이 충만했기 때문에 과부를 돌보는 것 이상의 일을 할 수 있었다(갱글). 그는 베드로는 몰라도 다른 사도들보다 은혜와 권능이 더 충만하였다. 스데반은 많은 사람들에게 능력 있는 사역을 했다. 열두 사도 외에도, 즉 평신도 중에도 강력한 사람이 있다. 이것은 교회의 축복이다. 사도라고 해서 모든 평신도보다 영적으로 우월하다고 말할 수 없다.

기사와 표적을 행한다는 말은 베드로나 바울에게 적합한 표현 같지만 그것은 집사에게 나타난 일이었다. 큰 기사와 표적이 나타났다. 능력 면에서는 유명하지 않은 사도들보다 더 탁월했다. 물론 당시의 모든 집사나 성도들에게 능력이 있는 것은 아니었다. 우리 시대의 교회에는 베드로나 스데반처럼 능력 있는

지도자가 많지 않다. 그러므로 일반 성도 중에서도 능력 있는 사람을 만나기가 쉽지 않다. 스데반 같은 성도가 많으면 많을수록 교회는 활기차고 영적으로 더 성장할 것이 틀림없다.

> 이른 바 자유민들 즉 구레네인, 알렉산드리아인, 길리기아와 아시아에서 온 사람들의 회당에서 어떤 자들이 일어나 스데반과 더불어 논쟁할새(행 6:9).

자유민들이 있었다. 예루살렘 이외의 지역에서 태어나 하나님을 믿는 이방인들이다. 그들은 예루살렘에 거주하면서 유대인의 회당에 교적을 두었다(박윤선). 당시 예루살렘에는 헬라파 유대인들이 많았다.

그들은 자신의 출신 지역 사람들을 중심으로 예루살렘에 회당을 가지고 있었다. 당시 예루살렘에는 회당이 480개나 있었다고 한다. 스데반도 헬라파 유대인이었으므로 그들이 있는 회당에 드나들면서 증거했다는 사실은 충분히 짐작할 수 있는 것이다. 그들은 스데반의 설교를 들었고 그가 능력을 행하는 것을 다 보았다.

그들은 스데반이 기사와 표적을 나타내고 병을 고치는데도 그를 존경하지 않고 오히려 대들며 따졌다. 스데반의 가르침이나 행하는 능력이 수상하다는 것이었다. 그들 대부분은 그러한 신적 능력을 애초부터 인정하지 않았던 자들이다. 그들은 스데반에게 신적 능력이 나타나도 외면하고 눈을 감았다. 인간에게 능력이 나타나는 것을 인정하지 않는 자는 어떤 기적과 권세가 나타나도, 설령 천사가 나타나도 믿지 않는다. 지금 시대에는 은사가 종결되었다고 말하는 사람의 의식 구조와 비슷하다. 은사가 종결되어 지금 시대에는 없다고 하는 사람들은 자신에게 은사가 있는데도 모르거나, 아니면 실제로 그에게 영적인 은사가 없을 수 있다. 그러므로 그는 영적 은사에 대한 영적 감각이 전혀 발달되지 못한 것이다. 그런 사람은 자신이 영적인 은사 없이 일하고 있다고 세상에 광고하는 행위이다.

스데반이 지혜와 성령으로 말함을 그들이 능히 당하지 못하여(행 6:10).

집사를 세울 때 사도들이 요청한 대로 스데반은 지혜와 성령이 충만하였다. 그 지혜는 하나님이 주신 것으로 세상의 지혜나 지식과 달랐다. 스데반은 토론할 때 혈기와 비아냥과 비판과 거짓된 말이 아니라 성령에 충만하여 말하였다. 당시 많은 무리는 세례 요한과 예수님 그리고 사도들과 스데반이 성령에 충만하여 말하였는데도 그것이 성령 충만인지조차 몰랐다. 오히려 성령 충만한 사람을 극렬하게 반대하거나 귀신이 들렸다고 몰아붙였다. 귀신 들린 것과 성령 충만한 것을 분별할 능력이 없는 가소롭고 어두운 시대다.

지식적인 그리고 오래된 전통에서 습득한 것으로 무장된 사람들은 하나님께 붙잡힌 최고 수준의 성도와 토론을 벌일 때 결코 이길 수 없다. 아무리 수십 명, 수백 명이 스데반을 공격해도 그들이 주장하는 내용은 영적인 수준이 너무나 떨어지는 것이었다. 영적으로 깊은 사람은 세상에서 배운 얄팍한 지식으로 무장한 사람과는 상대가 되지 않는다. 하나님 나라는 결국 영적 능력이다.

사람들을 매수하여 말하게 하되 이 사람이 모세와 하나님을 모독하는 말을 하는 것을 우리가 들었노라 하게 하고(행 6:11).

초대교회가 태동될 당시 핍박자들이 얼마나 악했는지를 알 수 있다. 신앙에 대해 토론을 하면서도 상대를 이기기 위해 사람을 매수한다는 것은 상식 이하다. 그들은 지금까지 그런 태도로 세상을 살았던 것이다. 상대를 죽이기 위해 거짓을 조장하는 것은 악질 중에 악질이다.

그들은 매수한 사람을 조종해 스데반이 모세와 하나님을 모독하는 말을 했다고 거짓 진술하게 했다. 이것은 순진한 제삼자가 들었을 때는 용서할 수 없는 죄다. 물론 스데반은 그들이 말하는 내용과 관련된 설교를 했을 것이다. 모세의 율법, 특히 제사 제도나 성전은 임시이고 본체이신 예수 그리스도가 오실 때까지만 필요한 것이라고 했을 것이다. 이것은 결코 모세의 율법이나 성전을 무시한 것이 아니다. 그럼에도 그들은 자기들의 신학에 고정되어 스데반에게 큰 죄를 뒤집어씌웠다. 다른 사람을, 특히 성령 충만한 종에게 이처럼 큰 죄로 모함하는 행위는 사탄이 강하게 역사하지 않으면 불가능하다. 스데반을 대항하는 자는 사탄의 꼬임에 단단히 빠진 것이었다.

> 백성과 장로와 서기관들을 충동시켜 와서 잡아가지고 공회에 이르러(행 6:12).

이들은 스데반이 모세와 하나님을 모독했다고 떠들고 다녔는데 실제로 백성들이 그 모함에 넘어왔다. 그들은 사람들을 매수하여 거짓 증언하게 할 뿐 아니라 멀쩡한 사람들을 찾아가 충동질까지 하였다. 그래서 백성의 대표인 장로들과 성경을 연구하는 서기관들조차 거기에 넘어가 스데반을 반대하였다. 이처럼 예루살렘에는 백주대낮에 어리석은 일이 벌어지게 되었다.

그들은 스데반을 잡았다. 그러고는 공회까지 강제로 데려갔다. 스데반은 도망치지 않았고 그들이 끌고 가는 대로 따라갔다. 그의 신앙은 결코 포기할 수 없는 너무나 떳떳한 것이었기 때문이다. 얼마 전에는 사도들이 끌려가 그 자리에 있었는데 이제는 집사 중 한 사람인 스데반이 불려갔다.

> 거짓 증인들을 세우니 이르되 이 사람이 이 거룩한 곳과 율법을 거슬러 말하기를 마지 아니하는도다(행 6:13).

그들은 사람들을 충동질하여 스데반을 잡아갈 때도 거짓 증인을 내세우고 공회에서 판단을 받을 때도 거짓 증인을 내세우고 있다. 그 재판 자체가 거짓으로 똘똘 뭉친 치졸하고 한심한 것이었다. 그들은 거룩한 모세의 법을 말하지만 모세의 법은 없었고, 하나님을 말하지만 하나님을 두려워하거나 심판을 의식하지 않았다. 이것이 어두워진 구약교회의 모습이다. 그리고 오늘날 언제든지 나타날 수 있는 교회의 모습이다.

그들은 스데반이 거룩한 곳을 거스르고 율법을 어겼다고 고발하였다. 그러나 거룩을 말하는 그들이 오히려 거룩하지 않았고, 율법을 말하면서 오히려 아무 두려움 없이 거짓의 죄를 지었다. 그들은 상대가 거룩하지 못하다고 고소했다. 거룩하지 않은 자들이 거룩한 사람을 거룩하지 못하다고 고소했다. 눈에 들보가 있는 자가 남의 티를 찾아보겠다고 설치는 형국이다. 하나님 나라에서 굿판이 벌어지는 형국이었다.

> 그의 말에 이 나사렛 예수가 이 곳을 헐고 또 모세가 우리에게 전하여 준 규례를 고치겠다 함을 우리가 들었노라 하거늘(행 6:14).

그들은 스데반이 예수님이 성전을 헐 것이라고 말했다고 주장했다. 아마도 스데반은 예수님이 장차 성전이 무너질 것이라고 하셨던 예언을 인용했을 것이다(마 24:1-2). 또한 요한복음 2장 19절에서 "너희가 이 성전을 헐라 내가 사흘 동안에 일으키리라" 하신 말씀을 인용했을 것이다. 그리고 이 성전은 예수님을 가리키는 것이며 그 말씀대로 예수님은 사흘 만에 부활하셨다고 말했을 것이다. 그런데 다른 말은 쏙 빼고 "예수가 이곳을 헐고"라고 한 말로 변질시켜 모함했다.

남을 악의적으로 비판하는 사악한 집단은 옛날이나 지금이나 수법이 같다. 말의 앞뒤를 자르고 모함하고 싶은 내용만 드러내거나, 영적 의미를 모른 채 이성적으로 해석하고 비판한다. 만일 이런 사람과 같은 공동체에 속해 있다면 불행한 일이다.

또한 스데반이 모세가 우리에게 전해준 규례를 고치겠다고 말했다고 고소했다. 스데반이 그런 설교를 한 적은 분명히 없을 것이고 율법을 재해석하는 것을 그렇게 비판했을 것이다. 그렇지 않다면 매수까지 할 필요는 없는 것이다.

> 공회 중에 앉은 사람들이 다 스데반을 주목하여 보니 그 얼굴이 천사의 얼굴과 같더라(행 6:15).

공회 중의 많은 사람이 스데반을 고소하는 사람들의 말을 들었다. 그들은 스데반도 무엇인가 변명을 해야 할 것이므로 그가 무슨 말을 할까 궁금하여 피고석에 있는 스데반을 쳐다보았다. 모두가 스데반을 집중하였다.

그런데 스데반의 얼굴이 천사 같다고 이구동성으로 말하였다. 스데반에 대한 극도의 칭송이었다. 천사를 보았거나 천사에 대한 이야기를 들은 사람들이 스데반을 보고는 천사를 연상하였다. '천사가 있다면 저런 얼굴일 것이다.' 하나님을 수종 드는 천사의 특징은 죄가 없다. 또한 빛 되신 분을 섬기기에 온 몸에 광채가 나고 순수하며 거룩하다. 실제로 스데반을 내면에서부터 밝혀주는 빛이 있었다(톰 라이트). 지금 이 순간 스데반은 천사다. 모세가 40일 동안 금식한 후 시내산에서 내려올 때 그 얼굴에서 광채가 났던 것과 같다. 주님을 가까이에서 모시면 누구나 이렇게 된다.

당시 공회 중에 있던 사람들은 고소하는 사람들의 거짓 입술과 핏발 서린 눈빛을 보았을 것이다. 그리고 시커먼 얼굴과 아집에 사로잡힌 속 좁은 모습도 보았을 것이다. 그런데 고소당하는 입장에 있던 스데반의 얼굴이 천사처럼 빛났다면 무언가 생각하는 것이 있어야 한다. 그들은 스데반이 전하는 복음에 귀를 기울이고 회개했어야 했다. 왜냐하면 구약교회를 대표하는 자들의 더럽고 사악함과, 신약교회를 대표하는 자의 거룩함이 대비되어 드러났기 때문이다. 대개 사람의 얼굴을 보면 그가 거룩한지 더러운지, 그리고 성령에 충만한지 귀신에 들렸는지 웬만하면 구분이 가능하다. 구약교회의 많은 사람들, 특히 지도자들은 지금 사악한 영의 강한 영향을 받고 혼란에 빠져 있다.

7장

스데반의 신학과 순교

오순절 날 성령 충만해진 사도들은 앉은뱅이 걸인을 일으키고,
병든 자를 치료하며, 대제사장 무리에게도 담대하게 예수 이름을 증거했다.
5장에서는 아나니아와 삽비라의 죽음으로 인해 교회가 오히려 하나님을
두려워하게 되었고, 능력이 충만한 사도들이 대제사장 무리와 충돌하였다.
6장에서는 사도들이 기도와 말씀에 충실하기 위해 일곱 집사를 세웠는데
스데반은 누구에게나 담대하게 예수를 증거했다.
7장에서는 스데반의 깊은 신학적 설교와 순교하는 모습이 나온다.

대제사장이 이르되 이것이 사실이냐(행 7:1).

얼마 전에 사도들을 붙잡아 때리고 심문했던 대제사장이 이제 집사인 스데반을 심문하고 있다. 그는 스데반에 대한 고소 내용을 다 듣더니 그것이 사실인지 스데반에게 물었다. 질문하는 대제사장은 약간 위축된 모습인데 그것은 스데반의 얼굴이 천사처럼 빛나고 있기 때문이다. 스데반의 영적 권능 앞에서 육의 사람 대제사장이 약해진 것이다. 자기들과 관련 없는 일이라면 스데반과 마

주치고 싶지 않았을 것이다. 죄인들은 영적인 사람 앞에 가기를 싫어한다. 죄인들끼리 있어야 마음이 편하다.

> 스데반이 이르되 여러분 부형들이여 들으소서 우리 조상 아브라함이 하란에 있기 전 메소보다미아에 있을 때에 영광의 하나님이 그에게 보여(행 7:2).

대제사장의 질문에 스데반이 답변하였다. 그는 부형이라는 존칭을 쓰며 장문의 설교를 하고 있다. 마치 한편의 설교와 같은 답변은 그가 얼마나 성경을 잘 알고 있는지를 보여준다. 성경은 서기관들만의 것이거나 어느 특정 부류의 독점물이 아니다.

스데반은 대제사장과 공회에 있던 모든 사람 그리고 자신을 고소하는 모든 사람과 같이 자신의 조상이 아브라함이라고 하였다. 고소하는 자나 고소당하는 자나 그들은 한 핏줄인 것이다. 서로 생각이 다를 뿐이다. 스데반은 아브라함으로 시작하여 긴 연설을 시작한다. 아브라함은 가나안으로 떠나기 전 하란에 거하기 전에 유브라데 강과 티그리스 강 유역의 메소보다미아에 거했다. 그곳은 문명의 발생지다. 스데반은 하나님의 계시 운동에 대해 설교하면서 조상인 아브라함으로 거슬러 올라간다.

하나님은 영광의 본체시고 인간을 창조하셨다. 그때는 하나님이 사람에게 잘 나타나지 않으셨던 시대다. 그런데 스데반이 있기 약 2천 년 전에 아브라함에게 나타나셨다고 했다. 아브라함이 하나님을 찾아 나선 것이 아니라 하나님이 찾아오셨다. 인간에게 임한 불가항력적인 은혜다. 왜 하나님을 만났느냐고 비판하고 싶어도 하나님이 찾아오신 것이니 별 도리가 없는 일이다.

영광의 하나님은 인간이 만든 우상과 반대된다. 우상은 숨 쉬지 않지만 하나님은 살아계신다. 그 하나님이 아브라함에게 나타나 보이셨다. 그때 아브라함은 하나님을 보았고 음성을 들었으며 대화를 나누었다. 아담이 에덴동산에서 쫓겨났다고 인간이 하나님과 대화하지 못하는 것은 아니다. 에녹은 하나님과 동행하였고 노아는 하나님이 세상을 물로 심판하신다는 말씀을 들었다. 아브라함 시대에 누가 하나님을 만났는지 알 수 없지만 비록 소수일지라도 어느 시대에나 하나님의 음성을 듣는 사람은 있다. 그 중에는 하나님께 특별히 쓰임받는 최고의 지도자가 있는 반면 어떤 사람은 조용히 살다 죽는다. 어쨌든 인간이 지은 성전도 없는데다 우상을 섬기는 이방 땅에서 하나님이 아브라함에게 나타나셨다. 하나님을 만나는 곳이 영적으로 성전이다.

> 이르시되 네 고향과 친척을 떠나 내가 네게 보일 땅으로 가라 하시니(행 7:3).

하나님은 아브라함에게 고향인 갈대아 우르를 떠나라고 하셨다. 그곳은 그의 친척들도 함께 거주하고 있는 동네다. 그렇게 성장하고 정든 곳을 떠나라고 하시는 것이다. 누구라도 안정된 고향을 떠나는 것은 어려운 일이다. 하지만 하나님의 명령이기 때문에 떠나야 한다.

아브라함에게 하나님의 음성이 들려왔는데 그것은 그에게 보일 땅이 있는데 거기로 가라고 하시는 것이었다. 고향을 떠나 어딘지는 확실히 모르지만 하나님이 보이시는 곳으로 가라는 말씀이다. 하나님은 살 곳도 정해주실 때가 있다. 그때는 마치 땅과 집이 보이는 것처럼 발길을 옮기는 것이다. 이것이 믿음이다. 믿음이란 스스로 생각하고 행동하는 것이 아니라 말씀이 있을 때 그 말씀을 신뢰하여 행동하고 또 열매가 있을 것을 믿는 것이다. 하나님이 나타나 말씀하지 않으셨다면 정상적인 사람이 무턱대고 고향을 떠날 수는 없는 일이다.

> 아브라함이 갈대아 사람의 땅을 떠나 하란에 거하다가 그의 아버지가 죽으매 하나님이 그를 거기서 너희 지금 사는 이 땅으로 옮기셨느니라(행 7:4).

아브라함이 갈대아인이 지배하고 살던 동네를 떠났다는 뜻인데 그는 하나님의 명령을 따라 살던 곳을 떠났다. 이것은 아브라함이 하나님과 만나 분명히 대화했고, 하나님을 철저히 신뢰했기 때문에 가능한 일이었다. 믿음의 사람에게는 신앙의 용단이 필요하다.

아브라함은 고향을 떠날 때 아버지가 있었다. 아브라함이 호주가 아니었다. 그러나 아버지와 그의 형제들이 아브라함의 지도를 따라 모두 고향을 떠났다. 하나님이 아브라함에게 나타나셔서 말씀하셨기 때문이다. 온 가족이 아브라함의 영적 체험을 신뢰했다. 그리고 하란까지 와서 살다가 아버지가 거기서 죽었다. 아버지가 죽자 하나님께서 아브라함에게 또 거주지를 옮기라고 하셨다.

하란에서 아래쪽으로 내려온 곳이 이스라엘이고 예루살렘이었다. 하나님은 그 일을 말씀하신 대로 하셨다. 하나님이 아브라함을 전적으로 인도하셨고 아브라함도 전적으로 순종하였다. 이스라엘이 처음부터 이 땅에 존재했던 것도 아니고 예루살렘이나 성전도 지금 세워져 있는 곳에 처음부터 있었던 것이 아니다. 성전이 세워진 것은 스데반이 태어나기 약 천 년 전이고 하나님은 그보다 이전에 아브라함에게 나타나셨다.

> 그러나 여기서 발 붙일 만한 땅도 유업으로 주지 아니하시고 다만 이 땅을 아직 자식도 없는 그와 그의 후손에게 소유로 주신다고 약속하셨으며(행 7:5).

하나님이 아브라함을 하란에서 가나안으로 옮기셨는데 수십 년이 지나도 발 붙일 만한 땅도 주시지 않았다. 아브라함은 부자였고 많은 사람을 거느린 왕 같은 존재였지만 땅이 없었다. 이것은 하나님이 의도하신 것이라고 스데반은 해석하였다.

아브라함이 가나안에 살고 있을 때 자식이 없었다. 그런데 하나님은 그와 그의 후손에게 이 땅을 소유로 주겠다고 약속하셨다. 지금 아브라함에게는 자식이 없지만 장차 자식이 생길 것을 염두에 두고 하신 말씀이다. 현실주의자들에게는 감동이 없을 약속이다. 이 약속은 단시일 내에 이루어지지 않으며 상당히 오랜 시간이 지난 후에 이루어주신다고 하셨다. 하나님의 약속은 수백 년 혹은 수천 년에 걸쳐 이루어지는 일이 많다.

> 하나님이 또 이같이 말씀하시되 그 후손이 다른 땅에서 나그네가 되리니 그 땅 사람들이 종으로 삼아 사백 년 동안을 괴롭게 하리라 하시고(행 7:6).

스데반은 하나님이 말씀하시기를 그 후손이 다른 땅에서 나그네가 되리라고 하셨다고 했다. 그 말은 아브라함의 후손이 가나안을 소유하기 전 그곳이 아닌 다른 지역, 즉 다른 나라에서 나그네 노릇을 할 것이라는 의미라고 설교했다. 그런데 나그네 생활을 하는 중 그 나라 사람들이 그들을 종처럼 대우할 것이라고 하나님이 말씀하셨다고 했다. 하나님이 아브라함의 후손이 무려 사백 년 동안이나 종살이를 하면서 괴로움을 당할 것이라 말씀하셨다고 했다. 이스라엘이 애굽에서 사백 년을 보내면서 이 약속이 이루어졌다.

> 또 이르시되 종 삼는 나라를 내가 심판하리니 그 후에 그들이 나와서 이 곳에서 나를 섬기리라 하시고(행 7:7).

스데반은 아브라함의 후손을 종으로 삼으면서 귀하게 대접하지 않은 민족은 하나님이 심판하실 것이라 하셨다고 말했다. 이 나라가 바로 애굽이다. 하나님은 애굽을 말씀대로 심판하셨다. 또한 아브라함의 후손은 비록 종처럼 대우를 받지만 결국 그 땅에서 나온다고 하나님이 말씀하셨다고 했다. 이 예언은 성취되어 이스라엘은 애굽에서 나와 약속의 땅 가나안으로 들어갔다.

이곳은 애굽을 나온 후 가나안 땅을 가리킨다. 그리고 아브라함의 자손들이 하나님을 섬길 것이라고 말씀하셨다. 세월이 많이 지났지만 하나님은 중요한 일을 말씀해주셨고 그 말씀은 다 이루어졌다. 이스라엘 자손은 결국 가나안 땅을 차지했다.

> 할례의 언약을 아브라함에게 주셨더니 그가 이삭을 낳아 여드레 만에 할례를 행하고 이삭이 야곱을, 야곱이 우리 열두 조상을 낳으니라(행 7:8).

할례는 남자 어린아이의 생식기 앞쪽 표피 부분을 잘라내는 것으로 하나님이 아브라함에게 명령하신 것이다. 이것은 대를 이어서 행할 의식이다. 이것은 이스라엘인으로서의 자격을 갖추는 행위다. 이 계시는 성전이 없던 시대에도 이미 있었다. 아브라함은 이삭을 낳고 팔일이 되어 하나님이 명령하신 대로 할례를 행했다. 이삭은 에서와 야곱을 낳았는데 이스라엘 백성은 야곱 계열이다. 야곱은 열두 명의 아들을 낳았고 그들의 후손이 곧 현재 이스라엘 백성이라고 스데반은 말했다. 하나님의 계시가 이루어진 것이다.

> 여러 조상이 요셉을 시기하여 애굽에 팔았더니 하나님이 그와 함께 계셔(행 7:9).

야곱의 열두 아들 중 열한 번째인 요셉을 아버지 야곱은 각별하게 사랑했고, 이는 다른 형제들의 시기를 샀다. 또한 요셉은 환상을 많이 보았는데 그 내용이 자신이 형제들 가운데서 높아진다는 것이었기 때문에 시기심을 더욱 부채질했다. 그 환상은 하나님이 요셉에게 보여주신 것으로 그것은 사실이었다. 그러나 나이 많고 배다른 다른 형제들은 그 말을 듣고 참을 수가 없었다. 요셉의 형들은 열한 번째로 어린 소년 요셉을 죽이려 하다가 애굽으로 가는 상인에게 팔아 요셉은 결국 애굽으로 끌려갔다. 그나마 죽이지 않은 것만도 다행이었다. 이렇

사도들이 안수할 때 성령 받는 것을 많은 사람들이 보았다. 마술사 시몬도 그것을 보고 놀랐다. 빌립 집사가 표적과 기사를 행하는 것에도 놀랐고, 베드로가 안수한 후 개인이 성령을 받고 신비한 현상이 나타나는 것을 보며 놀라지 않을 수 없었다. 마술도 신비한 것이기에 전직 마술사였던 시몬이 더 호기심을 가질 수밖에 없다.

시몬은 놀라움과 충격 속에서 생각했다. 무엇보다 자신의 위치와 생업이 그에게는 가장 큰 문제였다. 그는 이제 마술로서 먹고 살 길이 막혔다. 그러므로 빌립의 출현으로 상심했을 것이다(거스리). 그래서 사도 베드로에게 돈을 주었다. 이 돈은 뒤에 나오는 대로 "은"이었다. 상당히 큰 액수의 돈으로 추산된다.

> 이르되 이 권능을 내게도 주어 누구든지 내가 안수하는 사람은 성령을 받게 하여 주소서 하니(행 8:19).

마술사 시몬은 권능을 받고 싶었다. 베드로와 요한에게 나타나는 권능이 탐이 났다. 시몬은 자기도 베드로와 요한처럼 되고 싶은 것이었다. 명예 회복과 생업이 걸린 문제였다. 이런 소원은 누구나 얼마든지 가질 수 있다. 그러나 진심으로 회개하고 하나님의 은혜의 때를 기다리는 것이 아니라 깊은 회개도 없이 돈으로 은혜를 받으려 했다. 또한 하나님의 영광을 생각하지 않았다. 회개와 거룩을 돈으로 바꾸려는 못된 행동이다. 어쩌면 시몬은 돈을 주고 마술을 배웠기에 그럴지도 모른다. 샤먼들이 신을 받을 때는 돈을 내는 경우가 대부분이다.

어쨌든 돈으로 성령을 사고팔고 움직일 수 있다는 생각은 하나님을 모독하는 것이다. 성령의 능력은 하나님이 성도들을 위해 주시는 것인데 시몬의 목적은 자신을 높이려 하는 것이었으니 죄인 것이다.

마술사 시몬의 더 큰 문제는 자기가 먼저 성령을 받고 은혜 속으로 들어가려는 것이 아니었다. 그는 그 단계는 아예 생각도 없었고, 그다음 단계인 "내가", 즉 자신이 성령을 수여하는 주인공이 되려는 의도가 있었다. 자기가 멋지게 성령을 베푸는 모습을 꿈꾸었다. 성령을 '신 내림' 정도로 생각한 것이다. 마술사다운 발상이었다.

또한 안수는 성령을 받았다는 상징이다(행 19:6). 그러나 그것은 성령이 충만한 사람이 안수할 때 나타나는 것이지 아무나 안수한다고 성령이 임하시는 것이 아니다. 마술사 시몬은 자신의 성령 충만보다 안수하는 기능 혹은 권능을 원했기 때문에 안수 자체에 의미를 두는 잘못을 범했다. 안수를 받지 않아도 성령은 얼마든지 나타날 수 있다. 안수를 지나치게 남발하거나 안수 받기를 좋아하는 것은 조심할 일이다. 어쨌든 마술사 시몬은 매우 위험한 발상을 했다.

> 베드로가 이르되 네가 하나님의 선물을 돈 주고 살 줄로 생각하였으니 네 은과 네가 함께 망할지어다(행 8:20).

베드로는 마술사 시몬에게 자신에게서 나타나는 능력은 하나님의 선물이라고 정의하였다. 선물을 받으려면 선물을 주는 자와 선물을 받을 만한 관계가 되어야 한다. 선물을 줄 마음이 없는데 선물을 달라고 하는 것은 잘못이다. 시몬이 하나님께 헌금을 했거나 선교 후원금으로 돈을 냈다면 상관이 없다. 하지만 성령을 돈으로 사려 한 것은 죄다. 베드로가 돈을 드려 성령을 받은 것이 아니고 '깊은 회개'를 통해 하나님의 언약으로 받은 것이다. 세상에 돈으로 되지 않는 것이 많다. 특히 영적인 것은 그렇다.

베드로는 하나님이 당신의 사명을 감당하라고 성령을 주신 것을 알고 있었다. 그리고 복음을 위해 능력을 사용했고 능력이 나타났다. 그런데 하나님께 받은 사명도 없고 자신이 주의 나라를 위해, 백성을 위해 일하겠다는 사명도 없이 단지 능력만 탐했으니 하나님의 책망을 들을 수밖에 없다. 하나님의 나타나심은 분명한 거룩한 의도와 목적이 있어야 한다. 거룩한 내용이 없는 능력은 기독교와 상관이 없다. 그러한 악한 의도를 가진 자는 망해야 한다. 베드로는 분노가 가득한 얼굴로 망하라고 말했다.

하나님 앞에서 네 마음이 바르지 못하니 이 도에는 네가 관계도 없고 분깃 될 것도 없느니라(행 8:21).

성령의 큰 권능을 받고 다른 사람에게 안수할 때 성령이 임하는 것은 귀한 일이다. 하지만 마술사 시몬은 하나님 앞에서 마음이 바르지 못했다. 베드로는 시몬의 속마음과 권능을 받고 싶은 잘못된 의도를 꿰뚫고 있었다. 베드로는 대사도로서 모르는 것이 없다. 아나니아와 삽비라의 죄도 드러냈다.

베드로가 여기서 말하는 "도"는 예수 그리스도를 믿고 죄 사함을 받아 구원의 길에 들어서는 것이다. 그런데 베드로는 이 도에 시몬이 관계도 없고 분깃도 없는, 즉 아무 관계가 없다고 말했다. 무서운 말이다. 마술사 시몬이 빌립을 따르며 말씀도 듣고 세례도 받고 그가 능력 행하는 모습도 보면서 권능을 받기를 소원했지만 예수의 도와는 아무런 관계가 없다는 말이었다. 사도 베드로의 말처럼 만일 시몬이 회개하지 않고 그런 식으로 살아간다면 주님과 관계없는 사람이 되는 것이다.

그러므로 너의 이 악함을 회개하고 주께 기도하라 혹 마음에 품은 것을 사하여 주시리라(행 8:22).

베드로는 시몬에게 회개하라고 했다. 성령을 돈으로 사려고 하는 잘못된 생각도 회개해야 한다. 은사나 성령보다 자신의 죄를 회개하는 것이 믿음의 길에서는 우선이다. 지난날 그는 마술사였다. 얼마나 많은 속임과 헛된 욕심과 영광 속에 살았는지를 자각하고 오랜 시간 깊은 회개를 했어야 했다. 그는 빌립 집사를 따라다닐 것이 아니라 조용히 앉아 회개부터 했어야 했다. 자신이 그동안 지은 사악한 죄를 생각했다면 감히 베드로에게 분수도 모르고 그런 한심한 제안을 하지 않았을 것이다. 죄를 깨닫지 못하고 깊은 회개를 하지 않은 사람은 자신이 얼마나 큰 죄인인지 알지 못한다.

보았다. 살기가 등등한 사울은 구약교회의 폭력성을 대변하고 있다. 대제사장도 그렇게 행동했고 이런 거친 사울을 등용하였다. 대제사장과 그 일파의 불의와 잔혹성을 보여주는 증거다. 그러나 이런 행동은 성도들에게 나타나서는 안 되는 것이다. 주님은 아무리 박해를 받으셨어도 살기가 없으셨다. 종교개혁을 할 때 기득권을 가진 쪽에서 개혁자들에게 이렇게 대했을 것이다.

사울이 살기가 넘친 것은 스데반을 죽이고 예루살렘에 있던 신약 공동체를 흩어버리면 '예수 이름'은 전해지지 않을 줄 알았다. 그런데 사마리아로 복음이 흩어져 불이 붙었고 그 외의 지역으로 확산되는 결과를 가져왔다. 사울은 예상과 달리 여기저기로 퍼지는 복음의 불을 끄러 다니기로 단단히 마음을 먹었다.

사울은 자기 발로 대제사장을 찾아갔다. 신약교회 신자들을 체포할 권한은 대제사장에게 있었기 때문이다. 당시 산헤드린 공회는 종교 사무와 관련해서만 로마 정부의 간섭 없이 단독으로 사람을 체포, 감금할 수 있었다. 그러한 권력자였던 대제사장이 사울을 만나주었다. 이제 사울은 유명인사다. 그리고 구약교회에 대한 충성도도 높은 젊은이였다.

> 다메섹 여러 회당에 가져갈 공문을 청하니 이는 만일 그 도를 따르는 사람을 만나면 남녀를 막론하고 결박하여 예루살렘으로 잡아오려 함이라(행 9:2).

다메섹은 팔레스틴 북쪽에 있는 도시로 지중해에서 내륙으로 80킬로미터 떨어져 있는 곳이다. 당시 다메섹에는 사울이 예루살렘에서 스데반을 죽인 후 피신한 성도들이 많았다. 예루살렘에서 북쪽으로 멀리 떨어져 있어서 비교적 안전한 도시였다. 그곳도 산헤드린 공회가 관할하는 지역의 일부다. 공적인 일로 다메섹에 가는 사울이 더 관심을 둔 것은 그곳에 피해 있던 성도들을 만나면 누구든 가리지 않고 잡으려는 것이었다. 그는 그 먼 거리를 자기가 가겠다고 자청했다. 그는 이미 다른 지역에서도 성도들을 체포해왔다. 그와 동행한 군대는 교회에 속한 사설 군대로서 로마 군대와는 관계가 없다. 사울은 이처럼 극도로 악랄한 상태에 있었다. 그의 칼날을 피할 수 있는 사람이 없었다. 사울은 예수 이름이 확장되는 것을 두 눈을 뜨고 결코 볼 수가 없는 사람이었다.

> 사울이 길을 가다가 다메섹에 가까이 이르더니 홀연히 하늘로부터 빛이 그를 둘러 비추는지라(행 9:3).

먼 길을 온 사울에게 다메섹이 눈앞에 보였다. 장거리 여행의 마지막 순간이었다. 이제 하루 안이면 사울의 칼날에 다메섹은 울음으로 가득한 피바다가 될 것이다. 수많은 주님의 제자들이 울부짖으며 피를 토할 것이다. 살인마 사울은 그 모습을 상상하면서 희열을 느꼈다. 신약교회 성도들의 비극이 코앞에 다가온 것이다.

그런데 사울의 무리에게 갑자기 희한한 사태가 벌어졌다. "홀연히" 하늘로부터 빛이 그들에게 강하게 임했는데 이것은 하나님의 임재였다. 그 임재의 빛이 사울을 감싸며 비추었다. 다른 사람들은 빛이 비추는 것을 알았지만 깊은 임재를 체험하지는 못했다. 많은 사람들 속에서 하나님은 사울 한 사람에게 집중하셨다. 이것은 신비로운 사건이다.

> 땅에 엎드러져 들으매 소리가 있어 이르시되 사울아 사울아 네가 어찌하여 나를 박해하느냐 하시거늘(행 9:4).

빛이 비추고 하나님이 임재하시자 사울은 자기도 모르게 힘이 빠져 엎드러졌다. 음성을 들으려고 의도적으로 엎드린 것이 아니다. 하나님을 만나면 사람들은 거꾸러진다(단 8:27, 10:15, 계 1:17). 이때 주님이 말씀하시는 소리가 사울의 귀에 들렸다. 주님과 빛은 언제나 동행한다. 주님은 빛으로 세상에 오셨다. 빛 속에서 음성이 들려오는데 사울의 이름을 두 번이나 부르셨다. 성경에는 이렇

사울이 땅에서 일어나 눈은 떴으나 아무 것도 보지 못하고 사람의 손에 끌려 다메섹으로 들어가서(행 9:8).

주변이 잠잠해지고 사울이 일어났는데 누가 보아도 그가 이상했다. 사울은 빛이 비치는 순간 눈에 주님의 공격을 받았다. 사울의 눈은 그동안 살인의 영, 폭력의 영, 교만의 영으로 가득했으며 영들의 크기가 컸다. 그런데 주님의 강한 빛이 비치자 죄 많은 눈은 보이지 않게 되었다.

지금까지 앞장서서 살기등등했던 사울의 힘이 쭉 빠졌다. 그리고 눈이 보이지 않아 우왕좌왕하며 다른 사람의 손에 끌려 다메섹으로 들어갔다. 사울은 살벌한 정복자의 모습을 꿈꾸었는데 노예가 되어 입성하였다. 다메섹에 피신해 있던 신약교회 성도들은 그동안 불안해하며 기도했는데, 전혀 예상치 못한 핍박자 사울의 나약한 모습을 보게 되었다.

사흘 동안 보지 못하고 먹지도 마시지도 아니하니라(행 9:9).

사흘이 지났다. 처음 계획대로였다면 한참 사람을 잡아 때리거나 체포할 시간이고 예루살렘으로 성도들을 끌고 가기 위해 마무리할 시간이었다. 주님은 사울이 자신의 못된 행동을 반성하고 잘못을 회개할 수 있는 시간을 주셨다. 사울은 신학적 정립이 필요했다. 사울은 아무것도 볼 수 없어 세상 것에 신경을 쓸 수가 없었다. 또한 일행 중에 아무도 눈이 보이지 않는 문제를 해결해줄 수 없었다. 사울은 금식을 했는데 그것은 주님의 명령이 아니라 사울 스스로 먹지 않은 것이었다.

사울은 주님을 만나고 자신이 지금까지 얼마나 영적으로 무지하고 형편없는 인간인지를 알았을 것이다. 영적 무지가 사람을 잡았다. 속담에 선무당이 사람을 잡는다는 말이 있다. 주님을 직접 만나면 인간의 교만과 계획은 한순간에 무너진다. 그리고 그분의 종이 된다. 사울처럼 회개하고 바울의 삶을 살기 원한다면 주님을 깊이 만나야 한다. 주님과 내가 하나가 되면 바울처럼 살 수 있다.

그 때에 다메섹에 아나니아라 하는 제자가 있더니 주께서 환상 중에 불러 이르시되 아나니아야 하시거늘 대답하되 주여 내가 여기 있나이다 하니(행 9:10).

다메섹에 거주하는 아나니아라는 주님의 제자가 있었다. 그는 훌륭한 제자임이 분명하다. 제자는 사도를 가리키는 말이 아니다. 주님이 환상 중에 나타나 아나니아를 부르셨다. 환상은 꿈 속에서 있을 수 있고(16:9), 비몽사몽간에도 있을 수 있다(10:3, 10, 17, 19). 성경이 말하는 환상은 불건전한 신비주의와 다르다(박윤선). 영적인 것을 말하면 신비주의라고 비판적으로 말하는 무지한 사람도 있다. 이 세상에 환상 속에서 주님을 본 사람은 많다. 환상을 보지 못한 사람들은 무슨 문제가 있어서가 아니라 환상을 보는 은사가 없기 때문이다. 환상은 경험하지 못하면 무슨 말인지 잘 이해할 수 없다. 주님은 환상 중에 아나니아의 이름을 부르셨다.

그는 "대답하되 주여 내가 여기 있나이다"라고 하였다. 이것은 평소 주님과 교통이 있었다는 증거다. 사울이 깜짝 놀라 "주여 당신은 누구입니까" 하고 질문했던 것과는 사뭇 다르다. 처음 만남이면 "누구시냐"고 물을 수 있지만 여러 번 만난 후라면 "예, 여기 있습니다" 하면 된다. 아나니아는 주님과 깊은 교통을 나누는 영적인 사람이었다. 그는 사도가 아님에도 훌륭한 제자였고, 스데반과 빌립 같은 유력한 사람이 초대교회에 있듯이 최소한 주님과 함께 다녔던 70문도 안에는 들어갈 만한 사람으로 보인다. 오래전부터 주님을 알았다면 주님이 방문하셔도 놀랄 이유가 없다.

주께서 이르시되 일어나 직가라 하는 거리로 가서 유다의 집에서 다소 사람 사울이라 하는 사람을 찾으라 그가 기도하는 중이니라(행 9:11).

직가는 다메섹 동쪽에서 서쪽으로 통하는 넓은 거리다. 주님은 사울이 머물러 있는 집의 주소를 아셨다. 아나니아에게 거기로 가라고 하셨는데 유다의 집이었다. 사울은 아무것도 먹지 않고 금식하고 있었다.

주님은 "다소 사람 사울이라 하는 사람을 찾으라"고 하셨다. 주님은 아나니아에게 만날 사람과 할 일을 정확히 가르쳐주셨다. 그리고 주님은 사울의 현재 상황도 아신다. 주님의 말씀대로 사울은 사흘 동안 누구를 원망하거나 한탄한 것이 아니라 분명 진실된 기도를 하는 중이었다. 주님은 기도하는 자를 기뻐하신다. 사울에게 지금 성령이 역사하셨다. 누구든지 참되게 기도한다면 그것은 그의 마음속에 성령이 역사하시는 증표다(박윤선).

> 그가 아나니아라 하는 사람이 들어와서 자기에게 안수하여 다시 보게 하는 것을 보았느니라 하시거늘(행 9:12).

사울이 볼 때 아나니아라는 사람이 자기 방에 들어온 것을 보았다고 주님이 말씀하셨다. 주님이 사울과 아나니아의 행동을 미리 보시고 말씀하신 것이다. 주님은 세상에 앞으로 되어질 일을 미리 아시는 분이다. 사울의 입장에서 말씀하신 것인데, 사울에게 안수하였더니 그의 멀었던 눈이 다시 보게 되었다는 말씀이었다. 주님이 보셨다는 것은 아나니아가 사울을 분명히 만났다는 의미였다. 이것은 결국 아나니아에게 사울이 머무는 집에 가서 사울을 만나보라는 말씀이었다.

> 아나니아가 대답하되 주여 이 사람에 대하여 내가 여러 사람에게 듣사온즉 그가 예루살렘에서 주의 성도에게 적지 않은 해를 끼쳤다 하더니(행 9:13).

아나니아는 주님이 자신에게 나타나신 것을 알았고 주님과 대화도 나누었다. 영적인 사람은 주님이 자기에게 말씀하시는 것을 들을 수 있고 대화할 수 있다. 아나니아는 주님께 사울에 대한 부정적인 말을 여러 사람으로부터 들었다고 말씀드렸다. 지도자는 한두 사람의 말을 듣고 판단하면 안 된다. 아나니아는 사울이 그동안 예루살렘에서 활동한 내용을 알았다. 사울이 스데반을 죽이고 교회를 흩어버리는 등 주의 성도들에게 해를 끼친 것을 다 알고 있었다.

여기서도 주의 이름을 부르는 모든 사람을 결박할 권한을 대제사장들에게서 받았나이다 하거늘(행 9:14).

"여기서도." 아나니아가 거주하던 다메섹을 가리키는 말이다. 사울이 다메섹에서도 주님의 이름을 부르는 사람을 체포할 권한을 받은 것을 아나니아는 주님께 말씀드렸다. 아나니아는 사울이 그런 권한을 가지고 다메섹으로 오고 있는데도 다른 곳으로 피신하지 않았다.

사울은 대제사장 한 명으로부터만 권한을 받은 것이 아니라 전임 대제사장 등 대제사장 일파에게까지 권한을 받았다. 사울은 상당한 권한을 가진 상태였다. 아나니아는 이런 이유로 사울을 경계했다. 아나니아는 이런 사울에게 자기가 가야 하는지 주님께 여쭈었다. 주의 사명을 받은 사명자가 주께서 명령하실 때 속히 움직이지 않는 경우는 많다. 아나니아가 머뭇거린 것은 그런 극악무도한 자에게 주님이 왜 관심을 가지고 은혜를 베푸시는지 의문이 들었기 때문이다.

주께서 이르시되 가라 이 사람은 내 이름을 이방인과 임금들과 이스라엘 자손들에게 전하기 위하여 택한 나의 그릇이라(행 9:15).

주님은 아나니아에게 사울에게 가라고 명령하셨다. 머뭇거리는 아나니아에게 확실하게 말씀하셨다. 사울이 주의 이름을 전할 자라는 것이 그 이유였다. 지금 주님은 "내 이름", 즉 주님의 이름을 귀하게 여기셨다. 바로 앞 절에서도 아나니아가 "주의 이름을 부르는"이라고 말하는 것을 볼 때 복음의 핵심은 "주의 이름"이다. "주의 이름"은 복음의 핵심이며 이 세상에서 가장 귀한 것이다.

사울의 사역은 이방인에게 복음을 전하는 것이다. 또한 임금들에게도 전해야 한다. 뿐만 아니라 동족인 이스라엘 자손에게도 주의 이름을 전해야 한다. 주님은 사울을 이 일을 감당해야 하는 "택한 나의 그릇"이라고 하셨다. 아직 사울이 예수님을 믿거나 공동체가 그를 받아준 것도 아닌데 주님이 택한 그릇이라고 치켜세우셨어도 아나니아는 불평하지 않았다. 주님이 택하신 그릇이므로 아나니아는 사울에게 가야 했다.

> 그가 내 이름을 위하여 얼마나 고난을 받아야 할 것을 내가 그에게 보이리라 하시니(행 9:16).

"그가 내 이름을 위하여." 또다시 주님은 "내 이름"을 강조하셨다. 사도들도 강조했지만 주님 스스로도 전파되어야 할 것이 '예수 이름'이라고 하셨다. 황제를 증거하면 로마 권력자가 좋아할 것이고, 대제사장을 높이면 그 일파가 환영할 것이며, 이스라엘을 자랑하면 유대인이 기뻐하겠지만 예수 그리스도를 증거하면 많은 사람에게 핍박을 받을 것이다.

사울 때문에 주의 제자들이 고난받은 것을 생각하며 어쩔 줄 몰라 하는 아나니아에게 주님은 "사울은 큰 고난을 받을 것"이라고 하시면서 아나니아의 마음을 이해하시고 말씀하신다. 주님은 사울이 앞으로 고난받을 것을 아나니아에게 알리신다. 그리고 주님이 직접 사울에게 "네가 고난 받을 것"이란 사실을 가르쳐주겠다고 하신다. 그것은 복음을 증거할 때 나타날 일이다. 주님은 아나니아에게 사울을 높여주려고 가보라고 하시는 것이 아니라 고난받을 사람이니 가보라고 하시는 것이다.

> 아나니아가 떠나 그 집에 들어가서 그에게 안수하여 이르되 형제 사울

아 주 곧 네가 오는 길에서 나타나셨던 예수께서 나를 보내어 너로 다시 보게 하시고 성령으로 충만하게 하신다 하니(행 9:17).

주님의 뜻을 알게 된 아나니아는 불평 없이 주님 말씀에 순종하여 즉시 사울을 찾아갔다. 자신이 도구가 되어 주님의 뜻에 사용되어지니 그에게는 영광이었다. 그는 주님이 말씀하신 대로 유다라는 사람의 집으로 들어갔다. 그리고 거기에서 눈이 멀어 있는 사울을 보고 안수하였다.

안수는 분명 유익하다. 구약 시대에도 안수를 행하였다. 안수는 보통 머리 위에 손을 얹지만 어느 때는 환부에 손을 얹는다. 안수를 하면 그 기도대로 손 얹은 곳에 주님이 은혜를 주시고 또한 능력 있는 사람의 손에서는 능력이 들어간다. 아나니아는 불과 사흘 전에는 사울을 원수로 생각했지만 주님이 가르쳐 주시자 이제는 복음을 위한 동지요, 형제로 받아들였다. 만일 아나니아가 주님을 만나지 못했다면 사울을 여전히 교회 공동체에 해를 끼치는 자로 여겼을 것이다.

아나니아는 사울에게 길에서 만난 자가 '예수'시라는 사실을 확인시켜주었다. 주님이 지금 아나니아를 그에게 보내셨고, 그 보내신 이유는 다시 보게 하시려는 것이다. 아직 이루어지지 않은 일을 바로 그 현장에서 이루어진다고 말할 수 있는 것은 주님의 음성을 직접 듣지 않았다면 말할 수 없는 것이다. 그리고 사울을 "성령으로 충만"하게 하신다고 하였다. 예수님이 아나니아에게 나타나셔서 말했을 것이지만 앞에서는 기록이 생략되었다. 그리고 여기서 주님과 아나니아의 대화 내용이 공개된다. 사울은 성령에 충만할 것이라는 말씀이다. '성령 충만'은 예수님의 사람들에게 나타나는 특징이다.

즉시 사울의 눈에서 비늘 같은 것이 벗어져 다시 보게 된지라 일어나 세례를 받고(행 9:18).

아나니아가 사울에게 말한 대로 하나님의 말씀이 즉시 이루어졌다. 사울의 눈에서 비늘 같은 것이 벗어졌다. 주님의 빛이 임하면서 각막에 어떤 현상이 일어난 것이다. 아마도 세력이 살과 함께 있다가 떨어졌을 것으로 보인다. 사울이 손으로 잡아떼면서 무슨 비늘 같은 것이 있을까 생각했을 가능성이 있다. 이것은 마음의 눈이 독사의 껍질에 덮여 있었던 것이다(존자 베다). 비늘 같은 것이 벗겨지니 사울의 눈이 다시 보였다. 보약 한 첩, 침 한 번 맞지 않고 그의 시력이 회복되었다. 사울은 며칠간 신비한 체험을 연속해서 하는 중이다. 그러나 이것은 완벽한 회복이 아니었다. 바울에게는 평생 '찌르는 가시'가 있었는데 눈병이었다. 이때 눈이 상했는데 주님은 이 경험을 죽을 때까지 기억하게 하시려고 눈병을 완전히 치료해주시지 않았다.

사울은 일어나 세례를 받았다. 예수 그리스도를 믿게 되면 예수 이름으로 세례를 받는 것이 정상이다. 사울은 난 지 팔일 만에 할례를 받았으나 이제 신약교회의 일원으로 세례를 받아야 한다. 할례를 자랑하던 사울이 할례가 복음이 아니란 사실을 이제 알았다. 주님을 만나지 못하면 할례를 백 번을 받아도 의미가 없다. 사울은 주님을 만나고 고꾸라진 지 사흘 만에 다시 일어났다. 아나니아는 예상치 않게 사울을 세워나가는 데 한 부분을 감당했다.

음식을 먹으매 강건하여지니라 사울이 다메섹에 있는 제자들과 함께 며칠 있을새(행 9:19).

사울은 사흘 금식 후 식사를 했는데 금방 회복되었다. 사울은 원래 젊고 건강했기 때문이다. 또한 눈이 떠진 것은 예수님을 만났기 때문이다. 그의 모든 숙제가 풀렸다.

다메섹은 사울에게 일생일대의 신비스럽고 충격적인 경험을 한 곳이 되었다. 그리고 구약교회에서 신약교회로 급작스럽게 들어온 장소가 되었다. 사울은 신약교회의 제자들, 즉 신자들과 그곳에서 교제하면서 급속히 친해졌다. 며칠 동안 있으면서 함께 지냈다. 사울이 다메섹에서 부활의 주님을 만난 것은 주님 쪽에서 사울에게 오신 것이다. 사울은 주님을 만나기 위해 어떤 시도도 하지 않았다. 그러나 주님이 사울에게 오셨으므로 사울을 칭찬하거나 비판할 수 없다. 사울이 수동적으로 신비한 체험을 한 것을 두고 그가 신비주의라고 말할 수는 없는 것이다. 사울은 신비주의자가 될 생각이 전혀 없었다.

즉시로 각 회당에서 예수가 하나님의 아들이심을 전파하니(행 9:20).

안식일 혹은 주일이 되자 사울은 다메섹에서 즉시 활동을 시작했다. 그는 여러 회당으로 들어갔다. 사울에 대한 표현을 보면 "즉시로"라는 말이 많다. 사울의 결단은 즉각적이다. 그는 불과 일주일 전까지도 예수의 부활과 하나님의 아들 되심을 믿는 자를 박해했는데 순식간에 돌변해 오히려 예수님이 그리스도라고 증거하였다. 사울이 다메섹 각 회당으로 가지고 간 공문은 그의 주머니에서 휴지조각이 되었다. 그는 예수의 제자들을 박해하기 위해 갔다가 예수의 제자가 되었고 예수의 제자들과 친구가 되었다. 역사는 하나님이 주장하신다. 사울은 "하나님의 아들"이 "예수"라고 증거했다. 이는 메시아를 가리킨다(시 2:7). 아들은 하나님 아버지와 일체시다(요 5:18). 사울은 다메섹에서 주님을 만났고 아나니아를 통해서도 이 깊은 진리를 알았다.

듣는 사람이 다 놀라 말하되 이 사람이 예루살렘에서 이 이름을 부르는 사람을 멸하려던 자가 아니냐 여기 온 것도 그들을 결박하여 대제사장들에게 끌어가고자 함이 아니냐 하더라(행 9:21).

사울이 설교할 때 들은 사람들은 주로 예수를 믿지 않던 구약교회 성도들로 보인다. 그들은 사울이 예루살렘으로부터 대제사장의 명을 받고 신약교회 성도들을 잡으러 온다는 말을 듣고 기뻐했을 것이다. 다메섹에 살던 유대인들도 사울이 이미 예루살렘에 있을 때 예수 이름을 부르는 성도들을 핍박했던 사실을 알고 있었다. 사울은 예수 종교를 핍박하는 대명사다. 다메섹에 사는 유대인들은 사울이 다메섹에 온 것도 예수 믿는 자를 결박하기 위한 것으로 다 알고 있었다. 그러므로 설교를 들은 무리들은 사울의 말을 믿을 수도 없고 안 믿을 수도 없어 웅성거렸다. 거기에는 과거 유월절에 예루살렘으로 올라가 예수님을 죽이는 데 동조한 무리도 있었다. 그들은 크게 당황했다.

> 사울은 힘을 더 얻어 예수를 그리스도라 증언하여 다메섹에 사는 유대인들을 당혹하게 하니라(행 9:22).

사울은 "저 자가 왜 여기 온 거야"라는 웅성거림을 듣고 더 힘을 얻었다. 사울은 영적, 육적으로 강해졌다. 사람들의 반응이 없었다면 사울도 반응하지 못했을지 모른다. 사람은 비판을 하던지 칭찬을 하던지 반응이 있으면 더 열심히 증거하게 되어 있다. 사울은 당황하는 유대인들에게 거침없이 증거하였다. 사울은 예수를 그리스도라고 증언하였다. 예수를 핍박하다가 이제는 예수가 그리스도라고 하였다.

유대인이라는 말은 구약교회밖에 모르는 자라고 할 수 있다. 예수를 믿거나 믿지 않거나 모든 사람이 충격을 받았다. 다메섹에는 대부분 구약교회 성도들만 있다가 사울의 박해로 상당히 많은 수의 신약교회 상도들이 몰려와 살았다. 그래서 구약교회 성도들은 사울에게 큰 기대를 했는데 오히려 반대가 되었다. 또한 불안해하던 신약교회 성도들은 환호성을 질렀다. 인간의 계획이 하나님의 일을 막을 수 없다.

> 여러 날이 지나매 유대인들이 사울 죽이기를 공모하더니(행 9:23).

사울이 회당에서 예수를 증거한 후 며칠이 지났다. 사울이 지금까지 자기들

편인 줄 알고 기다렸던 자들은 분노하면서 사울을 차라리 죽여 없애는 것이 낫다고 결정하였다. 유대인들의 입장에서 사울은 배신자이고 역적이다. 그들은 법을 따르지 않고 집단적으로 여론 몰이를 하여 사람을 죽인다. 이것은 중세의 마녀사냥이나 현대의 여론 몰이처럼 사람을 벌하는 것과 같다. 십계명에 살인하지 말라고 하였는데 그들은 뜻이 다르면 서슴없이 죽일 만큼 야만적이고 무모했다.

그 계교가 사울에게 알려지니라 그들이 그를 죽이려고 밤낮으로 성문까지 지키거늘(행 9:24).

사울을 죽이려는 사람의 숫자가 많으므로 그 계교가 자연히 누설되어 사울에게 소식이 전해졌다. 그들은 다메섹을 나가는 성문을 비롯해 사울을 잡으려고 여러 곳을 지켰다. 사울이 성 밖으로 나가면 그때 죽이려고 하였다. 그들은 사울의 일거수일투족을 살폈다. 사울은 자신도 사람을 죽여보았기 때문에 유대인 집단의 잔혹함을 잘 알고 있었다. 저들이 자기를 죽이려 한다면 정말 죽이리라는 것을 알았다. 사울은 얼마 전까지 예수 믿는 자들, 특히 스데반을 죽이는 데 앞장섰는데 이제는 자신이 예수 때문에 살해 위협을 받고 있는 것이다. 인생은 앞일을 모르고 하나님이 행하시는 일도 모를 때가 많다.

그의 제자들이 밤에 사울을 광주리에 담아 성벽에서 달아 내리니라(행 9:25).

"그의 제자들이"라는 말에서 알 수 있듯 벌써 사울을 통해 예수님을 믿게 된 제자가 생겼다. 그들은 사울을 살리기 위해 애를 썼다. 사울은 혼자 낯선 지역인 다메섹을 탈출할 능력이 없었다. 그러므로 가장 쉬운 방법인 다른 사람의 도움으로 성을 탈출했다. 사울은 한밤중에 광주리에 올라앉았다. 성문은 위험하여 나가지 못하고 외진 성벽 쪽으로 가서 제자들이 사울을 광주리에 담아 성 밖으로 달아 내렸다. 드디어 사울은 위험에서 벗어났다. 그는 사람 죽이는 데는 힘이 있었지만 자기 생명을 지키는 데는 취약했다. 그리고 생명을 부지하려고 몰래 도망도 갔다. 사울은 자기 생명을 아끼지 않고 전도하는 사람이었지만 사명도 감당하지 못한 채 이렇게 무모하게 죽을 수 없었다. 이스라엘의 정탐꾼도(수 2:15) 다윗도(삼상 19:12) 이렇게 피신한 적이 있다.

> 사울이 예루살렘에 가서 제자들을 사귀고자 하나 다 두려워하여 그가 제자 됨을 믿지 아니하니(행 9:26).

사울은 다메섹에서 빠져나온 약 3년 후 예루살렘에 갔을 것이다. 주후 38년경으로 생각된다. 사울은 이제 예수를 믿고 세례까지 받고 회당에서 예수를 증거했다. 그러므로 신약교회 속으로 들어가 사도 등의 제자들과 사귀려 하는 것은 당연한 행동이었다. 성도들은 교제하면서 서로 힘이 되고 은혜를 나눌 수 있다. 그러나 모든 신약교회 사람이 사울을 두려워했다. 그가 지난날 스데반을 죽인 것과 예루살렘과 여러 지역에서 신약교인들을 박해한 사실을 알았기 때문이다. 그것은 불과 몇 년 전의 일이었다. 그가 기적적으로 구약교회에서 신약교회로 들어온 것을 믿지 못했다. 설령 믿었다 하더라도 사울에 대한 감정이 쉽게 누그러지기는 어려웠다. 그는 여전히 신약교회 성도들에게는 기피 대상이었다.

> 바나바가 데리고 사도들에게 가서 그가 길에서 어떻게 주를 보았는지와 주께서 그에게 말씀하신 일과 다메섹에서 그가 어떻게 예수의 이름으로 담대히 말하였는지를 전하니라(행 9:27).

이런 애매한 상황에서 바나바가 등장해 사울과 사도들 사이를 연결하고 있다. 주님이 살아계시면서 세우신 열두 사도와 하늘로 가신 후 다메섹에 내려오셔서 세운 사도인 사울이 서로 손을 잡아야 한다. 이 일을 바나바가 하고 있다. 신약교회에서 인정받지 못하는 사울은 바나바에게 큰 도움을 받았다. 바나바는 원래 레위 족속이며 이름이 요셉인데 사도들이 위로의 아들이란 뜻에서 바나바라고 이름을 붙였다(행 4:36). 그는 그만큼 사도들과 친했는데, 신약교회 안에서 사도 못지않은 존경을 받고 영향력이 있었다.

바나바는 사울에 대해 아주 잘 알고 있었다. 그래서 사도들에게 그가 어떻게 주를 보았는지 설명했다. 사울이 직접 말하는 것보다 바나바의 말이 신빙성이 있다. 사울은 주님을 본 것만이 아니라 주의 말씀도 들었다고 했다. 주께서 사울에게 어떻게 말씀하셨는지 바나바가 사도들에게 말했다. 그리고 다메섹에서 '예수의 이름'으로 담대히 말한 것과 영적 경험의 과정을 설명했다. 과연 사울은 예수 이름을 증거했다. 바나바는 이런 사실들로 사울의 인격과 신앙을 믿었고 용단을 내려 사울을 도왔다(갈 1:18-19).

> 사울이 제자들과 함께 있어 예루살렘에 출입하며(행 9:28).

사울이 전에는 바로 옆 성전에서 대제사장과 그 일파와 함께 있었는데 머무는 곳이 바뀌었다. 사울은 이제 신약교회의 제자들과 함께 있었다. 함께 지내면 동류가 된다. 이때 사울은 제자들로부터 주님에 대한 많은 이야기를 들었을 것이다. 사울은 주님이 어떤 분이신지 더 듣고 알아야 했다. 사울은 예루살렘에서 거리낌 없이 활동하였다.

> 또 주 예수의 이름으로 담대히 말하고 헬라파 유대인들과 함께 말하며 변론하니 그 사람들이 죽이려고 힘쓰거늘(행 9:29).

사울은 예루살렘에서 죽을 것을 각오하고 담대히 복음을 증거했는데 '예수의 이름'으로 말했다. 예수께서 나타나셔서 말씀하셨으므로 예수의 이름으로 말할 수 있는 충분한 자격이 있다. 사울은 자기가 만난 예수님 이야기를 가는 데마다 하였다. 헬라파 유대인들은 외국에 거주하는 유대인들로서 구약교회에 속한 사람들인데 예루살렘에 와 있는 그들과 사울이 변론하였다. 사울은 누구와도 담대하게 변론했다. 전에 헬라파 유대인들은 자기 과부들이 구제에서 제외되었다고 불평했다(행 6장). 헬라파 유대인들은 스데반을 죽였다. 그리고 사울이 예수를 증거하는 것을 보고는 또 사울을 죽이려 했다. 그들은 만만치 않았다. 그러나 사울은 그들을 겁내지 않았다. 사실 자기파에 속해 있던 사람이 갑자기 원수같이 지내는 상대에게 가서 한편이 되고 친정집 같은 옛집을 비난한다면 누구라도 견디기 어려울 것이다.

형제들이 알고 가이사랴로 데리고 내려가서 다소로 보내니라(행 9:30).

사울과 함께하는 형제들은 헬라파 유대인들이 사울을 죽이려고 모의하는 것을 알고 멀리 떨어진 가이사랴로 데리고 내려갔다. 혹시 길가에서 사울을 해할지도 모르기 때문에 여러 명이 함께 갔다. 가이사랴로 간 후 사울을 다소로 보냈다. 사울의 열정은 귀하지만 구약교회 신자들에게 큰 충격을 주었다. 신약교회 성도들은 그가 고향인 다소로 가서 몇 년을 보내게 했다. 사울은 단지 죽을 것 같아 피신한 것이 아니라 성전에서 기도하던 중 주님의 환상을 보고 떠났다(행 22:17-18). 여기서 약 11년 정도 있었던 것으로 보인다. 왜냐하면 갈라디아서 2장 1절에 "십사 년 후에 내가 바나바와 함께 디도를 데리고 다시 예루살렘에 올라갔나니"라고 했다. 이것이 2차 방문이다. 주님을 만나고 가슴이 열정으로 불타올라도 준비가 필요하고 일할 때를 기다려야 한다. 사울은 거기에서 기도하고 공부하고 전도하면서 청춘을 보냈다.

그리하여 온 유대와 갈릴리와 사마리아 교회가 평안하여 든든히 서 가고 주를 경외함과 성령의 위로로 진행하여 수가 더 많아지니라(행 9:31).

스데반의 죽음과 사울의 핍박으로 교회가 큰 위기를 맞이하는 듯 했지만 예수님이 직접 사울에게 개입하셔서 정반대의 상황으로 만드셨다. 사울같이 박해하는 데 앞장 서는 자가 없었기 때문이다. 그래서 어느 지역, 어느 교회든지 신약교회가 든든히 서갔다. 교회의 주인은 예수 그리스도시다.

여기 교회의 삶의 내용이 나온다. 교회가 할 일은 '주를 경외'하는 것이다. 주를 경외하기 위해 모든 일이 이루어져야 한다. 또한 이렇게 되기 위해서는 '성령의 위로'가 필요하다. 개인 개인에게도 성령의 위로가 필요하고 신앙생활에서도, 특히 환란 중에 위로는 생수와 같다. 사람의 위로 이상으로 성령의 위로가 필요하다.

신약교회는 수가 많아지는 교회다. 물론 그들 모두가 생전처음 교회에 나온 것이라고는 볼 수 없다. 당시 상황에서 신약교회 성도는 일부를 제외하고 거의 대부분 구약교회 출신으로 보아야 한다. 이제 타락하고 힘을 잃은 구약교회에서 신약교회로 수많은 사람들이 넘어오고 있다. 그러므로 오늘날과 같은 의미로 해석하기는 어렵다. 이것은 개교회의 부흥이 아니다. 우리나라는 진정으로 처음 예수를 알고 나오는 자가 많아야 한다. 영적으로 충만한 신약교회는 점점 확장되어갔다.

그 때에 베드로가 사방으로 두루 다니다가 룻다에 사는 성도들에게도 내려갔더니(행 9:32).

대부분의 사도들이 예루살렘에 머물러 있었는데 베드로는 여기저기 각 지방을 다녔다. 룻다에도 성도들이 있었다. 그는 성도들을 위로하고 힘을 북돋아주었다.

거기서 애니아라 하는 사람을 만나매 그는 중풍병으로 침상 위에 누운 지 여덟 해라(행 9:33).

룻다에 사는 애니아가 중풍병에 걸렸다. 그녀가 성도인지 기록되어 있지는 않지만 베드로는 성도에게 간 것이다. 그리고 그가 성경에 기록된 것을 보면 충성된 평신도로 살다가 갔을 것이다. 어쨌든 애니아는 거룩한 무리가 들어가는 주님 보좌에 멀리서라도 들어가 경배했을 여인이다. 여기서 보면 신약교회의 성도들도 병에 걸릴 수 있다. 그러나 왜 병 들었는지는 잘 살펴보아야 하고 낫기를 기도해야 한다. 그는 중풍병으로 활동하지 못하고 무려 팔 년 동안 침상에 누워 있었다. 병의 이유는 확실하지 않다.

> 베드로가 이르되 애니아야 예수 그리스도께서 너를 낫게 하시니 일어나 네 자리를 정돈하라 한대 곧 일어나니(행 9:34).

팔 년 동안 침상 신세를 지는 애니아를 향해 베드로가 다정하게 말했다. 그 내용은 '예수님께서 너를 낫게 하신다'는 것이었다. 병을 치료하는 분은 주님이시다. 그 말은 백번 맞다. 베드로는 이제 그만 침상에서 일어나라고 하였다. 그 말이 끝나자 실제로 애니아가 침상에서 일어났다. 예수님의 이름이 귀하고, 또한 주님이 치료해주신다는 것을 믿는 애니아도 귀하다. 또한 그 이름으로 중풍병자를 일으키는 베드로도 귀하다. 왜냐하면 다른 사람이 예수 이름으로 일어나라고 해도 병이 낫지 않기 때문이다.

주님은 베드로에게 천국 열쇠를 주시면서 "네가 땅에서 무엇이든지 풀면 하늘에서도 풀리리라"고 하셨다(마16:19). 베드로에게는 다른 사람과 비교할 수 없는 특별한 능력이 있다. 성도라도 능력이 있는 사람이 따로 있다. 성도들은 서로가 이것을 인정해야 한다.

애니아는 병이 나은 후 주께 충성하였음이 분명하다. 신령한 베드로가 병을 고쳐주었는데 예수도 믿지 않고 구원도 못 받았다면 말이 되지 않는다. 베드로의 통찰력이 얼마나 깊은지 엿볼 수 있다.

룻다와 사론에 사는 사람들이 다 그를 보고 주께로 돌아오니라(행 9:35).

애니아가 살았던 룻다와 인근의 사론에 사는 사람들은 애니아가 중풍병으로 고생하는 것을 알고 있었다. 그런 그가 베드로를 만나더니 치료되었다. 예수 그리스도의 능력이 만천하에 나타난 기적이다. 8년 된 중풍 병자가 일어나자 그곳에서 예수 믿는 사람이 늘어났다. 교회 전도에는 능력이 나타나야 한다. 지금도 능력전도는 얼마든지 가능하다. 그리고 강력한 효과가 있다. 백 마디 말보다 이러한 사건이 한 번만 일어나도 훨씬 효과가 크다.

욥바에 다비다라 하는 여제자가 있으니 그 이름을 번역하면 도르가라
선행과 구제하는 일이 심히 많더니(행 9:36).

욥바는 예루살렘에서 60킬로미터 정도 떨어진 곳이다. 그곳에 예수를 믿는 여제자가 있었다. 그 이름은 다비다 또는 도르가다. 다비다는 아람어이고 도르가는 헬라어다. 여제자라고 한 것은 그를 믿음의 사람으로 인정해주는 말이다. 도르가는 선행과 구제가 귀한데 그것도 많이 하였다. 그녀는 아름다운 성도의 모습을 많이 보였다. 성도 중에는 이렇게 물질로 구제하는 은사를 받은 사람이 있다. 하나님은 우리가 우리 자신이 되도록 부르시고 은사를 주신다(갱글).

그 때에 병들어 죽으매 시체를 씻어 다락에 누이니라(행 9:37).

도르가는 우울했고 과로했다. 훌륭한 성도도 원치 않게 병에 걸릴 수 있다. 그 병 때문에 도르가는 너무 일찍 죽었다. 나이 들어 죽는 것은 몰라도 성도가 이 땅에 와서 하나님의 일을 최대한 많이 해야 하는데 병들어 죽는 것은 억울하다. 당시 성도들은 도르가에게 어떤 좋은 일도 해줄 수 없었다. 그저 장례 순서에 따라 씻기고 누이는 일이 전부였다.

룻다가 욥바에서 가까운지라 제자들이 베드로가 거기 있음을 듣고 두 사람을 보내어 지체 말고 와 달라고 간청하여(행 9:38).

베드로가 룻다에 가서 애니아의 팔 년 된 중풍병을 고쳤다. 그런데 욥바는 룻다에서 가까운 동네였다. 베드로가 욥바에 와 있다는 소식을 듣고 그곳의 제자들은 희망을 가졌다. 베드로는 병 치료에 능한 사도이고 룻다에서도 중풍병을 고친 바 있다. 때문에 두 사람을 보내 도르가를 살려달라고 베드로에게 전했다. 베드로를 오라고 요청한 것은 장례식을 치러달라는 것이 아니었다. 그들은 도르가를 살려달라고 졸랐다. 죽어 누워 있는데 오셔서 살려달라는 부탁이었다. 도르가 주변의 성도들은 그녀는 지금 죽을 때가 아니라고 판단했다. 그리고 베드로 같은 사도라면 죽은 자도 살릴 수 있을 것으로 믿었다.

베드로가 일어나 그들과 함께 가서 이르매 그들이 데리고 다락방에 올라가니 모든 과부가 베드로 곁에 서서 울며 도르가가 그들과 함께 있을 때에 지은 속옷과 겉옷을 다 내보이거늘(행 9:39).

베드로는 그들의 요청을 받아들여 그들과 함께 길을 떠났고 도르가가 죽어 누워 있는 다락방으로 올라갔다. 도르가 옆에는 과부들이 많았다. 도르가와 과부들 사이에 평소에 교류가 많았다는 뜻이다. 그 과부들이 베드로 옆에 서서 울었다. 도르가는 살아 있는 동안 주변에 있는 많은 과부들의 옷을 지어 입혔다. 그녀는 손재주가 많았고 선행의 자세를 가지고 있었다. 그 과부들은 자기들의 옷이 다 도르가가 만들어준 것이라고 하면서 도르가를 칭송했다. 외로운 과부들은 도르가를 귀하게 여긴 것이 분명하다. 그녀가 좀 더 생존해야 할 이유가 있어 보인다. 교회 안에도 그냥 죽어도 괜찮은 사람이 있고 보내기 아까운 사람이 솔직히 있다.

> 베드로가 사람을 다 내보내고 무릎을 꿇고 기도하고 돌이켜 시체를 향하여 이르되 다비다야 일어나라 하니 그가 눈을 떠 베드로를 보고 일어나 앉는지라(행 9:40).

기도는 여러 사람이 꼭 같이 있어야 하는 것이 아니다. 베드로는 도르가와 일대일 사역을 하였다. 조용한 상황에서 사역을 하고 싶었던 것이다. 베드로는 도르가가 살아나야겠다는 생각을 한 것이 분명하다. 아무나 죽은 자를 살리는 사역을 하는 것이 아니다. 베드로는 도르가 앞에서 무릎을 꿇었다. 기도의 방법은 다양하며 꼭 이렇게 해야 하는 것이 아니다. 기도 후 베드로는 다비다의 시신을 향하여 "일어나라"고 명했다. 사도의 위대성이 보인다. 베드로의 일어나라는 명령에 도르가는 순종했다. 그녀가 눈을 떠 베드로를 쳐다보았다. 의식이 없던 그녀가 스스로 일어난 것은 아니고 하나님이 하셨다. 주님도 죽은 나사로를 살리셨는데 주님의 제자 베드로에게도 지금 똑같은 역사가 나타났다. 베드로 속에 살리는 영이신 예수님이 계신 것이 분명하다.

> 베드로가 손을 내밀어 일으키고 성도들과 과부들을 불러 들여 그가 살아난 것을 보이니(행 9:41).

베드로는 어찌된 영문인지 모르는 도르가에게 손을 내밀어 그 손을 잡고 일으켰다. 베드로가 도르가를 일으킬 때는 아무도 없어서 어떻게 일으켰는지 본 사람이 없다. 그러나 베드로는 살아난 도르가를 곧 성도들에게 공개했다. 베드로는 성도들과 과부들을 다락방으로 불렀다. 베드로는 시간을 끌 것 없이 단 한 번의 기도로 죽은 자를 살렸다. 그리고 그것을 여러 사람이 보았다. 베드로가 자기 입으로 죽은 사람을 살렸노라고 자랑하는 말을 들은 것이 아니라 실제 많은 사람의 눈앞에서 이루어진 일이었다. 당시에 죽은 사람이 얼마나 많았을 텐데 하필 도르가를 살렸을까. 주변 사람들이 볼 때나 베드로가 볼 때 그녀는 살릴 이유가 있었다. 그녀는 작은 자 같지만 천국에서 주님 계신 보좌 가까이 갈 만한 여성이다.

온 욥바 사람이 알고 많은 사람이 주를 믿더라(행 9:42).

작은 동네 욥바에 도르가가 죽었다는 소문이 퍼졌는데 곧 이어 베드로가 와서 살렸다는 소문이 다시 퍼졌다. 극적인 사건이 욥바에서 일어났다. 그 소식을 듣고 많은 사람이 감탄하며 주를 믿었다. 예수님을 믿는 길은 여러 가지가 있다. 부모가 믿어서 자연스럽게, 목사의 설교가 좋아서, 성경 공부를 하다가, 건물이 아름다워서 등의 이유가 있다. 그러나 본문에서 볼 때 룻다와 사론 그리고 욥바에서 많은 사람이 주께 돌아온 것은 기적이 나타났기 때문이다. 성도의 병이 낫고 죽은 자가 살아났다. 이것이 기독교의 맛이다. 기독교는 이런 신비한 맛 때문에 생기가 돌고 계속 발전해나간다. 이런 맛이 사라지고 이성적이고 합리적이기만 하며 세상적이 되면, 맛을 잃은 소금처럼 길가에 버려지고 밟히게 될 뿐이다. 지금도 베드로의 능력이 주가 쓰시는 사람들을 통해 나타나서는 안 된다는 법이 없다.

베드로가 욥바에 여러 날 있어 시몬이라 하는 무두장이의 집에서 머무니라(행 9:43).

베드로는 이왕 오게 된 욥바에 여러 날 있었다. 시몬의 집에 머물렀는데 그는 무두장이다. 무두장이는 동물의 가죽을 두드려 물건을 만드는 사람이다. 이들은 유대 율법주의에서 보면 더러운 부류에 속했다. 그러나 베드로는 어떤 직업도 상관하지 않았다. 베드로는 이제 더 이상 구약교회에 속한 자가 아니었다.

10장

이방인 고넬료

오순절 마가의 다락방에서 시작된 성령의 바람이 점점 퍼져나가고 있었다. 사도들은 이 모든 일에 앞장을 섰다. 사도들은 제사장이나 이방인 출신 구약교회 성도들 앞에서도 담대히 예수 그리스도를 전했다. 사도와 일곱 집사, 특히 스데반과 빌립의 활동이 두드러졌다. 8장에서는 스데반의 죽음 이후 빌립이 사마리아에서 활동한 내용이 나오고, 9장에서는 박해자 사울이 다메섹에서 주님을 만나고 신약교회 안으로 들어온 내용이 나온다. 그리고 사도 베드로의 강력한 능력도 보인다. 10장에서는 사도 베드로와 이방인 고넬료의 만남으로 구성되었다. 복음이 이방인에게 전해지는 주요한 내용이다.

가이사랴에 고넬료라 하는 사람이 있으니 이달리야 부대라 하는 군대의 백부장이라(행 10:1).

욥바에서 북으로 약 53킬로미터 떨어진 항구 도시 가이사랴는 대헤롯이 건축한 도시로서 역사가 오래되지는 않았으나 규모가 큰 도시다. 헤롯의 후손인 아그립바 왕의 공관이 있어 많은 군대도 주둔했다. 그곳에 고넬료라 하는 사람이 살았다. 로마인인 그는 군대의 백부장으로서 100명 정도를 지휘하는 지휘관이다. 당시 로마군대는 강력하였다.

> 그가 경건하여 온 집안과 더불어 하나님을 경외하며 백성을 많이 구제하고 하나님께 항상 기도하더니(행 10:2).

고넬료는 이방인이지만 유대 회당에 입교한 자로서 구약성경을 알았다. 로마 군인과 경건하다는 말이 서로 어울리지 않게 보이지만 그는 진실로 경건하였다. 당시 로마 군인의 잔인함과 폭력성과 권력 남용은 모두가 아는 사실이었다. 그런데 고넬료는 자기뿐 아니라 온 집안이 하나님을 경외하였다. 그것은 쉬운 일이 아니다. 그가 부자였는지는 알 수 없으나 백성들을 구제하고 도왔다. 진실로 경건한 자의 모습이다. 가이사랴에는 정말 축복된 사람이 살았다.

그는 또한 기도의 사람이었다. 모든 성도에게 기도는 필수다. 성경에도 쉬지 말고 기도하라는 명령이 기록되어 있다(살전 5:17). 그러나 대부분의 성도가 그렇지 못하고 오히려 기도를 쉬는 사람이 많다. 그런데 유대의 제사장과 서기관도 아닌 군인인 그가 항상 기도했다. 이방인으로서 만나기 어려운 사람이다.

> 하루는 제 구 시쯤 되어 환상 중에 밝히 보매 하나님의 사자가 들어와 이르되 고넬료야 하니(행 10:3).

제 구시란 우리 시간으로 오후 3시를 가리키는데 그때 고넬료는 기도하였다. 그 시간은 또한 구약 시대 유대인들이 성전에서 저녁 제물을 드리는 때다. 성전에 갈 수 없는 사람은 그 시간에 자기가 있는 곳에서 기도하곤 했다.

"환상 중에 밝히 보매." 고넬료는 기도하는 중에 환상을 보았다. 환상은 눈을 감았을 때도, 눈을 떴을 때도 보이는데 영화를 보는 듯, 꿈을 꾸는 듯하다. 그는 환상 중에 분명하게 보았다. 사실 환상이란 영적 실제인 경우가 많다. 환상 중에 하나님의 사자가 기도하는 자리에 들어왔다. 그는 천사다. 천사가 들어와서는 고넬료의 이름을 불렀다. 베드로는 천사를 보고, 스데반은 주님을 보고, 사울도 주님을 보고, 고넬료는 천사를 보았다. 초대교회 지도자들은 모두 영적 신비를 체험했다.

> 고넬료가 주목하여 보고 두려워 이르되 주여 무슨 일이니이까 천사가 이르되 네 기도와 구제가 하나님 앞에 상달되어 기억하신 바가 되었으니(행 10:4).

천사가 들어오는 것을 고넬료는 유심히 바라보았는데 사실 그는 천사를 보고 두려워하였다. 사탄을 보든 천사를 보든 영적 실체를 보는 것은 인간에게 두려운 일이다. 자신이 죄인인 것을 안다면 더욱 두려울 것이다. 고넬료는 천사를 보고 그가 하나님이 보내신 천사인 것을 곧 알아챘다. 고넬료는 놀라운 영적 사람이다. 보통 사람에게는 옛날이나 지금이나 천사가 찾아갈 일도 없고, 또 찾아갈지라도 영적이지 못해 천사가 왔는지도 모르는 경우가 대부분이다. 그리고 천사를 본다 할지라도 잘못 본 것은 아닌지 의심할 수도 있다. 그는 그 당시 이방인 가운데 하나님이 부르신 최고 수준의 사람이다. 그런 사람은 어느 시대라도 만나보기 어렵다.

천사는 고넬료가 구제하고 열심히 기도한 것을 알고 있었고 중요한 일이란 뜻으로 말하였다. 이것을 볼 때 천사가 인간의 일을 잘 안다는 사실을 알 수 있다. 성도에게 기도와 구제는 함께 나타나야 힘이 있다. 성도가 행한 일이 하나님 앞에 상달되는 경우가 헤아릴 수 없을 만큼 많다. 고넬료의 경우는 구제와 기도였다. 그가 만일 전도를 했다면 그것도 상달된다. 성도가 행하는 귀한 일은 하늘에 계신 하나님께 상달되므로 하나님이 좋아하시는 일을 많이 해야 한다. 만일 악한 일을 한다면 그것도 하나님께 알려진다. 그것은 불행한 일이다. 이제 고넬료는 칭찬받을 만큼 오랫동안 기도한 것이 이루어지는 때를 맞았다. 바로 베드로를 만나는 일이었다.

> 네가 지금 사람들을 욥바에 보내어 베드로라 하는 시몬을 청하라(행 10:5).

천사는 백부장에게 가까이 있는 욥바에 사람들을 보내라고 하였다. 고넬료의 기도와 구제가 하나님께 상달되었는데 그것이 베드로를 고넬료의 집에 초대하는 일과 연결되었다. 만일 기도와 구제가 상달되지 않았다면 베드로를 고넬료의 집에 보내지 않으셨을 것이라는 의미도 된다. 그곳에 가면 베드로라는 시몬이 있는데 그를 고넬료의 집에 청하라고 천사가 말했다. 천사는 어느 도시에 누가 있는지도 안다. 당시 유대인과 이방인은 서로 왕래하거나 교제하기를 꺼렸다. 그런데 이방인인 고넬료에게 유대인인 베드로를 청하라고 했다.

> 그는 무두장이 시몬의 집에 유숙하니 그 집은 해변에 있다 하더라(행 10:6).

베드로도 시몬인데 그는 시몬의 집에 있었다. 그런데 집주인은 무두장이, 즉 가죽 만드는 자였다. 천사는 고넬료에게 자세한 정보를 알려주었다. 천사는 백부장에게 시몬의 집이 해변가에 있다는 사실도 가르쳐주었다. 당시 가죽 만드는 직업은 사람들이 꺼려했던 일이기에 그 집은 조용한 곳에 위치했을 것이다.

> 마침 말하던 천사가 떠나매 고넬료가 집안 하인 둘과 부하 가운데 경건한 사람 하나를 불러(행 10:7).

고넬료에게 할 말을 마치고 천사가 떠났다. 고넬료는 천사가 떠나는 것도 다 알았다. 천사가 떠난 즉시 그는 천사가 가르쳐준 대로 실천했다. 그의 믿음은 순수했다. 베드로에게 하인을 보내면서 경건한 부하 한 사람을 딸려 보냈다. 고넬료는 경건한 사람인데(2절) 그는 부하도 경건한 사람을 두고 있었다. 고넬료는 경건한 사람을 파악하고 있었던 것이다. 경건한 사람이라야 경건한 사람을 알아본다. 그리고 중요한 일에는 경건한 사람이 개입되어야 한다. 고넬료는 조심스러우면서도 주도면밀하게 베드로를 초청하는 일을 착착 진행하였다.

> 이 일을 다 이르고 욥바로 보내니라(행 10:8).

고넬료는 천사가 지시한 말을 보내는 사람들에게 전부 일러주었다. 하인 일행은 욥바로 갔다. 그들 또한 이 일을 황당하게 생각하거나 아무 이의도 제기하지 않고 길을 떠났다. 이 모든 상황은 이성적인 사람에게는 이해하기 어려운 계획 없는 한심한 행동으로 보일 것이다.

> 이튿날 그들이 길을 가다가 그 성에 가까이 갔을 그 때에 베드로가 기도하려고 지붕에 올라가니 그 시각은 제 육 시더라(행 10:9).

고넬료가 보낸 사람들이 이튿날 욥바 성 가까이 도착했다. 고넬료가 보낸 사람들은 조금 있으면 베드로가 머물고 있는 시몬의 집에 이를 것이다. 그들이 아직은 성 입구에 있을 때 베드로가 기도하려고 지붕으로 올라갔다. 그는 널찍한 지붕에서 홀로 기도하였다. 근동 지방의 경우 주택의 지붕이 평평했기 때문에 거기에서 운동도 하고(삼상 11:2) 면담도 하고 잠을 자기도 했다(삼상 9:25). 이때 시각은 육시, 즉 열두 시 정도 되었다. 햇빛이 뜨거운 시간이었다. 정오는 유대인들의 기도 시간이었다. 베드로는 이방 지역에 있었지만 기도하였다. 이때 그는 신비한 체험을 하였다. 사울도 26장 13절에 보면 정오에 주님을 보았다. 사도행전 9장에 기록된 다메섹에서 주님을 만난 시간이다. 주님은 9장에서는 사울에게, 10장에서는 베드로에게 각각 정오에 나타나셨다.

> 그가 시장하여 먹고자 하매 사람들이 준비할 때에 황홀한 중에(행 10:10).

베드로는 낮 열두시가 되어 식사를 해야겠다고 생각했다. 당연히 아래층에서는 식사 준비를 하고 있었다. 베드로는 먹는 생각을 하고 있었다. 그때 베드로가 갑자기 황홀경에 빠졌다. 황홀한 상태가 되는 것은 이성과 의지는 약해지고 영성과 감성이 크게 나타나는 상황이다. 영성과 감성은 밀접하기 때문에 감성적인 여성들이 영적인 말을 많이 하지만, 그것이 항상 영적인 것은 아니고 감성적인 면으로 말하기도 한다. 남성들은 이성적이어서 영적이 되는 일이 어렵다. 그런데 베드로는 황홀한 상황으로 들어갔다.

> 하늘이 열리며 한 그릇이 내려오는 것을 보니 큰 보자기 같고 네 귀를 매어 땅에 드리웠더라(행 10:11).

환상 중에 베드로는 하늘이 열리는 것을 보았다. 이것은 천국에서 보이신 계시다. 영안이 열리면 정말 하늘이 열리는 것을 볼 수 있다. 이것은 눈으로 보는 공중이 아니라 영적인 혹은 다른 차원의 공중이다. 이것이 하늘로서, 천국을 본다는 것이다. 스데반도 죽기 전 천국을 보았다. 베드로가 볼 때 하늘에서 그릇이 내려왔다. 이것은 우리가 이 세상에서 쓰는 물질적 그릇이 아니라 영적 실체의 그릇이다. 그것은 큰 보자기 같은 형태로서 네 귀가 매인 채 땅으로 내려왔다.

> 그 안에는 땅에 있는 각종 네 발 가진 짐승과 기는 것과 공중에 나는 것들이 있더라(행 10:12).

하늘에서 내려온 보자기 안에는 땅에 있는 각종 네 발 가진 짐승이 있었다. 또한 기는 짐승과 공중을 나는 새들도 있었다. 베드로는 그 장면을 하나하나 잘 지켜보았다.

또 소리가 있으되 베드로야 일어나 잡아 먹어라 하거늘(행 10:13).

베드로가 보자기 안에 있는 짐승들의 환상을 보고 있는데 "베드로야" 하는 소리가 났다. 베드로는 신비한 환상과 신비한 음성을 듣고 있는 중이다. 그 소리는 베드로에게 짐승들을 잡아먹으라고 했다. 이것은 환상이고 영적 현상이기 때문에 베드로가 실제로 잡아먹을 수는 없는 일이다. 하지만 잡아먹으라는 그 의미만은 분명하다. 여기에서 말씀하신 주인공은 주님이시다. 스데반도 주님을 보고 사울도 주님을 보았는데 베드로도 주님의 음성을 들었다.

베드로가 이르되 주여 그럴 수 없나이다 속되고 깨끗하지 아니한 것을 내가 결코 먹지 아니하였나이다 한대(행 10:14).

베드로는 보자기 속의 짐승을 잡아먹으라는 음성을 들었음에도 창조주인 주님에게까지 순종하지 못하겠다고 버텼다. 즉, 베드로는 자신의 신학과 전통의 틀에 갇혀 있었다. 구약에서는 지금 베드로의 환상 속에 나오는 짐승들을 먹지 않는 것이 진리로서 그 내용이 레위기 11장에 기록되어 있다. 베드로는 지금까지 그 진리를 철저하게 지키며 살았다. 그러나 이제는 그 짐승들을 먹는 것이 진리다. 주님이 그렇게 하라시면 하는 것이다. 진리의 결정은 주께서 하신다. 만일 이 시대에 주님이 나타나셔서 말씀하시면 베드로처럼 불순종할 사람이 많다. "주님, 말씀하지 마십시오. 신학적으로 지금 나타나실 시대가 아닙니다. 어서 돌아가세요"라고 할지도 모른다. 천사가 나타나면 "난 못 본 걸로 합니다. 신학적으로 천사를 볼 수 없으니까요. 나는 신학적으로 살렵니다"라고 할지도 모른다. 이 시대에도 바리새인과 사두개인이 있다.

또 두 번째 소리가 있으되 하나님께서 깨끗하게 하신 것을 네가 속되다 하지 말라 하더라(행 10:15).

또다시 주님이 베드로에게 말씀하셨다. 그 내용은 이미 그 짐승들을 하나님이 깨끗하게 하셨다는 것이었다. 하나님께서 깨끗하게 하셨기에 베드로에게 잡아먹으라고 허락하신 것이었다. 해서는 안 될 일을 주님이 사도들에게 명령하실 리가 없다. 먹어도 된다고 하시는 것은 주님이 승천하셨기에 법규들이 해체되었기 때문이다(골 2:14-15). 그러므로 하나님의 명령을 따라야 할 인간인 베드로가 "속되다"고 할 수 없는 것이다. 베드로는 구약교회에서 신약교회로 넘어가고 있는 상황을 인지해야 했다. 모이는 장소만 다른 것이 아니라 교회가 나아가는 원리도 다르다.

이런 일이 세 번 있은 후 그 그릇이 곧 하늘로 올려져 가니라(행 10:16).

베드로와 주님은 이 일로 세 번 대화를 나누었다. 베드로에게 얼마나 반역의 마음이 있었는지를 알 수 있다. 그만큼 베드로는 지금까지 알고 있던 사상에 매여 있었다. 주님은 확실하게 하시려고 세 번이나 보이셨다. 베드로에게 충분히 영적 교육을 시키신 후 주님은 그릇을 다시 하늘로 가지고 가셨다.

베드로가 본 바 환상이 무슨 뜻인지 속으로 의아해 하더니 마침 고넬료가 보낸 사람들이 시몬의 집을 찾아 문 밖에 서서(행 10:17).

베드로는 황홀한 체험을 했지만 오히려 주의 음성을 듣고 영문을 몰랐다. 최고 수준의 사도인데도 주의 말씀을 잘 알아듣지 못했다. 새로운 진리는 누구라도 알기가 쉽지 않다. 베드로는 의아했지만 그 깊은 뜻을 알고 싶었다. 그러나 시간이 지나면 서서히 깨닫게 된다. 베드로가 환상을 다 본 시점에 고넬료가 보낸 사람들이 그 집에 도착했다. 주님은 시간까지도 주장하신다.

불러 묻되 베드로라 하는 시몬이 여기 유숙하느냐 하거늘(행 10:18).

그들은 대문 밖에 서서 사람을 불러 베드로가 이 집에 유숙하고 있는지 물었다. 그들은 고넬료의 명령에 철저히 순종했다.

> 베드로가 그 환상에 대하여 생각할 때에 성령께서 그에게 말씀하시되 두 사람이 너를 찾으니(행 10:19).

베드로는 짐승을 먹으라는 환상이 끝났지만 그 의미를 곰곰이 분석하고 있었다. 하나님도 말씀하실 수 있고, 예수 그리스도도 부활하신 후 사울에게 나타나 말씀하셨다. 여기서는 성령께서도 말씀하신다. 고넬료에게는 하나님의 사자가 말했다(행 10:3). 모든 영적 존재는 누구든 사람에게 오셔서 말씀할 수 있다. 성령은 지금 두 사람이 너, 즉 베드로를 찾는다고 가르쳐주셨다.

> 일어나 내려가 의심하지 말고 함께 가라 내가 그들을 보내었느니라 하시니(행 10:20).

성령은 베드로에게 찾아온 이 두 사람과 함께 가라고 하셨다. 베드로가 그곳에 머무는 것은 하나님의 계획이 아니었다. 약간의 의심을 품고 있는 베드로에게 주님은 확실하게 말씀하신다. 가이사랴에서는 주의 사자가 고넬료에게 욥바에서 베드로를 데려오라고 말씀하셨고, 욥바에서는 성령께서 베드로에게 가이사랴로 가라고 말씀하셨다. 성부, 성자, 성령, 천사는 서로 의견이 다를 수 없다.

> 베드로가 내려가 그 사람들을 보고 이르되 내가 곧 너희가 찾는 사람인데 너희가 무슨 일로 왔느냐(행 10:21).

밖에서 베드로를 찾는 소리와 더불어 성령께서 너를 찾으러 두 사람이 왔으니 함께 가라고 하셨기에 베드로는 지붕 아래로 내려갔다. 베드로는 자신이 시몬이라고 밝히고 무슨 일로 왔는지 물었다. 베드로는 나와 같이 가자고 먼저 말할 수도 있었지만 지나치면 경솔할 수 있다. 그러므로 상대에게 무슨 일로 왔는지 묻는 것이 옳다. 성령이 충만하거나 주의 음성을 듣는 사람들 가운데는 "성령이 가르쳐주어서 올 줄 알았다" 하면서 신비를 표시내고 드러내기도 하는데 이는 절제하는 것이 좋다. 베드로는 이제 성령이 인도하시는 대로 움직일 준비가 되었다.

> 그들이 대답하되 백부장 고넬료는 의인이요 하나님을 경외하는 사람이라 유대 온 족속이 칭찬하더니 그가 거룩한 천사의 지시를 받아 당신을 그 집으로 청하여 말을 들으려 하느니라 한대(행 10:22).

그들은 고넬료가 훌륭한 사람이라고 했다. 사도행전 10장 2절에서 고넬료에 대해 성경 기자가 기록한 내용과 고넬료의 심부름을 온 사람들이 고넬료를 보는 눈이 같다. 아랫사람들이 주인이나 상관을 인정하는 것은 쉽지 않다.

10장 3절에서 고넬료가 기도할 때 하나님의 사자, 즉 천사가 베드로를 청하라고 말했다. 그들은 그것을 실천하기 위해 자신들이 이곳까지 왔다고 했다. 고넬료 집안의 사람들도 천사의 등장과 명령을 믿고 따랐다. 베드로는 이러한 진행을 보면서 하나님이 일하시는 것을 깨달았을 것이다.

> 베드로가 불러 들여 유숙하게 하니라 이튿날 일어나 그들과 함께 갈새 욥바에서 온 어떤 형제들도 함께 가니라(행 10:23).

베드로는 그들이 온 목적을 확인하고 받아들였다. 그들이 이방 사람인데도 유대인인 베드로가 거리낌 없이 대접한 것은 하나님의 뜻을 알았기 때문이다. 그들의 요청과 성령이 베드로에게 가르쳐준 말이 일치하므로 베드로는 순종할 수밖에 없었다.

베드로는 욥바에서 고넬료가 있는 가이사랴로 갔다. 베드로는 고넬료에게 네가 이곳으로 내려오라고 권위적으로 말하지 않았다. 이튿날 그들과 함께 갔다. 베드로는 욥바에 머물면서 알게 된 사람들과 함께 갔다. 그들은 지금 이루어지는 일을 알았다. 그들의 숫자는 여섯 명이었다(11:12). 이들은 후에 베드로가 유대인들에게 비판받으며 어려움을 겪을 때 도와주었을 것이다(11:4-8). 중요한 일에는 증인이 필요하다.

> 이튿날 가이사랴에 들어가니 고넬료가 그의 친척과 가까운 친구들을 모아 기다리더니(행 10:24).

베드로 일행은 하루 걸려 고넬료가 기다리는 가이사랴로 들어갔다. 고넬료는 자기가 보낸 사람들이 분명히 베드로를 만나고 베드로도 분명히 올 줄로 알았다. 그래서 오고 가는 시간을 계산한 후 베드로를 기다렸다. 그는 다른 모든 것을 재껴 두고 베드로를 기다렸다. 고넬료는 자신뿐 아니라 친척 그리고 가까운 친구들을 모아놓고 최고의 사도와의 만남을 기다렸다. 이 일은 그가 베드로를 초청한 것이 아니라 천사가 초청하라고 한 것이므로 결국 하나님이 이 자리를 마련하신 주인공이다. 신비하고 은혜롭고 경건하지 않을 수 없는 시간이다.

> 마침 베드로가 들어올 때에 고넬료가 맞아 발 앞에 엎드리어 절하니(행 10:25).

고넬료가 기다리고 있는데 마침 베드로가 들어왔다. 백부장인 고넬료는 대사도인 베드로를 영접하였다. 최고의 사도를 모시는 그의 기쁨은 한없이 컸다. 고넬료는 베드로에게 최고의 경외를 표하고 있다. 친척과 친구들이 있는 자리에서 부끄러움이나 자존심은 생각지 않고 하찮아 보이는 늙은이에게 엎드려 절하였다. 현직 로마의 청년장교로서 베드로에게 최고의 예의를 표한 것이다. 어찌 보면 황제를 만날 때의 모습과 같다.

베드로가 일으켜 이르되 일어서라 나도 사람이라 하고(행 10:26).

베드로는 자기 발 앞에 엎으려 최고의 경외를 표하는 백부장 고넬료를 일으키며 일어서라고 말했다. 베드로 자신이 서 있으니 당신도 서서 나를 맞이하고 동등하게 대화하자는 의도다. 그러면서 "나도 사람이라"고 하였다. 고넬료는 베드로가 최고의 사도요, 이적과 기적을 베풀고 죽은 사람까지 살렸다는 소문을 들었다. 거기다가 천사가 모셔오라 하였으니 극진히 모시는 정도가 아니라 신처럼 보였을 것이다. 솔직히 죽은 사람도 살리는 사람을 만나면 그런 경외심이 생기지 않을까. 그러나 베드로는 자신을 높이지 않고, 물론 능력은 다르지만 자신도 그와 똑같은 사람임을 밝혔다. 사람을 지나치게 높이는 것은 우상화하는 죄다. 누구든지 그런 대우를 받는다면 막아야 하며 그것이 하나님 앞에 문제가 되면 그의 책임이다.

더불어 말하며 들어가 여러 사람이 모인 것을 보고(행 10:27).

베드로는 고넬료와 친근히 대화를 나누며 들어가는데 여러 사람이 모인 것을 보았다. 그들은 아무리 보아도 로마인들이었다. 유대인의 입장에서 보면 가까이 할 수 없는 이방인들이다. 베드로는 유대인이다.

이르되 유대인으로서 이방인과 교제하며 가까이 하는 것이 위법인 줄은 너희도 알거니와 하나님께서 내게 지시하사 아무도 속되다 하거나 깨끗하지 않다 하지 말라 하시기로(행 10:28).

유대인들은 이방인과 교제하는 것을 금하였다. 함께 식사하는 것도 법도에서 어긋난다. 이것은 가이사랴에 와 있던 이방인들도 다 아는 사실이다. 그러나 유대인과 이방인의 일반적 교제까지 금지하는 것은 하나님의 율법이 아니다. 하나님의 율법은 유대인과 가나안인의 혼인을 금한 것뿐이다(신 7:3). 이방인과의 교제를 금하는 것은 유대인이 만든 유전이다(박윤선).

베드로는 하나님의 지시를 우선으로 하였다. 사람이 만든 법보다 하나님의 명령이 백 번 소중하다. 베드로는 사도행전 10장 13절 이하에서 "하나님께서 깨끗하게 하신 것을 네가(사람이) 속되다 하지 말라"고 하셨던 것을 기억했다. 그리고 하나님의 말씀을 따르겠다고 했다. 이방인이라도 회개하면 깨끗해진다. 그러므로 종족을 보고 더럽다거나 깨끗하다고 할 수 없다. 베드로가 볼 때 상당수 유대인들이 오히려 더러워졌다. 무엇보다 예수 죽인 살인죄가 말할 수 없이 크다. 그리고 그들은 신약교회를 박해하는 죄를 짓고 있었다.

> 부름을 사양하지 아니하고 왔노라 묻노니 무슨 일로 나를 불렀느냐(행 10:29).

베드로의 말이 이제는 이방인을 만나는 것에 대해 전혀 거리낌이 없다는 뜻이다. 베드로는 욥바에서 가이사랴까지 오면서 왜 여기까지 온지도 몰랐다. 그저 성령께서 가라 하시니 온 것이었다. 이처럼 대사도도 자신의 의지나 계획이 없다. 그리고 왜 자신을 불렀는지 고넬료에게 물었다.

> 고넬료가 이르되 내가 나흘 전 이맘때까지 내 집에서 제 구 시 기도를 하는데 갑자기 한 사람이 빛난 옷을 입고 내 앞에 서서(행 10:30).

이것은 앞의 2-6절에 나오는 내용이다. 고넬료는 나흘 전 오후 세 시에 기도를 하던 중 갑자기 한 사람이 빛난 옷을 입고 자기 앞에 서 있었다고 말했다. 고넬료는 베드로에게 하나님의 사자가 기도하는 장소에 들어왔으며 그의 모습이 어떠한지를 설명했다. 고넬료는 자신의 신적 체험을 베드로에게 스스럼없이 이야기하고 있다. 베드로라면 자신이 어떤 신비한 이야기를 하더라도 충분히 이해할 것으로 알았다. 영적인 지도자는 영적인 사실들을 잘 알아야 한다.

> 말하되 고넬료야 하나님이 네 기도를 들으시고 네 구제를 기억하셨으니(행 10:31).

하나님의 사자가 말한 내용을 고넬료는 다 기억하고 있었고 하나도 더하거나 빼지 않고 정확히 베드로에게 설명하고 있다. 자신을 칭찬하는 내용이지만 부끄러워하거나 과장하여 자랑스럽게 말하지 않았다.

> 사람을 욥바에 보내어 베드로라 하는 시몬을 청하라 그가 바닷가 무두장이 시몬의 집에 유숙하느니라 하시기로(행 10:32).

고넬료는 천사의 말을 그 당시에도 알았고 나흘이 지난 지금도 정확히 기억하고 있다. 즉, 욥바에 있는 베드로를 청하라는 것이었다. 고넬료는 베드로가 머물던 집까지 정확히 기억하고 베드로에게 상황 설명을 하고 있다.

> 내가 곧 당신에게 사람을 보내었는데 오셨으니 잘하였나이다 이제 우리는 주께서 당신에게 명하신 모든 것을 듣고자 하여 다 하나님 앞에 있나이다(행 10:33).

고넬료는 천사의 말을 믿고 실천했다고 했다. 베드로를 초청하는 일에 그의 의지나 뜻은 개입되지 않았다. 고넬료가 베드로를 좋아하느냐 좋아하지 않느냐는 별개의 문제다. 만일 좋아하지 않더라도 주님의 명령이면 실천하는 것이다.

그리고 자기의 초청에 응하여 온 것에 감사하였다. 고넬료의 겸손한 말이다. 고넬료는 아직까지 베드로에게도 하나님과 성령이 나타나셔서 그에게 가라고 하셨다는 사실을 모르고 있다. 어쨌든 고넬료 입장에서는 베드로가 자기를 믿어주고 여기까지 온 것이 감사했다. 고넬료는 베드로를 통하여 주님이 자신들에게 무슨 말씀을 하실 것이라고 믿었다.

고넬료는 베드로에게 "다 하나님 앞에 있나이다"라고 말했다. 고넬료는 베드로 앞에 있지만 하나님 앞에 있는 것처럼 행동했다. 왜냐하면 베드로는 하나님의 말씀을 맡았기 때문이다. 베드로는 하나님의 사도이고 대사다. 그리고 주님이 하실 말씀과 일을 베드로에게 맡겼기 때문이다. 우리는 사역자 앞에 있을 때 하나님 앞에 있다고 생각해야 한다. 또한 사역자는 성도들이 자신을 하나님의 말씀을 맡은 자로 인식할 수 있는 영적 권위를 스스로 가져야 한다. 고넬료의 자세는 이뿐 아니라 또한 군대의 높은 상관 앞에 있는 것 같은 자세다. 고넬료가 주의 종을 대한 자세는 지금까지도 성도의 모범이 된다.

> 베드로가 입을 열어 말하되 내가 참으로 하나님은 사람의 외모를 보지 아니하시고(행 10:34).

고넬료의 고귀한 신앙의 모습을 보면서 베드로는 놀라운 마음으로 말하였다. 베드로는 드디어 이방 사람에게 처음으로 전도하게 되었다. 베드로는 감동적인 설교를 전하였다. 베드로가 깨달은 것은 하나님은 사람을 외모로 보지 않으신다는 것이다. 고넬료는 이방인이자 군인의 신분인데도 정통 유대인이나 서기관, 장로들보다도 더 깊은 신앙을 소유하고 있었기 때문이다. 베드로의 고정관념이 드디어 고넬료 앞에서 깨지기 시작했다. 이방인도 유대인 못지않게 귀하다. 이방인 중에도 하나님을 진실하게 믿는 사람이 있다.

> 각 나라 중 하나님을 경외하며 의를 행하는 사람은 다 받으시는 줄 깨

달았도다(행 10:35).

베드로는 고넬료를 보면서 각 나라마다 하나님을 경외하며 의를 행하는 사람이 있는 것을 알았다. 물론 지금까지는 하나님이 유대인들만 구원하신다고 생각하였지만 어느 때부터인가 이 나라, 저 나라에 유대인보다 하나님을 더 진실하게 믿는 사람들이 있었던 것을 보았다. 베드로는 이제 확실히 알았다. 하나님을 진실로 믿고 행한다면 하나님은 그 영혼을 받으신다. 믿음이란 하나님을 경외하는 것뿐 아니라 의를 행해야 한다.

만유의 주 되신 예수 그리스도로 말미암아 화평의 복음을 전하사 이스라엘 자손들에게 보내신 말씀(행 10:36).

세상 모든 만물의 주인은 예수 그리스도시다. 그분은 유대인들의 주만 되시는 것이 아니고 모든 민족, 모든 나라의 주인이시다. 주님은 이 땅에 오셔서 화평의 복음을 전하셨다. 그리고 이 세상에서 서로 다투지 말고 사랑할 것을 가르치셨다. 무엇보다 하나님과 화평하는 것이 가장 중요하다. 이웃과 불화해도 위험하지만 하나님과 불화하면 망하는 길로 들어선 것이라 할 수 있다. 하나님은 이 화평의 복음을 이스라엘 자손들에게 보내셨다.

곧 요한이 그 세례를 반포한 후에 갈릴리에서 시작하여 온 유대에 두루 전파된 그것을 너희도 알거니와(행 10:37).

예수 그리스도의 화평의 복음은 요한이 그 세례를 반포한 후부터 시작되었다. 예수님의 복음은 처음 갈릴리에서 시작되었다고 베드로가 말한다. 갈릴리 혼인 잔치에서 주님이 물을 포도주로 만드신 것부터 생각했을지 모른다. 이 사실은 많은 사람들이 다 알고 있는 지식이다. 그리고 주님이 예루살렘과 유대 각 지방에서 전도하심으로 복음이 퍼져 나갔다.

> 하나님이 나사렛 예수에게 성령과 능력을 기름 붓듯 하셨으매 그가 두루 다니시며 선한 일을 행하시고 마귀에게 눌린 모든 사람을 고치셨으니 이는 하나님이 함께 하셨음이라(행 10:38).

"하나님이 나사렛 예수에게"라는 말은 "하나님이 나사렛 출신 예수에게"라는 뜻인데 베드로는 바로 자신의 스승이신 그리스도에 대해 증언하고 있다.

하나님은 예수님께 "성령과 능력을 기름 붓듯 하셨으매"라고 하였다. 성령은 하나님의 영이다. 하나님의 영이 들어오면 하나님의 능력이 나타나게 된다. 신적 능력이 나타나지 않는다면 성령이 충만하다고 보기 어렵다. 하나님은 예수님께 성령을 기름 붓듯 하셨다. 제사장과 선지자의 머리에 기름을 붓듯이 하나님이 예수님께 성령의 강한 은혜를 부으셨다. 기름은 사람의 눈에 보이지만 성령은 영의 눈으로 보인다. 기름 붓듯 하신 것은 강하게 역사하셨다는 뜻이다.

베드로는 예수님이 "그가 두루 다니시며 선한 일을 행하시고"라고 하였다. 주님은 여기저기 많은 곳을 다니셨는데 그 목적은 선한 일을 하시기 위해서였다. 선한 일은 하나님의 백성을 사랑하시는 일이다. 주님은 돈을 벌기 위해 혹은 관광 차원에서 세상을 다니신 것이 아니다.

특히 주님은 "마귀에게 눌린 모든 사람을 고치셨"다. 베드로는 사람들이 마귀에게 눌린 것을 강조하고 있다. 사람은 마귀의 공격을 받는데 이 공격은 지적인 면, 감정적인 면, 건강, 물질, 화목을 깨는 등의 수많은 영역에서 있다. 이 모든 것이 마귀에게 눌린 증상이다. 이스라엘은 하나님을 믿었고, 서기관, 제사장의 무리가 있었으며, 성전 제사를 드리는 등 온갖 종교행위를 했음에도 이렇게 마귀에게 눌린 사람들이 많았다. 도무지 어떻게 된 일인지 그들은 이해하지 못했다.

성경을 연구하는 서기관과 수천, 수만 명의 성전 종사자들은 그동안 무엇을 했는지 궁금하다. 사실 요한일서 3장 8절을 보면 진정으로 마귀를 멸하시는 분은 예수 그리스도밖에 없다. 마귀에게 눌리는 이런 현상은 어느 시대나 마찬가지다. 주님이 사역하신 핵심이 바로 여기에 있다. 마귀에게 눌린 사람을 고치시는 것이다. 베드로는 하나님이 예수님과 함께하셨기 때문에 그렇게 큰 은혜가 임했다고 말한다. 하나님이 함께하신 자는 그리스도시다.

> 우리는 유대인의 땅과 예루살렘에서 그가 행하신 모든 일에 증인이라 그를 그들이 나무에 달아 죽였으나(행 10:39).

예수님은 유대인의 땅인 이스라엘과 수도이자 성전이 있는 예루살렘에서 많은 일을 행하셨다. 이것은 예수님이 이스라엘 밖, 즉 이방 땅에서는 사역하지 않으셨다는 말이다. 베드로는 예수님의 제자로 선택되어 주님을 따라다니면서 수많은 기적과 표적을 보았다. 그리고 가르침을 받기도 하고 가르치시는 것을 보았다. 그러므로 본 대로 아는 대로 말할 수밖에 없는 증인이다. 그러나 예수님을 대적하는 자들이 그분을 십자가에 달아 죽였다고 하였다. 이 역시도 베드로는 잘 알고 있었다.

> 하나님이 사흘 만에 다시 살리사 나타내시되(행 10:40).

하나님이 예수님을 사흘 만에 살리신 것을 베드로는 자주 말한다. 주님의 부활은 기독교의 핵심이기 때문에 시간이 날 때마다 말해야 한다. 하나님이 주님을 살리시고 사람들에게 나타나게 하셨다고 하였다. 성부 하나님이 주권을 가지고 계신 것을 가리킨다.

> 모든 백성에게 하신 것이 아니요 오직 미리 택하신 증인 곧 죽은 자 가운데서 부활하신 후 그를 모시고 음식을 먹은 우리에게 하신 것이라(행 10:41).

부활하신 주님이 이스라엘의 모든 백성에게 나타나신 것이 아니라고 하였다. 빌라도나 당시 대제사장, 혹은 서기관에게는 나타나시지 않았다. 그들은 부활의 주님을 볼 자격이 없다. 그들은 부활의 주님이 나타나셔도 믿지 않을지도 모른다. 부활의 주님은 미리 택하신 증인에게만 나타나셨다고 말한다. 여기에 하나님의 뜻이 있다. 주님은 증인에게 잘 증거할 수 있도록 부활의 실체를 보이셨다.

주님은 한정된 사람에게만 나타나셨는데 바로 부활하신 주님과 음식을 먹은 제자들에게만 나타나셨다고 한다. 하나님이 그렇게 하셨다. 부활의 주님과 제자들이 음식을 같이 먹으므로 그분의 살아나심을 확증하였다.

> 우리에게 명하사 백성에게 전도하되 하나님이 살아 있는 자와 죽은 자의 재판장으로 정하신 자가 곧 이 사람인 것을 증언하게 하셨고(행 10:42).

하나님은 백성에게 전도하라고 제자들에게 명하셨다. 전파의 내용은 살아 있는 자와 죽은 자의 재판장으로 정하신 이가 있다는 것이다. 그런데 그 재판장이 이 사람, 곧 "예수"라는 것을 증언하라고 하셨다. 베드로는 지금 예수 그리스도를 증거하면서 그 배후의 모든 것은 하나님이 주장하신다는 사실을 말하고 있다.

> 그에 대하여 모든 선지자도 증언하되 그를 믿는 사람들이 다 그의 이름을 힘입어 죄 사함을 받는다 하였느니라(행 10:43).

선지자는 예수님 당시에도 있었고 그 전에도 있었는데 주로 구약 시대의 선지자를 가리킨다. 이것은 베드로가 성경을 보고 알았다. 여기서 베드로가 말하는 "그를 믿는 사람들"은 예수 믿는 사람들을 가리킨다. 유대인이나 이방인이나 상관없다. 여기서 "그의 이름"이 또다시 강조되고 있다. 예수의 이름이 강력한 은혜로 나타나고 죄 사함의 능력도 나타난다고 하였다. 예수의 이름은 실로 위대한 이름이 되었다. 베드로는 이방인들이 모인 자리에서 예수님의 죽으심과 부활 그리고 핵심적인 복음의 내용을 설교하였다. 예수님을 가장 가까이에서 모신 자의 설교로서 의미가 크다.

> 베드로가 이 말을 할 때에 성령이 말씀 듣는 모든 사람에게 내려오시니 (행 10:44).

베드로는 하나님께서 예수 그리스도를 높이셨다는 요지의 설교를 했다. 그 때 성령이 위에서 내려오셨다. 하늘 보좌가 위에 있기 때문에 하나님이 보내시는 성령은 위에서 오신다. 성령은 땅에서 올라오지 않는다. 성령이 내려오시는 것은 영적 사람의 눈에 보일 수 있고 적어도 영적 느낌을 알 수 있다. 성령은 진실로 말씀을 사모하며 듣는 자에게 내려오신다. 성령은 빛과 물과 불과 그 밖의 다양한 모습을 하신다. 베드로의 설교가 진실이 아니었다면 또한 고넬료의 집에서 설교한 것이 주의 뜻이 아니었다면 하나님께서 그 집에 성령을 내려주실 리가 없다. 베드로는 진실 된 사도로서 가감 없는 복음을 전하였다.

> 베드로와 함께 온 할례 받은 신자들이 이방인들에게도 성령 부어 주심으로 말미암아 놀라니(행 10:45).

욥바에서 베드로와 함께 온 사람들이 있었다. 그들은 예수도 믿지만 할례를 받은 구약교회 출신이었다. 그들은 하나님이 오직 유대인만 사랑하신다는 폐쇄적인 생각을 하고 있었다. 그들은 베드로와 이방인들이 만나는 상황을 유심히 보았다. 그들은 유대인과 이방인이 만나는 그 장소에서 성령의 임재를 직접 보았다. 이방인도 구원하신다는 하나님의 말씀이 실제로 확인되고 있었다. 어떻게 이방인에게 성령이 임한단 말인가. 하나님은 우리 민족의 하나님이 아니었던가. 그들이 미처 생각하지 못한 일이었다. 그들이 그동안 유대인 중심의 폐쇄적 사상을 가지고 있었음을 알 수 있다. 지금 고넬료의 집에서 오순절과 동일한 사건이 나타났다. 유대인이 예루살렘에서 받았고(행 2:4), 그다음 사마리아가 받았다(행 8:17). 그리고 이방이 성령을 받았다(행 10:45).

이는 방언을 말하며 하나님 높임을 들음이러라(행 10:46).

방언은 보통 사람들이 사용하는 언어가 아닌 이해하기 어려운 언어다. 오순절 마가의 다락방에서 나타난 방언이다(11:15). 방언은 성령의 은사다. 방언은 고린도 교회에만 있었던 것이 아니라 모든 교회에 나타날 수 있다. 그들은 고넬료의 집에서 방언을 하면서 하나님을 높였다. 이방 사람이 하나님을 믿고 영광을 돌리고 있다. 함께 온 할례받은 유대인들은 자기들만 독차지했던 하나님을 이제 다른 민족도 소유하는 것을 분명히 보았다. 우리 인생은 평범할 때나 은사가 임할 때나 목표는 오직 하나님께 영광이다. 그러므로 현대에도 방언의 은사를 받은 신자들은 교회에 덕을 세우도록 힘써야 한다(박윤선).

이에 베드로가 이르되 이 사람들이 우리와 같이 성령을 받았으니 누가 능히 물로 세례 베풂을 금하리요 하고(행 10:47).

베드로는 고넬료와 함께한 이방 사람들이 성령을 받은 것을 보고 인정했다. 성령이 강하게 임하시면 다른 사람도 알 수 있는 광경이 벌어진다. 성령 받은 것을 감정적인 것이라든가, 귀신 들렸다고 말하는 자들은 어리석은 것이다. 성령 받은 자는 하나님이 인정하신 것이고 은혜를 받은 것이기 때문에 하나님이 사랑하시는 자다. 그리고 구원의 길로 들어갈 수 있게 하신 것이다. 그러므로 공식으로 주님을 구주로 고백하고 그분의 제자가 되며 죄 씻음의 과정에 들어갈 수 있다. 유대인과 이방인은 하나님의 사랑을 받는 데 차별이 없다.

명하여 예수 그리스도의 이름으로 세례를 베풀라 하니라 그들이 베드로에게 며칠 더 머물기를 청하니라(행 10:48).

베드로는 자신이 직접 세례 주는 일에 나서지 않고 다른 사람에게 세례를 베풀라고 명했다. 11장 12절에 보면 베드로는 여섯 형제와 함께 갔다. 아마 그들이 베풀었을 것이다. 또한 세례는 오직 예수의 이름으로만 가능하다. 그래야 예수의 제자가 된다. 초대교회 때는 예수 그리스도가 처음 신약교회를 세우는 상황이므로 예수님을 더 강조했다. 지금 시대에는 성부, 성자, 성령으로 세례를 베푸는 것이 옳다.

드디어 이방인인 고넬료가 세례를 받았다. 그는 이방인으로서 그 당시 최고 수준의 성도로 하나님께 인정을 받았다. 유대인 가운데 사도나 선지자 등 유명한 사람을 제외하고는 그만한 수준의 사람이 흔치 않다. 그러므로 그와 관계된 이야기를 성경은 길게 기록하고 있다. 이방인 중에도 하나님이 귀하게 쓰시는 사람들이 곳곳에 있다.

그들은 베드로 일행이 고넬료의 집에 오래 머물기를 원했다. 은혜를 사모하는 자들은 이처럼 하나님의 사람을 만나면 더 오랜 시간 함께하기를 원한다. 하나님을 진실로 믿는 영적인 사람들의 교제는 실로 아름답다. 사람이 같은 부류끼리 어울리는 것은 어쩔 수 없는 일이다.

11장

이방 땅의 안디옥 교회

신약교회의 사도들은 어디에서든 누구에게든 오직 예수만 전했다.
사도뿐 아니라 스데반과 빌립 집사도 능력 있게 복음을 증거했다.
8장에서는 빌립 집사의 사마리아 전도, 9장에서는 사울이 다메섹에서
주님을 만난 사건과 베드로의 능력이 나타난 것을 보여주었다.
10장에서는 베드로가 이방인 고넬료를 만난 역사적인 내용이 나온다.
11장에서는 이방인 고넬료에게 은혜 주신 내용을 보고하는 내용과
이방 땅에 안디옥 교회가 세워지는 내용이다.

유대에 있는 사도들과 형제들이 이방인들도 하나님의 말씀을 받았다 함을 들었더니(행 11:1).

베드로가 가이사랴의 고넬료 집에 간 일과 그곳에 성령이 임하신 내용이 사방에 알려졌다. 특히 예루살렘을 비롯한 유대에 있는 사도들에게도 알려졌다. 그리고 신약교회에 나오는 형제들도 이 소식을 들었다. 특히 유대에 사는 사람들의 관심은 가이사랴가 이방 땅인데다 이방인이 하나님의 말씀을 받았다는 사

실이었다. 그들 대부분은 율법을 지키고 할례도 받고 유대인으로 귀화해야 그리스도인의 자격이 있다고 생각했다.

베드로가 예루살렘에 올라갔을 때에 할례자들이 비난하여(행 11:2).

고넬료의 집을 떠난 베드로는 어느 날 예루살렘에 올라갔다. 거기에 사도들이 머물러 있었기 때문이다. 그때 할례자들은 당시 최고 사도인 베드로를 비난할 정도로 분노해 있었다. 초대교회 안에 여전히 예수 그리스도의 십자가 죽음과 부활로 구원을 얻는다는 사실을 받아들이지 못한 사람들이 있다는 의미였다. 그들의 주장은 이방인, 즉 할례받지 않은 자가 어떻게 하나님의 은혜를 받을 수 있느냐는 것이었다. 그들의 고정관념은 여전히 견고했고 성령이 충만한 베드로에게까지 문제 제기를 했다. 성도는 육의 할례가 아닌 심령의 할례를 받아야 한다. 그런데 그들은 아직도 몰랐다. 하나님의 신비한 뜻이 계속 움직이는데도 영적으로 민감하지 못했다. 과거의 신학에 묶여 있는 것은 풀기가 쉽지 않다.

이르되 네가 무할례자의 집에 들어가 함께 먹었다 하니(행 11:3).

할례받은 자가 볼 때에는 베드로가 이방인과 함께 교제한 것 자체만으로도 비난의 대상이 되었다. 이것은 성경이 아니라 랍비의 유전이었다. 그럼에도 그것을 기준으로 하여 베드로를 비판했다. 교인들이 이런 어리석은 비판을 했다. 완전하지 않은 신학과 고정관념은 이처럼 오래가고 쓸데없는 불화를 조성한다.

베드로가 그들에게 이 일을 차례로 설명하여(행 11:4).

베드로는 이 문제를 감정적으로나 정치적으로 풀지 않고 자신을 비판하는 할례자들에게 겸손한 자세로 사실 그대로를 설명했다. 성경에 대해서나 주님에 대해서 베드로만큼 알 사람이 없고, 특히 능력의 나타남이 최고 수준인데도, 비교도 할 수 없는 평범한 사람들에게 비판을 받았다. 사람들은 자신의 신학과 영적 수준을 잘 알지 못하고 함부로 비판하는 경우가 너무 많다. 다음 5절에서 17절까지의 내용은 10장 9절에서 22절의 해석을 참조하라.

> 이르되 내가 욥바 시에서 기도할 때에 황홀한 중에 환상을 보니 큰 보자기 같은 그릇이 네 귀에 매어 하늘로부터 내리어 내 앞에까지 드리워지거늘(행 11:5).

베드로는 전에 욥바에 있는 무두장이 시몬의 집에 머물렀었다(9:43). 베드로는 할례자들의 한심한 질타에 분노하지 않고 차분하게 자신이 체험한 내용을 말해주었다. 베드로는 "황홀한 중에 환상을" 보았다고 말했다. 환상은 영적인 일이기 때문에 이성적으로는 도저히 이해하기 어려운 것인데도 스스럼없이 설명해나갔다. 환상이 어디 있느냐며 꼬투리를 잡고 비판할지 모르지만 상황을 설명하려면 어쩔 수 없었다. 베드로는 이후 계속 영적인 사건을 말하고 있다. 자기가 체험한 일은 열 번 스무 번 반복해도 즐겁다. 그는 10장 11절에 기록된 체험을 반복해서 이야기하였다.

> 이것을 주목하여 보니 땅에 네 발 가진 것과 들짐승과 기는 것과 공중에 나는 것들이 보이더라(행 11:6).

베드로는 이 환상을 유심히 지켜보고 무슨 의미가 있는지 살펴보았다. 10장 12절의 내용이다.

> 또 들으니 소리 있어 내게 이르되 베드로야 일어나 잡아 먹으라 하거늘(행 11:7).

베드로는 또다시 하늘에서 소리가 났다고 말했고 똑똑하게 언어를 들었다고 증언했다. 10장 13절의 내용을 가감 없이 설명하고 있다.

> 내가 이르되 주님 그럴 수 없나이다 속되거나 깨끗하지 아니한 것은 결코 내 입에 들어간 일이 없나이다 하니(행 11:8).

10장 14절의 내용이다.

> 또 하늘로부터 두 번째 소리 있어 내게 이르되 하나님이 깨끗하게 하신 것을 네가 속되다고 하지 말라 하더라(행 11:9).

10장 15절에서 경험한 내용이다.

> 이런 일이 세 번 있은 후에 모든 것이 다시 하늘로 끌려 올라가더라(행 11:10).

10장 16절의 내용이다.

> 마침 세 사람이 내가 유숙한 집 앞에 서 있으니 가이사랴에서 내게로 보낸 사람이라(행 11:11).

10장 17절의 내용이다. 욥바 시몬의 집에서 기도가 끝났을 때 고넬료가 보낸 사람들이 도착했다. 그들은 두 명의 하인과 경건한 부하 한 명이었다(10:7). 그들이 시몬의 집 앞에 서 있었다. 베드로는 가이사랴 백부장인 고넬료가 사람들을 자신에게 보냈다고 이름을 정확하게 말하지 않았다. 이방인과 교제했다고 비판하는 사람들에게 구태여 그의 이름을 말할 필요가 없었을 것이다.

성령이 내게 명하사 아무 의심 말고 함께 가라 하시매 이 여섯 형제도 나와 함께 가서 그 사람의 집에 들어가니(행 11:12).

베드로는 성령이 의심 말고 가라고 하셨다고 말한다. 10장 19-20절의 내용이다. 베드로는 욥바에서 가이사랴로 갈 때 여섯 형제와 같이 갔다. 10장 23절에서는 "어떤 형제들"이라고 단순하게 말했는데 여기서는 숫자까지 말했다. 전반적으로 베드로는 할례받은 비판자들에게 이방인인 고넬료의 이름을 빼고 할례받은 유대인들을 부각시켰다. 무려 여섯 명이 같이 갔다고 했다. 사람들은 대개 숫자를 무시하지 못한다.

그가 우리에게 말하기를 천사가 내 집에 서서 말하되 네가 사람을 욥바에 보내어 베드로라 하는 시몬을 청하라(행 11:13).

"그가 우리에게 말하기를." 이것은 고넬료가 베드로에게 말한 것을 가리키는데 이번에도 이름을 구체적으로 말하지 않는다. 이방 사람 고넬료가 말하기를 천사가 자기 집에 서서 말했다는 것이다. 당시 유대인들과 초대교회 성도들 가운데서도 천사를 보았거나 그의 음성을 들은 사람은 거의 없다. 그런데 이방인이 천사를 보고 대화를 나누었다는 것은 유대인의 입장에서 자존심이 상하고 수용하기 어려운 사실이었다.

베드로를 비판하던 할례받은 자들은 자기들이 태어나서부터 지금까지 50년 동안 하나님을 믿고 예수님을 따라다니며 초대교회를 세우는 데 큰 공헌을 세웠음에도 천사를 보지 못했는데, 그가 어떻게 이방인으로서 천사를 보았느냐고 소리쳤을지도 모른다. 하지만 제사장, 서기관의 직책을 가졌다고 천사가 나타나지 않는다. 천사가 욥바에 있는 베드로를 청하여 이곳으로 데려오라고 했다는 것인데, 베드로가 대신 말하고 있다.

그가 너와 네 온 집이 구원 받을 말씀을 네게 이르리라 함을 보았다 하거늘(행 11:14).

베드로가 보았다는 것을 천사가 알고 고넬료에게 말했다는 말이다. 고넬료는 베드로가 왔을 때 이 내용을 알려주었다. 베드로는 이 모든 된 일을 다시 할례받은 성도에게 설명하고 있다.

"너와 네 온 집이 구원 받을 말씀을 네게 이르리라." 이 말은 천사가 고넬료에게 나타나 한 말인데 10장 5절 이후에 기록되면 좋았을 내용이다. 그러나 10장 5절 상황에서는 생략되었다. 베드로가 고넬료의 집에 간 것은 구원받을 말씀을 전하기 위함이었다.

내가 말을 시작할 때에 성령이 그들에게 임하시기를 처음 우리에게 하신 것과 같이 하는지라(행 11:15).

10장 34절에서 43절까지 베드로가 설교하는 것을 가리킨다. "성령이 그들에게 임하시기를." 이것은 10장 44절의 내용이다. 베드로는 "처음 우리에게 하신 것과 같이 하는지라"고 말했다. 10장 46절의 내용이다. 베드로는 처음, 즉 오순절 마가의 다락방에서 기도할 때 내려온 강력한 성령의 역사를 가리킨다. 베드로는 분명 "우리에게 하신 것과 같이"라고 하면서 고넬료 가정에 임했던 성령의 역사의 의미와 강도를 말하였다. 강력한 성령의 역사는 주님이 언제든 하실 수 있다. 베드로는 유대인인 우리뿐 아니라 이방인에게도 우리와 똑같은 성령이 임하신 것을 증거하였다.

내가 주의 말씀에 요한은 물로 세례를 베풀었으나 너희는 성령으로 세례를 받으리라 하신 것이 생각났노라(행 11:16).

베드로는 예수님이 이 땅에 계실 때 말씀하신 것을 '떠올렸다'고 말했다. 부활하신 주님이 승천하시기 직전 감람산에서 제자들에게 분부하신 말씀이다(1:5). 주의 말씀이 모든 것의 기초다. 주님은 세례 요한이 물로 세례를 베풀었던 것을 인정하셨다. 베드로는 이와 같은 주님의 말씀이 생각나 10장 47, 48절과 같이 물로 세례를 베풀었다고 하였다. 순서상 물로 세례를 받고 그 이후 성령으로 세례를 받는 것인데, 고넬료의 가정이 성령의 세례를 받았으니 물로 세례를 베푸는 것은 어려운 일이 아니다. 주님이 "너희"라고 하신 것에는 이방인도 포함된 것이라고 베드로는 말하고 있다.

> 그런즉 하나님이 우리가 주 예수 그리스도를 믿을 때에 주신 것과 같은 선물을 그들에게도 주셨으니 내가 누구이기에 하나님을 능히 막겠느냐 하더라(행 11:17).

베드로는 지난날 오순절 때 성령이 내려오신 것을 하나님의 선물이라고 하였다. 그런데 가이사랴에 있는 이방인에게도 하나님이 성령을 선물로 주셨다. 이것은 하나님이 하신 것이지 베드로 스스로 한 것이 아니라는 뜻이다. 하나님이 성령을 그분의 뜻에 따라 이방인에게 주셨는데 베드로는 자기가 무슨 권한으로 하나님께 "성령을 주시면 안 됩니다" 하고 막을 수 있느냐는 것이다. 이방인에게 성령을 주시든 깡패 출신에게 주시든 그것은 하나님의 권한이다.

오늘날도 교회를 오래 다닌 사람이 성령 세례 혹은 충만함을 체험하지 못하고 오히려 처음 교회에 나왔거나 행실이 좋지 않은 사람이 성령을 깊이 체험하기도 한다. 물론 성령의 임재 체험과 거룩함과는 별개다. 성령의 임재가 강했다고 그가 거룩해졌다거나 은사가 많을 것이라고 단순하게 생각하면 안 된다. 성령의 강력한 임재로 인한 유익은 성령을 체험하고, 죄가 떠나가는 데 도움이 되며, 병이 치료되는 데 유익하다. 그러나 거룩함은 일시적으로 되는 것이 아니고 많은 시간을 들여 깊이 회개해야 한다.

그들이 이 말을 듣고 잠잠하여 하나님께 영광을 돌려 이르되 그러면 하나님께서 이방인에게도 생명 얻는 회개를 주셨도다 하니라(행 11:18).

베드로의 진술한 보고를 들은 할례받은 비판자들은 더 할 말이 없었다. 이제 구약교회 시대는 지나고 새로운 신약교회 시대가 도래했다는 증거다. 신약교회는 유대인뿐 아니라 이방인에게도 문이 열려 있는 교회다. 할례받은 유대인 성도들은 새로운 하나님의 일을 듣고는 하나님께 영광을 돌릴 수밖에 없었다. 그들은 잘못된 교리 때문에 베드로를 비판한 것이지, 믿음이 없거나 사도에 대한 존경심이 없어서가 아니었다.

할례받은 유대인 성도는 지금 이방인을 상당히 의식하고 있다. 그들도 구원받는다는 사실은 그동안 생각해보지 않았던 충격적인 일이었다. 그런데 이제는 할 수 없이 마음을 열어야 했다. 그들은 지금까지 베드로의 행위를 이해하지 못했지만 이제는 그의 설교를 이해하고 받아들였다. 비판자들이 생각을 바꾸는 것은 어렵지만 받아들인 것은 훌륭한 일이다.

그들은 비판을 거두고 이방인을 인정하면서 "생명 얻는 회개를 주셨도다"라고 하였다. 생명 얻는 회개는 구원에 이르는 회개를 가리킨다. 처음 성령이 강하게 임하신 것은 그들이 회개를 했거나 할 수 있는 기회를 주신 것이다. 구원을 얻기 위해서는 구원받을 만한 회개가 있어야 한다. 성령이 역사하지 않는 어설픈 회개는 구원에 이르지 못한다. 교회는 할례파 유대인들이 성경 말씀이 아닌 랍비가 가르친 전통에 매여 있었듯이 신학에 매이면 안 된다. 성경을 연구하는 것은 당연히 필요한 일이지만 성령의 강하신 임재 속에서 해야지 이성적인 태도만 갖는다면 성령의 음성을 듣지 못한다. 그러므로 깊은 기도가 필요하다. 이성적이고 합리적인 시대에 오히려 기독교가 성장하지 못한 교회사적 경험이 있다.

그 때에 스데반의 일로 일어난 환난으로 말미암아 흩어진 자들이 베니게와 구브로와 안디옥까지 이르러 유대인에게만 말씀을 전하는데(행 11:19).

스데반이 사울에게 죽임을 당한 이후 신약교회에 대한 박해가 본격화되었다. 그래서 예루살렘에 모여 있던 많은 성도가 주변 나라들로 흩어졌다. 베니게는 유대 북부 해안 지역인데 두로와 시돈이 그 안에 있다. 구브로는 지중해에 있는 섬인데 유대인들이 많이 살았다. 안디옥은 소아시아의 비시디아 안디옥이 아니고 팔레스틴 바로 북쪽에 있는 수리아의 안디옥이다. 이곳에 많은 사람이 살았고 후에 세계 선교의 중심지가 되었다.

그들은 구약교회에서 나와 신약교회로 들어왔지만 그들의 사고방식 안에는 아직도 유대인만 택함을 받았다는 구약적 사고방식이 있었다. 신약교회 성도들 거의 대부분의 생각이 그랬다. 때문에 예수 그리스도를 증거할 때에도 유대인들만이 그 대상이었다. 잘못된 신학과 전통을 깨는 것은 초자연적인 방법이 가장 좋다.

그 중에 구브로와 구레네 몇 사람이 안디옥에 이르러 헬라인에게도 말하여 주 예수를 전파하니(행 11:20).

구브로와 구레네는 역시 이방 지역이다. 구브로는 안디옥 교회에서 보면 서쪽에 있는 섬이고, 구레네는 아프리카 북부 해변 도시다. 그곳에서 예수 믿는 몇 사람이 안디옥으로 와 예수를 전파했다. 그들의 이름은 알려지지 않았으나 다른 지역으로 가서 전도하는 복음의 열정이 있었다. 당시 안디옥에 있던 헬라인에게 복음을 전한 주체는 예루살렘 교회가 아닌 바나바의 고향 사람들과 그 외 지역 사람들이었다.

주의 손이 그들과 함께 하시매 수많은 사람들이 믿고 주께 돌아오더라(행 11:21).

주님이 그들의 사역을 기뻐하셔서 큰 힘을 주셨다. 주님이 함께하시므로 많은 사람들이 주님을 믿게 되었다. 예수를 믿는다는 것은 주님께 돌아오는 것이다. 모든 인생은 주님께 돌아와야 하고 죽어서도 주님께로 돌아가야 한다. 전도는 교회로 오는 것도, 특정한 목사에게 오는 것도 아닌 주님께로 오는 것이다. 정상적인 교회는 성도가 주님께 가서 주님께 은혜를 받고 주님을 만나게 도와주어야 한다. 중매쟁이는 신랑과 신부를 잘 만나게 해주고 자신은 빠져야 한다.

> 예루살렘 교회가 이 사람들의 소문을 듣고 바나바를 안디옥까지 보내니(행 11:22).

예루살렘에는 사도들을 중심으로 일부 성도들이 있었다. 8장 1절 이후 처음으로 예루살렘 교회란 말이 나온다. 당시 교회가 핍박을 받다가 다시 회복되는 것으로 보인다. 그들은 이방 사람들도 주께 돌아온다는 소문을 들었다. 그래서 바나바를 그 중심에 있는 안디옥까지 보냈다. 안디옥은 예루살렘에서 북쪽으로 480킬로미터 떨어진 곳이다. 사도행전 8장 14절에서는 예루살렘에 있는 사도들이 사마리아도 하나님의 말씀을 받았다 함을 듣고 베드로와 요한을 보냈었다.

이제 안디옥에 복음이 들어가게 되어 바나바를 파송했다. 그들은 교회를 사랑했고 교회를 돌아볼 마음이 있었다. 그리고 방법도 지혜로웠다. 그들은 하급 관리자가 아닌 교회의 최고 지도자를 보냈다. 철 모르는 사람의 비판과 판단은 신빙성이 없다. 또한 안디옥에서는 바나바와 같은 고향 사람들이 전도했기 때문에 서로 부담이 없었을 것이고 헬라어도 잘했기 때문이었을 것이다.

다른 지역에서 교회가 성장하고 있는데다 특히 헬라인들이 돌아온다는 것은 큰 사건이기에 유력한 바나바를 파송했다. 바나바는 바울을 사도들에게 소개했었다(행 9:27). 그는 당시 존경받을 만하고 공평하며, 믿을 만한 사람이었다. 비록 사도의 수에 들어가지는 못했지만 그 정도 수준의 인물이다. 교회 안에서 중요한 일을 판단하는 사람은 가문과 신앙과 지식과 인격과 행동 모든 면에서 존경받는 자라야 신뢰할 수 있다.

자신들이 스스로 교회를 조사한다고 갈 수 없고 교회가 파송하는 것이 원리다. 잘못 판단하면 교회 공동체가 복음 전파에 지장을 받거나 교회가 망할 수 있다. 오늘날 교회는 자격도 없는 사람들이 다른 교회나 사람을 판단하는 일을 자제해야 한다. 다른 교회를 살펴보려면 해당 교회나 그곳의 사역자보다 모든 면에서 최고 수준의 사람이 가야 한다. 특히 부정적이거나 비판적 사고를 가진 사람, 시기질투가 많은 사람, 다른 사람들을 여러 번 비판하여 물의를 일으킨 적이 있는 사람은 절대 금물이다. 아무나 사역자나 교회를 판단할 수 없다. 교회는 개교회가 가장 중요하고 사회에 큰 물의를 일으키지 않는 한 개교회를 존중해주어야 한다.

그가 이르러 하나님의 은혜를 보고 기뻐하여 모든 사람에게 굳건한 마음으로 주와 함께 머물러 있으라 권하니(행 11:23).

세상을 둘러보면 다른 사람들이 잘되는 것을 보고 기뻐하는 사람은 많지 않다. 비판 거리를 찾는 사람이 많다. 사역자도 마찬가지다. 바나바는 다른 사람들이 전도하여 이방인들이 주님께 돌아오는 것을 진심으로 기뻐했다. 바나바는 역시 예수 중심의 사람이다. 그는 이 교회에 나타난 사실을 그대로 인정했다. 바나바는 성도를 사랑하는 마음으로 권했다. 예수를 믿을 때는 어려움도 있으므로 마음이 굳건해야 한다. 흔들리면 마귀의 밥이 된다. 예수를 믿는 것은 사람 중심으로 모이는 것이 아니고 주님 중심으로 모이는 것이 옳다. 주님이 계시면 부족함이 없고 아무것이 없어도 다 있는 것과 같다. 성도가 주님과 계속 동행하려면 날마다 자신의 죄를 회개해야 한다. 또한 자신의 계획이나 의지를 버리고 주께서 원하시는 대로 살아야 한다.

바나바는 착한 사람이요 성령과 믿음이 충만한 사람이라 이에 큰 무리가 주께 더하여지더라(행 11:24).

바나바는 예수를 믿기 전부터 근본적으로 착하다. 아무리 보아도 착하다. 하나님이 바나바에게 그 마음을 처음부터 주셨다. 착한 것은 마음 밭이 좋은 것이므로 귀한 은사다.

그는 또 "성령과 믿음이 충만한 사람"이었다. 초대교회에서 가장 강조된 것은 성령 충만함이었다. 그것은 집사를 뽑을 때도 요구되었다. 그런데 바나바는 마음만 착한 것이 아니라 성령도 충만했다. 또한 믿음도 충만했다. 이런 인물은 옛날이나 지금이나 흔하지 않은데, 주님은 이런 사람을 귀하게 쓰신다. 착한 마음 위에 성령이 임하셨으므로 그 영향력은 엄청나고 은혜는 오래간다. 악한 사람에게는 성령이 잘 임하시지 않지만 설령 임했다고 해도 오래가지 못한다. 그것은 죄가 있기 때문에 성령께서 오래 머물러 계실 수 없기 때문이다. 사실 착한 사람이라도 성령과 믿음이 충만하지 못한 사람도 많고, 성령과 믿음은 충만한데 착하지 않은 경우도 있다. 바나바는 착한 마음과 성령이라는 두 가지를 다 소유하였다.

바나바가 사울을 찾으러 다소에 가서(행 11:25).

사도행전 9장 26절에서 사울은 예루살렘에 갔다가 바나바를 만났고 그의 인도로 사도들을 만났었다. 그러다가 형제들의 인도로 고향인 다소에 갔다. 당시 사울은 십여 년 동안 고향에 머물면서 기도에 힘썼다. 그러나 구약교회는 물론이고 신약교회가 그를 부르지 않았다. 사울은 그때 자신을 돌아보는 시간을 가진 것으로 보인다. 그러던 중 또다시 바나바가 사울을 찾으러 다소까지 갔다. 그리고 사울을 설득하여 복음 사역의 현장으로 인도하였다. 급속히 성장하는 안디옥 교회에 함께 일할 사람이 필요했기 때문이다. 최고의 집사 스데반이 죽고 드디어 교회 역사에서 최고의 인물인 사울이 등장하였다.

> 만나매 안디옥에 데리고 와서 둘이 교회에 일 년간 모여 있어 큰 무리를 가르쳤고 제자들이 안디옥에서 비로소 그리스도인이라 일컬음을 받게 되었더라(행 11:26).

바나바는 쉬고 있던 사울에게 활동할 공간을 만들어주었다. 그리고 교회가 부흥하고 있는 안디옥으로 데려왔다. 사람은 대개 자기 혼자 무엇을 하고 존경과 영광을 독차지하려는 심리가 있다. 하지만 바나바는 유력한 인물들에게 시기와 질투를 하지 않고 인물을 이끌어냈다. 이것은 평범한 사람들이 하기 어려운 시도다. 교회에 지도자가 둘이 있는 것은 쉽지 않다. 그러나 바나바와 사울은 가능했다. 그들은 무려 일 년 동안이나 협력했다. 이때가 주후 44년경이다. 안디옥 교회는 부흥하는 교회였고 바나바와 사울 같은 인물이 있어서 더욱 든든해졌다. 둘은 큰 무리를 가르쳤다. 훌륭한 인물은 사람을 모이게 한다.

이때 제자들이 안디옥에서 비로소 "그리스도인"이라 일컬음을 받게 되었다. 그들은 차츰 견고한 신앙으로 서갔기에 그리스도인이라 불렸다. 이것은 처음에는 조롱하는 말이었는데 점차 영광스러운 말이 되었다. 그리스도인이란 '작은 예수'를 뜻한다. 모범적인 신앙생활을 하여 남녀노소, 헬라인, 유대인 모두가 작은 예수라는 칭송을 들었다. 초대교회가 그리스도인이란 말로 불린 데 최고의 공로자는 바로 바나바와 사울(바울)이다.

> 그 때에 선지자들이 예루살렘에서 안디옥에 이르니(행 11:27).

사도들이 활동하던 시대에도 선지자가 있었다. 그들이 안디옥으로 내려갔다. 당시 선지자의 활동을 과소평가하면 안 된다. 사도들이 모든 영적 권위와 사역을 독차지한 것이 아니었다. 이것을 보면 예루살렘 교회가 바나바만 안디옥에 파송한 것이 아니다. 안디옥 교회는 관심이 집중된 교회가 되었고 때문에 영적으로 유력한 사람들이 예루살렘으로부터 속속 방문하였다.

> 그 중에 아가보라 하는 한 사람이 일어나 성령으로 말하되 천하에 큰 흉년이 들리라 하더니 글라우디오 때에 그렇게 되니라(행 11:28).

아가보도 예루살렘에 있었던 선지자다. 바울과 함께했던 실라도 선지자다(15:32). 선지자이기 때문에 성령이 역사하신 가운데 붙잡혀 말했다. 성령이 역사하면 다양한 은사가 임한다. 아가보 선지자는 흉년을 예언하였다. 요셉도 애굽에 칠 년 풍년 후 칠 년 흉년이 들 것이라고 했는데 그대로 되었다. 하나님은 선지자를 통해 말씀하신다.

아가보의 예언은 나중에 "글라우디오 때에 그렇게" 되었다. 예언이 이루어지면 교회는 더욱 권위가 생긴다. 만일 예언이 이루어지지 않는다면 반대로 교회는 신용이 실추된다. 그러므로 예언은 상당히 조심할 일이다. 구약 시대에나 초대교회 때에도 거짓 선지자가 있었음을 알아야 한다. 우리가 사는 시대에도 진정한 예언도 있고 거짓 예언도 있을 수 있다. 그러므로 예언은 신실하고 검증된 사람만이 해야 하지, 중구난방으로 아무 때나 하는 것은 조심해야 한다.

여기서 아가보는 실라와 같이 활동을 많이 한 사람보다는 수준이 낮은 선지자라고 할 수 있으나 귀한 사람이다. 성경에서 그의 비중이 작은 것이 그 증거다. 구약 시대에 선지자가 많았지만 그 안에서도 하나님이 역사와 미래에 관한 예언을 하게 하심에 있어 수준이 있었음을 알 수 있다. 그러므로 아가보의 예언은 메시아를 예언하는 것과 같은 최고 수준의 예언은 아니다. 아모스나 요엘 선지자 등과 비교하면 안 된다. 빌립 집사의 딸들도 예언했으나 그것도 아모스, 다니엘 등과 비교할 수 없다. 평범한 예언은 대개 생활과 관계 있는 내용이다.

제자들이 각각 그 힘대로 유대에 사는 형제들에게 부조를 보내기로 작정하고(행 11:29).

안디옥에서 주님을 믿는 제자들이 헌금을 모았다. 그것은 유대의 성도들이 경제적으로 어렵다는 소식을 들었기 때문이다. 처음 예루살렘 교회가 물질을 서로 나누었는데 은혜받은 안디옥 교회도 돈을 모았다. 그들은 자신들의 힘대로 모았다. 복음을 받은 안디옥 교회가 모 교회와 같은 유대에 물질로 돕기로 한 것이다. 그것은 아름답고 거룩한 작정이다. 교회는 죽이는 결정을 하는 곳이 아니고 살리는 작정을 하는 곳이다. 문제 있는 교회는 벌하고 죽이고 내쫓는 일이 많다.

이를 실행하여 바나바와 사울의 손으로 장로들에게 보내니라(행 11:30).

안디옥 교회는 돕는다고 말만 한 것이 아니라 실제로 물질을 모았다. 그리고 실행했다. 1년을 가르친 바나바와 사울은 성도가 모아준 물질을 들고 예루살렘으로 올라갔다. 그동안 두 사람은 안디옥 교회에서 일 년 간 열심히 일했다. 두 사람이 함께 일하는 것이 교회의 좋은 사역의 모습이다. 그 모습을 성도들이 인정했을 것이고 그래서 그들을 신뢰하고 그동안 모은 물질을 맡겼다.

그 물질은 장로들에게 보내졌다. 예루살렘 교회에도 장로가 있었다. 바나바와 사울은 그 물질을 가져가 자기들이 직접 배분하지 않고 교회 장로들에게 맡겼다. 이것은 사도들이 일곱 집사를 세워 물질을 맡긴 것과 같은 이치다.

12장

헤롯과 베드로의 충돌

신약교회의 사도들을 비롯해 일곱 집사 중 스데반과 빌립은 말씀과 능력으로 복음을 증거했고 교회는 부흥했다. 또한 신약교회를 박해하던 사울이 주님을 만난 후 도리어 신약교회의 일원이 되었다. 베드로가 고넬료의 집에 간 후 성령이 임하여서 이제 이방인도 구원의 길로 들어올 수 있다는 사실이 증명되었다. 11장에서는 이방 땅 안디옥에 교회가 세워지고, 바나바와 사울의 열정적인 가르침이 선포되었으며, 성도들이 예루살렘 교회로 물질까지 보내주었다. 이방과 유대가 하나가 되었다. 12장에서는 세상 권력자인 헤롯과 신약교회의 대표자인 베드로가 충돌한다.

그 때에 헤롯 왕이 손을 들어 교회 중에서 몇 사람을 해하려 하여(행 12:1).

헤롯은 아그립바 1세다. 참고로 사도행전 25장 13절에 나오는 아그립바는 아그립바 2세다. 헤롯은 12장 23절에 기록된 대로 충이 먹어 죽었다. 그는 주후 41년부터 44년까지 조부 대헤롯이 다스리던 유대와 사마리아를 통치했다.

사탄은 성장하는 교회를 계속해서 공격하였다. 이번에는 권력자 헤롯을 이용했다. 헤롯은 하나님과 예수 그리스도를 모르는 육의 사람이기 때문에 사탄이 어리석은 그를 도구로 삼았다. 처음에는 부패한 교권이 교회를 박해했으나 나중에는 악한 정권이 박해했다. 헤롯은 초대교회 성도 중 몇 사람을 죽이려고 하였다.

요한의 형제 야고보를 칼로 죽이니(행 12:2).

헤롯은 사도 중 한 사람을 죽였다. 그는 세베대의 아들 야고보로서 예수님의 가장 가까운 사도 중 한 명이었다. 주님은 베드로, 야고보, 요한과 가까이 지내셨다. 야고보는 베드로와 요한보다 조금 뒤쳐진다고 본다. 스데반은 주님을 강력히 증거하다 죽었고 야고보는 헤롯이 죽이려는 대상을 찾던 중 그 계획에 걸려 죽었다. 헤롯이 의도한 바는 자신이 예수 믿는 사람들을 다 죽일 수 있다는 뜻이었다. 당시 어느 종교든 그 지도자는 죽이지 않았는데 헤롯이 악한 시도를 한 것이었다. 분명한 정치적 의도를 가진 행동이었다. 야고보는 사도 중 최초의 순교자가 되었다.

유대인들이 이 일을 기뻐하는 것을 보고 베드로도 잡으려 할새 때는 무교절 기간이라(행 12:3).

유대인들이 예수님을 죽이는 데 앞장선 후 아직까지도 깨우침이 없었다. 수많은 사람이 성령을 받고 사도들을 통해 능력이 나타났는데도 그들의 사고와 태도는 철옹성처럼 견고하였다. 그리고 사도 야고보가 헤롯의 손에 죽자 이를 반겼다. 하나님의 자손이라고 자부하는 그들이 하나님을 가장 사랑하는 사람들의 죽음을 좋아하고 있는 것이다. 영적으로 어두우면 이런 황당한 행동들을 한다. 이것은 참된 복음을 미워하는 자들의 반응이다. 그들은 자기들이 그렇게까지 잘못되었고 어두운지 모르고 있다.

유대인들이 야고보를 죽인 것을 좋아하자 이는 헤롯에게 정치적으로 좋은 기회가 되었다. 무교절은 1월 14일 저녁(유월절) 이후 일주일간 누룩 없는 떡을 먹는 절기로서 많은 사람이 예루살렘에 모인다. 때문에 이때 베드로를 체포한다면 헤롯은 유대인들에게 더 큰 인기를 얻을 것이라고 생각했다. 헤롯의 입장에서 보면 몇 사람만 죽이면 인기가 올라가는 일이었기에 해볼 만한 일이었다. 옳고 그른 것은 그의 안중에 없었다. 정치 지도자는 원칙보다 인기에 영합하기 쉽다. 그들의 정치 생명은 대중을 발판으로 하기 때문에 그들의 지지를 얻는 일이라면 무엇이든 할 수 있다.

잡으매 옥에 가두어 군인 넷씩인 네 패에게 맡겨 지키고 유월절 후에 백성 앞에 끌어 내고자 하더라(행 12:4).

헤롯은 체포 명령을 내려 결국 베드로를 붙잡았다. 그리고 철저히 지켰다. 군인을 네 패로 나눈 것은 서로 교대할 수 있게 하려는 것이다. 베드로가 지난번에도 대제사장과 사두개인의 시기로 옥에 갇혔다 하나님의 권능으로 놓여난 일이 있었기 때문에(5:19) 철통 같이 지켰을 것이다(박윤선).

그들은 베드로를 며칠 지나 유월절 후에 백성들 앞에서 죽이려고 하였다. 유월절을 피한 것은 절기를 더럽힌다는 비방을 들을 수 있었기 때문이다. 이 또한 사람을 죽여 인기를 얻으려는 사악한 시도다.

이에 베드로는 옥에 갇혔고 교회는 그를 위하여 간절히 하나님께 기도하더라(행 12:5).

베드로가 옥에 갇혔다. 하나님의 사람이라도 이 땅에서는 세상 권력의 지배를 받는다. 구약교회가 가하던 박해가 어느 정도 잠잠해지자 이제는 세상 권력이 등장하였다. 그때 신약교회는 베드로를 위해 하나님께 간절히 기도하였다.

그들은 아마도 베드로가 죽을 때 불평 없이 죽게 해달라고 하지 않고, "베드로가 살아나게 하옵소서. 풀려나게 하옵소서" 하고 기도했을 것이 분명하다. 지도자가 사악한 자에게 붙잡혔을 때 교회가 강력한 영적 전투에 돌입하는 것은 당연하다. 야고보가 순교한 상황에서 베드로까지 죽어서는 안 되었다. 성도들의 간절한 기도는 응답이 있다. 그러나 예수를 믿어도 진실성이 없는 형식적인 기도는 열매가 없다. 지금 상황은 세상 폭력과 성도의 기도가 벌이는 투쟁이다. 세상은 사도를 가두었고 교회는 풀어내려 하고 있다. 둘 중 하나만 이 싸움의 승자가 될 것이다.

헤롯이 잡아 내려고 하는 그 전날 밤에 베드로가 두 군인 틈에서 두 쇠사슬에 매여 누워 자는데 파수꾼들이 문 밖에서 옥을 지키더니(행 12:6).

성도들이 간절히 기도해도 베드로는 감옥에서 나오지 못했다. 그런데 하나님은 며칠 가만히 계시다가 그를 잡아내려는 바로 전날 일하기 시작하셨다. 응답이 없을지라도 끝까지 기도해야 한다는 사실을 보여준다. 오늘 밤이 지나면 죽게 될 베드로는 옷을 다 풀어 젖히고 깊은 잠에 빠져 있었다. 전부터 제자들은 어디서든 잘 잤지만 이때 베드로에게 임한 것은 은혜의 잠일 것이다. 베드로는 여전히 성령 충만하였고, 전에도 감옥에서 주의 사자의 도움으로 풀려난 적이 있었기 때문에 안심했을 것이다(5:19).

다른 한편으로 베드로는 두 군인들 틈에서 두 쇠사슬에 매여 있었기에 인위적인 탈출에 대해 아예 포기했을 것이다. 아니면 자신도 야고보처럼 죽을 수도 있다고 생각했을 수 있다. 옥 안에서는 바로 옆에서 두 군인이, 옥 밖에서는 파수꾼이 베드로를 지켰다. 옥에서 벗어나기 위한 어떤 시도도 계획할 수 없는 처지였다.

홀연히 주의 사자가 나타나매 옥중에 광채가 빛나며 또 베드로의 옆구리를 쳐 깨워 이르되 급히 일어나라 하니 쇠사슬이 그 손에서 벗어지더라(행 12:7).

이때 홀연히 주의 사자가 감옥에 나타났다. 여기서 주의 사자는 천사다. 주의 사자를 그리스도라고 하기도 하지만 분명 천사다. 주의 사자가 갑자기 옥 안에 나타났다. 천사 중에서도 상당히 신분이 높은 천사다. 그러므로 옥 안에 광채가 비쳤다. 베드로를 구하러 감옥까지 온 천사라면 상당한 수준이다.

그 천사는 베드로의 옆구리를 쳐 깨웠다. 엘리야도 이와 비슷한 체험을 했다(왕상 19:5, 7). 영적인 존재가 육적인 인간의 옆구리를 쳐 깨운다는 사실은 이해하기 어려울 수도 있다. 하지만 잠을 잘 때는 영적으로 민감해져서 영적 존재인 마귀나 천사를 잘 느낄 수 있다. 영적인 존재는 필요에 의해 인간의 육도 관할한다. 다만 인간이 그것을 느끼지 못하는 것뿐이다(박윤선). 아담이 잠들었을 때 하나님이 그의 갈빗대를 취하셨다는 것은 상상이 아닌 사실이다.

천사는 베드로에게 급히 일어나라고 말했다. 이처럼 천사는 인생과 가까운 사이이다. 그때 쇠사슬이 풀렸다. 베드로가 푼 것이 아니다. 하나님과 그의 보내신 천사는 이런 신비한 일을 하실 수 있다. 하나님의 말씀은 물질세계도 움직인다.

천사가 이르되 띠를 띠고 신을 신으라 하거늘 베드로가 그대로 하니 천사가 또 이르되 겉옷을 입고 따라오라 한대(행 12:8).

천사가 띠를 띠고 신을 신으라고 한 것을 보면 베드로는 겉옷을 다 벗고 있었다는 뜻이다. 베드로는 잠자기에 가장 좋은 복장을 위해 모든 것을 풀고 있었다. 베드로는 천사를 보고 놀라지 않았다. 그리고 천사가 하는 말을 다 알아듣고 그의 지도를 따랐다. 베드로는 천사에 대해 익숙한 사람이다. 뿐만 아니라 그에게는 옥에서 빠져나갈 수 있는 방법이 없었기 때문이다.

천사는 베드로에게 겉옷을 입고 따라오라고 하였다. 베드로는 대사도이며 사람들에게 많은 지시를 하는 입장이었지만 하나님의 심부름꾼인 천사의 말에 절대적으로 순종하였다. 베드로는 겸손한 사도다. 천사는 베드로에게 계속 지시하였다. 우리는 기적을 자연적 원인의 개입이 아니라 기적으로 명명해야 한다(갱글).

베드로가 나와서 따라갈새 천사가 하는 것이 생시인 줄 알지 못하고 환상을 보는가 하니라(행 12:9).

베드로는 천사가 시키는 대로 했다. 베드로는 이 상황이 실제인지 아닌지 확신이 서지 않았지만 따라나섰다. 베드로는 순종하고 있었음에도 아직 분명한 판단을 할 만큼 정신이 들지 못했다. 잠결이거나 혹은 정신이 있더라도 분간이 되지 않을 때가 있다. 영적 활동은 민감하지 못하면 그럴 수 있다.

이에 첫째와 둘째 파수를 지나 시내로 통한 쇠문에 이르니 문이 저절로 열리는지라 나와서 한 거리를 지나매 천사가 곧 떠나더라(행 12:10).

베드로가 천사의 인도로 파수꾼들을 무사히 통과했다. 파수꾼들은 베드로가 지나가는 것을 제지하지 않았다. 베드로는 여러 단계를 그대로 통과했다. 이 상황이 여러 번 반복되면서 자신이 옥에서 나가고 있다는 사실을 믿지 않을 수 없었다. 시내 쪽으로 쇠문이 하나 있었다. 아주 든든한 문이다. 감옥 문이 얼마나 든든하겠는가. 그런데 베드로가 문 앞에 서자 쇠문이 저절로 열렸다. 천사가 그렇게 했다. 쇠문을 여는 천사라면 큰 천사일 것이다. 베드로는 여러 과정을 거쳐 드디어 감옥을 빠져나왔다. 한 거리를 다 지난 다음, 할 일을 모두 마친 천사는 베드로에게서 떠나갔다. 베드로는 이제 안전한 땅에 서 있었다.

이에 베드로가 정신이 들어 이르되 내가 이제야 참으로 주께서 그의 천사를 보내어 나를 헤롯의 손과 유대 백성의 모든 기대에서 벗어나게 하신 줄 알겠노라 하여(행 12:11).

베드로가 약간 혼미한 상태에서 환상인가 하다가 파수를 지나고 옥문을 지나 도시까지 나오자 정신이 들었다. 실제구나! 이제는 살았다! 하나님이 위대한 일을 행하시고 또 하나님의 도우심으로 시련과 어두움에서 탈출하면서도 그 당시에는 모를 때가 많다. 베드로는 완전히 빠져나와서야 깨달았다. 그리고 하나님께서 천사를 보내신 사실을 알았다.

헤롯은 베드로를 죽이려 했고 유대 백성은 베드로가 헤롯의 손에 죽기를 고대했는데 하나님이 그를 풀어주셨다. 원수들은 베드로의 탈출로 크게 실망하였다. 사탄의 궤계가 처음에는 성공하는 것 같아도 결국 하나님이 이기시고 하나님께 붙잡힌 사람이 이긴다. 하나님께 충성된 성령의 사람들이 힘을 내야 할 이유다. 하나님은 야고보는 죽게 두시고 베드로는 살려내셨다. 그것은 사람마다 사명이 다르기 때문이다. 베드로에게는 아직 할 일이 남아 있었다.

깨닫고 마가라 하는 요한의 어머니 마리아의 집에 가니 여러 사람이 거기에 모여 기도하고 있더라(행 12:12).

마가는 헬라식 이름이고 요한은 히브리식 이름이다. 그러므로 그는 이방에 살던 유대인 자손일 것이다. 그는 구브로 사람 바나바의 조카이므로(골 4:10) 이런 이름을 가졌다. 베드로는 마가의 어머니 마리아의 집으로 갔다. 마리아의 집은 신자들이 모이는 처소였다. 거기에 여러 사람이 모여 베드로의 석방을 위해서 기도했다. 그들은 뜨겁게 합심하여 기도했을 것이다.

베드로가 대문을 두드린대 로데라 하는 여자 아이가 영접하러 나왔다가(행 12:13).

베드로는 닫혀 있는 대문을 두드렸다. 로데라는 이름은 헬라어로 장미꽃이란 뜻이다. 문을 두드리는 소리에 로데라는 여자아이가 누가 왔는지 확인하려고 나왔다. 혹시 오순절 성령이 임할 때부터 알려진 이 기도의 장소에 헤롯 군대가 성도들을 체포하러 올지도 모르는 일이었다.

베드로의 음성인 줄 알고 기뻐하여 문을 미처 열지 못하고 달려 들어가 말하되 베드로가 대문 밖에 섰더라 하니(행 12:14).

로데는 문을 열어달라는 사람의 목소리를 듣고 그가 베드로인 것을 알았다. 감옥에 갇혀 있는 줄 알았던 베드로가 문 밖에 있다는 사실에 기뻤지만 너무 놀라 미처 문을 열어주지 못했다. 그러고는 집 안으로 뛰어 들어가 베드로가 대문 밖에 있다고 사람들에게 알렸다. 로데는 "하나님이 정말 우리의 기도를 들어주셨구나" 하며 흥분했을 것이다.

그들이 말하되 네가 미쳤다 하나 여자 아이는 힘써 말하되 참말이라 하니 그들이 말하되 그러면 그의 천사라 하더라(행 12:15).

성도들은 지금까지 베드로를 살려달라고 기도해놓고는 정작 하나님이 살려 보내주시자 믿지 못하고 오히려 로데를 미친 사람 취급을 하였다. 도대체 기도는 무엇 때문에 했단 말인가! 신앙이란 이렇게 약한 것이다. 초대교회도 이렇게 약한 부분이 있었다. 로데는 자기가 경험한 것이 너무나 분명했기에 베드로의 음성을 확실하게 들었다고 똑 부러지게 말했다.

그들은 로데가 계속 확신 있게 말하자 믿음을 크게 발휘하고 또 한 발 양보하여 "그의 천사"로까지는 믿어주었다. 유대인들은 각 개인에게 수호천사가 있다고 믿었기 때문이다. 베드로는 감옥에 있고 그와 함께하는 천사 혹은 수호천사가 왔다는 의미였다. 초대교회 성도들은 천사의 출현이 많았기 때문에 이런 일에 당황하지 않았다. 실제로 믿음의 사람에게는 천사 혹은 수호천사가 역사한다.

> 베드로가 문 두드리기를 그치지 아니하니 그들이 문을 열어 베드로를 보고 놀라는지라(행 12:16).

베드로는 감옥에 있을 때 자기를 위해 기도하는 요한의 어머니 마리아의 집을 생각했다. 성도들이 자신을 위해 기도할 것을 알았기에 그 집으로 왔다. 그런데 로데가 문도 열어주지 않고 뛰어 들어가버려 베드로는 잠시 문 밖에 있어야 했다. 집 안에서는 지금 베드로가 맞는지 아닌지 말싸움 중이었다. 그래서 베드로는 계속 두드렸다. 누가 계속 대문을 두드리자 그들은 결국 대문으로 나왔다. 그런데 감옥에 있어야 할 베드로가 정말 거기에 서 있었다. 베드로를 본 그들은 놀랐다. 처음에는 그럴 수 없다고 생각했겠지만 곧 하나님이 하신 것을 알았다. 기도 응답이 너무 빨리 이루어졌고 기적이었기 때문이다(박윤선).

> 베드로가 그들에게 손짓하여 조용하게 하고 주께서 자기를 이끌어 옥에서 나오게 하던 일을 말하고 또 야고보와 형제들에게 이 말을 전하라 하고 떠나 다른 곳으로 가니라(행 12:17).

베드로는 놀라워하는 사람들을 조용히 시켰다. 다른 사람들에게 그의 탈옥 소식을 알릴 필요가 없었다. 베드로는 주님이 어떻게 옥에서 나오게 하셨는지를 생생히 증언했다. 초대교회는 신비의 시대이며 영적 시대다. 성도들은 또다시 위로받고 힘을 얻었다. 베드로는 주님이 하시는 대로 따랐는데 이번에는 그곳을 떠나는 것이었다.

이때 베드로는 야고보와 형제들에게 알리라고 했는데 그들은 교회의 지도자들이다. 그러므로 그들에게 자신의 상황을 알리는 것이 원칙이다. 베드로는 이 곳은 자신이 머물 곳이 아니라고 생각했다. 그리고 박해가 있는 예루살렘을 조용히 떠났다. 그는 사도행전 15장에서 다시 등장한다. 그가 떠난 이후 예수님의 형제 야고보가 예루살렘을 지켰다. 그는 교회의 지도자가 되었지만 사도들처럼 영적 능력이 탁월하지는 않았다. 예루살렘 교회는 이때 상당히 위축되었다. 그러나 복음은 전 지역으로 뻗어나갔다.

> 날이 새매 군인들은 베드로가 어떻게 되었는지 알지 못하여 적지 않게 소동하니(행 12:18).

날이 새고 보니 베드로가 감쪽같이 옥에서 사라졌다. 그것도 헤롯 왕이 직접 유대인들의 마음을 얻으려고 행사용으로 죽이려 한 것이었는데 없어진 것이다. 큰 소동이 일어난 것은 당연하다. 그들의 불의한 계획이 성공하는 줄 알았는데 마지막 순간 하나님의 손길을 이기지 못했다.

> 헤롯이 그를 찾아도 보지 못하매 파수꾼들을 심문하고 죽이라 명하니라 헤롯이 유대를 떠나 가이사랴로 내려가서 머무니라(행 12:19).

헤롯은 베드로를 데려오라고 했으나 부하들은 그 명령을 이행하지 못했다. 당시 파수하던 군인들도 천사가 베드로를 데리고 나간 것을 전혀 알지 못했다. 그러므로 아무런 이유조차 대지 못하는 그들을 헤롯은 죽이라고 했다. 헤롯은 베드로를 죽이지 못한 분풀이로 죄 없는 자기 부하들을 죽였다. 그는 살인마였다. 당시 구약교회의 교권주의자나 세상 권력자나 신약교회를 박해하는 데 앞장섰다. 베드로가 탈출했기 때문에 헤롯이 계획한 무교절 특별 행사는 열리지 못했고, 그는 자신의 공관이 있는 가이사랴를 허탈한 심정으로 내려갔다.

헤롯이 두로와 시돈 사람들을 대단히 노여워하니 그들의 지방이 왕국에서 나는 양식을 먹는 까닭에 한마음으로 그에게 나아와 왕의 침소 맡은 신하 블라스도를 설득하여 화목하기를 청한지라(행 12:20).

두로와 시돈은 헤롯이 있던 가이사랴에서 해변으로 올라가면 있는 도시인데 헤롯은 그들을 미워했다. 그 땅은 수리아에 속한 곳으로 헤롯의 영토는 아니었다. 하지만 그들은 헤롯 왕국에서 나는 양식을 먹었다. 두로와 시돈 사람들은 산악지대가 가로막고 있어 수리아와 교통이 불편했기 때문에 헤롯 왕궁의 도움으로 식량 문제를 해결하고 있었다. 그 때문에 그들은 헤롯의 신하 블라스도를 설득하여 헤롯과 잘 지내려고 하였다.

헤롯이 날을 택하여 왕복을 입고 단상에 앉아 백성에게 연설하니(행 12:21).

로마 황제 글라우디오의 생일 축제가 열린 날 그 자리에 없던 황제를 대신해 헤롯은 주인공처럼 행세했다. 왕복을 입고 백성들 앞에 나갔다. 그는 위엄 있는 태도로 단상에 앉아서 두로와 시돈 사람들에게 연설했다.

백성들이 크게 부르되 이것은 신의 소리요 사람의 소리가 아니라 하거늘(행 12:22).

백성들은 헤롯의 연설을 들으며 크게 아첨하였다. 그들의 아첨은 도가 넘쳐 헤롯의 말이 신의 소리요, 사람의 소리가 아니라고까지 하였다. 헤롯은 백성들에게 인기를 끌기 원했고 그들의 아첨하는 말을 좋아했다. 헤롯은 세상에서는 권력자였으나 하나님의 사람 야고보를 죽인 자로 하나님께 미움을 받는 자다. 그에게 권력은 있었지만 신적인 능력은 없었다. 그런데도 그는 신처럼 되고 싶었다. 자신을 신이라고 불러도 상관이 없었다. 베드로는 고넬료가 자기 앞에 엎드렸을 때 "나도 사람이라"고 하며 자신을 낮추고 겸손했다. 교만은 패망의 선봉이다.

> 헤롯이 영광을 하나님께로 돌리지 아니하므로 주의 사자가 곧 치니 벌레에게 먹혀 죽으니라(행 12:23).

영광받는 것을 좋아하는 것은 어느 누구라도 자신이 높아지거나 잘될 때 범하기 쉬운 죄다. 하나님은 모든 영광을 받으실 분이다. 하나님을 믿거나 믿지 않거나 자신의 공로를 내세우고 인정받는 것, 영광받는 것을 좋아하면 이는 큰 죄다. 헤롯은 지금 여기에 걸렸다. 존경받고 일이 형통하게 될 때 배후에서 역사하신 하나님께 당연히 공로를 돌려야 한다.

주의 사자가 헤롯을 곧 치셨다. 그는 하나님이 보내신 천사다. 바로 전에는 주의 천사가 베드로를 살렸는데 이번에는 헤롯을 죽였다. 하늘에서 내려와 한 사람은 살리고 한 사람은 죽인 것이다. 영적 존재인 천사는 육을 가진 인간을 죽일 수 있다. 헤롯을 죽일 때 하나님이 쓰시는 방법이 있다. 무슨 벌레인지 모르지만 그 작은 벌레는 헤롯을 파먹었다. 그러므로 헤롯은 제 명을 다하지 못하고 죽었다. 죽기 전 5일간 심한 복통을 일으켰다고 한다. 이렇게 7년간의 통치를 끝으로 그는 57세에 죽었다. 하나님의 사람들을 죽이고 자신이 하나님처럼 높아지려는 자를 하나님이 즉결 처단하셨다. 이렇게 신약교회를 훼방하던 자는 허무하게 한 줌의 흙이 되었다. 그는 세상에서 권력자였으나 천국의 사람은 될 수 없었다.

> 하나님의 말씀은 흥왕하여 더하더라(행 12:24).

세상 권력자 헤롯은 죽고 하나님의 말씀은 흥왕해졌다. 절묘한 대비다. 악한 권세는 결국 힘을 잃는다. 주의 나라는 결국 승리한다. 그리고 주님은 최후의 승리자가 되신다. 헤롯은 주의 나라에 일격을 가했으나 하나님이 징계하시는 칼에 단번에 죽음을 맞이했다. 그가 야고보를 단칼에 죽인 것처럼 그도 한순간에 죽었다. 헤롯은 영원한 패배자이고 교회는 영원한 승자가 될 것이다.

> 바나바와 사울이 부조하는 일을 마치고 마가라 하는 요한을 데리고 예루살렘에서 돌아오니라(행 12:25).

안디옥에서 교회를 섬기던 바나바와 사울은 물질을 가지고 유대 교회를 섬겼다. 주로 예루살렘이었을 것이다(11:30). 일을 다 마친 바나바와 사울은 안디옥으로 내려가면서 마가라 하는 요한을 데리고 갔다. 그의 집은 기도하는 곳으로서 베드로도 옥에서 탈출했을 때 그의 어머니 마리아 집으로 먼저 갔었다. 그는 바나바의 조카로서 나중에 마가복음을 기록한, 신약교회에서 존귀한 가문 출신이었다. 그는 선지자 실라와 디모데 목사보다는 여러 면에서 부족하다. 성경을 기록한 것 외에 그의 공로는 많지 않다. 마가는 훌륭한 사역자라고 하면 될 정도의 수준이다. 마가라 하는 요한은 바울의 1차 선교 여행에 동행한다.

3부_바울의 1차 선교 여행 (사도행전 13–15장)

13장

구브로, 비시디아 안디옥에서

주님의 증인들인 사도들과 스데반, 빌립 등이 능력 있게 복음을 증거하여 교회가 부흥하였다. 또한 박해하던 사울이 주님을 만나 믿게 되었다. 그리고 이방인 고넬료도 주의 은혜를 받았다. 11장에서는 이방 땅에 안디옥 교회가 세워지고 유대인과 이방인이 하나 되는 모습을 보여주었다. 12장에서는 세상 권력자 헤롯 왕과 베드로가 충돌했는데 결국 헤롯이 죽었다. 13장은 사도 바울과 바나바가 안디옥 교회의 파송을 받아 1차 선교 여행을 떠나 구브로와 비시디아 안디옥에서 선교하는 내용이 나온다. 이 여행은 15장까지 계속된다. 이 여행을 통해 바울이 높이 드러난다.

안디옥 교회에 선지자들과 교사들이 있으니 곧 바나바와 니게르라 하는 시므온과 구레네 사람 루기오와 분봉 왕 헤롯의 젖동생 마나엔과 및 사울이라(행 13:1).

안디옥 교회에 선지자와 교사가 있었다. 선지자는 초자연적 교통에 의해 하나님의 뜻을 아는 은사의 소유자다(박윤선). 교사는 주의 말씀을 가르치는 재능

| 바울의 1차 선교 여행 |

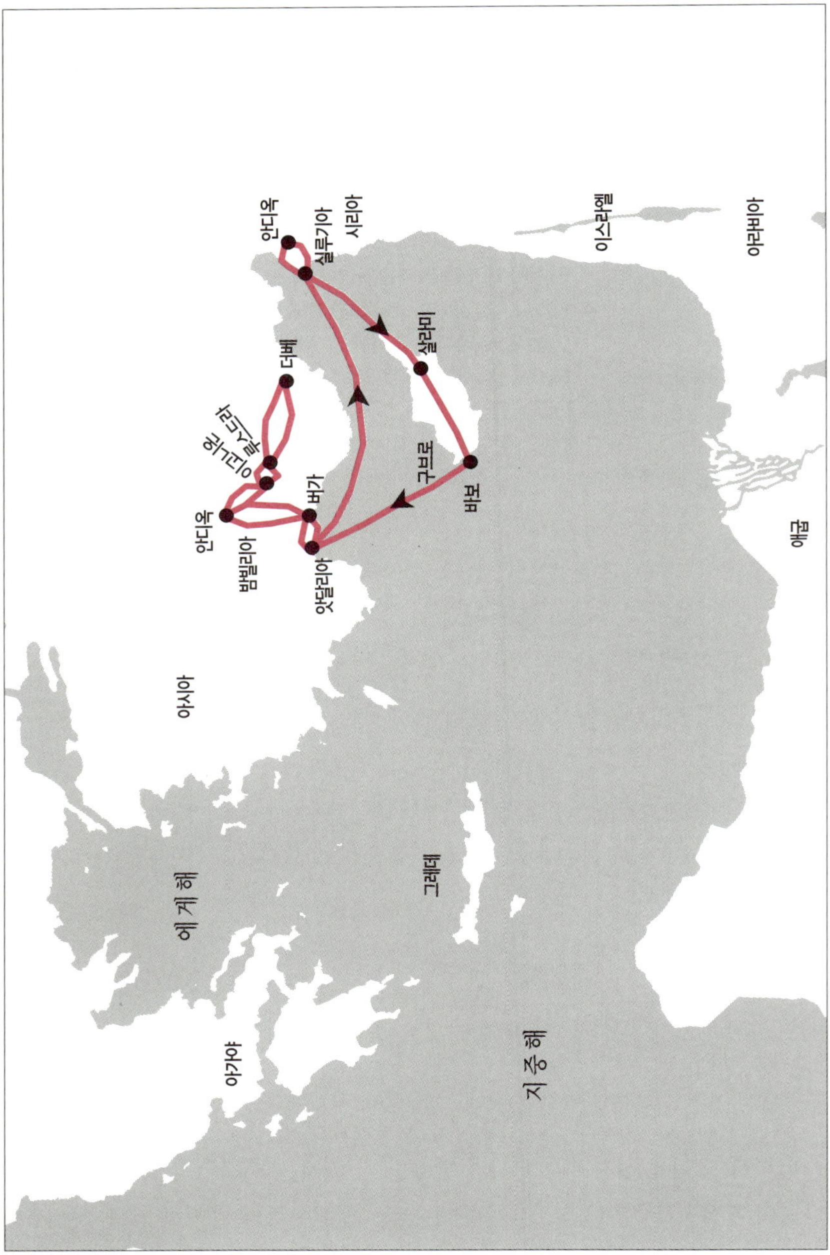

안디옥
실루기아
시리아
살라미
구브로
바보
더베
루스드라
이고니온
안디옥
버가
밤빌리아
앗달리아
아시아
에 게 해
그레데
아가야
지 중 해
이스라엘
아라비아
애굽

이 있는 자들이다. 안디옥 교회는 이런 유력한 사람들이 많이 있는 행복한 교회였다.

바나바는 안디옥 교회에서 가장 앞서 있는 지도자다. 그는 구브로 사람으로서 복음을 위하여 안디옥에서 많이 활동하였다(11:22-30). "니게르"란 말은 흑인이라는 말로 시므온을 가리킨다. 시므온은 흑인인데 이처럼 유력했다.

구레네 사람 루기오는 아프리카에서 온 사람으로 바울의 친척이다(롬 16:21). 헤롯의 젖동생 마나엔은 헤롯과 어려서 함께 자란 귀족이었는데 그런 사람도 예수님을 믿고 교회의 일꾼이 되었다. 그는 예언의 선물을 받을 자격이 있었다(암모니우스).

주님을 만난 사울은 후에 바울이 되었다. 그는 나중에 합류했기 때문에 맨 뒤에 이름이 올랐을 것이다. 안디옥 교회는 복음으로도 든든했고 훌륭한 사역자도 많았다. 그러므로 선교적 교회로 나갈 만한 조건들을 갖추고 있었다. 이 가운데 몇 사람이 다른 지역으로 떠난다고 해도 흔들림 없이 영적으로 든든히 서갈 수 있는 영적인 교회다.

> 주를 섬겨 금식할 때에 성령이 이르시되 내가 불러 시키는 일을 위하여 바나바와 사울을 따로 세우라 하시니(행 13:2).

그때 교회의 지도자들이 주님을 잘 섬기기 위해 금식하며 기도하였다. 온 성도가 같이 했을 것이다. 금식을 하면 세상 욕심이 없어지고 영이 순수해진다. 이때 성령께서 그들에게 말씀하셨다. 선지자 중 누군가가 주의 말씀을 들었을 것이다. 한 사람이 들었다고 해도 모두가 받아들일 수 있었다. 그때 성령께서 그들에게 시키시는 일이 있다고 하셨다. 주님께 부름받은 사람은 주의 일을 해야 한다. 그것이 어떤 일이든 주님이 원하시면 순종해야 한다. 그런데 그 일은 선교에 관한 일이었다.

성령은 바나바와 사울을 따로 세우라고 하셨다. 성령이 정확한 이름까지 말씀하셨다. 그들은 지금까지 안디옥 교회에서 앞장서서 가르친 가장 유력한 사람들이었다. 그런데 그들을 이방 교회와 복음을 위해 교회에서 내주라고 주님이 말씀하신 것이다.

> 이에 금식하며 기도하고 두 사람에게 안수하여 보내니라(행 13:3).

이것이 바울의 1차 선교 여행이 되었다. 주의 뜻을 살피기 위해 금식했고, 바나바와 사울을 따로 세워 사명을 맡기니 또 금식하며 기도하였다. 그때 교회에 바나바와 사울을 안수할 만한 사람들이 있었을지 궁금할 수 있는데, 비록 사도들은 없었지만 선지자들과 교사들이 있었다. 그들이 두 사람에게 안수하였다. 선교사로 파송하는 의미였다. 이 안수는 사도직을 맡기는 것이 아니고 은혜를 달라는 의미다. 안수는 아무나 할 수 있는 것이 아니고 선지자의 경우처럼 교회 공동체에서 신령한 직책을 맡은 사람의 인정을 받아야 한다. 또한 교회가 안수하여 파송한 것처럼 교회는 성도들의 은사를 잘 파악해 주의 일을 하도록 도와주어야 한다.

> 두 사람이 성령의 보내심을 받아 실루기아에 내려가 거기서 배 타고 구브로에 가서(행 13:4).

바나바와 사울은 교회가 파송하는 절차를 거쳤지만 성령의 보내심을 받은 것이었다. 교회가 파송했다든지 안수를 받았다든지 하는 것은 2차적인 문제로 그것은 영적 질서를 위한 절차였다. 사울과 바나바가 행한 일은 이렇게 성령이 역사하신 일이다.

그들은 안디옥의 해변에 있는 항구인 실루기아로 내려갔다가 그 곳에서 배를 타고 구브로 섬으로 내려갔다. 약 150킬로미터를 갔는데 지중해에서 세 번째로 큰 섬이었다. 사도행전 11장 19-20절에 보면 구브로 출신의 신약교회 성도가 안디옥에서 전도한 내용이 나오는데 이제 다시 안디옥 교회가 구브로로 처음 선교사를 파송하였다. 바나바는 구브로 출신이다.

> 살라미에 이르러 하나님의 말씀을 유대인의 여러 회당에서 전할새 요한을 수행원으로 두었더라(행 13:5).

그들은 살라미에 이르렀는데, 그곳은 구브로 섬 동쪽의 항구다. 바나바와 사울은 그곳에 있는 유대인의 회당에서 하나님의 말씀을 전했다. 당시 거기에는 유대인들과 신약교회 성도들이 많이 와 있었다.

그들은 요한을 수행원으로 두었는데 그는 마가라 하는 요한이며 마가의 다락방으로 지칭되는 주인공이다. 또한 바나바의 생질이다(골 4:10). 그는 마가복음도 썼는데 사도들의 수준은 되지 않았지만 그들과 교제하며 함께 일할 수 있는 자격을 갖추었다. 그리고 이 선교 대열에 수행하게 되었다. 그는 전에 예루살렘 교회에 소속되어 있었다. 그러므로 이제 안디옥 교회와 예루살렘 교회가 함께 선교하는 모양을 갖추었다.

> 온 섬 가운데로 지나서 바보에 이르러 바예수라 하는 유대인 거짓 선지자인 마술사를 만나니(행 13:6).

그들은 바보에 이르렀는데, 바보는 섬의 서해안에 있었기 때문에 동쪽 길로 도착한 그들은 항구에서 육로를 통해 섬 안으로 깊이 들어갔다. 약 180킬로미터를 전도하며 걸어서 갔다. 거기서 바예수라 하는 유대인 거짓 선지자를 만났다. "바예수"는 '예수의 아들'이란 뜻이다. 사마리아에는 마술사 시몬이 있었다(8:10). 유대인들은 자신들이 아브라함의 후손이고 구원은 따놓은 것처럼 말하였으나 그 가운데는 거짓 선지자도 있었다. 거짓 선지자는 하나님이 말씀하지 않았는데도 하나님의 말씀이라고 한다. 거짓 선지자로서 또한 마술사라고도 하였다. 마술은 하나님의 능력이 아니며 눈속임이나 사탄을 이용해 신비한 역사를 일으킨다. 거짓 선지자이자 마술사는 영적으로 혼합되었고 사람에게 큰 해를 끼친다. 하나님의 일꾼이 마술을 행한다는 것은 거짓으로 뭉친 죄 덩어리일 뿐이다.

> 그가 총독 서기오 바울과 함께 있으니 서기오 바울은 지혜 있는 사람이라 바나바와 사울을 불러 하나님의 말씀을 듣고자 하더라(행 13:7).

거짓 선지자 겸 마술사는 당시 총독과 같이 있었다. 거짓된 자가 정치적 권한을 가진 사람과 가까이 있었다. 그런데 서기오 바울은 지혜 있는 사람이었다. 지도자는 이렇게 지혜가 있다는 말을 들어야 한다. 총독은 당시 최고 수준의 사람들이므로 대부분 지혜롭다. 총독은 마술사와 같이 있었지만 그 앞에서 바나바와 사울을 불러 하나님의 말씀을 듣고자 하였다. 총독은 넓은 마음을 가졌고 외적으로도 부족함이 없는 사람들의 말을 듣고 싶어 했다.

> 이 마술사 엘루마는 (이 이름을 번역하면 마술사라) 그들을 대적하여 총독으로 믿지 못하게 힘쓰니(행 13:8).

마술사는 바나바와 사울을 대적하였다. 그는 거짓 선지자이자 마술사이기 때문에 하나님의 사람들이 하는 활동을 막을 수밖에 없다. 총독이 사도의 말씀을 믿지 못하게 하였다. 마술사 엘루마가 하나님의 말씀을 듣게 할 리가 없었다. 사탄에 사로잡힌 자는 주님께 나아가 회개하고 은혜받으려는 사람을 그냥 두고 볼 수가 없기 때문이다. 이 엘루마는 바나바와 사울을 대적할 만큼 강력했다. 사탄은 지금도 하나님 말씀을 듣지 못하도록 힘쓴다. 사탄의 열심은 언제나 대단하다.

> 바울이라고 하는 사울이 성령이 충만하여 그를 주목하고(행 13:9).

원래 이름은 사울이었으나 이제는 바울로 바뀌었다. 그 뜻이 '큰 자'에서 '작은 자'로 바뀌었다. 하나님 앞에 진정으로 회개하고 그분을 두려움으로 섬기게 되면 이처럼 자신을 낮추고 겸손해진다. 선교지에서 이름이 바뀌어지고 있는 것은 바울에게는 중요한 의미가 있다.

성령 충만한 바울이 거짓 선지자 엘루마를 쳐다보았다. 성령이 충만하면 무서울 것이 없고 담대해진다. 마술사든 거짓 선지자든 바울이 무서워할 대상이 없었다. 바울이 엘루마를 주목하였는데 그의 속이 보였다. 기도를 하다보면 의도하지 않아도 간혹 상대방의 마음이 보일 때가 있다(톰 라이트).

> 이르되 모든 거짓과 악행이 가득한 자요 마귀의 자식이요 모든 의의 원수여 주의 바른 길을 굽게 하기를 그치지 아니하겠느냐(행 13:10).

바울은 성령 충만했고 마술사는 거짓과 악행으로 가득했다. 악한 행동으로 가득하다는 것은 곧 '마귀가' 충만하다는 뜻이다. 충만한 자들끼리 마치 전쟁을 하듯 붙었다. 그동안 마술사는 아무런 제재 없이 온갖 악행을 저질러왔다. 그야말로 자기 세상이었다. 그런데 열매를 보면 나무를 안다. 마귀가 충만한 자는 의의 열매를 맺을 수 없다. 사탄이 충만한 자가 선한 일을 할 수 없다. 바울은 그에게 "마귀의 자식"이라고 했다. 주님도 일부 유대인들에게 그렇게 욕하셨다. 하나님의 자녀라고 생각했는데 그들의 정체는 마귀의 자식이요, 지옥에 갈 자들이었다. 아브라함의 후손인 유대인도 지옥에 간다. 유대인이지만 거짓 선지자이자 마술사인 그도 마귀의 자식이요 지옥 백성이다.

바울은 또 "모든 의의 원수여"라고 했다. 마술사는 바른 것을 훼방하는 원수다. 이것이 그의 칭호다. 바울은 "이제는 백성들이 바른 길을 가지 못하게 훼방하는 일을 멈추라!"고 명령했다. 사탄의 큰 종은 하나님의 큰 종이라야 이길 수 있다. 구레네에 그동안 많은 신약교회 성도들이 있었지만 이 마술사를 회개시키지 못했다.

보라 이제 주의 손이 네 위에 있으니 네가 맹인이 되어 얼마 동안 해를 보지 못하리라 하니 즉시 안개와 어둠이 그를 덮어 인도할 사람을 두루 구하는지라(행 13:11).

바울은 거짓 선지자이자 마술사의 머리 위에 주의 징계하시는 손이 와 있는 것을 보았다. 주님의 손은 이렇게 사람에게 오신다. 바울은 최고의 사도요, 영적 세계를 보기 때문에 그가 본 것은 정확했다.

바울은 "네가 맹인이 되어 얼마 동안 해를 보지 못하리라"고 하였다. 바울은 주님이 악한 마술사를 맹인이 되게 하실 것을 알았기 때문에 그렇게 말하였다. 바울이 그렇게 만든 것이 아니다. 그리고 그 말대로 당분간(그것이 며칠인지 몰라도) 해를 보지 못할 것이다. 사도는 지금 허세를 부리거나 농담하는 것이 아니다.

바울의 말이 끝나자 즉시 효력이 발생했다. 그것은 그가 주님이 행하시는 것을 보고 말했기 때문이다. 여기에서 안개는 보통 자연현상에서 나타나는 안개가 아니다. 영적인 세계에서 보면 악한 세력이다. 어둠도 역시 악한 세력이다. 보통 육의 눈으로는 보이지 않지만 영의 눈으로 보면 보인다. 그런데 이 악한 세력이 눈에 덮이면 영적인 것이 육에 영향을 주어 시력이 떨어지거나 맹인이 되게 할 수 있다. 바울은 이적을 행함으로 병을 치료하기도 하지만 맹인이 되게도 한다. 둘 다 이적이다. 마술사에게도 악한 세력이 덮이고 그것이 건강에 문제를 일으킬 수 있다. 이 충격적 경험 후 그는 회개하고 주님께 나왔을 것으로 본다.

이에 총독이 그렇게 된 것을 보고 믿으며 주의 가르치심을 놀랍게 여기니라(행 13:12).

총독은 가까이 지내던 마술사가 한순간에 소경이 되는 놀라운 사건을 목격하고 예수 그리스도를 믿게 되었다. 말로 듣는 것보다 눈으로 보는 것이 더 신빙성이 있다. 사람은 말로 듣기만 해서는 행동으로 옮기기가 쉽지 않다. 보고, 듣고, 맛보고, 만져보고, 냄새 맡는 것이 모두 동원되어야 한다. 이런 맥락에서 볼 때 기독교에서 체험을 무시하는 행위는 어리석은 행동이다.

총독은 주의 가르치심에 놀랐다. 그 가르치심의 핵심은 예수 그리스도의 죽음과 부활이다. 그리고 영적인 능력이 나타난 것이었다. 총독은 바울을 통해 신약교회의 역동성을 직접 보고 듣고 배웠다.

> 바울과 및 동행하는 사람들이 바보에서 배 타고 밤빌리아에 있는 버가에 이르니 요한은 그들에게서 떠나 예루살렘으로 돌아가고(행 13:13).

바울 일행은 바보에서 배를 타고 다시 육지로 나와 밤빌리아 버가로 갔다. 바울이 여기에서 선교단의 지도자로 나온다. 요한은 선교 여행에서 피로감을 느끼고 사도들이 머물러 있는 예루살렘으로 돌아갔다. 그곳은 옛날부터 자신이 있던 집이다. 거기에서도 할 일이 많았을 것이다. 그는 아마 여행하면서 주의 일을 하기보다는 자기의 본거지에서 일하는 것이 좋다고 판단했기 때문에 중도에 포기했을 것이다. 그러나 바울은 마가의 결정을 좋지 않게 보았다(행 15:38).

> 그들은 버가에서 더 나아가 비시디아 안디옥에 이르러 안식일에 회당에 들어가 앉으니라(행 13:14).

버가에서 별로 할 일이 없었기에 그들은 비시디아 안디옥으로 갔다. 아시아에는 어디로 가든지 유대인의 회당이 있었는데 안식일에 회당으로 들어갔다. 바울 일행은 그 회당 예배에 참여했다. 회당은 유대인들이 바벨론의 포로생활에서 해방되어 돌아온 후부터 많은 지역에 생겼다.

율법과 선지자의 글을 읽은 후에 회당장들이 사람을 보내어 물어 이르되 형제들아 만일 백성을 권할 말이 있거든 말하라 하니(행 13:15).

회당 예배에서 순서에 따라 성경을 읽은 후 강론 시간이 되었다. 당시 회당장은 본인이 직접 강론을 하지만 때로는 유력한 사람에게 맡기는 경우도 많았다. 그래서 비록 낯선 사람이지만 유력해 보이는 바울에게 강론을 부탁하였다. 회당장이 바울에게 공적으로 기회를 준 감사할 일이다.

바울이 일어나 손짓하며 말하되 이스라엘 사람들과 및 하나님을 경외하는 사람들아 들으라(행 13:16).

바울이 회당의 강단 앞에 섰다. 그리고 손짓을 하면서 강론하였다. 바울은 41절까지 이어지는 긴 설교를 하였다. 회당에 와 있던 사람들은 대부분 유대인이었다. 때문에 "이스라엘 사람들아"라고 했고, 이방인 중에서도 하나님을 경외하는 사람들이 있었기 때문에 이렇게 부르며 서두를 뗐다.

이 이스라엘 백성의 하나님이 우리 조상들을 택하시고 애굽 땅에서 나그네 된 그 백성을 높여 큰 권능으로 인도하여 내사(행 13:17).

유대인은 하나님이 이스라엘 백성의 신이시라고 생각한다. 하나님이 아브라함과 그 후손인 조상들을 택하신 사실을 의미하는 것이다. 바울은 "우리"라고 하며 자신이 유대인인 사실을 강조했다. 여기에서 바울은 하나님의 주권을 강조한다. 조상들을 택하신 분이 하나님이시다. 히브리 민족은 애굽에서 사백여 년 간 땅도 없이 살았다. 그러나 하나님이 보호하시고 사랑하셨다. 그들을 세상 가운데서 높이셨다. 그리고 하나님은 세상으로 상징되는 애굽에서 건져내실 때 각종 기적을 동원하셨다. 이스라엘 백성은 모세의 기적 같은 인도를 다 알고 있다. 어느 시대에나 성도의 구원 여정은 날마다 기적이 나타나는 삶이다.

> 광야에서 약 사십 년간 그들의 소행을 참으시고(행 13:18).

이스라엘 백성이 광야에서 사십 년을 보내는 동안 하나님이 세밀하게 인도하셨다. 그러나 그들은 하나님을 원망하고 불신하며 우상을 섬기는 등 온갖 죄를 지었다. 그러나 하나님은 그들의 소행을 참으셨다고 바울은 설교한다. 사실 이스라엘 백성에게는 자랑할 만한 일이 별로 없었다. 조상들이 그만큼 죄인들이었다. 스데반도 자기 민족이 하나님께 불순종한 죄를 강하게 지적했었다(7장).

바울은 오랫동안 기도하고 성경을 연구했다. 그럼에도 7장에 나오는 스데반의 설교 내용과 여기에서의 설교 내용 사이에 비슷한 점이 많은 것을 볼 때, 스데반을 죽이기 전 그가 한 설교를 들었기 때문에 아마 이번 설교에 많이 참고했을 것이다.

> 가나안 땅 일곱 족속을 멸하사 그 땅을 기업으로 주시기까지 약 사백오십 년간이라(행 13:19).

하나님이 여호수아를 앞장세우시고 가나안의 일곱 족속을 다 멸하셨다(참고 신 7:1, 수 3:10, 느 9:8). 하나님이 그들을 멸하신 것은 그 족속들의 죄악이 찼기 때문이다. 하나님은 그 땅을 이스라엘 백성에게 골고루 나누어주셨다. 약속의 성취였다. 그러나 그들은 이를 위해 사백오십 년 동안 기다려야 했다.

> 그 후에 선지자 사무엘 때까지 사사를 주셨더니(행 13:20).

가나안 땅으로 들어간 후 하나님은 각 지파 중에서 사사들을 세우셨다. 남녀와 지파를 떠나 때에 따라 세우셨다. 그들은 하나님이 세우신 훌륭한 지도자들이다. 그들은 그후 몇 백 년 동안 이스라엘을 보호하는 데 앞장섰다. 후에 하나님이 사무엘 선지자를 보내셨는데 그는 모세와 같은 레위 지파이며 마지막 사사라 할 수 있다. 그는 엘가나와 한나 사이에서 태어났다(삼상 1:20).

> 그 후에 그들이 왕을 구하거늘 하나님이 베냐민 지파 사람 기스의 아들 사울을 사십 년간 주셨다가(행 13:21).

하나님의 의지로 이스라엘에 왕을 세우신 것이 아니다. 하나님이 세우신 사사들이 있음에도 이스라엘은 다른 나라와 같이 왕을 세워달라고 요청하였다. 그것은 잘못이었다(삼상 8:5, 7). 하나님이 친히 다스리시는 신정정치를 버리고 세상처럼 하고 싶다는 것이므로 그것은 하나님을 배신하는 것이었다. 하나님은 그들의 요구대로 베냐민 지파요 기스의 아들인 사울을 왕으로 세워주셨다. 사울의 재위 기간은 약 사십 년이었다. 사울은 여러 면에서 문제가 많았다. 그 사십 년 동안 이스라엘 백성은 힘들게 보냈다. 하나님은 결국 사울을 버리셨다.

> 폐하시고 다윗을 왕으로 세우시고 증언하여 이르시되 내가 이새의 아들 다윗을 만나니 내 마음에 맞는 사람이라 내 뜻을 다 이루리라 하시더니(행 13:22).

사울이 전쟁터에서 죽은 것은 하나님이 버리셨기 때문이다. 왕으로서 그의 자격이 부족했다. 왕은 평범함이 요구되는 자리가 아니다. 그러나 하나님이 왕위에서 버리셨다고 구원까지 받지 못했다고 비약하면 안 된다. 구원과 왕으로서, 신앙적으로 부족한 것은 정비례하는 것이 아니다. 어쨌든 그는 사십 년간 하나님 나라를 위해 살았다.

하나님은 후임으로 유다 출신인 다윗을 왕으로 세우셨다. 사무엘이 다윗을 찾아가 그에게 기름을 부었다. 하나님은 다윗을 "내 마음에 맞는 사람"이라고 하셨다. 하나님 마음에 맞는 자는 세상에 많지 않다. 이것은 다윗에게 조금도 죄가 없다거나 실수도 하지 않는다는 말이 아니다. 그것은 하나님의 일을 잘 수행할 수 있는 사람이라는 의미이며, 순종의 사람을 가리킨다. 다윗이 하나님 마음에 맞는다는 것은 하나님의 뜻을 분별하고 결단하고 인내하고 실천한다는 것이므로 그는 하나님의 뜻을 잘 이루어나갈 것이다. 이러한 다윗을 천 년이 지난 바울 시대에 이스라엘 백성들이 존경하고 사랑했다.

> 하나님이 약속하신 대로 이 사람의 후손에서 이스라엘을 위하여 구주를 세우셨으니 곧 예수라(행 13:23).

하나님은 그분의 마음에 합당한 다윗에게 약속하셨다. 그것은 후손 중에서 훌륭한 인물이 나오리라는 것이었다. 다윗도 이스라엘의 왕이지만 후에 이스라엘을 위하여 구주를 세우신다고 하셨다. 다윗보다 더 큰일을 하는 왕이다. 하나님이 다윗을 통해 '약속하신 구세주'가 바로 예수라고 바울은 설교하였다. 바울은 예수님이 역사적으로 약속된 분이라고 설명하고 있다.

> 그가 오시기에 앞서 요한이 먼저 회개의 세례를 이스라엘 모든 백성에게 전파하니라(행 13:24).

창조주이자 구세주가 세상에 오시면 세상은 마땅히 그분을 영접할 준비를 해야 한다. 그래서 예수님 앞에 세례 요한이 나타났다. 창조주이자 구세주를 맞이하는 최고의 준비는 죄 지은 인간이 회개하는 것이다. 세례 요한은 이렇게 주님이 오시는 길을 청결하게 닦았다. 그래서 세례 요한은 이스라엘 온 백성에게 회개를 촉구한 것이다. 더러운 곳과 더러운 마음에 주님을 모실 수 없다. 그러므로 회개하여 몸과 마음을 정결케 해야 한다. 지금도 성령님을 모시려면, 또 큰 은혜를 받으려면 회개함으로 자신을 깨끗이 해야 한다. 이것이 순서다. 회개함으로 깨끗한 그릇을 준비하지 않은 채 주님을 모실 수 없다.

> 요한이 그 달려갈 길을 마칠 때에 말하되 너희가 나를 누구로 생각하느냐 나는 그리스도가 아니라 내 뒤에 오시는 이가 있으니 나는 그 발의 신발끈을 풀기도 감당하지 못하리라 하였으니(행 13:25).

세례 요한은 회개의 세례를 외치고 자신의 임무를 마치면서 제자들에게 중요한 질문을 했다. 그들이 자신을 누구로 생각하느냐는 것이었다. 지도자는 그를 따르는 무리에게 자신에 대해 정확히 알려주어야 한다. 그리스도는 하나님이 특별히 기름 부은 종으로서 구세주와 같은 것인데, 세례 요한은 자신이 그 그리스도가 아니라고 단언하였다. 그리고 그분이 세례 요한보다 뒤에 오셔서 활동하신다고 했다.

세례 요한은 결코 헛되이 자신을 높이지 않았고, 자기 뒤에 오시는 분과 비교하였다. 자신은 낮추고 뒤에 오시는 분을 높였다. 자신은 뒤에 오시는 분의 신발 끈을 풀어 드리기도 감당할 수 없다고 하였다. 주인과 종의 관계로 묘사한 말이었다. 주인은 예수님이시고 종은 세례 요한이다. 바울은 그리스도 예수를 높인 세례 요한의 말을 비중 있게 인용하였다.

> 형제들아 아브라함의 후손과 너희 중 하나님을 경외하는 사람들아 이 구원의 말씀을 우리에게 보내셨거늘(행 13:26).

바울은 아브라함의 후손들에게 말하면서 형제라고 불렀다. 이들은 유대인이다. 그리고 하나님을 경외하는 사람도 형제들이다. 이들은 이방인으로서 개종한 자들이다. 하나님은 선지자들의 글과 세례 요한의 말씀을 통해 예수 그리스도를 이스라엘의 구세주로 보내신 점을 누누이 말씀하셨다고 하였다. 바울은 바로 이 점을 강조했다.

예루살렘에 사는 자들과 그들 관리들이 예수와 및 안식일마다 외우는 바 선지자들의 말을 알지 못하므로 예수를 정죄하여 선지자들의 말을 응하게 하였도다(행 13:27).

그렇게 구약의 선지자들과 세례 요한이 예수님을 증거했는데도 문제가 생겼다. 예루살렘에 사는 자들, 특히 제사장, 서기관, 성전 관리와 관련되어 사는 수많은 사람들 그리고 그들의 가족들, 바로 그들이 문제였다.

예수님은 예루살렘에서 수도 없이 가르치시고 이적을 행하셨다. 이것이 증거다. 그런데 그들은 이것을 보고도 믿지 못했다. 또한 백성이 예배 때마다 회당에서 읽은 선지서에는 예수 그리스도에 대한 예언이 곳곳에 있는데 그들은 깨닫지 못했다. 그들은 성경을 헛되이 읽었다. 예수님이 그리스도이신 것을 알지 못하니 예수를 잘못된 자라고 생각하면서 정죄하고 십자가에 못 박아 죽였다. 그렇게 하고도 이스라엘 백성은 자신들이 잘한 줄 알고 몇 년, 몇 십 년이 지나도 자기들이 옳다는 생각을 고집하고 있었다. 선지자들의 예언은 이스라엘 백성이 미련하여 분명히 그리스도를 정죄하고 죽일 것이라고 했다. 그럼에도 이스라엘은 선지자들의 예언처럼 끝까지 불신앙의 길을 걸었다. 선지자들의 불길한 예언이 가슴 아프게도 그대로 성취되었다.

죽일 죄를 하나도 찾지 못하였으나 빌라도에게 죽여 달라 하였으니(행 13:28).

빌라도는 유대인들이 예수님을 잡아와 재판을 해달라고 하여 아무리 심문을 했지만 예수님에게서 죄를 찾지 못했다. 빌라도는 분명히 예수님을 죽일 죄가 없다고 하였는데 수많은 이스라엘 백성이 죽이라고 난리를 치면서 소동하였다. 바울은 이스라엘 백성의 문제점을 지적했다.

성경에 그를 가리켜 기록한 말씀을 다 응하게 한 것이라 후에 나무에서 내려다가 무덤에 두었으나(행 13:29).

성경의 예언은 백성들이 선지자를 죽인다는 것이었다. 이것이 예수님 때 이루어졌다. 불행한 예언의 성취였다. 당시 바울은 예수님 편에 있던 사람이 아니라 예수님을 죽이는 쪽에 있었다. 그러므로 비판적인 시각으로 예수님에 관한 정보를 가지고 있었는데 그 내용은 성경을 기록한 제자들의 것과 같다. 예수님이 십자가에 달려 죽으셨고, 그분을 십자가에서 내려다가 무덤에 묻은 것이다.

하나님이 죽은 자 가운데서 그를 살리신지라(행 13:30).

바울은 과거 다메섹에서 주님을 만나기 전까지 예수님이 죽었다가 사흘 만에 살아나신 사실을 믿지 않았다. 당시 예수님 반대파에 있던 사람들도 마찬가지였다. 그러나 바울은 다메섹에서 예수님을 만나고는 구약성경에 기록된 것처럼 그 모두가 사실임을 알았다. 그리고 이제는 담대하게 선포하고 있다. 비록 사람들이 그리스도를 죽였지만 하나님이 그들의 죄를 용서하시고 구원하시려고 그들이 죽인 그리스도를 살리셨다. 예수님을 죽인 자들은 회개만 하면 그 죄가 용서된다. 어차피 주님은 다시 사셨다. 그래서 죽인 것만 회개하면 쉽게 용서하신다. 회개하면 처음부터 죄가 없는 것처럼 된다.

갈릴리로부터 예루살렘에 함께 올라간 사람들에게 여러 날 보이셨으니 그들이 이제 백성 앞에서 그의 증인이라(행 13:31).

갈릴리에서 예루살렘으로 올라간 사람들이란 예수님의 제자들과 승천을 지켜본 오백 여 성도들이다. 이것은 예수님이 이 땅에 사십일 동안 계시면서 십여 번 정도 보이신 것을 말한다. 제자들은 예수님이 나타나실 때마다 예수님의 여러 모습을 자세히 보고 연구할 수 있는 기회가 있었다. 바울은 그 당시 주의 제자가 아니었기에 직접 보지는 못했지만 후에 사도들의 증언을 많이 듣고 믿었다. 증인이란 부활하신 예수 그리스도를 본 사도들 및 제자들이 이스라엘 백성 앞에서 증인이라는 말이다. 바울은 부활의 주님을 본 사람들이 자기 주변에 얼마든지 있다고 말하고 있다. 바울은 이런 설명을 통해 예수님의 제자들이 가진 증인으로서의 사명을 인정했다.

우리도 조상들에게 주신 약속을 너희에게 전파하노니(행 13:32).

여기서 "우리"는 바울과 그의 일행을 가리킨다. 예수님의 부활과 승천을 지켜본 사람들과 바울 일행은 다른 부류다. 그러나 사도들이 증인인 것처럼 자기들도 역시 전파하겠다고 하였다. 바울이 전파하는 내용은 "조상들에게 주신 약속"을 알고 있지만 혹 여전히 이해하지 못하는 사람들에게 전하겠다는 것이다. 예수님의 사도들은 주로 "본 것"을 전하고 바울은 주로 "예언된 성경"을 전한다. 복음을 증거하는 자도 이렇게 증거하는 내용이 실력과 경험과 체험과 지식에 따라 각기 다른 특징이 있다. 어떤 제자들은 능력은 없어도 글을 써서 주님을 증거하기도 한다.

곧 하나님이 예수를 일으키사 우리 자녀들에게 이 약속을 이루게 하셨다 함이라 시편 둘째 편에 기록한 바와 같이 너는 내 아들이라 오늘 너를 낳았다 하셨고(행 13:33).

바울은 하나님이 예수님을 일으키셨다고 했다. 자신과 그 일파는 지난날 이 사실을 믿지 못했었다. 하지만 바울은 살아나신 주님을 직접 뵌 후부터는 믿었다. 그들의 자녀는 구원 계약에 참여한 영적 자녀인데 이 약속이 이루어졌다는 것으로서 이것은 시편 2편 7절을 가리킨다. 구약성경을 깊이 연구한 바울은 예수 그리스도가 예정된 분이신 것을 강조했다. 바울은 성경을 해석하여 예수 그리스도를 가리키는 것이라고 말하고 있다. "낳았다"는 의미는 예수님이 살아나신 것을 가리킨다. 무덤이 태인 셈이다(박윤선). 이것이 예언되었다는 것이 바울의 말이다.

> 또 하나님께서 죽은 자 가운데서 그를 일으키사 다시 썩음을 당하지 않게 하실 것을 가르쳐 이르시되 내가 다윗의 거룩하고 미쁜 은사를 너희에게 주리라 하셨으며(행 13:34).

하나님이 주권과 권능으로 죽은 자 가운데서 예수님을 살리셨다. 예수님이 살아나신 것은 다시 썩지 아니하신다고 하셨다. 곧 육체가 땅에 묻히지 않는다는 것이다. 이것은 이사야 55장 3절의 인용인데 다윗의 거룩하고 미쁜 것을 너희에게 주는 것이 증거라는 것이다. 곧 그리스도의 부활로 실시될 영생의 은사를 모든 백성에게 주시겠다는 뜻이라고 주장하였다.

> 또 다른 시편에 일렀으되 주의 거룩한 자로 썩음을 당하지 않게 하시리라 하셨느니라(행 13:35).

또 다른 시편은 시편 16편 10절이다. 바울은 성경에 관해 해박하였다. 그리고 예수님과 관련된 성경 구절을 많이 연구하였다. 베드로도 사도행전 2장 25-32절에 걸쳐 시편 16편 말씀의 성취라고 하였다. 시편에 이렇게 예언되고 기록된 것이 예수님에 대한 것이라는 말이다. 바울과 베드로는 같은 성경 본문을 가지고 같은 해석을 하고 있다.

> 다윗은 당시에 하나님의 뜻을 따라 섬기다가 잠들어 그 조상들과 함께 묻혀 썩음을 당하였으되(행 13:36).

바울의 설교에서 다윗은 하나님의 뜻대로 살았다고 말한다. 다윗은 훌륭하고 하나님의 뜻에 따라 살았으나 죽어서 조상들과 함께 땅에 묻혔고 땅에서 그 육체가 썩었다고 하였다.

> 하나님께서 살리신 이는 썩음을 당하지 아니하였나니(행 13:37).

우리의 위대한 조상 다윗도 이 땅에서 그 몸이 썩었지만 하나님이 살리신 예수 그리스도는 그 육체가 썩지 않았다고 하였다. 바울은 다윗도 훌륭하지만 예수 그리스도가 진정한 구속자라고 증언하였다. 이것은 다윗을 왕 가운데 최고의 인물로 생각하는 유대인들에게 충격적인 설교였다. 다윗을 추앙하고 모세를 추앙하는 유대인들의 마음을 그리스도 예수께로 획기적으로 돌려놓으려는 바울의 시도였다. 썩지 않으신 예수가 우리의 구세주시다!

> 그러므로 형제들아 너희가 알 것은 이 사람을 힘입어 죄 사함을 너희에게 전하는 이것이며(행 13:38).

"이 사람"은 곧 부활하신 예수 그리스도시다. 그분을 힘입어야 한다. 주님은 중보자이시므로 사람에게 힘이 된다. 세상에서 죽어버린 자를 힘입을 것인가, 산 자를 힘입을 것인가 생각해보라. 예수 그리스도를 힘입어야 죄 사함을 받는다는 사실을 그들에게 전하고 있다는 말이다.

> 또 모세의 율법으로 너희가 의롭다 하심을 얻지 못하던 모든 일에도 이 사람을 힘입어 믿는 자마다 의롭다 하심을 얻는 이것이라(행 13:39).

유대인들이 모세의 율법을 받고 지키려 했지만 지키지 못하여 실상 의롭다 하심을 얻은 상태가 아니라고 바울은 말했다. 율법을 온전히 지킬 수 있는 사람은 이 세상에 없다. 그러나 모세의 율법을 통해서도 못하는 일을 살아나신 예수를 통해 가능하다고 하였다. 예수 그리스도를 믿는 자마다 율법을 지키지 않아도 의롭다 하심을 얻는다는 것이다. 바울이 예수 그리스도에 대해 "이 사람"이라고 여러 번 말하는 것은 그분이 성경에 예언된 사람이기 때문이다.

> 그런즉 너희는 선지자들을 통하여 말씀하신 것이 너희에게 미칠까 삼가라(행 13:40).

이것은 하박국 1장 5절의 인용인데 이는 갈대아 군대가 이스라엘을 멸망시킬 것에 대한 예고다. 그때 선지자의 예고를 멸시한 자는 다 죽었다. 마찬가지로 그 예언대로 죽었다가 살아나신 예수님을 통한 구원의 복음을 믿지 않는 자들은 멸망을 피할 수 없다고 하였다.

> 일렀으되 보라 멸시하는 사람들아 너희는 놀라고 멸망하라 내가 너희 때를 당하여 한 일을 행할 것이니 사람이 너희에게 일러줄지라도 도무지 믿지 못할 일이라 하였느니라 하니라(행 13:41).

선지자의 말을 멸시하는 사람들이 있다. 선지자의 말을 듣지 않아 놀라고 망하듯, 예언의 말씀은 그리스도를 멸시하는 사람들은 깜짝 놀랄 것이고 멸망할 것이라는 경고다. 그리스도 주님을 멸시하면 이렇게 된다. 하나님을 멸시하는 사람들이 당할 때를 맞이하는데 그때 하나님이 무슨 일을 행하신다고 하였다. 그들이 무슨 일을 당할는지 사람들이 가르쳐주어도 그들은 "도무지 믿지 못할 일이라"고 한다는 것이다. 바울은 이 이야기를 하면서 당신들은 예수 그리스도를 꼭 믿고 멸시하지 말라고 당부하고 있다. 만일 주를 멸시하면 큰 하나님의 심판이 있을 것이다. 비시디아 안디옥에서 전한 이 바울의 설교는 그가 선교 여행에서 설교를 할 때 중요한 요소가 되었다.

그들이 나갈새 사람들이 청하되 다음 안식일에도 이 말씀을 하라 하더라(행 13:42).

설교를 끝낸 바울 일행은 회당에서 나왔다. 오랫동안 바울의 설교를 들은 사람들은 다음 안식일에도 이 말씀을 전해달라고 하였다. 같은 내용이지만 다시 듣고 싶었을 것이고, 들어야 할 사람들이 새로 나올 수도 있었다. 또한 예수 그리스도에 대해 더 알고 싶어 하는 말이었다. 이날 바울의 강론은 바람직했고 받아들이는 사람이 많았다.

회당의 모임이 끝난 후에 유대인과 유대교에 입교한 경건한 사람들이 많이 바울과 바나바를 따르니 두 사도가 더불어 말하고 항상 하나님의 은혜 가운데 있으라 권하니라(행 13:43).

비시디아 안디옥에서 강론을 들은 사람들은 다양했다. 그들은 강론을 잘 이해했다. 바울이 강론했기 때문인지 바울의 이름이 바나바 앞에 나온다. 바울이 설교를 잘해서이기도 하지만 영적 권위가 바나바에서 바울로 옮겨지고 있다. 많은 사람이 그 두 사람을 따랐다. 바울과 바나바의 이름이 지역에 알려지기 시작했다. 바울은 주님이 인정하신 이방인을 위한 사도였다.

여기서 바나바를 사도라고 하였는데 여기에 처음 나오는 말로서 그는 교회에서 인정한 사도다. 그는 사도행전 4장 36-37절에 기록된 대로 구브로 출신의 레위 지파 사람이며 사도들이 바나바라고 이름을 붙였다. 그는 자신의 땅을 팔아 사도들에게 드렸었다. 안디옥 교회가 바울과 바나바를 따로 세워 선교지에 보냈을 때는 그의 사도성을 인정했을 것이다.

사도란 단어를 어떤 식으로 해석하든지 간에 바나바는 모든 면에서 그럴만한 자격이 있다. 바나바는 교회와 성도가 인정한 사도다. 그 성도 가운데는 선지자와 교사 같은 신령한 사람들도 있었기 때문에 그를 사도라 불렀다면 그를 인정한 것이다. 당시 바나바를 사도라 부를 때 어느 부류도 저항하지 않았다. 두 사도는 따르는 사람들과 많은 대화를 나누면서 "하나님의 은혜 속에 있으라"고 권면했다. 교회에 처음 나온 신자들은 잘 믿는 것 같다가도 중도에 포기하는 경우가 있으므로 이 권면이 필요하다.

> 그 다음 안식일에는 온 시민이 거의 다 하나님의 말씀을 듣고자 하여 모이니(행 13:44).

일주일이 지나고 안식일이 되자 비시디아 안디옥의 거의 모든 시민이 회당에 모였다. 유대인이나 입교한 경건한 사람뿐만이 아니었다. 대형 집회가 열린 것이다. 지난 일주일 동안 바울이 강론했던 내용이 많은 사람들에게 알려졌고 상당히 호응이 좋았다고 보아야 한다. 그들이 모인 것은 하나님의 말씀을 듣고 싶어서였다. 그동안 회당장이나 여러 유력한 사람들의 강론을 들었지만 바울의 강론이 상당히 깊은 진리를 전하는 내용인 것이 분명했다. 그들은 영적으로 갈급한 상태였고, 가감되지 않은 진정한 하나님의 말씀을 듣고 싶었을 것이다. 바울과 바나바는 이곳에서 이적을 행하지 않았지만 말씀만으로도 복음이 전파되었다.

> 유대인들이 그 무리를 보고 시기가 가득하여 바울이 말한 것을 반박하고 비방하거늘(행 13:45).

회당에 나왔던 유대인 가운데는 바울과 바나바의 가르침을 받아들이지 않는 사람들도 있었다. 그들은 비시디아 안디옥의 거의 모든 시민이 바울 앞에 온 것을 보고 시기가 불타올랐다. 유대인들은 특히 시기심이 많다. 이것도 악령의 역사다. 시기는 악한 자들이 짓는 죄다. 지도자든 성도든 시기심은 죄다. 사람들이 몰려와 바울과 바나바의 말을 들으려 하는데 시기심에 찬 유대인들은 자기들이 먼저 입을 열어 바울을 비방했다. 그곳에 나온 시민들은 엉뚱한 사람의 말을 듣게 되었다. 그것은 사탄에 동조하는 말이고 그리스도를 배신하는 역적의 말이었다.

> 바울과 바나바가 담대히 말하여 이르되 하나님의 말씀을 마땅히 먼저 너희에게 전할 것이로되 너희가 그것을 버리고 영생을 얻기에 합당하지 않은 자로 자처하기로 우리가 이방인에게로 향하노라(행 13:46).

두 사도는 자신들을 반박하고 비방하는 사람들 앞에서 움츠러들거나 기가 죽지 않았다. 설교를 그만두어야겠다는 부정적 생각도 갖지 않았다. 두 사도는 오히려 더 담대히 말했다.

바울과 바나바의 설교는 이런 것이었다. 비방하는 사람들은 들으라는 것이다. 하나님의 말씀은 마땅히 유대인인 너희에게 전할 것이었다고 했다. 그것은 이스라엘, 즉 유대인이 하나님의 백성이므로 자식이 먼저 들을 수 있는 자격이 있기 때문이라고 했다. 그리고 실제로 그들에게 먼저 전했다. 그런데 유대인들이 먼저 들을 수 있는 그 자격을 스스로 버렸다. 그것은 예수를 믿지 않고 거부했기 때문이다. 그리고 오히려 복음을 전하는 사도들을 박해하거나 죽였다.

하나님의 말씀은 예수 그리스도를 믿음으로 영생을 얻으라는 것이었다. 그런데 그들이 "우리는 영생이고 뭐고 필요 없다"는 태도를 보였다고 바울이 말했다. 이것은 예수님을 십자가에 못 박을 때부터 시작하여 바울이 설교하는 지금까지 그들이 보인 태도라는 말이다. 그들은 영생과 자신들이 관계가 없다는 듯 행동하였다. 물론 예수님을 믿는 유대인도 많이 있지만 상당수가 거절하기 때문에 이제 바울과 바나바는 이방인에게로 방향을 틀어 복음을 증거하는 것이라고 하였다. 이제는 음지가 양지가 되고 양지가 음지로 되고 있다.

> 주께서 이같이 우리에게 명하시되 내가 너를 이방의 빛으로 삼아 너로

땅 끝까지 구원하게 하리라 하셨느니라 하니(행 13:47).

주께서 바울과 바나바에게 명하셨는데, 주님이 그 두 사도를 이방의 빛으로 삼는다는 것이다. "이방의 빛"은 이방을 비추는 것으로서 바울과 바나바가 이방을 '예수 이름'으로 환하게 비추어 어둠을 몰아내고 백성들을 구원의 길로 인도하신다는 말이다. 진정한 빛은 예수 그리스도시다. 바울과 바나바의 전도를 통해 땅 끝까지 예수의 복음이 전파되어 그 택한 백성을 구원시키겠다고 주님이 말씀하셨기 때문이다. 바울과 바나바는 유대인이지만 이방인을 위한 사도다. 유대인들과 이방인들이 섞여 있는 자리에서 이제는 그들이 유대인을 떠나 이방인에게로 간다고 선언했다.

이방인들이 듣고 기뻐하여 하나님의 말씀을 찬송하며 영생을 주시기로 작정된 자는 다 믿더라(행 13:48).

하나님이 이방인에게도 유대인 못지않은 구원의 기회를 주신다는 바울의 말을 듣고 이방인들은 기뻐하였다. 그리고 이렇게 훌륭한 하나님의 일꾼을 자기들에게 보내주신 것에 감사했다. 이방인들은 하나님이 그들을 구원하신다는 말씀을 듣고 찬송하고 있다. 하나님께는 택한 자와 택하지 않은 자가 있다. 택한 자, 특히 영생을 주시기로 작정한 자는 비시디아 안디옥에서 다 믿게 되었다. 하늘에서 내려올 때부터 택한 자가 대부분이지만 이 땅에서 택함받는 경우도 가끔씩 있다. 하나님이 택하신 자는 믿게 되어 있다. 그렇지만 자신의 의지도 동원되어야 한다.

"작정"(헬라어 타소)이라는 단어에는 '정하다'라는 뜻이 있다. 이것은 '어떤 사람에게 특정한 등급을 할당하다'라는 의미에서 '정하다'라는 의미로 쓴다. 또한 생명책에 대한 언급이다. 즉, '명부에 올리다'라는 의미가 있다(파피루스)고 부르스가 말했다. 이 말을 종합하면 하나님이 택하신 자들은 구원받아 생명책에 기록되는데 그 등급이 있다는 의미다.

> 주의 말씀이 그 지방에 두루 퍼지니라(행 13:49).

바울과 바나바가 전한 생명의 말씀이 유대인들의 반대를 무릅쓰고 그 지방에 넓게 퍼져나갔다. 진실된 말씀이기 때문에 그 자체에 생명력과 운동력이 있다. 불길이 바람을 타고 확산되듯 퍼져나갔다. 회개하여 죄가 태워지고 도시가 거룩하게 되었다.

> 이에 유대인들이 경건한 귀부인들과 그 시내 유력자들을 선동하여 바울과 바나바를 박해하게 하여 그 지역에서 쫓아내니(행 13:50).

유대인들이 등장하는데 그들은 바울과 바나바의 말씀을 따르지 않는 자들이다. 그들은 복음이 전파되는 것을 보고 가만 있지 않았다. 그들은 경건한 귀부인들과 그 시내 유력자들을 선동하였다. 유대인들은 이렇게 유력자들을 선동한다. 복음에는 항상 방해가 뒤따른다. 사탄이 그렇게 쉽게 영혼이나 그 나라를 내주지 않는다. 그러므로 박해가 있다고 전도를 멈춘다면 그는 성령에 붙잡힌 자라고 볼 수 없다.

유대인들은 유력자들을 선동하고 그들로 하여금 바울과 바나바를 핍박하게 하였다. 결국 바울과 바나바는 비시디아 안디옥에서 쫓겨났다. 성경의 진리를 깨닫지 못하는 자가 성경의 진리를 밝히 깨달은 자들을 쫓아낸 것이다. 악화가 양화를 구축한 꼴이다. 오늘날에도 이런 일은 일어날 수 있다.

> 두 사람이 그들을 향하여 발의 티끌을 떨어 버리고 이고니온으로 가거늘(행 13:51).

바울과 바나바는 그곳 사람들이 유대인들의 말을 듣고 예수 그리스도를 주로 모시지 않은 채 자신들을 쫓아내자 크게 실망했다. 그리고 발의 티끌까지 떨어버렸다. 이것은 그들을 핍박하는 자들이 하나님께 징계를 받아 멸망해도 자신은 책임을 지지 않겠다는 뜻이다. 바울과 바나바는 인위적으로 어떤 대책을 세우지 않고 과감히 그 지역을 떠났다. 바울 일행은 그곳을 떠나 새로운 도시 이고니온으로 옮겨갔다. 하나님은 하실 일이 많고 일하실 곳도 많다.

제자들은 기쁨과 성령이 충만하니라(행 13:52).

제자들은 기쁨과 성령이 충만하였다. 그들은 비시디아 안디옥에서 바나바와 바울의 전도를 받고 믿는 자들이다(박윤선). 그들은 자신들이 직접 박해를 받기도 하고 바울 일행이 박해받는 모습을 보면서도 두려워하거나 낙심하지 않고 구원받은 백성이 된 것으로 기뻐하였다. 자기들에게까지 복음의 차례가 왔기 때문이다.

14장

이고니온, 루스드라, 더베

신약교회의 특징은 성령이 충만하고 살아 움직인다는 것이다.
베드로를 위시해 스데반, 빌립 등이 열정적으로 복음을 증거하였다.
주님은 사울을 굴복시키셨고, 이방인 고넬료에게 구원의 길을 열어주셨다.
11장에서는 이방 땅에 안디옥 교회가 세워지고, 12장에서는 헤롯과
베드로가 충돌한 내용이 나온다. 13장은 바울과 바나바가 안디옥 교회의
파송을 받아 제1차 선교 여행을 떠나 구브로와 비시디아 안디옥으로 간
내용이 나온다. 14장에서는 계속해서 이고니온, 루스드라,
더베에서 한 전도와 거기에 얽힌 이야기들이 나온다.

이에 이고니온에서 두 사도가 함께 유대인의 회당에 들어가 말하니 유대와 헬라의 허다한 무리가 믿더라(행 14:1).

이고니온은 비시디아 안디옥에서 동남쪽으로 약 160킬로미터 떨어진 곳이다. 여기서도 바울과 바나바를 사도라 했다. 열두 사도 외에 사도와 교회가 인정한 이방인을 위한 사도가 등장한다. 이 두 사람도 열두 사도 못지않은 활동을 한다. 바울과 바나바는 유대인의 회당을 주로 이용하여 예수를 증거하는 방법

을 취하였다. 그 자신들도 유대인이기 때문에 그것은 자연스러운 일이었다. 그 지역에도 유대인과 헬라인이 많았는데 많은 무리가 믿었다. 어디를 가든 택한 자들이 있고, 반대로 사탄에게 붙잡혀 있는 사람도 있다.

> 그러나 순종하지 아니하는 유대인들이 이방인들의 마음을 선동하여 형제들에게 악감을 품게 하거늘(행 14:2).

이고니온에서도 바울이 전한 말씀에 순종하지 않는 유대인들이 있었다. 거기다가 사도들에게 반역까지 하였다. 바울과 바나바에게는 동족이다. 이고니온의 유대인들은 비시디아 안디옥에서처럼 이방인들을 선동하였다. 유대인들은 예수님을 십자가에 못 박을 때도 선동하였는데 그들은 선동을 잘했다. 그리고 그들의 선동에 이방인들이 선동되었다. 유대인들은 이방인을 선동하여 동족인 바울과 바나바를 괴롭게 하였다. 이방인들이 바울과 바나바에게 악감을 품게 하였는데 그뿐 아니라 그 지역 신약교회 성도에 대한 악감도 품었다.

> 두 사도가 오래 있어 주를 힘입어 담대히 말하니 주께서 그들의 손으로 표적과 기사를 행하게 하여 주사 자기 은혜의 말씀을 증언하시니(행 14:3)

바울과 바나바는 어려움이 있다고 그곳을 떠나지 않았다. 오히려 오래 머물러 있으면서 복음을 위해 일했다. 특히 주를 믿는 형제들이 어려움을 당하고 있었기에 자기들만 떠날 수 없었다. 어떤 어려운 일이 있어도 주님이 힘을 주시면 이겨나갈 수 있다. 바울과 바나바는 주를 힘입어 계속해서 담대히 주를 증거했다. 두 사도의 사역에서 표적과 기사가 많이 나타났다. 주님이 그렇게 나타나게 하셨다. 주님을 힘입자 주님이 그렇게 해주셨다. 바울에게 아무리 능력과 권세가 있다고 해서 그는 자신이 가진 힘으로 하지 않았다. 늘 주님의 새로운 도우심을 기대하고 또 받았다. 바울이 주님의 은혜의 말씀을 전하도록 주님이 행하셨다. 사람이 전하는 것 같지만 전하는 주체나 내용이나 결과 모두 주님이 관여하신다. 인간은 그저 도구에 불과하다. 두 사도가 전한 말씀의 중심은 예수님을 믿는 자에게 주시는 죄의 용서와 영생이다.

> 그 시내의 무리가 나뉘어 유대인을 따르는 자도 있고 두 사도를 따르는 자도 있는지라(행 14:4).

이고니온 시내에서 바울의 설교를 듣고 두 파로 나뉘었다. 이러한 분열은 어디를 가든 있다. 유대인을 따르는 자도 있고 두 사도를 따르는 자도 있었다. 이 세상에는 천사라도 싫어하는 사람이 있고 깡패라도 따르는 사람이 있다는 말이 있다. 여기 복음을 반대하는 운동에 유대인들이 선봉에 선 것은 "먼저 된 자가 나중 된다"는 예수님의 말씀(마 20:16)의 성취다(박윤선).

> 이방인과 유대인과 그 관리들이 두 사도를 모욕하며 돌로 치려고 달려드니(행 14:5).

여기에 나오는 사람들은 이고니온의 일부 사람들과 유대인들 일부와 그 시의 관리들을 말한다. 그들이 연합하여 두 사도에게 온갖 욕을 하였다. 그런 다음 죽이려고 돌을 들고 달려들었다. 이들이 두 사도를 미워하는 것은 적극적 반대였다. 기적과 이적이 나타나도 반대자들의 눈에는 그것은 전혀 인정하지 못할 일로 보였다. 마음이 굳은 사람에게는 영적 현상이 마치 안개가 움직이고 동화를 보는 것 같다. 어느 시대든 기적과 이적을 못 본 체하며 고개를 돌리는 자들이 있다. 그런 자들은 아무리 기적의 현장을 보라고 해도 보지 않으며 본다고 해도 아무런 영적 감흥이 없다.

그들이 알고 도망하여 루가오니아의 두 성 루스드라와 더베와 그 근방으로 가서(행 14:6).

두 사도는 미리 정보를 알고 도망갔다. 위기일발이었다. 만일 두 사도가 그대로 있었다면 돌에 맞아 죽었을지도 모른다. 바울은 다메섹에서 밤에 광주리에 담겨 성 밖으로 도망한 후 도망을 많이 다녔다. 사도라도 목숨을 보호하기 위해 행동해야 한다. 복음의 문이 닫혀 있는데 위험한 지대로 들어갈 필요가 없다. 도리어 전도의 문이 열려 있는 곳으로 들어가는 것이 지혜롭다(박윤선). 두 사도는 이고니온 옆에 있는 루가오니아의 두 성 루스드라와 더베로 갔다. 일단 돌에 맞는 일은 피했다.

거기서 복음을 전하니라(행 14:7).

바울과 바나바는 반대에 부딪히면 그곳을 떠나 또 다른 곳으로 가서 복음을 증거하였다. 복음 전도의 여정은 멈추지 않는다. 박해를 받았다고 낙심하고 다른 도시에 가서 쉬지 않았다.

루스드라에 발을 쓰지 못하는 한 사람이 앉아 있는데 나면서 걷지 못하게 되어 걸어 본 적이 없는 자라(행 14:8).

루스드라는 이고니온에서 약 48킬로미터 서남쪽에 있는 도시다. 그곳에 발을 쓰지 못하여 앉아 있는 사람이 있었다. 그는 나면서부터 다리를 쓰지 못하여 한 번도 걸어보지 못한 사람이었다. 앉은뱅이와 같다. 세상에는 육적 불구가 있고 영적 불구가 있다. 우리 인간은 나면서부터 죄인이고 하나님께 의를 행할 수 없는 영적인 불구자와 같다. 육의 불구는 눈에 보이므로 자신이 시인을 한다. 하지만 영적 불구자는 자신이 불구자인지도 모르는 사람이 대단히 많다.

바울이 말하는 것을 듣거늘 바울이 주목하여 구원 받을 만한 믿음이 그에게 있는 것을 보고(행 14:9).

바울이 예수 그리스도를 증거하는 자리에서 이 앉은뱅이가 말씀을 잘 들었다. 바울이 그를 주목하였다. 바울에게는 상대의 영적, 육적 상태를 빠른 시간에 알 수 있는 능력이 있었다. 사도라면 그런 능력은 기본이다. 치료를 받는 자는 그 당사자의 믿음이 중요하고 사역자의 능력도 중요하며 주님의 뜻도 중요한데 이 앉은뱅이에게는 치료의 모든 조건이 갖추어져 있었다. 조건이 갖추어지지 않으면 역사는 잘 일어나지 않는다. 구원받을 만한 믿음이 당사자에게 있어야 한다. 그런데 그 앉은뱅이에게 믿음이 있었다.

큰 소리로 이르되 네 발로 바로 일어서라 하니 그 사람이 일어나 걷는지라(행 14:10).

바울은 그 앉은뱅이에게 큰소리로 외쳤다. 귀신과 싸우거나 능력을 행할 때는 큰 소리가 유익할 때가 많다. 또한 다른 사람들이 많이 듣고 볼수록 좋다. 게다가 바울은 혹시 낫지 않을까 두려워 조그만 소리로 말하는 겁쟁이가 아니다. 만일 낫지 않는다면 창피를 당할 수 있으므로 조그만 소리로 말했다가, 정말 낫지 않는다면 마치 사역을 하지 않은 것처럼 시치미를 떼려는 의도가 없었다. 바울은 자기의 사역으로 치료될 줄 알았다.

앉은뱅이는 지금까지 남에게 의탁하여 살았는데 이제는 네 자신의 발로 일어서라고 바울이 명령했다. 한 번도 걸어보지 못한 사람에게 걸으라고 한 것이다. 이것은 주님이 명령하신 것과 같다. 성령이 바울에게 미리 말씀하셨을 것이다. 바울도 확신이 없다면 할 수 없는 명령이다. 그런데 바울이 말한 대로 그가 일어났다. 그리고 걸었다. 그가 생애 첫 번째 걸음을 걸은 것이었다. 그는 걸음마 훈련도 없이 바로 걸었다. 루스드라에 놀라운 기적이 일어난 것이다. 베드로가 앉은뱅이 걸인을 일으켰던 것과 거의 같은 모습이었다(3:6).

> 무리가 바울이 한 일을 보고 루가오니아 방언으로 소리 질러 이르되 신들이 사람의 형상으로 우리 가운데 내려오셨다 하여(행 14:11).

바울이 앉은뱅이를 일으켰다. 주변에 있던 무리들이 이 장면을 보고 깜짝 놀랐다. 바울이 큰 소리로 명령했기 때문에 주변 사람들이 다 들을 수 있었다. 그들은 자기들의 지역 말인 루가오니아 방언으로 소리를 질렀다. 그들의 생각에 도저히 인간이 할 수 없는 일을 바울이 했기 때문에 놀란 것이다. 그들은 바울과 바나바를 신으로 생각했다. 신이 아니면 앉은뱅이를 말 한 마디로 일으킬 수 없다고 생각했다. 사실 이것은 누구라도 불가능한 일이었다. 또한 그들에게는 신이 사람의 형상을 입을 수 있다는 생각이 있었다.

> 바나바는 제우스라 하고 바울은 그 중에 말하는 자이므로 헤르메스라 하더라(행 14:12).

그들은 바나바를 제우스라고 했는데 그것은 로마 최고의 신 주피터를 가리키는 헬라어 명칭이다. 바울은 두 사람 가운데 말하는 역할을 했기 때문에 말을 많이 하는 신 헤르메스라고 하였다.

> 시외 제우스 신당의 제사장이 소와 화환들을 가지고 대문 앞에 와서 무리와 함께 제사하고자 하니(행 14:13).

당시 루스드라에는 제우스 신당이 있었다. 그리고 신당의 제사장도 있었다. 그런데 이 제사장이 앉은뱅이가 일어난 소식을 듣고 시 변두리에서 급하게 달려왔다. 그가 달려온 목적은 자기가 섬기는 제우스 신이 강림했다고 믿었기 때문이다. 바나바는 졸지에 제우스 신이 되었다. 제사장은 제사할 때 쓸 소와 꽃들을 가지고 와 소를 잡을 준비를 했다. 제사장은 제우스를 섬기는 신도들과 함께 대문 앞으로 와 제사하려고 하였다. 그곳이 사람들로 떠들썩해졌다. 그곳 사람들은 신이 자기들 동네에 온 것을 축복으로 여기며 흥분했다. 그들은 영적으로 무지하여 사람을 우상과 신으로 섬기는 말할 수 없이 악한 죄를 지었다.

> 두 사도 바나바와 바울이 듣고 옷을 찢고 무리 가운데 뛰어 들어가서 소리 질러(행 14:14).

두 사도의 귀에 자신들에게 제사를 지내려 한다는 소리가 들렸다. 졸지에 제우스 신이 된 바나바가 더 펄쩍 뛰었을 것이고 그래서 그의 이름이 먼저 나왔을 것이다. 두 사도는 입고 있던 옷을 찢었다. 극한 감정의 표현이었다. 혈기가 나서가 아니라 하나님께 대한 두려움으로 나오는 감정이었다. 이런 상황에서는 겸손해야만 옷을 찢을 수 있다. 그런 다음 두 사도는 제사를 지내려고 소와 화환을 들고 있는 사람들 속으로 뛰어들었다. 젊잖게 좋은 말로 할 상황이 아니었다. 무리는 이미 도를 넘은 상태였다. 무리들 속에서 바나바와 바울이 소리를 질렀다.

> 이르되 여러분이여 어찌하여 이러한 일을 하느냐 우리도 여러분과 같은 성정을 가진 사람이라 여러분에게 복음을 전하는 것은 이런 헛된 일을 버리고 천지와 바다와 그 가운데 만물을 지으시고 살아 계신 하나님께로 돌아오게 함이라(행 14:15).

바울과 바나바는 "여러분들이여 어찌하여 이러한 일을 하느냐"고 하면서, 지금 자신들을 신으로 여겨 제사지내려 하는 것은 잘못이라고 강변하였다. 자신들은 제사를 지내려는 그들과 똑같은 사람일 뿐이라고 소리를 질렀다. 우리를 신격화하지 말라! 우리는 당신들과 성정이 같다! 여기에서 사도들은 자신들이 루스드라 사람들에게 복음을 증거하는 목적을 설명하였다. 바로 지금과 같이 사람에게나 우상에게 제사하는 것을 버리도록 하려는 것이 그 목적이라는 것이다. 그리고 천지와 바다와 그 가운데 만물을 지으시고 살아 계신 하나님께로 돌아오게 하려는 것이라고 하였다.

하나님은 만물을 지은 분이시다. 그리고 지금도 살아계신다. 그러므로 그들이 우상 섬기는 것을 버리고 하나님께로 돌아오게 하려는 것이 사도들의 목적이라고 하였다. 전도의 목적은 오직 '하나님만 섬기게' 하는 것이다.

> 하나님이 지나간 세대에는 모든 민족으로 자기들의 길들을 가게 방임하셨으나(행 14:16).

"지나간 세대"란 예수님이 이 땅에 오시기 전을 가리킨다. 모든 민족으로 자기들의 길들을 가게 방임하셨다는 것은 하나님이 모든 인간에게 하나님을 섬기라고 요구하시지 않았다는 말이다. 우상을 섬기고 죄를 지어도 그대로 방임하셨다.

> 그러나 자기를 증언하지 아니하신 것이 아니니 곧 여러분에게 하늘로부터 비를 내리시며 결실기를 주시는 선한 일을 하사 음식과 기쁨으로 여러분의 마음에 만족하게 하셨느니라 하고(행 14:17).

그러나 하나님이 인간에게 직접 말씀하시지 않았다 해도 자신을 나타내지 않으신 것이 아니라는 말이다. 하나님이 인생을 위해 이 땅에 비를 내리셨다. 농사를 지으면 결실기에 곡식이 열매를 맺게 하셨다. 그 열매로 인생은 살아간다. 이런 일들을 통해 인간이 하나님의 은혜로 산다는 사실을 알게 하셨다는 것이다. 이것은 하나님이 인간에게 선한 일을 하신 것이라고 하였다. 하나님이 허락하신 열매로 인해 음식을 만들고 기쁨을 주셔서 인생들을 만족하게 하셨다고 했다. 그러므로 하나님은 인생에게 무관심하신 것이 아니라고 했다. 하나님은 자연 속에서 하나님의 살아계심과 능력을 보여주셨다.

이렇게 말하여 겨우 무리를 말려 자기들에게 제사를 못하게 하니라(행 14:18).

제사장을 비롯하여 제사지내려 하는 많은 사람들을 바나바와 바울이 여러 말을 해서 겨우 말렸다. 그들은 끈질겼다. 하지만 바나바와 바울은 자신들은 결코 신이 아니라고 부인하면서 제사지내지 못하게 하고 하나님만 섬기게 하였다. 두 사도는 모든 제사 도구를 당장 치워버리라고 소리쳤다. 이것이 바른 사역자의 태도다.

유대인들이 안디옥과 이고니온에서 와서 무리를 충동하니 그들이 돌로 바울을 쳐서 죽은 줄로 알고 시외로 끌어 내치니라(행 14:19).

바울과 바나바가 루스드라에서 전도하고 있는데 그들이 전도하면서 지나온 안디옥과 이고니온으로부터 유대인들이 몰려왔다. 그들은 복음의 반대파들로서 떼로 몰려온 것이다. 이곳에서 유대인들의 박해가 극에 달했다. 그들은 바울과 바나바를 헐뜯으며 루스드라의 무리를 충동하였다.

유대인들은 루스드라 사람들을 자기편으로 끌어들여 박해하는 일에 참여시켰다. 그들은 합세하여 돌을 들어 바울을 쳤다. 쓰러진 바울은 실신했을 것이고 무의식 상태였을 것이다. 돌로 친 사람들은 바울이 죽었다고 생각하고는 그를 시외로 끌고나가 집어던졌다. 바울은 조금 전까지 신처럼 대우를 받는가 싶더니 한순간에 짐승처럼 버려졌다. 이고니온에서는 위기를 모면했었는데 여기에서 결국 돌에 맞았다. 사람들의 평가는 이렇게 한순간에 변할 수 있다. 긍정이 부정으로, 부정이 긍정으로.

제자들이 둘러섰을 때에 바울이 일어나 그 성에 들어갔다가 이튿날 바나바와 함께 더베로 가서(행 14:20).

바울은 자신의 전도를 받고 예수님을 믿게 된 제자들이 둘러서 있을 때 깨어났다. 그들은 바울이 죽은 줄 알고 장사를 지내려고 서 있었다. 그런데 바울이 몸을 추스르며 일어났다. 바울은 자신의 상처투성이인 몸을 보면서 지난날 자기가 돌로 쳐 죽인 스데반을 생각했을 것이다. 스데반을 돌로 쳐 죽인 것과 똑같은 방법으로 자신도 동족에게 당한 것이다. 행한 대로 보응을 받았다. 바울은 어느 누구에게도 불평과 원망을 할 수 없다. 성경에서도 그가 한 마디 불평도 없었음이 보인다.

바울은 좋은 일과 나쁜 일 모두에서 스데반을 그대로 재현하고 있다. 바울은 돌에 맞았던 루스드라 성으로 다시 들어갔다. 핍박을 두려워하지 않는 담대한 모습이다. 그리고 이튿날 바나바와 함께 옆 동네인 더베로 갔다. 그곳까지 96킬로미터를 돌로 맞은 몸으로 하염없이 걸어갔다. 처절한 모습이었다. 목숨이 오가는 파란만장한 선교 여행이었다.

복음을 그 성에서 전하여 많은 사람을 제자로 삼고 루스드라와 이고니온과 안디옥으로 돌아가서(행 14:21).

바울과 바나바는 더베에서 많은 사람을 제자 삼았다. 죽음의 문턱에 가보았음에도 바울과 바나바의 열정은 식지 않았다. 오히려 더 강해졌다. 바울과 바나바는 더베에서 많은 열매를 거두었다. 그리고 자신들이 지나온 도시를 다시 역순으로 순회했다. 루스드라와 이고니온과 비시디아 안디옥으로 갔다. 그곳에서 돌에도 맞고 극심한 반대에 부딪혔으나 다시 그곳으로 돌아간 것이다. 그들은 그곳에서 성도들을 만났다.

> 제자들의 마음을 굳게 하여 이 믿음에 머물러 있으라 권하고 또 우리가 하나님의 나라에 들어가려면 많은 환난을 겪어야 할 것이라 하고(행 14:22).

바울과 바나바가 지나온 도시로 다시 돌아간 것은 주님을 믿는 제자들이 있었기 때문이다. 그들에게 마음을 굳게 하라고, 또한 그 믿음에 머물러 있으라고 권면했다. 한번 시작한 믿음을 중도에 포기하지 말고 끝까지 나아가라고 가르쳤다. 예수님을 믿는 것이 최고의 믿음이다. 바울과 바나바는 하나님 나라에 들어가려면, 즉 구원받고 천국에 가려면 많은 환난을 겪어야 한다고 말했다. 바울과 바나바는 자신들이 환란을 당하지만 이기고 있었기 때문에 그들의 말은 설득력이 있다. 죽음의 문턱까지 가본 바울은 숭고하고 엄숙한 가르침을 전하고 있다.

> 각 교회에서 장로들을 택하여 금식 기도 하며 그들이 믿는 주께 그들을 위탁하고(행 14:23).

두 사도는 각 교회마다 방문하면서 교회의 장로들을 택했다. 성도들을 가르치고 다스리게 하기 위해서다. 각 지역마다 장로가 될 만한 사람들이 있었다. 안디옥 교회는 두 사도를 파송할 때 금식을 했는데 바울과 바나바도 장로를 세우면서 금식을 했다. 그들은 사도이기 때문에 장로를 세울 권한이 있었다. 여기서 "그들"은 장로들이다. 주님께 그 새로 세운 장로들을 위탁하였다. 장로라도 주님이 함께하셔야 사명을 감당한다. 새롭게 태어나는 이방 지역의 교회에 바울과 바나바는 깊은 애정을 가졌다.

비시디아 가운데로 지나서 밤빌리아에 이르러(행 14:24).

바울과 바나바는 비시디아 가운데를 지나 밤빌리아에 도착하였다.

말씀을 버가에서 전하고 앗달리아로 내려가서(행 14:25).

그들은 버가에서 말씀을 전했다. 두 사도는 이 지역에 오래 머물지 않았다. 두 사도는 다시 앗달리아로 내려갔다. 바울의 발걸음이 빨라졌다.

거기서 배 타고 안디옥에 이르니 이 곳은 두 사도가 이룬 그 일을 위하여 전에 하나님의 은혜에 부탁하던 곳이라(행 14:26).

두 사도가 배를 타고 간 곳이 처음 선교 여행을 출발했던 안디옥이었다. 먼 거리를 배를 타고 이동했다. 바울과 바나바가 지금까지 많은 일을 할 수 있었던 것은 안디옥 교회 덕분이다. 안디옥 교회는 바나바와 바울을 안수하여 파송한 교회였다. 그들은 처음 출발지로 다시 돌아왔다. 1차 선교 여행을 무사히 마친 쾌거였다.

그들이 이르러 교회를 모아 하나님이 함께 행하신 모든 일과 이방인들에게 믿음의 문을 여신 것을 보고하고(행 14:27).

바울과 바나바가 교회를 모았는데 그것은 개개인을 가리키는 것이 아닌 그 지역의 여러 교회를 모았다는 의미다. 당시 안디옥에 교회가 하나만 있었다고 볼 수 없다. 이렇게 모인 사람들에게 각 지역에서 하나님이 행하신 일들을 말했다. 그들이 파송을 했으니 보고하는 것이 마땅하다. 보고 내용은 하나님의 주도 아래 바울과 바나바 그리고 여러 일행이 행한 일들이었다. 그들이 움직였던 모든 배후에는 하나님이 계신다. 특히 하나님이 이방인들에게도 예수님을 믿을 수 있는 기회를 주신 것을 보고하였다. 대사도인 바울도, 그리고 그보다 앞서 베드로도 이방에게 믿음의 문을 여신 것을 확인하였다. 바울은 돌에 맞아 죽을 뻔한 이야기 등을 했을 것이지만 주님은 이 본문에 기록하지 않으셨다.

제자들과 함께 오래 있으니라(행 14:28).

바울과 바나바는 약 4년 동안(주후 46-49년) 선교지에 다녀온 후 제자들과 오랜 시간을 같이 지냈다. 선교지에 간다고 해서 계속 거기에서 살아야 하는 것은 아니다. 하나님의 은혜로 1차 선교 여행이 마무리되었다. 바울과 바나바는 안디옥 교회에서도 할 일이 많았다. 그들은 다시 안디옥 교회를 섬겼다. 그러면서 연약한 건강이 회복되고, 하나님이 주실 새로운 사명을 기다렸다.

15장

예수 중심의 복음을 정립하다

신약교회는 구약교회처럼 건물 중심의 교회가 아니라, 세상에 흩어져 어느 곳이든 성전으로 삼아 주님을 섬기는 교회다. 그러므로 성령의 임재가 성전을 삼는 것의 증거가 되었다. 베드로, 스데반, 빌립 그리고 바울, 바나바 등이 강력히 역사하는 활기찬 교회였다. 11장에서는 이방 땅에 안디옥 교회가 세워지고, 12장은 헤롯과 베드로가 충돌하지만 헤롯이 죽었다. 13장은 바울과 바나바가 1차 선교 여행 중 구브로와 비시디아 안디옥으로 갔고, 14장은 이고니온, 루스드라, 데베로 갔다가 다시 안디옥 교회로 돌아왔다. 15장에서는 안디옥 교회가 할례를 받지 않고도 구원을 받는 신학 이론을 정립하는 내용이 나온다.

어떤 사람들이 유대로부터 내려와서 형제들을 가르치되 너희가 모세의 법대로 할례를 받지 아니하면 능히 구원을 받지 못하리라 하니(행 15:1).

안디옥 교회가 잘 성장하고 있었다. 바울과 바나바도 머물고 있었다. 그때 유대로부터 어떤 사람들이 내려와 형제들을 가르쳤다. 그들의 이름은 성경에서 밝히지 않고 있다. 하지만 유력한 사람들일 것이다. 그들은 안디옥 교회가 이방 지역에 세워졌으므로 유대로부터 온 교사들인 자기들이 그들을 바르게 가르쳐야 한다고 생각한 것이 확실하다.

사마리아가 말씀을 받았을 때는 예루살렘 교회에서 베드로와 요한을 보냈었다(8:14). 또한 처음 은혜 받은 안디옥에는 바나바를 보냈었다(11:22). 그런데 이들의 경우 유대에서 온 것은 맞지만 그들은 보냄을 받고 온 것이 아니라 스스로 온 것이었다.

그들이 가르친 내용은 모세의 법대로 이방인들도 할례를 받아야 구원을 받는다는 것이었다. 예수 믿고 성령 충만하고 세례를 받는다 해도 구원받을 자격이 안 된다는 것이었다. 그들의 가르침대로라면 세례도 받고 할례도 받아야 했다. 그것은 시대착오적인 잘못된 가르침이었다. 그리스도로 말미암아 할례 제도는 그 목적을 성취하고 끝이 났다(롬 10:4, 빌 3:3). 분명한 것은 십자가의 공로 이외에 어떤 것도 구원에 추가할 수 없다(박윤선).

> 바울 및 바나바와 그들 사이에 적지 아니한 다툼과 변론이 일어난지라 형제들이 이 문제에 대하여 바울과 바나바와 및 그 중의 몇 사람을 예루살렘에 있는 사도와 장로들에게 보내기로 작정하니라(행 15:2).

지금까지 안디옥 교회에서 가르쳐온 바울과 바나바는, 스스로 내려온 자들이 가르치는 이런 내용을 듣고는 깜짝 놀라 전혀 그렇지 않다고 항변하였다. 바울과 바나바는 진작부터 의견이 같았다. 유대에서 온 사람들의 가르침 때문에 교회는 벌집을 쑤셔놓은 것처럼 말들이 많아지고 다툼도 생겼다. 바울과 바나바의 목회 현장에 갑자기 날벼락이 떨어진 것이다. 그러나 구원 문제는 심각하게 다루어야 할 문제이기 때문에 조금이라도 오해가 생긴 이상 그냥 넘어갈 수는 없었다. 안디옥 교회에 심각한 문제가 생겼는데 성도들은 바울과 바나바의 말만 믿고 따를 수 있는 상황이 아니었다. 그리고 그 가운데는 혹시 지금까지 잘못된 가르침을 받은 것은 아닌지 의심하는 사람도 생길 수 있었다.

때문에 교회는 이 문제를 해결하기 위해 적극적으로 나섰다. 가장 믿을 만한 바울과 바나바 두 사도와 유력한 인사 몇 명을 뽑았다. 그리고 이 문제에 대해 예루살렘에 있는 사도와 장로들의 의견을 듣기로 결정하였다. 최종적인 권위를 그들에게 두었다.

> 그들이 교회의 전송을 받고 베니게와 사마리아로 다니며 이방인들이 주께 돌아온 일을 말하여 형제들을 다 크게 기쁘게 하더라(행 15:3).

바울과 바나바와 몇 명은 예루살렘을 향해 또다시 먼 길을 떠나야 했다. 안디옥의 성도들은 잘 다녀오기를 소원했다. 두 사도는 예루살렘으로 가는 길에 베니게와 사마리아를 자연스럽게 지나갔다. 가는 곳마다 그곳에 사는 제자들이 두 사도를 알아보았다. 두 사도는 선교 여행을 통해 많은 이방인들이 주께 돌아온 것을 말해주었다. 그 소식을 들은 예수 믿는 형제들은 다 크게 기뻐하였다. 유대인만 구원받아야 한다고 시샘하며 떼쓰는 자가 없었다. 유대인과 이방인이 하나 되어 주님을 믿는 시대가 도래한 것이다

> 예루살렘에 이르러 교회와 사도와 장로들에게 영접을 받고 하나님이 자기들과 함께 계셔 행하신 모든 일을 말하매(행 15:4).

바울과 바나바가 예루살렘에 도착하자 교회와 사도와 장로들이 영접했다. 두 사도는 하나님이 그들과 함께하셔서 그동안 복음 전도와 가르치는 일을 잘 할 수 있었다고 말했다. 성도가 주를 위해 한 일은 자랑이 아니라 보고하며 간증하는 것이다. 두 사람은 확신을 가지고 말했다. 그것은 주님이 나타나셔서 바울을 인도하셨고, 그들이 가는 곳마다 성령의 역사와 이적과 기적이 일어났기 때문이다. 주님이 기뻐하지 않으시면 이런 역사는 일어날 수가 없다.

바리새파 중에 어떤 믿는 사람들이 일어나 말하되 이방인에게 할례를 행하고 모세의 율법을 지키라 명하는 것이 마땅하다 하니라(행 15:5).

구약교회에서 바리새인이었는데 예수님을 믿고 신약교회에 들어온 사람들이 있었다. 그들은 다른 사도들이 있는데도 바울과 바나바에게 자기들의 주장을 내세웠다. 그들은 신약교회에 들어왔으나 여전히 바리새파였다. 아마 이런 사상을 가지고 있던 사람 중에 "어떤 사람"들이 안디옥으로 내려와 가르쳤을 것이다. 그들은 이방인이 예수 믿고 교회에 나왔다면 자기들처럼 할례를 받고 모세의 율법도 지킬 것을 명령해야 한다고 강하게 말했다. 구약교회에서 신약교회로 넘어오는 과정에서 해결하고 바로 세울 일이 여전히 많았다.

사도와 장로들이 이 일을 의논하러 모여(행 15:6).

예루살렘의 사도들과 교회의 장로들이 이런 주장을 듣고 의논하기 위해 모였다. 사실 사도행전 11장 18절에서 베드로가 고넬료의 집에 갔을 때 성령이 임하신 것을 보고했었다. 그러므로 하나님이 이방인에게도 생명 얻는 회개를 주셨다고 인정했었다. 그때 할례자들의 비판이 수그러들었었는데, 이미 결정이 난 내용을 가지고 그들은 계속 문제 제기를 하였다.

많은 변론이 있은 후에 베드로가 일어나 말하되 형제들아 너희도 알거니와 하나님이 이방인들로 내 입에서 복음의 말씀을 들어 믿게 하시려고 오래 전부터 너희 가운데서 나를 택하시고(행 15:7).

사도들과 장로들이 많은 토의를 했다. 어떻게 보면 주님이 나타나셔서 한 마디만 하시면 되는 일이었고, 또한 주님이 다른 때는 바울이나 베드로에게 잘 나타나기도 하셨다. 그런데 이때는 그들에게 맡기셨다. 주님이 모든 문제에 대해 일일이 다 대답해주시는 것은 아니다. 그렇다면 사람이 생각하거나 기도할 일이 없어진다. 베드로는 여러 사람, 그 가운데는 문제를 제기한 사람들도 있었는데 바로 그들에게 말하였다. 이 문제는 먼저 너희도 알고 있다고 하였다.

하나님은 베드로의 설교를 통해 이방인들에게 전도하라고 하셨다는 것이다. 이방인들이 베드로의 설교를 듣고 믿게 하시려고 계획하셨다고 말했다. 그 대표적인 것이 고넬료의 가정이었다(행 11장). 하나님이 베드로 자신을 택하시고 부르신 것은 오래전이라고 했다. 사실 베드로는 여러 형제 가운데서 부르심을 받아 사도로 세워진 것이 가장 오래되었다. 자신에게 사도적 권위가 누구보다도 있다는 것을 의미했다.

> 또 마음을 아시는 하나님이 우리에게와 같이 그들에게도 성령을 주어 증언하시고(행 15:8).

하나님은 하나님을 믿는지, 믿지 않는지, 마음이 깨끗한지, 더러운지를 아신다. 주님은 유대인이나 이방인이나 똑같은 눈으로 보신다. 오순절 마가의 다락방에서 성령을 받은 것처럼 이방 사람들에게도 성령을 주셨다고 베드로는 말한다. 베드로가 구체적으로 이름은 밝히지 않았지만 그 한 예로 고넬료 가정에 하나님이 성령을 부어주셨다. 그러므로 은혜받는 것은 유대인이나 이방인이나 같다. 성령은 예수가 주시라고 이방인에게 가르쳐주셨다.

> 믿음으로 그들의 마음을 깨끗이 하사 그들이나 우리나 차별하지 아니하셨느니라(행 15:9).

성령은 그들에게 예수 그리스도를 믿게 하시고 예수님의 피로 깨끗하게 된다는 사실을 가르쳐주셨다. 그러므로 이방인들도 마음을 깨끗하게 하셨다. 그들의 마음이라고 언제까지나 더럽고 때 묻은 것이 아니다. 사도들에게나 유대인들에게 성령이 임하셨고, 이방인들도 예수님을 믿고 성령을 받아 깨끗하게 되었다. 그러므로 주님은 또한 성령은 유대인이나 이방인이나 차별하지 않으셨다. 베드로는 이 사실을 현장에서 두 눈으로 똑똑히 보며 체험하였다. 베드로처럼 이방인이 성령받는 것을 보지 못한 사람은 그동안 계속해서 시비를 걸어왔다. 이처럼 보는 것과 보지 못하는 것은 모든 면에서 차이가 크다. 그들이 그 상황을 직접 보았다면 이처럼 쓸데없이 시간을 낭비했을까…그건 알 수 없는 일이다.

> 그런데 지금 너희가 어찌하여 하나님을 시험하여 우리 조상과 우리도 능히 메지 못하던 멍에를 제자들의 목에 두려느냐(행 15:10).

이방인도 할례를 받고 모세의 법을 지켜야 구원을 받는다는 말을 하는 사람들에게 베드로가 말했다. 너희들 도대체 왜 그러느냐고 말이다. 마치 하나님이 어떻게 나오시는지 보려는 것처럼 시험하고 있다고 하였다. 즉, 십자가의 보혈로 구원받는다는 사실 여러 차례 말씀했는데 그들이 의심하고 있었기 때문이다. 베드로는 그들의 주장을 "우리 조상과 우리도 능히 메지 못하던 멍에"라고 규정했다. 유대인 조상들과 지금의 베드로와 그 형제들도 지난날 율법의 멍에를 제대로 메지 못하였다. 즉, 율법을 온전히 지키지 못했다는 고백이다. 그리고 그 율법을 모두가 힘들어하였다.

유대인 조상들도 또한 베드로와 여러 사람도 출생 때부터 아무리 애써도 지키지 못한 법을 어떻게 이방인으로서 성경도 모른 채 이제 처음 신약교회에 들어온 사람들에게 요구하느냐는 말이다. 우리의 연약함을 아시는 주님의 배려다.

> 그러나 우리는 그들이 우리와 동일하게 주 예수의 은혜로 구원 받는 줄을 믿노라 하니라(행 15:11).

베드로는 이방인들이 베드로 자신이나 유대인들과 동일하다고 하였다. 구원을 받는 데 차별이 없는 것이다. 구원은 주 예수의 은혜로 받는 것이다. 할례나 율법을 지켜서가 아니다. 이에 대해 어느 육체도 자랑할 자가 없다. 여기에서 베드로의 구원관이 드러난다. 베드로는 여기에서 이방인을 주께서 받아주셨다고 말한 것을 끝으로 더 이상 성경 기록에 나타나지 않는다. 베드로는 숨겨졌지만 주님을 기쁘시게 하는 일을 계속했다.

> 온 무리가 가만히 있어 바나바와 바울이 하나님께서 자기들로 말미암아 이방인 중에서 행하신 표적과 기사에 관하여 말하는 것을 듣더니(행 15:12).

베드로의 말이 끝나자 어느 누구도 이의를 제기하지 않았다. 그리고 안디옥에서 올라온 바나바와 바울의 선교 보고를 들었다. 두 사도는 하나님이 자기들을 사용하신 이야기를 하였다. 그 내용은 이방인들에게 복음을 전할 때 표적과 기사가 나타났다는 것이었다. 온 무리는 두 사도의 이야기를 조용히 들었다. 바나바의 이름이 바울보다 먼저 나오는 것은 예루살렘에서 먼저 알려지고 존경을 받았기 때문이다(존 스토트).

그들의 보고는 탁상공론이나 지식을 가지고 하는 토론이 아니라, 현장에서 수도 없이 이루어진 일에 대한 것이었다. 어떤 사건이든 현장이 중요하다. 현장 보고만큼, 경험한 내용만큼 신빙성 있는 보고는 없다. 하나님이 하신 일이 100퍼센트 모두 책에 기록된 것은 아니다. 그러므로 기록된 책만 고집하면 오히려 진리를 가릴 수 있다. 예루살렘 공의회는 여러 사람의 의견을 충분히 들었다.

> 말을 마치매 야고보가 대답하여 이르되 형제들아 내 말을 들으라(행 15:13).

베드로의 말에 이은 바울과 바나바의 말이 끝났다. 그들은 중요한 사람들의 말을 다 들었다. 그때 야고보가 대답하여 말했다. 그는 당시 예루살렘 교회에서 사회자와 같은 위치였다. 아마 예수님의 형제 야고보일 것이다. 그는 형제들에게 자신의 말을 들으라고 하였다. 어느 모임에서든지 양쪽의 의견이 갈릴 때는 권위 있는 자가 중간에서 일처리를 잘해야 한다. 야고보는 사도로나 집사로 부름을 받지 못했지만 사도들이 거의 모두 선교지로 떠난 이후에 약해질 대로 약해진 예루살렘 교회를 유지해나가고 있었다. 그러나 그는 사도들만큼의 활약상을 보여주지 못했다.

> 하나님이 처음으로 이방인 중에서 자기 이름을 위할 백성을 취하시려고 그들을 돌보신 것을 시므온이 말하였으니(행 15:14).

하나님이 처음으로 이방인 중에서 행하신 일이 있다고 시므온이 말했음을 야고보가 말했다. 시므온은 베드로를 가리킨다. 베드로가 말한 내용을 보면 하나님은 이방인 중에서 하나님의 이름을 위할 백성을 취하려 하신다는 것이었다. 그래서 그들을 돌보셨다고 말했다. 그것은 7절에서 11절까지의 내용을 요약한 것이다. 야고보는 베드로의 말을 잘 듣고 충분히 이해하고 있었다.

> 선지자들의 말씀이 이와 일치하도다 기록된 바(행 15:15).

야고보는 시므온 베드로가 말한 내용이 구약 시대 선지자들의 말과 일치한다고 했다. 그러므로 자신의 의견도 그들과 같다고 선포했다. 야고보는 베드로의 말을 믿고 지금 사람들에게 말하고 있는 것이다. 선지자들이 기록한 글은 아모스 9장 11-12절의 내용이다.

> 이 후에 내가 돌아와서 다윗의 무너진 장막을 다시 지으며 또 그 허물어진 것을 다시 지어 일으키리니(행 15:16).

여기서 "내가"는 하나님을 가리킨다. 그리고 그 무너진 장막을 다시 지으신다고 하셨다. 선지자가 허물어진 것을 다시 지어 일으킨다고 성경에 기록하였다. 그런데 예수 그리스도가 다윗의 후손으로 오신 후 이 예언이 성취되었다. 이것을 야고보가 말하고 있는 것이다.

이는 그 남은 사람들과 내 이름으로 일컬음을 받는 모든 이방인들로 주를 찾게 하려 함이라 하셨으니(행 15:17).

무너진 다윗의 장막을 일으키고 다시 세우려는 목적은 남은 사람들을 위한 계획 때문이다. 이들은 인류 가운데 택함받은 자들이다. 즉, 예수 그리스도의 이름으로 택함받은 이방인들을 향한 것이다. 택함받은 자는 유대인 중에도 있고, 이방인 중에도 있다. 무너진 다윗의 장막을 일으키는 것이야말로 이방인이 주를 찾게 되는 길이기 때문이다. 그러므로 유대인의 남은 자와 이방인을 위해 다윗의 장막은 재건된다. 이것은 선지자의 글로서 야고보가 인용하고 있다.

즉 예로부터 이것을 알게 하시는 주의 말씀이라 함과 같으니라(행 15:18).

선지자의 글을 통해 옛날부터 사람들이 알게 하셨다. 이것은 주의 말씀이다. 그러므로 어느 누가 잘 했느니 못 했느니 시비할 수 없다.

그러므로 내 의견에는 이방인 중에서 하나님께로 돌아오는 자들을 괴롭게 하지 말고(행 15:19).

야고보가 개인적으로 단언하고 있다. 이방인 중에서 현재 택함받은 자 일부가 하나님을 믿고 있다. 그런데 그들에게 "할례를 받아라. 모세의 율법을 지켜라" 하면서 짐을 지우지 말라는 뜻이다.

다만 우상의 더러운 것과 음행과 목매어 죽인 것과 피를 멀리하라고 편지하는 것이 옳으니(행 15:20).

야고보가 말하는 "우상의 더러운 것"은 우상 앞에 바쳐진 것인데 이것을 먹지 말라는 말씀은 고린도전서 10장 14- 22절과 요한계시록 2장 14절에도 기록되어 있다. 이것이 이방 사람이 하나님께로 돌아올 때 가장 먼저 유의해야 할 점이다. 이 부분을 결코 소홀히 여겨서는 안 된다. 우리나라의 경우도 기독교가 들어온 지 100여 년밖에 되지 않아 신자라고 해도 본인 또는 가족이나 부모 가운데 우상숭배를 행했던 사람이 너무 많다. 특히 오늘날 사회 구석구석에도 수천 년 동안 공존해온 여러 종교와 신앙 집단 때문에 전통과 문화로 착각된 우상숭배가 너무 많기 때문에 우리도 모르는 사이 죄를 지을 수 있으므로 반드시 유의해야 한다. 우상에게 절하거나 기도하거나 그 음식을 먹는 것은 악한 행위다.

"음행"은 사람의 문란한 성생활이다. 특히 이교 신전에서 행해지는 성창을 가리킨다(이달).

"목매어 죽인 것"의 경우 당시 이교 신전에서 희생제사에 사용될 동물을 목 졸라 죽이는 관습이 있었던 것을 가리킨다. "피"를 멀리하라고 했는데, 이방 신전에서 짐승을 목 졸라 죽이고는 제사장이 피를 맛보거나 마셨기 때문이다. 이것은 위생적으로도 부정하다. 피는 생명일 뿐만 아니라 실제로 다른 짐승의 피는 사람에게 좋지 않다. 당시 유대인 기독신자는 피를 먹지 않은 반면 이방인 신자들은 피를 먹기도 했는데 양자의 화합을 위하여 이방인들도 당분간 피를 먹지 않는 규제를 지키는 것이 필요하였다(박윤선).

야고보는 이 내용을 이방교회에 편지하는 것이 옳다고 했다. 예루살렘 밖의 많은 지역에 수많은 교회들이 생겼는데 야고보가 정리한 이 내용을 각 교회에 보내 지키게 하라는 것이다. 왜냐하면 이러한 문제 제기가 안디옥 교회에서만 있었던 것이 아니며 앞으로 많은 교회에서도 분쟁의 씨앗이 될 수 있었기 때문이다.

이는 예로부터 각 성에서 모세를 전하는 자가 있어 안식일마다 회당에서 그 글을 읽음이라 하더라(행 15:21).

신약교회는 예수님을 증거했지만 모세를 전하는 교회도 있었다. 모세를 전하면 율법을 전하게 되고 전승도 전하게 된다. 그 교회들은 안식일마다 회당에서 모세의 글을 읽었다. 따라서 당연히 모세의 율법을 읽었기 때문에 할례를 해야 하느냐, 율법을 지켜야 하느냐 하는 말이 나왔던 것이다. 그러므로 예루살렘 총회에서 결의한 내용을 각 교회에 편지하는 것이 옳다고 하였다. 야고보는 구약교회에서 신약교회로 넘어오는 과도기에 정리를 잘하였다.

이에 사도와 장로와 온 교회가 그 중에서 사람들을 택하여 바울과 바나바와 함께 안디옥으로 보내기를 결정하니 곧 형제 중에 인도자인 바사바라 하는 유다와 실라더라(행 15:22).

이에 사도와 장로와 온 교회가 결정했다. 이제 바나바와 바울이 안디옥으로부터 올라와 "할례를 받아야 구원을 받느냐"에 대한 판단을 해달라는 문제를 처리해야 했다. 이 문제는 어느 개인이 아니라 사도와 장로, 온 교회가 나서서 처리했다. 그들은 바울과 바나바와 함께 안디옥에 갈 사람을 택하기로 하였다. 형제 가운데 인도자인 유력한 사람 유다와 평생 바울과 함께하게 될 실라였다. 이들은 해답을 가지고 안디옥으로 내려갔다. 그들은 존경받는 자들이었다. 바사바라 하는 유다는 실라보다 이름이 앞에 나오는 중요한 사람이었지만 복음을 위해 바울과 함께 목숨 바쳐 일한 실라보다 이 땅에서나 하늘에서 비중이 떨어진다. 실라는 로마 시민이다(16:25).

그 편에 편지를 부쳐 이르되 사도와 장로 된 형제들은 안디옥과 수리아와 길리기아에 있는 이방인 형제들에게 문안하노라(행 15:23).

사도와 장로와 교회는 편지를 써서 보내기로 했다. 편지는 여러 도시에 있는 모든 성도를 생각하는 내용이었다. 그곳에는 모두 신약교회가 있었다. 유대인으로 구성된 사도, 장로, 형제들은 드디어 이방인으로서 예수님을 믿는 사람들을 인정하고 형제라고 불렀다. 그리고 문안하였다. 예루살렘 회의는 유대인과 이방인이 하나라는 결정을 하고 편지했다. 이제 신약교회는 예수님을 중심으로 하나가 되었다.

> 들은즉 우리 가운데서 어떤 사람들이 우리의 지시도 없이 나가서 말로 너희를 괴롭게 하고 마음을 혼란하게 한다 하기로(행 15:24).

15장 1절에 나오는 "어떤 사람들이 유대로부터 내려와서"에 관한 언급이다. 즉, 그들이 사도나 교회의 지시 없이 안디옥 교회로 내려갔다는 책망이다. 초대교회 안에 권위를 무시하고 자기 마음대로 움직이는 사람들이 있었다. 교회는 그들에게 누구를 가르치라고 위임한 적이 없었다. 또한 안디옥 교회가 정식으로 그들을 초청한 적도 없었다. 그들은 스스로 안디옥에 와서 가르치고 문제를 일으켰다. 예수 안에도 법이 있고 질서가 있는데 다른 교회에 가서 자기 마음대로 가르치는 것은 아주 잘못된 일이다.

야고보가 주도한 총회 결정에 대해 할례를 받아야 한다고 가르쳤던 유대인 출신 교사들은 상당히 실망을 했을 테지만, 예수로만 구원을 받는다는 진리를 예루살렘 총회는 결코 포기할 수 없었다. 자기들 마음대로 말한 것이 이방인 성도들을 괴롭히고 그들의 마음을 혼란스럽게 만들었다. 그들의 가르침이 바울과 달랐기 때문에 혼란이 더 커졌다. 그 책임은 혼란을 일으킨 자들의 몫이다.

> 사람을 택하여 우리 주 예수 그리스도의 이름을 위하여 생명을 아끼지 아니하는 자인 우리가 사랑하는 바나바와 바울과 함께 너희에게 보내기를 만장일치로 결정하였노라(행 15:25-26).

사람을 택하였다는 것은 바나바와 바울과 함께 갈 사람을 택했다는 것이다. 하나님의 사람은 누구든지 예수 그리스도의 이름을 위해야 한다. 그것은 교리나 교단, 사람, 민족과 국가보다 위다. 교회의 주인은 주님이다. 그리고 그리스도 안에서 주님의 이름을 위해 생명을 아끼지 아니하는 사람이 있다는 것이다. 그런 사람은 쉽지 않다.

초대교회 사도들은 바나바를 사랑했고, 바울도 사울이었다가 바울이 된 것을 인정하고 그를 바울이라고 불렀다. 그리고 그들을 사랑한다고 했다. 사랑하는 이유는 그들이 그리스도의 이름을 위해 생명을 아끼지 않았기 때문이다. 편안한 예루살렘에 앉아 탁상공론을 하는 사람과 이방 땅으로 다니면서 죽을 고비를 수도 없이 넘기며 고생하는 바울과 바나바를 놓고 볼 때 누가 더 권위가 있겠는가. 지도자라면 책만 뒤적거리지 말고 성도들이 요구하는 현장으로 뛰어들어야 한다.

바나바와 바울 그리고 함께 갈 사람을 모두가 찬성하여 결정해 보낸다고 하였다. 파송은 공동체가 결정하여 보내는 것이 합법이다. 그들은 최종적으로 하나의 의견을 모았고 다수결로 결정하지 않았다. 다수결로 결정되는 교리가 있다면 그것은 상당히 위험하다. 왜냐하면 시간이 지나면 다시 다수가 바뀔 수 있기 때문이다. 어느 때는 권력으로 어느 때는 물질로 다수결이 바뀔 수 있다. 그러므로 가능하면 교리는 만들지 않는 것이 좋다. 교리는 세월이 지나면 바리새인이 주장하는 전통 또는 율법이 될 소지가 있다. 교회의 모든 부분은 시간이 지나면서 새롭고 개혁적인 내용이 새로이 선택될 수 있다.

그리하여 유다와 실라를 보내니 그들도 이 일을 말로 전하리라(행 15:27).

유다는 유다 바사바인데(15:22-27) 초대 예루살렘 교회의 지도자, 즉 선지자로 보인다(15:32). 실라도 예루살렘 교회 출신이다. 유다와 실라가 안디옥 등 여러 지역에서 말로 전하리라는 것이다. 그들은 모두가 의논하여 결정한 일을 전하고 다녔다.

성령과 우리는 이 요긴한 것들 외에는 아무 짐도 너희에게 지우지 아니하는 것이 옳은 줄 알았노니(행 15:28).

사도와 장로들은 "성령과 우리는"이라고 하면서 성령과 자신들의 뜻을 동일하게 여겼다. 성령 충만한 그들이 성령의 뜻과 상반된 결정을 내릴 리 없었다. 그러면서도 성령을 자신들보다 앞세우는 뜻도 있었다. 그리고 앞에서 언급한 몇 가지 지켜야 할 것만을 가리킨다. 이 몇 가지만 지킨다면 이방인으로서 신약교회에 들어온 사람들에게 짐을 지우지 않겠다는 뜻이다. 구원은 오직 예수밖에 없다. 이 결정은 유대인과 이방인이 조화를 이루어나가려는 것이었다.

우상의 제물과 피와 목매어 죽인 것과 음행을 멀리할지니라 이에 스스로 삼가면 잘되리라 평안함을 원하노라 하였더라(행 15:29).

20절에서 말한 것처럼 이러한 것들은 피해야 한다. 스스로 잘 깨닫고 조심하면 잘되리라는 것이다. 사도들과 장로들이 이방인 신자들에게 원하는 것은 평안이다. 지도자들은 성도들의 평안을 진심으로 원해야 한다. 헛된 것으로 갈등을 조장하면 안 된다.

그들이 작별하고 안디옥에 내려가 무리를 모은 후에 편지를 전하니(행 15:30).

바나바, 바울, 유다, 실라는 예루살렘 성도들과 작별하고 안디옥으로 내려갔다. 바나바와 바울의 권위도 있었지만 안디옥 교회 안에서 논란이 생겼을 때 사도를 위시한 예루살렘 교회의 결정이 큰 효력을 나타냈다. 그들은 편지를 전했다.

읽고 그 위로한 말을 기뻐하더라(행 15:31).

유대인들과 이방인 출신 성도들은 예루살렘에서 온 편지를 읽고 그 위로의 말 때문에 기뻐하였다. 교회와 교회의 관계에서 일어나는 아름다운 모습이다.

유다와 실라도 선지자라 여러 말로 형제를 권면하여 굳게 하고(행 15:32).

유다와 실라 두 사람은 유다 선지자, 실라 선지자라고 해야 하는 선지자다. 이렇게 사도들이 있는 신약교회 안에도 선지자라고 불리는 수준 있는 사람들이 있었다. 이들은 바울이나 베드로와는 비교할 수 없지만 상당히 수준 있는 하나님의 사람들임에 틀림없다. 그들은 주목받지 못하던 사도들 못지않은 활약상을 보여준다. 열두 사도가 교회의 기초가 되는 것은 사실이지만 능력 측면에서는 유다와 실라가 활동이 약한 사도들보다 더 뛰어나다고 할 수 있다. 이들은 하늘나라에서도 존귀한 자들일 것이다.

특히 실라를 선지자로서 주목해야 한다. 그들은 많은 신앙의 말로 성도들을 견고히 해주었다. 성도들을 바로 세우는 것이 큰 사역이다. 그들은 선지자였기 때문에 하나님과 깊이 교제하였고 하나님의 뜻을 잘 전했을 것이다.

얼마 있다가 평안히 가라는 전송을 형제들에게 받고 자기를 보내던 사람들에게로 돌아가되(행 15:33).

유다와 실라는 자신들의 임무를 열심히 수행하였다. 그리고 얼마 후에 여러 형제들의 전송을 받았다. 예루살렘 교회가 보냈으므로 다시 예루살렘 교회로 돌아갔다.

(없음)(행 15:34)

한글성경의 경우 앞 구절이 마무리되지 않은 상태에서 다음 구절이 없는데 영어성경 KJV에는 "유다는 그의 동료인 실라를 안디옥에 남겨둔 채 예루살렘으로 돌아왔다"고 기록하고 있다. 참고할 수 있는 말이다. 실제로 실라는 그때부터 바울의 선교 여행에 동행하였다. 그에 대한 설명이 되는 부분이다.

> 바울과 바나바는 안디옥에서 유하며 수다한 다른 사람들과 함께 주의 말씀을 가르치며 전파하니라(행 15:35).

바울과 바나바는 안디옥에 계속 머물렀다. 예루살렘의 사도들이 말할 때에는 바나바의 이름이 앞에 나오는데 사도행전을 기록한 누가는 바울의 이름을 앞세운다. 이 부분은 예루살렘에서 떠난 후이기 때문에 바울이 먼저 등장한다. 바울과 바나바는 계속 안디옥에 머물렀다. 바울과 바나바의 가르침이 옳았다는 사실이 인정되었기 때문에 더 열심히 전할 수 있었다. 그리고 그곳에는 많은 사역자들이 있었다. 모든 사역자가 총출동하여 주님의 말씀을 가르치고 전파하였다. 안디옥 교회는 활기차게 움직였다. 교회가 번성해가는 모습이다.

> 며칠 후에 바울이 바나바더러 말하되 우리가 주의 말씀을 전한 각 성으로 다시 가서 형제들이 어떠한가 방문하자 하고(행 15:36).

안디옥에는 많은 선생들이 있었고 교회가 훌륭하게 성장해나가고 있었다. 바울이 바나바에게 한 가지 제안을 하였다. 1차 선교 여행을 하면서 각 성에서 주의 말씀을 전했는데 다시 그 현장에 가보자는 것이었다. 다른 특별한 목적이 있는 것은 아니고 주님을 믿는 성도들이 어떤 상태에 있는지 알고 싶었던 것이다. 목숨을 걸고 전도한 사람의 입장에서는 당연한 소망이었다. 드디어 2차 선교 여행이 시작되었다. 여기서 주도권은 바울에게 있다.

> 바나바는 마가라 하는 요한도 데리고 가고자 하나(행 15:37).

바울의 제안에 바나바는 동의했다. 그리고 바나바는 마가라 하는 요한도 데리고 가자고 하였다. 마가는 바나바의 조카로 알려져 있는데, 마가라 하는 요한은 바울과 바나바와 함께했던 선교 여행 중에 밤빌리아 버가에서 예루살렘으로 돌아간 적이 있었다(13:13).

> 바울은 밤빌리아에서 자기들을 떠나 함께 일하러 가지 아니한 자를 데리고 가는 것이 옳지 않다 하여(행 15:38).

바울은 바나바의 의견에 동조하지 않았다. 그것은 마가라 하는 요한이 1차 선교 여행에서 함께 일하러 가지 않았기 때문이다. 바울은 버가에서 마가라 하는 요한이 떠난 후 비시디아 안디옥과 이고니온에서 전도하다 돌에 맞을 뻔했고, 결국 그다음 전도지인 루스드라에서 돌에 맞아 죽은 자처럼 되었다 성 밖으로 던져지는 참혹한 고난을 당했다. 그렇게 고생하면서 각 성마다 믿는 자를 불러내고 주님을 알게 했었다.

2차 선교 여행은 바로 그 고난과 죽음의 현장으로 다시 가보는 가슴 벅찬 여행이다. 그런데 마가라 하는 요한은 고생도 하지 않고 있다가 바울이 고생하여 얻은 열매를 구경하려고 가는 것밖에 되지 않았다. 이번 선교의 목적은 전도받고 예수님을 믿게 된 사람들을 견고하게 하려는 것이지 탐방이나 구경이 아니었다. 그러므로 바울은 마가라 하는 요한은 "함께 일하러 가지 아니한 자"로 자격이 없다고 못 박았다.

바울은 마가 요한을 데려가는 것은 옳지 않다고 자기의 의견을 확실히 하였다. 그리고 이 여행은 바울이 제안한 것이기 때문에 결정권도 상당 부분 바울에게 있었다. 바울은 마가라 하는 요한을 죄인으로 몰아붙인 것도 아니고, 안디옥에 있을 때에도 문제를 제기하지 않았었다. 그러나 이번 선교 여행만은 같이 갈 수 없다는 논리를 세웠다. 바울이 볼 때는 마가가 선교사로서 자격이 없었다. 또한 지난번에도 어려움을 극복하지 못한 그가 이번에도 그럴 것이라고 보았다.

서로 심히 다투어 피차 갈라서니 바나바는 마가를 데리고 배 타고 구브로로 가고(행 15:39).

바나바와 바울은 그동안 함께 주의 일을 훌륭하게 해왔다. 그러나 마가라 하는 요한의 일로 심하게 의견이 충돌되었다. 결국 두 사람은 결별하였다. 신약교회가 존경하는 위대한 사도들이 다툰 것이다. 그리고 완전히 갈라서게 되었다. 주변에 있던 많은 성도들은 어찌할 바를 몰랐을 것이고 시험에 든 사람도 있었을지 모른다. 우리는 이것을 보면서 인간은 죄인이고 완전한 사람은 없다는 사실을 항상 기억해야 한다. 그리고 어떤 일을 함께할 때 생각이 다를 수 있다는 사실을 인정해야 한다.

마가를 데리고 가는 것이 주의 뜻인지 아닌지를 주께 물을 수 있지만 주님은 개인의 선택에 맡기시는 경우가 많다. 설령 주의 뜻을 안다고 해도 개개인이 완전히 회개하고 거룩해지지 않는 한, 자신의 생각과 육신의 욕구에 영향을 받을 수밖에 없다. 그래서 두 사람은 인간이었다. 또한 바울은 과거의 혈기나 자기주장이 강했던 문제가 다 해결되었다고 볼 수 없다. 아직 몇 퍼센트는 더 씻어야 했다. 누구든 완전한 성화를 향해 가는 중일뿐이지 완성된 것은 아니다. 바울은 위대한 사도이지만 완벽한 것은 아니다.

그러므로 오늘날 지도자의 덕스럽지 못한 면을 보았을 경우 지나치게 실망하거나 믿음에서조차 떨어지는 경우가 있는데 그것은 아직 인간에 대한 이해가 부족해서다.

그러나 헤어진 두 사람이 각자의 길을 간 후에 바울은 바나바를 칭찬했고 마가를 좋게 여겼다(참고 골 4:10).

바나바는 바울을 따르지 않고 독립하여 조카 마가를 데리고 갔다. 바나바도 위대한 인물이고 사도급이기 때문에 독립된 선교단을 이끌 수 있는 충분한 자격이 된다. 사실 마가라 하는 요한은 생질인데 다른 사도들과 비교해보면 그에게는 부족한 면이 많다. 그가 마가복음을 기록했지만 이름 없는 사도보다 나은 것은 아니다. 바울과 바나바는 처음 안디옥에서 선교 여행을 시작했는데 바나바는 고향인 구브로로 다시 내려갔다. 이제는 자신이 선교단의 지도자였으며 마가와 동행하였다.

바울은 실라를 택한 후에 형제들에게 주의 은혜에 부탁함을 받고 떠나(행 15:40).

실라는 얼마 전 안디옥 교회의 일로 바울이 예루살렘에 갔다가 함께 내려온 유력한 인물이다. 예루살렘 교회는 다른 지역에 사람을 파송할 때 항상 최고 수준의 사람을 보내는 것이 전통이었는데 그 원리에 따르면 실라는 당시 최고 수준의 사람이었다고 할 수 있다. 그는 왕 같은 제사장이라고 할 수 있다. 실라는 바울과 함께 주의 일을 훌륭하게 감당하였다(15:32). 바울의 입장에서 보면 바나바의 빈자리에 모든 면에서 그와 수준이 비슷한 실라가 자리를 채웠다. 하나님의 나라는 하나님이 주장하여 일하신다. 또한 실라는 로마 시민이었는데 그 신분은 여러 모로 편리했다(갱글).

수리아와 길리기아로 다니며 교회들을 견고하게 하니라(행 15:41).

바울과 실라는 수리아와 길리기아로 다니면서 기존에 세워진 교회들을 돌아보며 굳건하게 하였다. 이것이 바울의 2차 선교 여행이다. 먼저 사역했던 1차 선교 여행에서 바울이 더 귀하게 사용되었었고, 바울이 교회에 대한 관심을 더 크게 가졌기 때문에 비록 바나바와 갈라졌지만 그는 지난번 전도 지역을 사랑으로 돌아보았다.

4부_바울의 2차 선교 여행 (사도행전 16-18장)

16장

빌립보의 바울과 실라

구약교회와 달리 신약교회는 성령이 충만한 교회였고, 성령이 역사하시고 믿는 자가 있다면 그곳이 성전이 되었다. 구약교회는 성전에서 양을 잡고 연기를 하늘로 피워 올렸지만 하나님은 성전에서 떠나셨다. 신약교회에는 사도 등 유력한 인물들이 많았고, 11장에서처럼 안디옥 교회가 세워졌다. 12장에서는 하나님이 헤롯을 죽이셨다. 13장은 바울과 바나바의 1차 선교 여행이 시작되었고 14장은 여행을 마치고 안디옥으로 돌아왔다. 15장에서는 안디옥 교회에서 복음 전도의 내용을 확정 지었다. 16장에서는 2차 선교 여행 중에 빌립보 성에서 바울과 실라가 전도하면서 일어난 일들을 보여준다.

바울이 더베와 루스드라에도 이르매 거기 디모데라 하는 제자가 있으니 그 어머니는 믿는 유대 여자요 아버지는 헬라인이라(행 16:1).

바울이 안디옥 교회를 떠났다. 그리고 고향 다소를 지나 가까운 서쪽 지역인 더베를 향해 갔다. 그리고 계속 서쪽으로 이동하면서 루스드라로 갔다. 바

| 바울의 2차 선교 여행 |

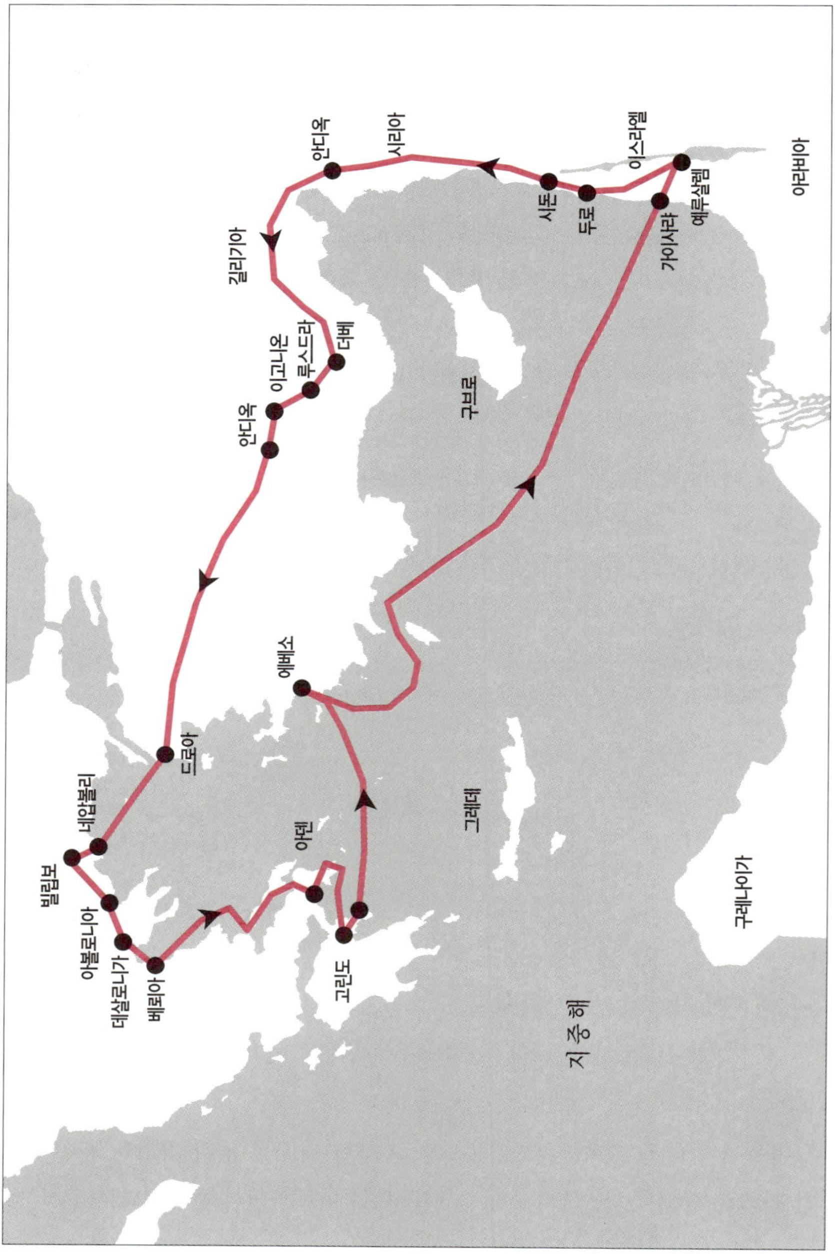

안디옥
시리아
이스라엘
아라비아
시돈
두로
예루살렘
가이사랴
길리기아
더베
루스드라
이고니온
안디옥
구브로
에베소
드로아
네압볼리
빌립보
암비볼리
아볼로니아
데살로니가
베뢰아
아덴
고린도
그레데
구레나이가
지 중 해

울이 1차 선교 여행을 하면서 가장 힘들었던 곳이 루스드라였다. 거기에서 돌에 맞아 죽었다가 살아났다. 그런데 그 슬픈 추억이 있는 곳을 다시 갔다. 다시는 가고 싶지 않은 곳일지는 모르지만 바울은 그곳을 들렀고 하나님의 위로가 있었다.

바울은 디모데를 만났는데, 그는 바울이 아들이라고도 부르는 인물로서 최초의 목사로 여겨진다. 바울이 죽을 뻔한 그곳에서 위대한 사도급의 제자가 배출되었다. 목숨을 걸고 전도한 보람이 뒤늦게 나타났다. 디모데는 헬라인 아버지와 믿는 유대인 어머니 사이에서 태어났다. 디모데후서 1장 5절에서 "네 외조모 로이스와 네 어머니 유니게 속에 있더니"라고 언급되는데 그들은 훌륭한 믿음의 여인이었다. 디모데의 활약상이 성경에 나타나지 않는 사도들보다도 더 많이 성경에 등장하고 있다.

바울이 서신을 보낼 때 디모데와 함께 문안을 할 정도로 인정하는 수준 높은 사도급이다. 그리고 바울은 그에게 편지도 보냈다. 그만큼 그가 훌륭하기 때문에 하나님은 사도행전을 기록한 누가를 통해 그의 가정사를 기록하게 하셨다. 열두 사도는 교회의 기초가 되지만 그 외에도 주님께 크게 쓰임받는 일꾼들이 많다.

디모데는 루스드라와 이고니온에 있는 형제들에게 칭찬 받는 자니(행 16:2).

디모데는 루스드라와 이고니온에 있는 믿음의 형제들에게 칭찬을 받는 자라고 하였다. 바울의 전도를 폭력적으로 훼방한 동네에서 그는 수많은 성도들로부터 칭찬을 듣는 일꾼이었다. 그런 큰 도시에서 칭찬을 들었다. 누구에게 칭찬을 듣느냐에 따라 그 사람의 수준이 결정된다. 불량한 사람들에게 칭찬 듣는 자와 교만한 사람들에게 칭찬 듣는 자는 믿을 수 없다. 또한 특정 지역 사람들에게 일방적으로 듣는 칭찬도 신빙성이 없다. 이방인들에게 칭찬을 듣는 것은 나쁠 것이 없지만 그럼에도 특히 성도들의 칭찬을 받아야 하며 거룩한 사람들에게 칭찬을 듣는 것이 복되다. 디모데는 믿는 사람들에게 칭찬을 들었다.

바울이 그를 데리고 떠나고자 할새 그 지역에 있는 유대인으로 말미암아 그를 데려다가 할례를 행하니 이는 그 사람들이 그의 아버지는 헬라인인 줄 다 앎이러라(행 16:3).

바울은 안디옥에 있을 때 예루살렘에서 내려온 실라를, 루스드라에서는 디모데라는 사도급의 인물을 발탁했다. 바울은 디모데를 만난 후 그를 데리고 떠나려 했다. 바울은 신약교회에 들어오는 이방인들은 할례를 받을 필요가 없다고 가르쳤고 예루살렘 교회도 그렇게 결정했었다. 그럼에도 유대인들은 디모데를 데려다가 나이가 많음에도 불구하고 그에게 할례를 행하게 했다. 바울 주변의 성도들은 디모데의 아버지가 헬라인이기 때문에 할례를 행하지 않았으리라 생각한 것이다. 여전히 할례를 받아야 한다고 생각하는 유대인들을 접촉하려면 그것은 디모데에게 장애가 될 수 있었다. 그래서 바울은 유대인들을 데려다가 디모데에게 할례를 행하였다.

바울이 이렇게 할 만큼 구약교회의 기존 교리가 신생 신약교회에 부담이 되고 영향이 컸다. 할례 때문에 비판을 많이 받았던 바울은 아예 그 비판의 여지를 없앴다. 바울은 나이가 들면서 상황 판단을 잘했고 잘 대처했다. 선교지에서 그리고 이러한 과도기에는 지혜로운 처신이 필요하다.

여러 성으로 다녀 갈 때에 예루살렘에 있는 사도와 장로들이 작정한 규례를 그들에게 주어 지키게 하니(행 16:4).

바울은 전도하다가 쓴 맛을 본 지역을 포함하여 여러 성을 다녔다. 바울은 예루살렘의 사도와 장로들이 작정한 규례를 만들어 가는 곳마다 나누어주고 지키게 하였다. 그 내용은 유대인 출신의 신자들과 이방인 출신의 신자들 사이의 화목이었다. 그 규례는 15장에 있다.

이에 여러 교회가 믿음이 더 굳건해지고 수가 날마다 늘어가니라(행 16:5).

바울과 바나바가 이전에 전도를 하고 떠난 후 지금까지도 교회들이 존속되고 있었다. 지금 바울과 실라 등이 방문함으로써 그들은 큰 영적 도움을 받았다. 바울의 방문으로 성도들의 믿음이 굳건해지고 자연적으로 숫자도 늘어갔다. 바울 사도는 감격 속에 여러 교회를 계속 돌아보았다.

성령이 아시아에서 말씀을 전하지 못하게 하시거늘 그들이 브루기아와 갈라디아 땅으로 다녀가(행 16:6).

바울이 아시아에서 복음을 전할 때 성령께서 아시아에서 말씀을 전하지 못하게 하셨다. 성령은 마음에서 혹은 사람의 곁에서 말씀하신다. 바울처럼 지적이고 이성적일 것 같은 사람도 영적으로 충만하기 때문에 성령이 오셔서 말씀하시면 따르게 된다.

바울 사도는 일행과 함께 인접한 브루기아와 갈라디아 땅으로 갔다. 서쪽이 아시아 지역인데 주님이 막으셔서 북쪽으로 갈 수밖에 없었다. 하나님이 아시아 지역을 버리신 것이 아니라 어느 지역을 먼저 선교할 것인지에 대한 시간적 문제다.

무시아 앞에 이르러 비두니아로 가고자 애쓰되 예수의 영이 허락하지 아니하시는지라(행 16:7).

갈리디아에서 서북쪽 방향이므로 흑해 가까운 쪽이다. 지금의 터키 북쪽 지역이다. 앞에서는 성령이라고 했는데 여기서는 예수의 영이라고 했다. 성령을 예수의 영이라고도 할 수 있다. 예수의 영이 비두니아로 가지 못하게 한 것은 바울이 지금 가야 할 곳이 다른 곳이기 때문이다. 나중에 이 지역에는 다른 사람이 전도하여 많은 신자가 생겨났다. 모든 지역을 자신이 다 전도해야 하는 것은 아니다.

무시아를 지나 드로아로 내려갔는데(행 16:8).

그러므로 바울 일행은 북쪽에 있는 바다 해변을 끼고 아시아 지역의 서쪽 지방인 드로아로 내려갔다. 그곳은 해변가에 위치해 있었고 마게도냐 지방으로 가는 관문이다.

밤에 환상이 바울에게 보이니 마게도냐 사람 하나가 서서 그에게 청하여 이르되 마게도냐로 건너와서 우리를 도우라 하거늘(행 16:9).

환상이란 보이는 계시를 말하는데 바울은 이 현상을 종종 보았다. 보는 사람 사이에 수준 차이가 크다. 꿈처럼 보이는 것도 있는데 바울이 본 환상은 꿈 이상으로 거의 실제를 보는 듯한 수준의 영적 현상이다. 마게도냐는 바울이 지금 있는 드로아에서 서북쪽에 있는 바다 건너 지역이다. 그곳 사람 하나가 서 있는 것이 환상 속에서 보였다. 실제 사람이 서 있는 것처럼 보였을 것이다. 그런데 그가 드로아에서 바다 건너 자기 쪽으로 오라고 하였다. 그리고 자기들을 도와 달라고 했다. 이것은 전도를 기다린다는 뜻이었다. 환상이 깊으면 그 사람의 말도 들리고 얼굴 표정 하나하나뿐만 아니라 몸의 모양도 잘 보인다. 바울은 천국도 본 사람이다(고후12:4).

바울이 그 환상을 보았을 때 우리가 곧 마게도냐로 떠나기를 힘쓰니 이는 하나님이 저 사람들에게 복음을 전하라고 우리를 부르신 줄로 인정함이러라(행 16:10).

바울은 일행에게 자신이 본 환상에 대해 이야기했을 것이다. 그래서 함께한 사람들이 하나님의 뜻으로 알고 가기 위해 힘썼다. 바울의 환상을 그 일행이 인정했다는 뜻이다. "잘못 본 것 아니냐" "개꿈 아니냐"는 의심은 전혀 하지 않았다. 대사도의 환상이니 믿을 만한 것이었다. 때문에 모두가 마게도냐로 가 마게도냐인들에게 복음을 전하려고 애썼다. 여기서 우리라고 하는 것을 볼 때 기록자인 누가도 동행하고 있음이 드러난다.

그들은 환상을 보았고, 그 많은 일행이 행동으로 옮겼다. 이성적인 사람들은 도저히 할 수 없는 행동이었다. 이성적인 사람들은 어디에서 선교할 것인지, 지역의 장단점과 비용과 기간 등은 얼마나 될지 의논했을 것이다. 기독교는 하나님이 계시하시는 신비의 종교다.

> 우리가 드로아에서 배로 떠나 사모드라게로 직행하여 이튿날 네압볼리로 가고(행 16:11).

바울 일행은 드로아에서 배로 떠나 네압볼리로 건너가는 바다 위의 섬인 사모드라게로 갔고, 이튿날 네압볼리로 갔다.

> 거기서 빌립보에 이르니 이는 마게도냐 지방의 첫 성이요 또 로마의 식민지라 이 성에서 수일을 유하다가(행 16:12).

바울 일행은 빌립보에 이르렀는데 마게도냐의 첫 성이었다. 로마가 점령하고 건설한 도시로서, 그들은 그곳에서 특별한 일 없이 며칠을 머물렀다.

> 안식일에 우리가 기도할 곳이 있을까 하여 문 밖 강가에 나가 거기 앉아서 모인 여자들에게 말하는데(행 16:13).

바울 일행은 신약교회를 시작했으면서도 여전히 안식일을 지켰다. 안식일에는 유대인들이 회당으로 모이기 때문에 혹시 그런 곳이 있을까 궁금했고, 또 안식일에 기도할 만한 곳이 있는지 알아보려고 찾아 나섰다. 회당이 있다면 좋겠지만 그렇지는 못했다.

하나님의 사람들은 어디를 가든 기도에 힘써야 한다. 특히 말세에는 사람들이 기도하기를 싫어한다. 교회 지도자들도 마찬가지다. 그 이유는 직업적 목사가 많기 때문이다. 또한 신학자들은 이론으로만 일하는 체하기 때문이다. 그리고 평신도는 육의 생활에 얽매이기 때문이다(박윤선).

그들의 집은 강가 주변에 있었는데 밖에 나가자마자 전도할 기회가 생겼다. 바울 일행은 거기에 앉아 있는 여자들을 발견하고 그들에게 다가가 말을 건넸다. 드디어 전도가 시작되었다.

> 두아디라 시에 있는 자색 옷감 장사로서 하나님을 섬기는 루디아라 하는 한 여자가 말을 듣고 있을 때 주께서 그 마음을 열어 바울의 말을 따르게 하신지라(행 16:14).

두아디라는 아시아 지역인데 바울이 선교 여행 중 성령이 막으셔서 가지 않았었다. 그런데 바로 그곳 출신이 빌립보 성에 있었다. 바울이 아시아로 가지 못한 아쉬움이 조금은 해소되었을 것이다. 두아디라는 요한계시록에서 아시아의 일곱 교회 중 하나로 나오는 지역이다. 그곳 출신이 지금 강가에 있었다. 그는 옷감장사였다. 바울은 여자들에게 복음을 전했는데 하나님을 섬기는 루디아라는 여자가 바울의 말을 잘 들었다. 그는 비록 유대인은 아니지만 일찍부터 여호와 하나님을 알고 있었다.

루디아는 바울의 말에 마음이 열렸다. 바울의 열정도 소중하지만 무엇보다 주께서 루디아의 마음을 여셨다. 지식이 아닌 가슴이 열려야 하나님을 잘 섬기고 말씀을 받는다. 마음은 인격의 중심이다. 참된 회개는 주님이 사람의 마음을 열어주셔서 되는 일이다(박윤선). 주님은 바울의 말을 따르게 하셨다. 하나님이 이 모임에 개입하시고 역사하셨다. 하나님 나라는 이렇게 유명하지 않은 사람을 불러 쓰심으로 이루어진다. 루디아는 대단한 사람은 아니었지만 이방인으로서 주님이 기뻐하시는 사람이 되었다. 그리고 하늘나라에서 보좌 뒤편에라도 앉아 주님을 찬양하는 영광을 얻을 것이 분명하다.

> 그와 그 집이 다 세례를 받고 우리에게 청하여 이르되 만일 나를 주 믿는 자로 알거든 내 집에 들어와 유하라 하고 강권하여 머물게 하니라(행 16:15).

루디아는 예수 그리스도를 영접하고 자신뿐 아니라 그 집이 다 세례를 받았다. 할례는 남자에게만 행하지만 세례는 여자도 받을 수 있다. 루디아는 바울 일행에게 요청하였다. 바울이 자신을 진정 주를 믿는 자로 인정하느냐는 것으로서, 자신을 믿어달라는 말이었다. 믿지 못할 법도 했던 것은 그녀가 평신도였고 이방인이었기 때문이다. 그녀는 겸손했고 감사로 가득했다. 또한 자신이 주님을 사랑하는 마음으로 바울 일행을 자신의 집으로 모시겠다는 것이었다. 이렇게 바울을 강권하였다. 그래서 바울 일행은 그녀의 강력한 요청을 받아들여 루디아 집에 머물게 되었다. 그곳이 후에 빌립보 교회가 되었을 것이다. 이곳은 바울이 세운 교회 가운데 가장 심오하고 기쁨이 넘치는 교회가 되었다(그렉 리빙스턴).

> 우리가 기도하는 곳에 가다가 점치는 귀신 들린 여종 하나를 만나니 점으로 그 주인들에게 큰 이익을 주는 자라(행 16:16).

바울 일행은 빌립보 성에서 기도처를 정했고, 그곳으로 가는 길이었다. 바울은 길에서 점치는 여종을 만났다. 그녀는 귀신이 들린 상태였다. 점을 배워서 치는 사람이 있고 귀신이 들려 치는 사람이 있는데 그 수준은 다르다. 여기서 귀신 들렸다고 한 것은 상당한 수준의 귀신이 들린 경우다. 그녀는 한마디로 신

내린 무당이었다.

그 무당 여자에게는 주인이 여러 명 있었다. 그 여종이 점을 쳐 벌어들이는 돈은 그 주인들에게 보통 큰 수입원이 아니었다. 그들은 그 여종을 착취하고 있었다. 일류 점쟁이의 수입은 옛날이나 지금이나 엄청나다.

> 그가 바울과 우리를 따라와 소리 질러 이르되 이 사람들은 지극히 높은 하나님의 종으로서 구원의 길을 너희에게 전하는 자라 하며(행 16:17).

귀신 들린 여종에게 늘 귀신이 역사했는데 길거리에서 바울과 그 일행을 보더니 따라가면서 소리를 질렀다. 이 점쟁이 여종은 귀신이 강하게 역사하여 제정신이 아니었다. 귀신에게 거의 사로잡힌 상태로 보인다.

점쟁이 여종이 바울 일행을 가리키며 "이 사람들은 지극히 높은 하나님의 종"이라고 소리쳤다. 또한 그 여종은 하나님을 알고 "지극히 높다"고 했다. 귀신도 하나님을 알고 그분이 높으신 것도 안다. 거라사 지방의 귀신 들린 사람도 주님을 알아보았다. 귀신들린 여종이 하나님과 하나님의 종의 신분을 알 수 있었는데, 이것은 영적 원리에서도 맞다. 영적 존재는 영적 존재끼리 알아보기 때문이다. 사탄도 하나님의 진리를 어느 정도 안다(약 2:19).

과거 바리새인들은 세례 요한에게 귀신이 들렸다고 하더니 주님도 귀신이 들렸다고 했다. 하나님의 영인 성령으로 충만한 것인데 그 모습을 보고 귀신이 들렸다고 했으니 그들은 정반대의 판단을 했다. 천국 갈 자를 지옥 간다고 하고, 지옥 갈 자를 천국 간다고 하는 것과 같다. 바울도 1차 선교 여행 때 동족인 유대인들에게 가장 핍박을 많이 받았다. 하나님을 믿는다는 백성이 하나님의 사람을 수도 없이 죽이려고 하였다. 영적으로 무지한 자는 비록 그가 하나님을 믿을지라도 귀신들린 점쟁이만큼도 영적 지식이 못하다. 영적으로 맹물 같은 지도자는 어느 시대에나 허다하다.

귀신들린 점쟁이는 구원의 길이 있다는 것도 알고 있었다. 바울과 그 일행의 사명도 알았다. 그는 진짜 센 귀신이 들린 것이었다. 그야말로 귀신이 충만했다. 귀신의 말이 유일한 구원의 길을 말하는 것인지 아니면 여러 구원의 길이 있는데 그중 하나라는 의미인지는 확실치 않다. 한편 무당의 입으로 하나님의 사람들과 진리에 대해 말하는 것은 반가운 일이 아니다. 무당이 하나님을 증거하면 진리가 어두워지고 가치가 떨어진다. 복음은 누가 말하느냐가 중요하다. 또한 이 점치는 여종은 자기가 하나님을 믿고 싶으니 귀신을 내쫓아달라고 하지 않았다. 만일 그랬다면 바울이 먼저 내쫓았을지도 모른다.

> 이같이 여러 날을 하는지라 바울이 심히 괴로워하여 돌이켜 그 귀신에게 이르되 예수 그리스도의 이름으로 내가 네게 명하노니 그에게서 나오라 하니 귀신이 즉시 나오니라(행 16:18).

귀신들린 점쟁이가 예수를 믿겠다는 것이 아니었음에도 그는 여러 날 따라다니면서 바울의 신분과 사역을 세상 사람들에게 노출시켰다. 마귀는 왜 그렇게 했을까. 아마도 바울은 가는 곳마다 박해를 받았는데 이곳에서도 그를 노출시켜 복음을 훼방할 목적이었을 것이다. 마귀가 하는 일은 항상 악하다. 귀신은 바울을 높이기 위해 따라다닌 것이 결코 아니었다.

바울이 여러 날 동안 점쟁이를 그냥 둔 이유는 무엇일까. 그것은 그 지역에서 큰 문제를 일으키지 않고 조심스럽게 전도하려 했기 때문일 것이다. 특히 점쟁이의 배후에 바울을 반대할 만한 사람들이 많이 있는 것을 바울이 모를 리 없었다. 그런데 귀신들린 점쟁이가 바울의 신분을 노출시키고 있었다. 그래서 바울은 심히 괴로웠다. 그냥 둘 수도, 귀신을 쫓아낼 수도 없는 상황이었다. 귀신은 이처럼 하나님의 사역을 훼방한다.

바울은 할 수 없이 귀신에게 명령하면서 오직 '예수의 이름'만 외쳤다. 바울이 자신을 유대인이라고 내세우거나, 바리새인이라거나 베냐민 지파 출신이라고 말하지 않았다. 자기 일행의 숫자가 많다고 하지 않았다. 오직 '예수 이름'이었다. 예수 이름은 이렇게 위대하다. 바울이 여종에게 있는 귀신에게 "나오라" 고 했다. 그때 여종의 몸 안에 있던 귀신이 정말 나왔다. 몸 안에 오랜 시간 동안 머물러 있던 놈이었다. 귀신은 즉각 바울에게 순종했다. 바울의 능력이 얼마나 강력한지를 단적으로 보여주는 것이다.

오늘날 거의 대부분의 목사를 비롯한 사역자들은 '예수 이름'으로 귀신을 제압하려 해도 되지 않는다. 그것은 예수 이름이 이 시대에 약화되어서가 아니라 사역자들에게 능력이 없기 때문이다. 신자라고 예수 이름만 외치면 귀신이 나가거나 병이 낫는 것이 아니다. 진실로 능력을 받으려면 회개를 깊이 해야 한다. 그리고 주님께 능력의 은사를 받아야 한다. 그후에는 가능할 것이다. 예수 그리스도와 친밀하지도 않고 능력도 없으면서 흉내를 내는 사람이 세상에 너무 많다.

> 여종의 주인들은 자기 수익의 소망이 끊어진 것을 보고 바울과 실라를 붙잡아 장터로 관리들에게 끌어 갔다가(행 16:19).

여종을 앞세워 그동안 큰 수입을 챙기던 주인들은 큰 충격을 받았다. 귀신이 여종에게서 나가버리자 정상적인 여성이 되었기 때문이다. 정상이 되면 더 이상 점을 칠 수 없다. 주인들은 이 여종이 치료된 것을 좋아하지 않았다. 그녀가 정상으로 돌아온 것보다 자기들의 돈줄이 끊긴 것이 더 큰 문제였다. 하나님을 모르는 사람 중에는 재물을 가장 소중하게 여기는 사람이 많다. 목사들도 속화되면 이렇게 떨어진다(박윤선).

귀신 들린 여종을 낫게 한 것이 바울과 실라라는 사실을 안 여종의 주인들은 바울과 실라를 붙잡아 장터에 있는 관리들에게 끌고 갔다. 귀신을 쫓아내 선을 행한 사람이 도리어 죄인이 되었다. 바울은 상황이 이렇게 진전될 줄 처음부터 알았다. 그래서 처음부터 귀신을 쫓아내지 않았던 것이다. 바울의 입장이 난처해졌다. 하지만 이미 일이 벌어졌고 바울이 그동안 다녔던 다른 도시처럼 또다시 소동이 일어났다. 바울에게 능력이 없었다면 조용히 전도할 수 있었지만 그가 능력의 종이었기 때문에 조용히 할 수 없었다. 조용히 하고 싶어도 마음대로 되지 않는 것이다.

능력의 종은 표시가 나고 드러날 수밖에 없다. 그렇게 되면 내부에서든 외부에서든 시빗거리가 생긴다. 능력이 없으면 조용히 문제를 일으키지 않고 살 수 있다. 결국 사탄의 공격이 어느 정도 성공을 거두어 바울은 복음 전도에 지장을 받았다. 바울은 여종 하나를 고치고 수많은 영혼을 건질 기회를 미룰 수밖에 없었다.

> 상관들 앞에 데리고 가서 말하되 이 사람들이 유대인인데 우리 성을 심히 요란하게 하여(행 16:20).

여종의 주인들은 그 도시의 관리들에게로 바울과 실라를 끌고 갔다. 이들은 바울과 실라가 유대인인 것을 알았다. 빌립보에서 보면 멀고 먼 타지방의 사람이었다. 자기들은 바울과 달리 본토 사람들이라는 뜻이다. 그리고 그들이 자신들의 성을 심히 요란하게 했다고 고발했다. 맞는 말이었다. 그곳에 예수 믿는 사람들이 생겨나고 특히 자기의 여종이 바울을 따라다니면서 소리를 질렀는데 이것이 시끄러운 일이었다. 또한 귀신이 나가자 여종의 주인들이 불만을 품고 시끄럽게 했던 것이다. 그러므로 성을 요란하게 했다는 그들의 말은 사실이었다. 바울 또한 이 점을 의식했었다.

하나님의 일은 시끄러울 수 있다. 주님도 이 땅에 계시며 사역하실 때 주님의 가정과 주변과 나라가 상당히 시끄러웠다. 기독교는 방 안에 앉아 공자 왈 맹자 왈 하는 것이 아니다. 그리고 조용한 것이 잘하는 것이 아니다. 복음이 전파되면 은혜받는 자도 있고 불만을 가지고 훼방하는 자도 있다. 그리고 변화가 일어날 때는 소리도 일어난다.

로마 사람인 우리가 받지도 못하고 행하지도 못할 풍속을 전한다 하거늘(행 16:21).

귀신 들린 여종을 이용한 사람들은 자신들을 로마 사람이라고 하였다. 여종의 주인들은 자기들이 받지도, 행하지도 못하는 풍속을 바울이 전하고 있다고 고발했다. 거듭나지 못한 사람들은 하나님의 복음을 들어도, 위대한 능력을 보고도 깨닫지 못한다. 그들은 영적인 말씀을 조그만 것이라도 받아들이지 못하고 시비를 건다. 그들은 실상 불쌍한 자들이고 그들에게는 하나님이 천국 문을 열어주지 않으신다.

무리가 일제히 일어나 고발하니 상관들이 옷을 찢어 벗기고 매로 치라 하여(행 16:22).

로마 사람이라고 자처하는 여종의 주인들이 하는 고발을 듣고 있던 장터의 많은 사람들이 일제히 일어나 바울을 고발하였다. 판단자인 상관은 수많은 사람의 고발과 고함치는 소리를 듣고 곧 결정을 내렸다. 바울의 옷을 찢고 매로 치라고 명령했다. 바울은 여종에게 있던 귀신을 쫓아주고 말할 수 없는 수모와 고통을 당했다. 바울은 귀신을 내쫓을 때부터 이런 상황이 올 줄 알았을 것이다. 귀신을 내쫓으면 좋아할 사람도 있고 싫어할 사람도 있다. 이 때 바울은 심하게 맞았는데 바울이 후에 언급한 세 번의 매질 중 첫 번째 매질로 보인다(고후 11:23, 25).

많이 친 후에 옥에 가두고 간수에게 명하여 든든히 지키라 하니(행 16:23).

바울과 실라는 많이 맞았다. 죽지 않을 만큼 맞았다. 귀신을 쫓아 준 것이 이처럼 죄 아닌 죄가 되었다. 그리고 죄 없이 빌립보 감옥에 갇혔다. 조용히 전도하려던 그들의 계획이 빗나갔다. 사탄의 훼방이 성공하였다. 감옥에 들어간 것이 무섭거나 두려운 것이 아니라 빌립보에서 복음을 전도할 기회가 무산되었던 것이다. 바울 일행은 푸대접을 받으며 옥에 갇혔고 박해자들은 잘 지키라고 간수에게 당부까지 하였다. 바울은 꼼짝없이 감옥에 매였다. 하나님이 빌립보 성으로 복음을 위해 오라고 하셨는데 감옥에 갇힘으로 차질이 빚어진 것이다.

그가 이러한 명령을 받아 그들을 깊은 옥에 가두고 그 발을 차꼬에 든든히 채웠더니(행 16:24).

바울 일행은 죄질이 나쁜 것으로 평가되어 깊은 옥에 갇혔는데 그곳은 빠져나오거나 편의를 제공받을 수 없는 곳이었다. 완전히 고립되었다. 바울을 도와줄 제자 하나도 없었다. 깊은 옥도 모자라서 발에 수갑까지 채웠으니 그의 몸은 영락없는 포로였다. 이곳에서 죽어도 아무도 모를 상황이었다.

한밤중에 바울과 실라가 기도하고 하나님을 찬송하매 죄수들이 듣더라(행 16:25).

한밤중인데 바울과 실라는 잠을 자지 못했다. 매를 많이 맞았기 때문에 밤이 되자 그 통증이 더 커졌을 것이다. 이 통증 때문에라도 잠을 자지 못했는데, 그 고통 가운데서 하나님께 기도하였다. 바울은 1차 선교 여행 때 많은 고통을 겪어 이 상황이 당황스럽지 않았지만, 예루살렘에 잘 있다가 안디옥에 와서 복음을 전한 후 바울과 함께 선교지로 나온 실라는 처음 당하는 이 큰 고통에 놀랐을 것이다. 하지만 그는 불평하지 않았다. 실라는 바나바 못지않은 훌륭한 선지자요 사도급 사역자다. 그들은 예루살렘 교회의 사도들이 고난받는 것을 기쁘게 받아들였듯이(5:41) 그 고통을 잘 받아들였다. 만일 마가가 바울을 따라왔다가 이 고생을 했다면 잘 인내했을까 하는 생각을 해본다.

바울과 실라가 감옥 안에서 기도하고 찬송했는데 이 소리를 다른 죄수들도 들었다. 감옥에서 할 수 있는 일이 이것밖에 없었다. 감옥에 먼저 들어와 있던 죄수들은 새로 들어온 죄수들이 보통 사람들이 아닌 것을 눈치챘을 것이다. 고난 중에 하나님을 찬송할 수 있는 사람은 소수다.

> 이에 갑자기 큰 지진이 나서 옥터가 움직이고 문이 곧 다 열리며 모든 사람의 매인 것이 다 벗어진지라(행 16:26).

한밤중에 옥이 있는 곳에 지진이 일어나 옥 터가 움직였다. 감옥에 문제가 생긴 것이다. 그리고 굳게 잠겨 있던 옥 문이 열렸다. 지진이 났기 때문에 모든 문이 비틀어지고 부러졌다. 쇠든 나무든 다 휘어지고 부러졌다. 자물쇠도 부서졌다. 바울과 실라와 옆에 있던 죄수들을 묶었던 도구까지 다 벗겨졌다. 예상치 못한 신비한 일이 벌어졌다. 베드로도 세 번이나 옥에서 풀려났었는데(4:1-3, 5:17-20, 12:3-17), 바울이 갇힌 빌립보 감옥에서 동일한 일이 또 일어났다. 시편 107편 16절은 "그가 놋문을 깨뜨리시며 쇠빗장을 꺾으셨음이로다"고 하였다.

> 간수가 자다가 깨어 옥문들이 열린 것을 보고 죄수들이 도망한 줄 생각하고 칼을 빼어 자결하려 하거늘(행 16:27).

감옥을 지키던 간수는 늘 별일이 없었기에 잠이 들었는데 갑자기 지진이 나 잠이 깼다. 그런데 자기가 지키던 옥문이 열려 있었다. 간수에게 큰일이 일어난 것이다. 간수는 이미 모든 죄수가 도망갔을 것으로 판단했다. 지키던 죄인이 대거 탈옥했을 경우 간수는 사형으로 그 엄중한 책임을 질 수밖에 없었다. 이것이 로마의 법이었다. 그는 그것이 두려워 칼을 빼고 차라리 자결하려고 하였다.

바울이 크게 소리 질러 이르되 네 몸을 상하지 말라 우리가 다 여기 있노라 하니(행 16:28).

바울은 간수가 자결하려는 것을 보고 말렸다. 간수가 혹시 듣지 못할까봐 크게 외쳤다. 죄수인 바울이 간수의 자결을 막은 것이다. 그가 자결하려는 이유가 죄수들이 도망갔을 것이기 때문인데 다 여기에 있으니 자결할 이유가 없다면서 바울이 말린 것이다. 자살은 하나님이 싫어하신다. 그리고 원수라도 생명을 귀하게 여겨야 한다. 때문에 그의 잘못된 행위를 말려야 하는 것이다.

간수가 등불을 달라고 하며 뛰어 들어가 무서워 떨며 바울과 실라 앞에 엎드리고(행 16:29).

바울 일행이 갇혀 있는 방이 캄캄했기 때문에 간수는 옆 사람에게 등불을 달라고 해 손에 들고는 바울의 방으로 뛰어 들어갔다. 불을 밝혀 바울과 실라를 본 그는 무서워 떨면서 그 앞에 엎드렸다. 간수는 바울이 어제 점쟁이에게 있던 귀신을 내보낸 일을 알고 있었을 것이다. 그리고 그를 가둔 감옥에 지진이 났고, 그럼에도 바울이 담대하게 서 있는 것을 보고는 바울과 실라가 보통 사람이 아닌 것을 알고 간수는 두려워하였다. 간수가 죄수를 두려워하는 상황이 되었다.

그들을 데리고 나가 이르되 선생들이여 내가 어떻게 하여야 구원을 받으리이까 하거늘(행 16:30).

간수는 바울과 실라를 옥 밖으로 데리고 나갔다. 간수는 “선생들이여 내가 어떻게 하여야 구원을 받으리이까” 하고 물었다. 간수는 지금 거룩한 위엄을 느끼고 있는 것이 분명했다. 그래서 자신이 지은 죄도 생각나고, 바울이나 실라

같은 위대한 인물을 만났을 때 인생의 중요한 문제까지도 해결받기를 원했다. 바로 구원의 문제였다. 간수는 자신이 어떻게 해야 할지 물었다.

이르되 주 예수를 믿으라 그리하면 너와 네 집이 구원을 받으리라 하고 (행 16:31).

바울과 실라에게는 다른 말이 필요 없었다. 주 예수를 믿는 것 외에는 다른 길이 없었다. 그래서 "주 예수를 믿으라"고 하였다. 주 예수를 믿게 되면 간수 자신과 그의 집이 구원을 받는다고 했다. 간수가 문제를 해결받을 수 있는 길은 오직 예수 그리스도께 있었다. 우리는 전도할 때 이렇게 단순하게 하는 것이 좋다. 교리나 교파를 강조하거나 어느 사람을 증거하는 것은 오히려 복음을 막는 길이 되기도 한다. 오직 예수밖에 없다.

주의 말씀을 그 사람과 그 집에 있는 모든 사람에게 전하더라(행 16:32).

바울과 실라는 주의 말씀을 간수와 그 집에 있는 모든 사람을 만나 전하였다. 매도 맞은데다 잠도 쏟아질 한밤중 그 힘든 시간에 바울은 한 사람에게라도 더 복음을 전하려고 열정을 다했다. 예수 그리스도가 누구신지 어떻게 주를 섬겨야 하는지 전파할 때 감옥은 성전이 되었고 그 밤은 말씀의 시간이 되었다.

그 밤 그 시각에 간수가 그들을 데려다가 그 맞은 자리를 씻어 주고 자기와 그 온 가족이 다 세례를 받은 후(행 16:33).

그 밤에 간수와 그 집안 식구들은 구원의 복음을 들었다. 그런 다음 간수는 바울과 실라의 자리를 다른 곳으로 옮겼다. 바울과 실라는 어제 매를 많이 맞았다. 그러므로 피가 많이 났을 것이고 성한 곳이 없었을 것이다. 그들은 피 흘린

채로 감옥에 갇혔기 때문에 감옥 안이 피 냄새로 진동했을 것이다. 간수는 바울과 실라의 맞은 자리를 씻어주었다. 이제 예수를 믿게 된 간수는 전도자 바울을 극진히 대접했다. 바로 그 밤에 간수와 온 가족은 예수를 주로 고백하고 세례를 받았다. 하루아침에 그들은 주님의 제자가 된 것이다. 그 집에 경사가 났다.

> 그들을 데리고 자기 집에 올라가서 음식을 차려 주고 그와 온 집안이 하나님을 믿으므로 크게 기뻐하니라(행 16:34).

바울과 실라는 지금까지 감옥에 있었는데 이제는 간수의 집으로 올라갔다. 그리고 정성 어린 음식을 제공받았다. 간수와 온 집안은 대사도들로부터 복음도 듣고 세례도 받고 그들을 집안에 모시고 음식도 대접하는 영광을 누렸다. 무엇보다 하나님을 믿게 된 기쁨은 무엇과도 비길 수 없었다. 바울과 간수에게 그 밤은 잊을 수 없는 날이 되었다.

> 날이 새매 상관들이 부하를 보내어 이 사람들을 놓으라 하니(행 16:35).

날이 새자 상관들이 무슨 연고인지 부하들을 보내 바울과 실라를 놓아주라고 하였다. 아마도 지난밤에 있었던 지진에 대한 소문이 퍼졌을 것이다. 그들도 두려워했을 것이 확실하다.

> 간수가 그 말대로 바울에게 말하되 상관들이 사람을 보내어 너희를 놓으라 하였으니 이제는 나가서 평안히 가라 하거늘(행 16:36).

간수는 그 말대로 바울에게 말했다. 자기의 상관들이 놓아주라고 하였으니 이제는 나가서 평안히 가라고 하였다. 바울과 실라는 지진이 일어났을 때 도망치지 않은 것이 감사했다. 간수와 온 가족을 구원했을 뿐 아니라 만일 도망을 갔다면 탈옥이 되었을 텐데 법적으로 문제없이 자연스럽게 옥에서 풀려난 것이다. 감옥에서 하루를 고생하여 간수의 집을 구원하였다.

> 바울이 이르되 로마 사람인 우리를 죄도 정하지 아니하고 공중 앞에서 때리고 옥에 가두었다가 이제는 가만히 내보내고자 하느냐 아니라 그들이 친히 와서 우리를 데리고 나가야 하리라 한대(행 16:37).

바울은 로마 사람인 자신들을 죄도 정하지 않고 공중 앞에서 때리고 옥에 가둘 수 있느냐고 말했다. 바울은 간수에게 자신의 신변에 대해 법적으로 분명히 했다. 그것은 바울이 로마 사람이기 때문이었다. 여종의 주인들이 고발했을 때는 바울을 유대인이라고 해서 때리고 옥에 가두었는데 관리들이 경솔하게 행동한 것이었다. 바울과 실라는 유대인이지만 로마 시민권이 있었다.

로마 시민은 정당한 법적 절차에 따라 재판을 받아야 했는데 빌립보 사람들은 법을 지키지 않았다. 그러고는 이제 와서 무슨 연고인지 영문도 모른 채 때리고 옥에 가두는 등 범죄자 취급을 해놓고는 왜 아무 일도 없었다는 듯 조용히 내보내는지 항의한 것이다. 바울은 이렇게 처리하는 것이 아니라고 하였다. 때리고 옥에 가둔 관리가 친히 와서 사과하고 옥에서 데리고 나가야 한다는 것이 바울의 논리였다. 바울은 그만큼 복음 전도와 자신이 행한 일에 대해 떳떳했다. 바울은 죄지은 사람처럼 쉬쉬하면서 쫓기듯 도망치지 않았다.

> 부하들이 이 말을 상관들에게 보고하니 그들이 로마 사람이라 하는 말을 듣고 두려워하여(행 16:38).

바울의 말을 들은 부하들이 상관들에게 보고했다. 그들은 바울이 로마 사람이라는 말을 듣고 두려워했다. 자신들이 바울의 말처럼 불법을 저질렀기 때문에 문책을 당할 수 있었기 때문이다. 바울이 관리들을 두려워한 것이 아니라 관리들이 바울을 두려워했다. 그들은 처음부터 잘못하였다.

> 와서 권하여 데리고 나가 그 성에서 떠나기를 청하니(행 16:39).

그들은 바울의 말대로 옥에 찾아와 사과하고 권했다. 그리고 감옥에서 나오자 그 성에서 떠나달라고 청했다. 바울은 감옥에 들어갔지만 재판도 없이 나왔기 때문에 그가 죄인이 아닌 사실이 확실해졌다.

> 두 사람이 옥에서 나와 루디아의 집에 들어가서 형제들을 만나보고 위로하고 가니라(행 16:40).

바울과 실라는 하루 만에 옥에서 나와 후원자인 주님의 제자 루디아의 집으로 갔다. 그리고 형제들을 만나보고 그들을 위로했다. 고난당한 자가 오히려 위로했다. 그들은 사도들의 당당한 모습을 보여주었다. 그리고 관리들의 요청대로 빌립보 성을 떠났다. 복음을 원하지 않으면 때가 이를 때까지 떠나는 것이 옳다.

17장

마게도냐 선교 여행

예루살렘 성전은 구약교회의 상징이지만 하나님은 그곳에서 떠나셨다. 사도들과 유력한 인물들이 각 지역으로 다니면서 복음을 증거하고 교회를 세웠다. 신약교회는 예루살렘 성전처럼 아름다운 건물은 없었지만 성도들이 모이는 곳에 주님이 임재하셨으므로 성전이 되었다. 과거에는 예루살렘에 오직 하나의 성전이 있었지만 이제는 곳곳마다 성령의 불이 붙는 신약교회가 세워졌다. 13장, 14장은 바울과 바나바의 1차 선교 여행에 대한 이야기고, 15장은 안디옥 교회에서 복음의 내용이 확정되었다. 16장부터는 다시 바울의 2차 선교 여행이 시작되어 빌립보 성에서 있었던 일이 기록되었고, 17장은 마게도냐의 여러 지역에서 있었던 일이 기록되었다. 2차 선교 여행은 18장까지 이어진다.

그들이 암비볼리와 아볼로니아로 다녀가 데살로니가에 이르니 거기 유대인의 회당이 있는지라(행 17:1).

바울과 실라는 지금의 그리스 지역인 데살로니가로 갔는데 암비볼리와 아볼로니아를 거쳤다. 거기서 유대인의 회당을 발견했다. 바울 일행은 가는 도시마다 먼저 유대인의 회당을 찾았다.

> 바울이 자기의 관례대로 그들에게로 들어가서 세 안식일에 성경을 가지고 강론하며(행 17:2).

바울은 늘 하던 대로 회당으로 들어갔다. 그는 회당에서 먼저 유대인들에게 복음을 전했다(롬 1:16) 세 번의 안식일을 지나면서 성경을 가지고 강론하였다. 복음의 기초는 예나 지금이나 성경이다. 유대인들은 성경과 별개로 유전을 귀하게 여겼다. 성경 외에 다른 무엇이 붙어 다니면 진리가 왜곡되기 쉽다. 성경을 해석한다고 하면서 이성에 치우치거나 지나친 비유로 해석하기도 하는데 그것은 진리를 드러내지 못한다. 바울은 기적을 일으키지 않고 절제했다(요한 크리소스토무스).

> 뜻을 풀어 그리스도가 해를 받고 죽은 자 가운데서 다시 살아나야 할 것을 증언하고 이르되 내가 너희에게 전하는 이 예수가 곧 그리스도라 하니(행 17:3).

바울은 성경을 풀어주었는데 그리스도가 해를 받고 죽은 자 가운데서 다시 살아나실 것을 증언했다. 바울이 본 구약성경은 예수 그리스도가 메시아이신 것을 정확히 증거한다. 구약성경을 풀어주고 그리스도에 대해 말하면서 성경이 말하는 그리스도가 곧 바울이 그들에게 전하는 "예수"라고 하였다. 바울은 어디를 가나 "예수"가 복음의 핵심이었다.

> 그 중의 어떤 사람 곧 경건한 헬라인의 큰 무리와 적지 않은 귀부인도 권함을 받고 바울과 실라를 따르나(행 17:4).

바울의 설교를 듣고 많은 경건한 헬라인들이 믿었다. 이들은 유대교에 입교한 헬라인들이다. 순수한 유대인은 별로 없었다. 또한 적지 않은 귀부인들도 권함을 받고 바울과 실라를 따랐다.

그러나 유대인들은 시기하여 저자의 어떤 불량한 사람들을 데리고 떼를 지어 성을 소동하게 하여 야손의 집에 침입하여 그들을 백성에게 끌어내려고 찾았으나(행 17:5).

바울의 동족이자 구약교회만 고집하는 자들이 사람들이 바울과 실라를 따르는 것을 시기하였다. 시기는 핍박의 에너지를 만들어낸다. 저자는 시장을 가리키는데 그들은 시장에서 불량한 사람들을 동원했다. 그리고 떼를 지어 다니면서 성을 요란하게 하였다. 유대인들은 다른 나라에 살면서 형편없는 행동을 하고 있는 것이다. 바울이 어느 도시에서든 전도만 하면 유대인들이 난리를 피웠다. 야손이 바울과 실라를 받아들였을 것이다. 그래서 그 집에 무단으로 침입하여 바울과 실라를 찾았지만 찾지 못했다.

발견하지 못하매 야손과 몇 형제들을 끌고 읍장들 앞에 가서 소리 질러 이르되 천하를 어지럽게 하던 이 사람들이 여기도 이르매(행 17:6).

바울과 실라를 찾지 못한 유대인들과 불량배들은 야손과 여러 믿음의 형제들을 끌고 읍장 앞으로 데려갔다. 야손과 형제들을 불법으로 붙잡은 그들은 큰 소리를 질렀다. 그들의 주장은 천하를 어지럽게 하던 이 사람들이 여기에도 이르렀다는 것이었다. 즉, 바울과 실라가 왔다는 말이었다. 데살로니가에 있던 유대인들은 바울이 아시아에서 복음을 증거하다가 소동이 났던 사실을 알고 있었을 것이다. 그러므로 데살로니가의 유대인들도 용기를 얻어 그렇게 폭력성을 드러냈다.

야손이 그들을 맞아 들였도다 이 사람들이 다 가이사의 명을 거역하여 말하되 다른 임금 곧 예수라 하는 이가 있다 하더이다 하니(행 17:7).

그들은 바울과 실라가 데살로니가에서 전도하게 된 것이 야손이 그들을 보호했기 때문이라고 주장했다. 또한 가이사가 황제인데 바울이 황제를 거역했다고 했다. 바울과 실라가 한마디로 역적이라는 주장이다. 바울과 실라는 전도하면서 "그가 구세주요, 만왕의 왕"이라고 했을 텐데 이것은 예수님이 하나님 나라요, 영적 나라의 왕이라는 의미였다. 그러나 그들은 마치 예수를 섬기는 것이 당시 로마 황제 가이사를 배반하는 것으로 교묘하게 조작하였다. 진리 운동을 훼방하는 자 중에는 조작꾼들이 많다. 그들은 전혀 영적이지 않으며 성경의 진정한 의미를 모른다.

무리와 읍장들이 이 말을 듣고 소동하여(행 17:8).

이런 모함에 많은 무리와 여러 읍장들이 소동하였다. 어느 나라, 어느 민족이든지 거짓 선동에 잘 속는다. 세상에는 악한 선동에 협조하는 자가 많다. 그것은 인간이 영적으로 어두워 사탄이 조정하는 것을 잘 알지 못해서다. 이런 행동들이 나타날 때마다 바울은 자신이 혈기가 충만하여 스데반을 죽였던 일을 연상했을 것이다. 바울은 자신이 주님을 만나 변화되었듯이 자기를 훼방하고 폭력을 휘두르는 그들도 언젠가는 자기처럼 주님의 사람이 되기를 소원하고 기대했을 것이 분명하다.

야손과 그 나머지 사람들에게 보석금을 받고 놓아 주니라(행 17:9).

유대인과 불량배들의 소동 중에 관리들은 야손과 다른 형제들에게 보석금을 내놓으라고 한 후 요구한 것을 받고는 풀어주었다.

> 밤에 형제들이 곧 바울과 실라를 베뢰아로 보내니 그들이 이르러 유대인의 회당에 들어가니라(행 17:10).

바울과 실라는 폭도들에게 잡힐 뻔했다가 밤에 형제들의 도움을 받고 서쪽 도시인 베뢰아로 갔다. 약 100킬로미터를 피신해 간 것이다. 예수님도 "이 동네에서 너희를 핍박하거든 저 동네로 피하라"고 하셨다(마 10:23). 베뢰아에서도 바울과 실라는 늘 하던 대로 유대인의 회당에 들어갔다. 회당만큼 성경을 여유 있게 강론할 수 있는 곳이 없었다. 그리고 성경에 약속된 메시아가 바로 예수이신 것을 동족에게 가르쳐주어야 했다. 주님은 죽으시고 부활하신 것을 이미 나타내 보이셨다.

> 베뢰아에 있는 사람들은 데살로니가에 있는 사람들보다 더 너그러워서 간절한 마음으로 말씀을 받고 이것이 그러한가 하여 날마다 성경을 상고하므로(행 17:11).

바울이 베뢰아에 도착해 보니 바로 전에 들렀던 데살로니가 사람들과 다른 점이 있었다. 어느 나라든 어느 지방이든 다 특색이 있다. 베뢰아의 특색은 더 너그러워서 간절한 마음으로 말씀을 받는 것이었다. 그래서 그들은 완악하지 않고 신사적이었으며 고상하였다. 바울의 강론을 들은 그들에게는 "진짜 그런가" 하는 마음이 있었다. 그래서 성경을 읽으며 궁금증을 해소했다. 또한 말씀을 더 깊이 알고 싶어서 날마다 성경을 상고하였다.

누구든 성경을 믿고 가까이 해야 믿음이 성장한다. 깊이 연구하지 않고 다른 사람의 가르침을 깊이 생각지 않은 채 이론적으로나 피상적으로 받아들여서 진리를 바로 깨닫지 못하는 자들이 있다. 진리를 바로 알려면 간절한 마음과 하나님의 은혜가 필요하다. 성경을 가까이 하기 싫어하는 것은 하나님을 가까이 하기 싫어하는 것과 같은 것이다. 성경 읽기와 성경 연구는 기도와 비중이 같다.

그 중에 믿는 사람이 많고 또 헬라의 귀부인과 남자가 적지 아니하나(행 17:12).

설교만 듣고 믿거나, 이적과 기사를 보고 믿거나, 자신이 직접 체험을 하는 것도 귀하지만 성경을 깊이 알 때 믿음이 더욱 견고해진다. 헬라의 귀부인들도 말씀에 은혜를 받고 주님을 영접했다. 남자들도 많이 나왔다. 바울은 베뢰아에서 큰 영적 열매를 맺었다.

데살로니가에 있는 유대인들은 바울이 하나님의 말씀을 베뢰아에서도 전하는 줄을 알고 거기도 가서 무리를 움직여 소동하게 하거늘(행 17:13).

바울이 얼마 전에 떠나온 데살로니가의 유대인들은 바울이 베뢰아에서 전도한다는 소식을 듣자 폭력성을 감추지 못하고 또 돌발 행동을 하였다. 그들은 데살로니가에서부터 베뢰아까지 그 먼 거리를 원정까지 해 무리를 움직여 소동하였다. 그들은 특히 바울을 공격하려고 하였다. 역시 데살로니가 사람들의 포악성은 대단하다.

형제들이 곧 바울을 내보내어 바다까지 가게 하되 실라와 디모데는 아직 거기 머물더라(행 17:14).

바울의 신변에 위험을 느낀 예수 믿는 형제들이 속히 바울을 내보내어 바다까지 가게 하였다. 바다에서 배를 태워 다른 지역으로 가게 하려는 것이었다. 바울은 데살로니가에서도 무사히 빠져나왔고 이곳 베뢰아에서도 어려움을 피해 갔다. 바울에게는 빌립보 성에서 고통당한 후유증이 아직도 있었을 것이다. 육체의 고통을 다시 당하는 것은 너무 힘든 일일 것이다. 그래서 제자들은 바울에게 위험한 일이 있으면 신속히 빼돌렸다. 바울은 떠났지만 수준 있는 일꾼들인 실라와 디모데는 베뢰아에 그대로 머물렀다. 그들은 그곳에서 자기들의 사명을 감당했다.

> 바울을 인도하는 사람들이 그를 데리고 아덴까지 이르러 그에게서 실라와 디모데를 자기에게로 속히 오게 하라는 명령을 받고 떠나니라(행 17:15).

바울을 숨겨 인도하는 사람들이 뵈레아로부터 멀리 아덴까지 그를 인도하였다. 그들은 바울을 인도하고 보호하였다. 그들이 없었다면 바울은 큰 봉변을 당했을 것이다. 바울을 인도한 사람들은 아직도 베뢰아에 남아 있는 실라와 디모데를 속히 오게 하라는 바울의 명령을 받고 다시 베뢰아로 돌아갔다.

> 바울이 아덴에서 그들을 기다리다가 그 성에 우상이 가득한 것을 보고 마음에 격분하여(행 17:16).

베뢰아에서 피해 나온 바울은 아덴에 머물면서 실라와 디모데가 오기만을 기다렸다. 그들은 바울이 사랑하는 동역자들이다. 바울은 기다리면서 아덴의 여기저기를 다녔는데 아덴에는 곳곳에 우상들이 가득하였다. 그야말로 없는 신이 없었다. 파르테논 신전을 비롯해 온갖 신들이 금과 은과 놋쇠와 대리석으로 만들어져 도시를 덮고 있었다. 철학과 민주주의의 중심지가 이처럼 우상의 중심지였다. 철학은 우상을 없애지 못한다(박윤선).

우상을 없애는 것은 기독교밖에 없다. 바울은 우상의 소굴을 다니면서 분노하였다. 바울처럼 이방의 우상을 보면 마음에 격분이 일어나는 것이 정상이다. 우상은 문화재도 아니고 예술품도 아니다. 더구나 복의 수여자도 아니다. 오직 하나님만 섬겨야 할 인생이 타락해 우상을 만들고 섬기는 것이다. 만일 우상을 예술적으로 감상하고 그 만든 기술을 칭찬하면서 연구할 가치가 있는 것처럼 말한다면 이는 옳지 않다. 또한 우상을 보고도 마음이 아무렇지도 않은 기독교인이 있다면 그것은 바울의 마음이 아니다.

> 회당에서는 유대인과 경건한 사람들과 또 장터에서는 날마다 만나는 사람들과 변론하니(행 17:17).

아덴에도 회당이 있었다. 바울은 유대인과 경건한 사람들과 변론하였다. "예수" 복음을 전할 수 있다면 어디든 가리지 않았다. 유대인을 위해서 회당에 가듯 장터에 가서는 날마다 만나는 사람들이 있었는데 그들과 친해지면서 변론을 하였다. 그 도시의 장터는 평소 철학자들이 토론하며 가르치는 곳이었다.

> 어떤 에피쿠로스와 스토아 철학자들도 바울과 쟁론할새 어떤 사람은 이르되 이 말쟁이가 무슨 말을 하고자 하느냐 하고 어떤 사람은 이르되 이방 신들을 전하는 사람인가보다 하니 이는 바울이 예수와 부활을 전하기 때문이러라(행 17:18).

에피쿠로스(BC341)란 철학자가 세운 학파다. 그는 쾌락주의자다. 스토아(BC340)는 구브로 출신 제논에 의해 세워졌다. 그들은 반유신론자들이다. 아덴에는 이런 철학자들이 많았다. 그들은 바울이 말을 잘해서 말쟁이라고 한 것으로 보인다. 또한 세상에는 신들이 많은데 바울은 그 중에 하나를 전하는 자로 보았다. 이 당시는 아덴에서 이방 신을 전하면 사형을 받았다고 한다. 바울은 누명을 쓸 처지에 놓였다. 바울은 예수 그리스도와 그의 부활을 전했기 때문에 사람들의 입에 오르내렸다. 그러나 바울은 예수 그리스도가 부활하셨다고 했기 때문에 법망에 걸리는 것은 아니었다.

그를 붙들어 아레오바고로 가며 말하기를 네가 말하는 이 새로운 가르침이 무엇인지 우리가 알 수 있겠느냐(행 17:19).

사람들이 바울을 붙들어 아레오바고로 데려갔다. 아레오바고는 화성신의 언덕으로 여러 사람이 모일 수 있는 공간과도 같았다. 바울은 재판을 받으려고 간 것이 아니었다. 그들이 "네가 말하는 이 새로운 가르침이 무엇인지 우리가 알 수 있겠느냐"고 하면서 바울의 가르침에 호기심을 보였기 때문이다.

네가 어떤 이상한 것을 우리 귀에 들려 주니 그 무슨 뜻인지 알고자 하노라 하니(행 17:20).

그들은 바울이 어떤 이상한 것을 자기들 귀에 들려준다고 생각했다. 바울이 전하는 예수님의 죽음과 부활이 당시 사람들에게는 이상한 것으로 받아들여졌다. 그래서 그들은 알고 싶은 의욕이 생겼다. 그러나 이것은 지식적인 욕구 때문이지 양심이 움직여서나 그들이 영적인 사람들이었기 때문이 아니었다. 또는 성령께서 그들의 마음을 여셨기 때문도 아니었다. 사람들이 주님에 대해서나 신비나 은사 또는 기적과 이적에 관심을 보이는 것도 지식적 욕구 때문에 접근하는 경우가 많다. 그들은 귀가 즐거운 것을 좋아했다(이달). 그들은 어리석게도 영적인 것을 이성적, 지식적으로 분석하고 판단하려 했다. 영적인 것은 영적인 자세를 가지고 접근해야 한다.

모든 아덴 사람과 거기서 나그네 된 외국인들이 가장 새로운 것을 말하고 듣는 것 이외에는 달리 시간을 쓰지 않음이더라(행 17:21).

그곳에는 아덴 사람들뿐 아니라 나그네들도 많았다. 그들은 가장 새로운 것을 말하고 듣는 것 외에는 달리 시간을 쓰지 않았다. 그들은 수많은 정보를 갖고 있었는데 계속해서 새로운 것에 대한 흥미밖에 없었던 것이다. 이미 시대적으로 낡은 것은 관심 밖이었다. 그들은 새로운 것이 나타나면 새로운 지식을 얻었고, 다시 새로운 지식을 찾았다.

> 바울이 아레오바고 가운데 서서 말하되 아덴 사람들아 너희를 보니 범사에 종교심이 많도다(행 17:22).

바울이 아레오바고 가운데 서서 말했다. 많은 사람들이 모인 신전 앞의 공간에서 바울이 말하게 된 것이다. 바울은 그들에게 "아덴 사람들아 너희를 보니 범사에 종교심이 많도다"라고 하였다. 바울이 아덴에 와서 많은 우상들을 보고 또한 변론을 통하여 알게 된 사실이었다. 철학의 도시가 우상의 도시요, 종교의 전시장 같은 곳이었다. 바울은 모든 아덴 사람에게 가르쳐준다는 마음을 가지고 말했다. 그 도시의 몇몇 사람이나 특정 부류만 상대한 것이 아니었다.

> 내가 두루 다니며 너희가 위하는 것들을 보다가 알지 못하는 신에게라 고 새긴 단도 보았으니 그런즉 너희가 알지 못하고 위하는 그것을 내가 너희에게 알게 하리라(행 17:23).

바울은 아덴의 항구에 도착하였다. 그때 그는 항구 근처에서 "알지 못하는 신에게"라는 이름이 붙은 제단을 보았다. 원래 어느 나라든 해안가에는 우상숭배가 많다. 그들은 막연히 이런 신이 있을 것이라고 생각하고 섬겼다. 혹시 우리가 모르는 신이 존재하는데 몰라서 섬기지 않는다고 저주를 받을까 두려워한 것이다. 아덴의 시민들은 지금 누구에게 제사하는지도 모르면서 신을 섬기고 있는데, 바울은 그들에게 섬길 만한 신의 이름을 자신이 가르쳐주겠다고 하였다. 알고 싶은 욕구가 그렇게 많은 사람들이, 그래서 지식을 그렇게 추구했으면서도 아덴 사람들은 가장 중요한 핵심을 알지 못했다.

우주와 그 가운데 있는 만물을 지으신 하나님께서는 천지의 주재시니 손으로 지은 전에 계시지 아니하시고(행 17:24).

아레오바고에 선 바울의 연설이 시작되었다. 그는 우주와 그 가운데 만물이 있는데 그 모든 것을 하나님이 지으셨다고 했다. 하나님은 천지의 주재시며 하늘과 땅을 주장하고 통치하시는 분이라고 했다. 또한 하나님은 너무 크신 분이기 때문에 사람이 지은 제단 혹은 전에 계시지 않는다고 했다. 만물을 지으셨기 때문에 제단의 재료도 다 하나님의 창조물이다. 하나님은 인간이 만든 한정된 공간 안에 계시지 않는다. 어느 한 곳에 하나님이 계신다고 하면 그것이야말로 우상주의다. 하나님은 어느 교회, 어느 교단, 어느 신학자의 손에서 놀아나시는 분이 아니다. 하나님은 너무 크셔서 인간이 천분의 일, 만분의 일도 모른다. 오히려 하나님을 연구한다고 말하는 자체도 불경일 수 있다. 아무리 세상에서 유명한 신학자라도 주님 말씀 한마디에 깊은 수렁으로 떨어질 수 있다. 그러므로 머리를 조아리고 겸손함으로 그 앞에 나아가야 한다. 누구라도 자기가 하나님을 독점하는 듯 말하는 것은 위험천만한 일이다.

또 무엇이 부족한 것처럼 사람의 손으로 섬김을 받으시는 것이 아니니 이는 만민에게 생명과 호흡과 만물을 친히 주시는 이심이라(행 17:25).

바울의 연설은 계속된다. 하나님은 조금도 부족함이 없으시다. 부족함이 없으시기 때문에 무엇이 부족하여 사람이 채우는 것처럼 제단에 바치는 것을 원하시지 않는다. 하나님은 오히려 받으시는 것보다 주기를 좋아하신다. 그럴 만한 능력이 그분께 있다. 특히 생명을 주시고 호흡하게 하시며 세상 만물을 인생들에게 주신다. 하나님은 온 인생에게 모든 필요한 것을 주시고도 남는다.

인류의 모든 족속을 한 혈통으로 만드사 온 땅에 살게 하시고 그들의 연대를 정하시며 거주의 경계를 한정하셨으니(행 17:26).

이 세상 모든 인류는 한 혈통에서 나왔다. 그것은 하나님이 그렇게 만드셨기 때문이다. 인간은 어느 민족이라도 인간으로서 같다. 그리고 하나님이 그들을 온 땅에 같이 살게 하셨다. 또한 하나님이 연대를 정하셨다. 이 말은 곧 하나님께서 모든 국가의 흥망의 연대를 주장하신다는 의미다(박윤선). 또한 거주의 경계도 정하셨다고 했다. 각 국가의 경계도 정하셨다. 하나님은 한 나라의 땅을 빼앗기도 하시고 주기도 하신다.

이는 사람으로 혹 하나님을 더듬어 찾아 발견하게 하려 하심이로되 그는 우리 각 사람에게서 멀리 계시지 아니하도다(행 17:27).

하나님이 사람에게 생명과 만물을 주시고, 한 혈통이 되게 하시며, 여러 행하신 일이 많은데 그것은 인간이 이런저런 것을 보면서 더듬더듬이나마 하나님을 발견하게 하시려는 일종의 계시라고 하였다. 하나님은 우리 사람에게서 멀리 계시지 않고 가까이에 계신 분이라는 것이다. 영적으로 깨어 있는 사람이 보면 늘 가까이 계시고, 계시지 않은 곳이 없다. 이성적으로만 보면 아무리 세상을 휘둘러 볼지라도 하나님을 발견하지 못한다.

우리가 그를 힘입어 살며 기동하며 존재하느니라 너희 시인 중 어떤 사람들의 말과 같이 우리가 그의 소생이라 하니(행 17:28).

또한 우리가 그를 힘입어 살고 기동하며 존재한다고 바울이 말했다. 그것은 인간의 생활이나 활동하는 모든 것을 가리키는데 하나님을 힘입어 살아가는 것이라 했다. 아덴의 시인 중에서 우리가 그의 소생이라고 글을 쓴 것을 바울이 소개하였다. 시인의 의도는 그의 소생이란 제우스 신의 소생이라는 뜻이었다.

이것은 헬라 사상이다. 그들은 우상에게 이 말을 적용했다.

> 이와 같이 하나님의 소생이 되었은즉 하나님을 금이나 은이나 돌에다 사람의 기술과 고안으로 새긴 것들과 같이 여길 것이 아니니라(행 17:29).

그 시인의 말이 맞다. 그런데 우리 인생은 하나님의 소생, 즉 자녀이며 하나님이 창조하셨다. 하나님은 금이나 은이나 돌에다 새겨놓거나 입히는 것이 아니다. 아덴에서는 하나님을 금과 은과 돌에 형상을 입혀 섬겼다. 그러나 하나님은 사람들이 정교한 기술로 우상을 만들거나 아름다운 디자인을 하여 새긴 것들과 같은 분이 아니라는 것이다. 하나님은 인간이 만든 형상과는 전적으로 다르시다.

> 알지 못하던 시대에는 하나님이 간과하셨거니와 이제는 어디든지 사람에게 다 명하사 회개하라 하셨으니(행 17:30).

이 말은 예수님이 오시기 전 이방인들이 우상숭배를 하더라도 하나님이 선지자를 보내서 깨우치지 않으셨다는 말이다. 이제는 하나님이 우상을 섬긴 일에 대하여 회개하라고 하셨다고 바울이 말했다. 이제는 모든 사람에게 예수 그리스도를 섬길 수 있는 기회를 주신 것이다. 하나님을 가까이 하려면 회개해야 한다. 특히 우상숭배를 철저히 회개해야 한다. 회개를 통하지 않고는 주님께 가까이 나아갈 수 없다.

> 이는 정하신 사람으로 하여금 천하를 공의로 심판할 날을 작정하시고 이에 그를 죽은 자 가운데서 다시 살리신 것으로 모든 사람에게 믿을 만한 증거를 주셨음이니라 하니라(행 17:31).

바울은 하나님이 어느 특정한 한 사람을 정하셨다고 했다. 그 한 사람이 바로 예수 그리스도시다. 하나님이 특정한 사람을 통하여 천하를 공의로 심판하신다는 것인데 그 날짜까지도 있다. 심판할 그 특정한 자를 죽은 자 가운데서 하나님이 살리셨다고 했다. 그것이 모든 사람이 그를 믿을 수밖에 없는 증거가 된다고 했다. 죽음과 부활은 아무나 체험할 수 없는 사건으로 그 정하신 사람이 있다. 바울은 여기에서 예수 그리스도가 바로 그 사람이라고는 하지 않았다.

그들이 죽은 자의 부활을 듣고 어떤 사람은 조롱도 하고 어떤 사람은 이 일에 대하여 네 말을 다시 듣겠다 하니(행 17:32).

바울은 죽은 자의 부활에 대해 말했다. 어떤 사람은 사두개인처럼 부활을 믿지 못하므로 바울을 조롱했다. 그들은 철학적, 이성적 지식에만 열을 올렸다. 어떤 사람은 이 일에 대하여 바울의 말을 다시 듣겠다고 하면서 관심을 보였다. 소수이지만 귀한 일이다.

이에 바울이 그들 가운데서 떠나매(행 17:33).

바울이 연설을 마치고 그들 가운데서 떠났다. 바울이 여기에서 부활하신 자가 예수 그리스도라고 말을 하지 않아서인지 그곳의 유대인들은 바울을 비판하거나 죽이려고 하지 않았다. 만일 예수님을 증거했다면 공격이 있었을 것은 뻔하다. 반면 믿는 자들도 많이 나타나지 않았다. 바울은 이 연설을 통해 주목되는 큰 성과를 얻지 못했다.

몇 사람이 그를 가까이하여 믿으니 그 중에는 아레오바고 관리 디오누시오와 다마리라 하는 여자와 또 다른 사람들도 있었더라(행 17:34).

몇 사람이 바울을 가까이하여 믿었다. 몇 사람 정도만이 바울에게 접근한 것이다. 그 중에는 아레오바고 관리 디오누시오와 다마리라고 하는 여자와 또 다른 사람들이 있었다. 특별히 이방 신전의 관리인 디오누시오가 바울의 연설을 경청하고 바울을 따랐다. 그는 그곳 관리였기 때문에 자리를 비우지 않고 바울의 연설을 계속 듣다가 믿음이 생긴 것이다. 그곳에서는 소동도 없었고 도망칠 일도 없었지만 그다지 열매가 많지 않았다. 바울은 직접적으로 "예수"를 증거하지 않았다. 조용하면 열매도 많지 않다.

18장

고린도 교회

예루살렘에서 시작된 '예수 이름', '예수 부활'의 복음은
아시아를 넘어 유럽에까지 상륙하였다. 그만큼 신약교회는
성령이 충만한 공동체이고 헌신된 유력한 사람들이 많았다.
바울의 1차 선교 여행은 13장, 14장에 기록되었고, 바울의 2차
선교 여행의 경우 16장에서 빌립보 성에서의 이야기, 17장에서
마게도냐의 여행 이야기가 기록되었고, 18장에서는 고린도 교회에서
복음을 전한 일과 아시아 지역으로 건너와 전도한 내용이 나온다.
이것으로 2차 선교 여행이 마무리된다. 19장부터는
바울의 3차 선교 여행이 시작된다.

그 후에 바울이 아덴을 떠나 고린도에 이르러(행 18:1).

바울은 아덴을 떠나 약 80킬로미터 정도 떨어진 고린도에 이르렀다. 다른 곳에서는 소동이 일어났지만 믿는 자들이 많이 생겼는데 아덴에서는 아무 소동 없이 조용했고 몇 사람 정도가 믿었다. 바울은 이제 고린도로 갔는데, 도덕적

부패로 유명한 곳이었다. 바울은 우상의 도시에 이어 부패의 도시로 갔다. 어느 도시든지 주님이 필요하다.

> 아굴라라 하는 본도에서 난 유대인 한 사람을 만나니 글라우디오가 모든 유대인을 명하여 로마에서 떠나라 한 고로 그가 그 아내 브리스길라와 함께 이달리야로부터 새로 온지라 바울이 그들에게 가매(행 18:2).

바울은 본도 출신 유대인인 아굴라를 만났다. 그는 바울을 만나기 전부터 그리스도인이었다. 이 부부는 바울을 위해 목이라도 내놓는 사람들이었다(롬 16:4). 본도는 흑해 연안인 소아시아 지방에 있는 곳이다. 주후 41년에서 51년에 로마를 다스렸던 글라우디오 황제가 유대인들에게 로마를 떠나라고 했기 때문에 이달리야에서 고린도로 왔던 것이다. 그의 아내는 브리스길라다. 그들도 이제 막 고린도에 도착했다. 바울과 그들이 이곳에 온 목적은 서로 달랐지만 그들 모두에게 새로운 도시였다. 바울도, 아굴라와 브리스길라 부부도 이곳이 처음이었기 때문에 서로 통하는 것이 많았다.

그런데 바울이 아굴라에게로 갔다. 바울이 어느 집에 스스로 갔다는 것은 상당히 놀라운 일이다. 그것은 그들 부부가 주의 나라를 위해 귀하게 쓰임받을 사람인 것을 바울이 알았기 때문일 것이다. 그들은 사도들을 옆에서 도울 수 있는 상당한 영적 수준의 사람들이었다. 그렇지 않다면 최고의 사도가 그들을 가까이 할 리가 없다.

> 생업이 같으므로 함께 살며 일을 하니 그 생업은 천막을 만드는 것이더라(행 18:3).

바울이 아굴라 부부에게 간 이유 중에 서로 통하는 것이 하나 더 있었는데 생업이 같은 것이었다. 이것을 두 번째 이유로 본다. 고린도가 처음인 바울은 아굴라 부부와 함께 살며 일을 했다. 그들의 생업은 천막을 만드는 것이었다. 바울도 천막 만드는 일을 어느 정도 할 수 있었던 것으로 보인다. 바울은 선교 여행을 하면서 필요한 재정의 일부를 일을 하며 충당했다.

학식이 많은 바울이 노동과 기술이 필요한 일을 했다는 사실이 흥미롭다. 바울이 돈을 벌고자 했다면 어학이나 철학을 가르치는 등 힘이 들지 않는 일들이 있었을 텐데, 천막 만든 일을 한 것은 천막을 구입하는 각 사람에게 천상의 천막을 만들어주고 싶었기 때문이라는 오리게네스의 말이 일리가 있다. 구원받은 성도에게는 천국에 각자의 집이 있다. 오리게네스는 주님이 어부였던 베드로에게 사람을 낚는 어부가 되라고 하신 것과 연결시킨다.

> 안식일마다 바울이 회당에서 강론하고 유대인과 헬라인을 권면하니라 (행 18:4).

바울은 평상시에는 천막 만드는 일을 했지만 안식일에는 어김없이 회당에 갔다. 유대인 회당은 고린도에도 있었다. 바울은 회당에서 강론하였다. 유대인들은 구약을 믿었고 장차 메시아가 오실 것도 믿었기 때문이다. 바울의 사명은 우리가 소망하고 기다렸던 분이 바로 예수님이신 것을 가르치는 것이다. 고린도에도 유대인들이 있었다. 또한 헬라인들도 많았는데 그들은 여호와 하나님을 믿고 개종한 자들이었다. 바울은 그들이 참석한 회당에서 그들을 권면했다.

> 실라와 디모데가 마게도냐로부터 내려오매 바울이 하나님의 말씀에 붙잡혀 유대인들에게 예수는 그리스도라 밝히 증언하니(행 18:5).

바울은 17장 14절에서처럼 베뢰아에서 혼자 먼저 아덴을 거쳐 고린도로 왔다. 그리고 이제 실라와 디모데가 고린도로 내려온 것이다. 바울이 바로 전에 거쳐 온 도시 아덴에서는 하나님의 말씀에 붙잡혔다는 말씀이 없는데 여기서는 "말씀에 붙잡"혔다. 그는 하나님의 말씀을 전하지 않으면 견딜 수 없는 불붙는 마음을 가졌다. 바울은 병도 고치고 기적과 이적도 행하고 열정도 많았는데 무엇보다 말씀에 사로잡혔다. 아덴에서는 '예수 이름'을 구체적으로 전하지 않았는데 여기서는 밝히 증언했다. 성령도 함께하시고 사랑하는 동역자들도 옆에 있었다. 바울은 회당에서도 그리고 다른 장소에서도 전하고 가르쳤다. 하나님이 약속하신 기다리던 메시아가 오셨으니 얼마나 행복한 일인가. 메시아가 오신 것도 모르고 그리고 죽으셨다가 살아나신 것도 모른 채 예수님이 아닌 다른 메시아를 기다리는 유대인들을 생각하면 바울의 가슴이 뜨거워졌다.

> 그들이 대적하여 비방하거늘 바울이 옷을 털면서 이르되 너희 피가 너희 머리로 돌아갈 것이요 나는 깨끗하니라 이 후에는 이방인에게로 가리라 하고(행 18:6).

"예수"를 증거하면 유대인 반대자들이 반드시 나타난다. 바울은 옷에 먼지를 털면서 말했다. 바울은 유대인들의 닫힌 마음에 확고한 태도를 보였다. 바울은 그들의 피가 그들의 머리로 돌아간다고 했는데, 그 피는 죄의 피다. 가장 큰 죄는 예수님을 십자가에 달아 피 흘려 죽인 죄다. 게다가 유대인들은 그 죄를 회개하지 않았다. 자신이 직접 예수 그리스도를 죽이지 않았어도 형제나 친척 그리고 그들의 민족이 죽였다. 그리고 모두가 무언의 동조나 방조를 했다. 그러므로 그 죄 값이 그들의 머리로 돌아갈 것이다. 그것은 그 자신과 그 후손에게도 내려간다.

바울은 날마다 회개하였을 것이고 그러므로 자신이 깨끗하다고 하였다. 하지만 여기서 하려는 말은 그들에게 죄를 회개할 기회를 선포했으므로 그들이 회개하지 않는다면 그것은 그들의 문제이지 바울과는 상관이 없다는 뜻이다. 바울은 이곳에서 자신의 책임을 다했다. 바울은 이후에는 이방인에게로 간다고 하였다. 바울은 자신도 유대인이었고 유대인들을 위해 그동안 많은 애정을 쏟았지만 반대자가 심히 많았다. 그러므로 방향을 돌린다는 선언이었다. 이것은 그리스도의 마음과 같다. 바울은 동족인 유대인에게 정말 실망하였다.

> 거기서 옮겨 하나님을 경외하는 디도 유스도라 하는 사람의 집에 들어가니 그 집은 회당 옆이라(행 18:7).

바울은 회당과 여러 장소에서 유대인들에게 강론하고 예수님을 증거했지만 실효가 없자 자리를 옮겼다. 바울은 진정으로 하나님을 경외하는 사람인 디도 유스도의 집으로 갔다. 그곳은 개인주택이었다. 그는 로마 사람으로 보인다. 그 집은 회당 옆에 있었는데, 고린도에 있던 몇 개의 회당 가운데 하나로 보인다. 박윤선은 바로 옆집으로 옮겼다고 했다. 바울은 아굴라의 집에 있다가 디도 유스도의 집으로 옮긴 것이다.

> 또 회당장 그리스보가 온 집안과 더불어 주를 믿으며 수많은 고린도 사람도 듣고 믿어 세례를 받더라(행 18:8).

감사하게도 유대인에게 영향력이 많은 회당장이 온 집안과 더불어 주님을 믿었다. 그는 회당장이었기에 성경도 많이 알았을 것이므로 주의 일을 많이 하는 훌륭한 사역자가 되었을 것이다. 또한 수많은 고린도 사람도 듣고 믿어 세례를 받았다. 헬라인으로 생각되는 고린도 사람들도 바울의 강론을 듣고 예수를 믿었다. 반대는 있었지만 어디를 가나 "예수 부활"을 증거하면 열매가 있었다. 당시 그 바쁜 사람들이 개인 집에 와서 강의를 듣는 것은 놀라운 일이었다.

> 밤에 주께서 환상 가운데 바울에게 말씀하시되 두려워하지 말며 침묵하지 말고 말하라(행 18:9).

환상은 낮보다 밤에 더 잘 나타난다. 주님이 바울에게 환상 가운데 나타나셨는데 이 환상은 실제와 거의 같게 느껴진다. 9장의 다메섹에서 나타나신 이후 여러 차례 나타나셨다(22:17, 23:11, 27:23). 주님은 바울에게 의외의 말씀을 하셨다. 바울이 그동안 두려워하지 않았는데 두려워하지 말라고 말씀하셨다. 바울에게 혹시 그런 마음이 있었는지도 모른다. 침묵하지 말라고도 하셨는데, 바울은 지금 고린도에서 열심히 강론하고 열매도 있었다. 아무래도 아덴에서 예수님을 증거하지 않은 것을 염두에 두신 말씀으로 보인다. 또한 고린도에서 유대인들의 반대도 있었다. 하지만 고린도에서 열심히 하니 열매가 많다는 뜻일 것이다. 사역자는 사람을 두려워하지 말고 하나님만 두려워해야 한다. 하나님은 환상을 통해서나 다른 신자들을 통해 그분의 백성을 격려하신다(갱글).

내가 너와 함께 있으매 어떤 사람도 너를 대적하여 해롭게 할 자가 없을 것이니 이는 이 성중에 내 백성이 많음이라 하시더라(행 18:10).

바울이 전도하여 열매가 많을 때도 '주가 함께 하신 것'이고, 돌에 맞고 쫓겨날 때도 주님이 함께하시는 중이라는 것을 말씀하신다. 하나님은 사랑하는 사람과 언제나 함께하신다. 이것을 믿으면 영적 침체에 빠지지 않고 항상 충만하게 된다. 주님이 이렇게 철저히 함께해주신다고 한 적이 없었다. 바울의 대적은 많았지만 결코 죽이는 등 "해롭게 할 자가 없다"고 용기를 주신다. 앞으로도 그렇지만 특히 이 고린도 성에서 함께하신다. 주님이 어느 성을 가리켜 특별히 내 백성이 많다고 하신 적이 없다. 하나님이 택하신 자가 이 성에 많기 때문에 하나님이 그들을 건지기 위해서라도 바울을 보호하신다는 의미다. 바울도 귀하지만 새로 믿게 된 백성도 귀하다.

고린도는 도덕적으로 부패했지만 복 받은 지역이다. 바울은 택한 자들을 건져내기 위해서라도 더 열정을 가져야 한다. 그것이 주의 종이다.

일 년 육 개월을 머물며 그들 가운데서 하나님의 말씀을 가르치니라(행 18:11).

일 년 육 개월은 바울의 전도 사역에서 볼 때 상당히 오랜 기간이다. 그것은 이곳에 택함받은 자가 많았기 때문이다. 그래서 주님은 두려워하지 말라고 특별히 말씀하셨다. 하나님의 계획대로 바울은 지금 순종하고 있다. 바울의 본분은 하나님의 말씀을 가르치는 것이다. 천막을 만드는 것이나 다른 돈 버는 방법을 사람들에게 가르치는 것이 아니다. 또는 신학을 가르치는 것이 아니다. 하나님의 사람이 무엇을 가르치고 있는지 살피는 것은 근본을 중요시하기 위해서다.

갈리오가 아가야 총독 되었을 때에 유대인이 일제히 일어나 바울을 대적하여 법정으로 데리고 가서(행 18:12).

갈리오는 스토아 철학자인 세네카의 형이다. 고린도 성이 속해 있는 넓은 지역인 아가야의 총독이 갈리오였다. 그는 로마 의회에 속하지 않고 로마 황제 직속이었다. 그는 성격이 온화하고 친절한 사람이었다. 바울이 고린도에서 평안하게 사역을 하고 있던 어느 날 유대인들이 일제히 일어났다. 자기들끼리 단합하여 바울을 공격하려는 계획 아래 이루어진 일이었다. 그들은 바울을 대적하고 법정으로까지 데려갔다. 그들은 지난 일 년 육 개월 동안 바울이 가르치고 전도했는데 더 이상 두고 볼 수 없었다.

말하되 이 사람이 율법을 어기면서 하나님을 경외하라고 사람들을 권한다 하거늘(행 18:13).

유대인들은 바울이 율법을 어긴다고 생각했다. 어느 지역에 사는 유대인이든 똑같은 내용으로 시비를 걸었다. 유대인들이 볼 때 어이가 없는 것은 율법을 어기면서 어떻게 하나님을 경외하라고 사람들에게 말하느냐는 것이었다. 하나님을 제대로 믿으려면 율법을 지켜야 하고, 율법을 잘 지키는 것이 곧 하나님을 잘 믿는 것이라고 말했다. 어디를 가나 유대인들의 일관된 생각이었다. 그들은 바로 이러한 죄목을 가지고 갈리오 총독에게 바울을 고소하였다. 총독은 유대인들이 고소하는 말을 다 들었다. 바울은 율법을 무시하는 것이 아니라 율법의 성취인 복음으로 하나님을 섬기라고 했을 것이다. 복음은 율법을 폐하는 것이 아니라 완전케 한다(롬 3:31). 그러므로 바울이 근본적으로 율법을 무시할 리가 없다. 의인을 대적하는 자들이 지금까지 그랬던 것처럼 유대인들도 바울의 말을 왜곡시키고 가감하고 와전시켰다. 이런 자들이 지도자라면 교회에 큰 혼란이 일어날 것이다.

> 바울이 입을 열고자 할 때에 갈리오가 유대인들에게 이르되 너희 유대인들아 만일 이것이 무슨 부정한 일이나 불량한 행동이었으면 내가 너희 말을 들어 주는 것이 옳거니와(행 18:14).

유대인들이 고소하는 내용을 다 들은 바울은 그에 대해 변호하려 하였다. 이때 갈리오 총독이 먼저 원칙을 설명했다. 총독은 유대인들이 바울을 고소하였는데 만일 바울이 부정하거나 불량한 행동을 했다면 자기가 유대인들의 말을 들어주는 것이 옳은 일이라고 하였다. 총독으로서는 사회질서를 위해 재판을 해야 했다.

> 만일 문제가 언어와 명칭과 너희 법에 관한 것이면 너희가 스스로 처리하라 나는 이러한 일에 재판장 되기를 원하지 아니하노라 하고(행 18:15).

갈리오 총독은 유대인들에게 만일 그들이 고소하는 문제가 종교상 교회의 언어나 예수는 그리스도라고 하는 명칭 문제나 유대인들에게 속한 법, 즉 유대인의 율법 문제라면 그들 스스로 처리하기를 바랐다. 갈리오 총독은 이와 같은 일에는 재판장 되기를 원치 않는다고 하였다. 유대인들의 율법은 종교적인 것이므로 그런 논쟁에 로마의 법관들이 관계하지 않았다.

그들을 법정에서 쫓아내니(행 18:16).

그리고 갈리오 총독은 고소하는 유대인들을 비롯해 모든 사람을 법정에서 쫓아냈다. 자신은 이러한 재판을 하지 않겠다는 의미다. 유대인들이 바울을 벌주고 감옥에 집어넣으려는 술책은 갈리오 총독의 단호한 입장 때문에 실패로 끝났다. 18장 10절에 말씀하신 것처럼 구원을 위한 사역을 바울은 더 열심히 해야 한다.

모든 사람이 회당장 소스데네를 잡아 법정 앞에서 때리되 갈리오가 이 일을 상관하지 아니하니라(행 18:17).

갈리오 총독이 바울을 고소한 것을 받아주지 않고 법정에서 내쫓았다. 쫓겨나온 유대인들은 회당장 소스데네를 잡았다. 그리고 그를 법정 앞에서 때렸다. 유대인들은 회당장을 존경하는데 그를 때리는 것은 평소에는 생각할 수 없는 일이다. 이것은 그가 바울을 따랐기 때문일 것이다. 18장 8절에 "회당장 그리스보가 따르고"라고 했는데 이 회당장 말고 다른 회당장이 있었다. 갈리오 총독은 이러한 폭력 행위를 못 본 체했다. 앞에서 말한 대로 유대인 내부의 일이라고 생각한 것이다. 회당장 그리스보, 회당장 소스데네는 복음 전파의 최일선에서 주님의 사람이 되었다.

바울은 더 여러 날 머물다가 형제들과 작별하고 배 타고 수리아로 떠나

갈새 브리스길라와 아굴라도 함께 하더라 바울이 일찍이 서원이 있었으므로 겐그레아에서 머리를 깎았더라(행 18:18).

고소 사건이 있은 후에도 바울은 고린도에 며칠 더 머물렀다. 그런 다음 형제들과 작별하고 소란스러운 고린도를 과감하게 떠났다. 바울과 함께 천막을 만들던 브리스길라와 아굴라 부부도 동행했다. 그들은 바울의 1차 선교 여행 중에 돌아온 바나바의 생질 마가보다도 더 주님이 사랑하시고 칭찬하실 만한 사람들이다. 그런데 여기에서 아내인 브리스길라의 이름이 남편보다 앞에 나오는 것은 그녀가 주의 나라를 위해 특별한 일을 많이 했기 때문일 것이다. 그러나 이런 기록을 두고 마치 브리스길라가 이 땅에서 또는 하늘나라에서 아굴라보다 더 상급도 많고 훌륭할 것이라고 말하는 경우가 많은데 이것은 곤란하다. 주의 나라에서 여자의 머리는 남자라고 했는데 결혼생활 중간에 여자가 더 우월해지는 경우는 영적 세계에서는 거의 없다. 물론 결혼 당시부터 여성이 영적으로 남성보다 앞서 있는 상태였다면 그것은 별개이고 그 상태가 유지될 수 있다.

바울은 하나님께 서원한 기간이 차서 고린도 옆에 있는 도시 겐그리아에서 머리를 깎았다. 바울의 서원은 유대인들에게 구약 시대부터 있던 것으로 나실인 서원인데, 하나님의 은혜로 구원받은 것이나 새로운 지역으로 선교 여행을 하는 것 때문에 일정 기간 동안 머리를 깎지 않고 기도하고 있다가 기간이 다하면 머리를 깎는 것이다(민 6:1-21, 삿 13:5). "겐그리아"는 고린도 동쪽으로 15킬로미터 떨어진 곳이다. 바울은 고린도에서 겐그리아로 왔고 거기에서 에베소까지 먼 거리를 항해해 갔다.

에베소에 와서 그들을 거기 머물게 하고 자기는 회당에 들어가서 유대인들과 변론하니(행 18:19).

바울은 장거리를 항해한 후 에베소에 와서는 브리스길라와 아굴라를 그곳에 머물러 있게 하였다. 그곳에 장기간 머물기 위해 자리를 잡는다는 말이다. 브리스길라와 아굴라와는 반대로 바울은 속히 떠날 수 있다는 뜻이다. 바울은 브리스길라와 아굴라와는 행동이 달랐다. 에베소는 소아시아에서 가장 중요한 도시로서 아데미 신전이 있는 곳이다. 바울은 잠시 후 이곳을 떠났는데, 나중에 다시 돌아와 3년이나 있었다(20:31). 바울은 그만큼 에베소를 중요한 거점으로 생각하였다.

바울은 에베소에 도착한 후 곧 밖으로 나가 회당에서 유대인들과 변론하였다. 바울은 어디서든지 회당에 가는 공식대로 했다. 바울이 이렇게 서두르는 것은 마음이 급하다는 뜻이다.

여러 사람이 더 오래 있기를 청하되 허락하지 아니하고(행 18:20).

바울의 강론을 들은 여러 사람이 바울에게 에베소에 더 오래 있기를 청했다. 하지만 바울은 요청을 수락하지 않고 그곳을 떠났다.

작별하여 이르되 만일 하나님의 뜻이면 너희에게 돌아오리라 하고 배를 타고 에베소를 떠나(행 18:21).

에베소에서 잠깐 머물렀던 바울은 그곳 사람들과 작별하면서, 만일 하나님의 뜻이면 너희에게 돌아올 것이라고 했다. 바울에게 급히 갈 곳이 있는 것으로 보인다. 한편 하나님의 뜻이 있어서 자기가 다시 올 것이라는 의미도 담겨 있다. 바울은 에베소에 도착한 지 얼마 되지 않아 다시 배를 타고 떠났다.

가이사랴에 상륙하여 올라가 교회의 안부를 물은 후에 안디옥으로 내려가서(행 18:22).

바울은 에베소를 떠나 상당히 먼 거리를 항해해 가이사랴에 상륙하였다. 그리고 올라가서 교회의 안부를 물었다. 물었다는 것은 예루살렘 교회로 올라갔다는 말이다(박윤선). 그런 다음 곧 육로로 안디옥으로 내려갔다. 그곳은 자기가 오랫동안 가르치던 곳이다. 이렇게 바울이 2차 선교 여행의 출발지로 다시 돌아옴으로써 2차 선교 여행은 끝이 났다.

그동안 바울은 수리아 안디옥 → 다소 → 더베 → 루스드라 → 이고니온 → 본도 → 무시아 → 드로아 → 빌립보 → 데살로니가 → 베뢰아 → 아덴 → 고린도 → 겐그레아 → 에베소 → 가이사랴 → 안디옥을 다녔다. 그 기간은 약 3년 정도 되었다.

> 얼마 있다가 떠나 갈라디아와 브루기아 땅을 차례로 다니며 모든 제자를 굳건하게 하니라(행 18:23).

바울은 선교 출발지이자 오랫동안 가르치며 지냈던 안디옥에서 얼마 동안 잘 지냈다. 선교 보고도 하고 교회도 돌아보고 건강도 신경 썼을 것으로 짐작된다. 그러다가 다시 안디옥을 떠났다. 선교사 바울은 그동안 전도를 통해 주님을 믿게 된 수많은 영혼들이 어떻게 지내는지 알고 싶었다.

바울은 자리에서 일어나 갈라디아와 브루기아 땅을 차례로 다니며 제자들을 만나서 믿음을 굳건하게 하였다. 이 지역들은 과거에 바울이 가보았던 곳들이다. 드디어 바울의 3차 선교 여행이 시작되었다. 여러 활동이 생략이 되었지만 상당히 중요한 의미를 갖는다.

> 알렉산드리아에서 난 아볼로라 하는 유대인이 에베소에 이르니 이 사람은 언변이 좋고 성경에 능통한 자라(행 18:24).

알렉산드리아는 아프리카 지방이다. 그곳 출신인 아볼로라고 하는 유대인이

| 바울의 3차 선교 여행 |

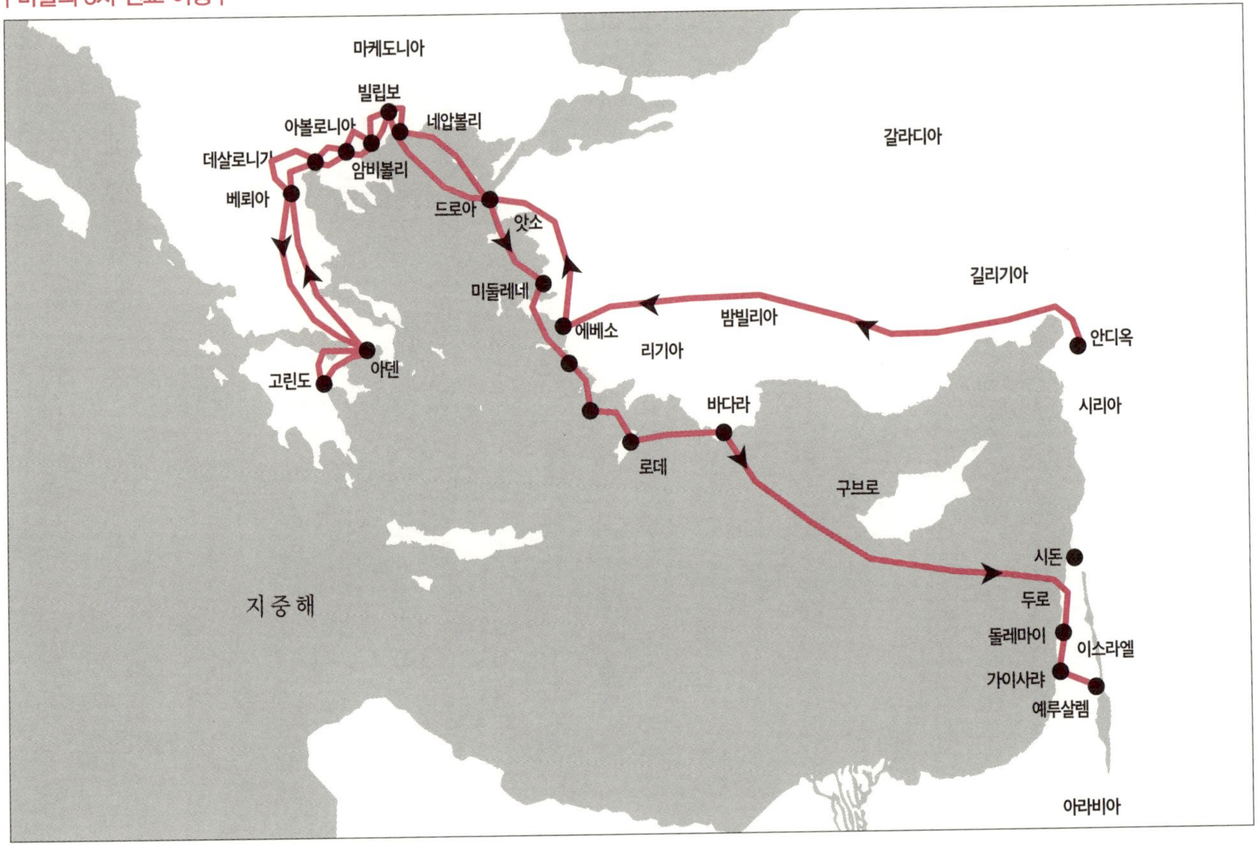
마케도니아
빌립보
네압볼리
아볼로니아
데살로니가
암비볼리
베뢰아
드로아
앗소
갈라디아
길리기아
미둘레네
밤빌리아
에베소
안디옥
리기아
아덴
고린도
바다라
시리아
로데
구브로
시돈
두로
돌레마이
이스라엘
가이사랴
예루살렘
지 중 해
아라비아

있었다. 그는 멀리 에베소라는 타지방으로 오게 되었다. 그는 헬라파 유대인이라고 할 수 있다. 아볼로는 말을 잘하고 성경에 능통하였다. 어찌 보면 바울보다도 더 설득력 있게 가르쳤을 것이다. 하나님이 사람마다 각각 주시는 은사가 있다.

> 그가 일찍이 주의 도를 배워 열심으로 예수에 관한 것을 자세히 말하며 가르치나 요한의 세례만 알 따름이라(행 18:25).

아볼로는 어려서부터 주의 도를 배웠다. 아볼로는 자기가 배운 예수님에 대한 것을 자세히 말하며 사람들을 가르쳤다. 그러나 요한이 베푼 회개의 세례밖에 몰랐다. 세례 요한이 예수님을 알았던 정도의 지식을 가진 것뿐이었다(박윤선). 세례 요한은 일찍 죽었기 때문에 예수님의 사역을 초반 부분만 알고 거의 알지 못했다. 예수님을 이렇게 열정으로 증거하면서도 아주 일부분밖에 모르는 경우도 있다. 이런 사람이 자기가 예수를 다 아는 사람처럼 행동하면 교회가 시끄러워진다. 교회에서 가르치는 위치에 서려면 여러 가지 준비가 필요하다.

> 그가 회당에서 담대히 말하기 시작하거늘 브리스길라와 아굴라가 듣고 데려다가 하나님의 도를 더 정확하게 풀어 이르더라(행 18:26).

아볼로는 에베소에 도착한 후 회당에서 담대히 말하였다. 자기가 알고 있는 것을 열정적으로 가르쳤다. 이것은 귀한 일이다. 회당에 있던 브리스길라와 아굴라도 아볼로의 가르침을 들었다. 두 부부는 바울을 만나기 전부터 주님을 알았고 고린도에서 바울을 만나 일 년 육 개월 동안 같이 지냈기 때문에 상당한 영적 실력을 쌓을 수 있었다. 그리고 바울과 함께 에베소에 도착하여 바울이 그곳을 떠난 후에도 두 부부는 그대로 머물렀다. 그러다가 이곳에 새로 온 아볼로를 만났다.

바울은 지금 에베소에 없다. 바울이 이 부부를 에베소에 남겨두고 떠난 것은 그만큼 그들이 믿을 만했기 때문이다. 아볼로의 가르침을 다 들은 브리스길라와 아굴라는 그를 개인적으로 데려왔다. 그리고 하나님의 도를 더 정확하게 풀어 가르쳐주었다. 그들은 바울의 제자와도 같았기 때문에 상당한 수준의 가르침을 베풀었을 것이다. 아볼로 같은 실력 있는 학자도 다른 사람에게 배웠다.

> 아볼로가 아가야로 건너가고자 함으로 형제들이 그를 격려하며 제자들에게 편지를 써 영접하라 하였더니 그가 가매 은혜로 말미암아 믿은 자들에게 많은 유익을 주니(행 18:27).

아볼로는 에베소를 떠나 바다 건너 아가야 지방으로 가려고 하였다. 바울과 브리스길라와 아굴라가 아가야 지방인 고린도, 겐그리아에서 온 지 얼마 되지 않았을 때다. 아볼로가 바다를 건너 가는 그 길을 에베소의 형제들이 격려해주었다. 그리고 가는 길에 편지를 써주었다. 그 내용은 아가야 지방의 형제들이 아볼로를 잘 영접해달라는 내용이다. 바울이 떠나온 아가야 지방에 하나님은 아볼로라고 하는 유력한 인물을 대신 보내셨다. 아볼로는 그곳에서 은혜 가운데 믿는 자들에게 많은 유익을 주었다. 아볼로는 바울과 임무를 교대한 것이다.

> 이는 성경으로써 예수는 그리스도라고 증언하여 공중 앞에서 힘 있게 유대인의 말을 이김이러라(행 18:28).

아볼로는 성경을 통해 진리를 드러내어 예수는 그리스도라고 하였다. 구약에 예언되신 그리스도가 바로 예수다. 여러 사람이 모여 있는 자리에서 아볼로는 유대인들과 토론을 벌여 그들의 말을 이겼다. 그는 지식과 언변과 열심이 뛰어났다. 그를 말로 당할 자가 아무도 없었다. 그는 활동성이 약한 사도 이상으로 교회에 큰 유익을 끼친 사도적 실력을 소유한 인물이다. 바울은 "나는 심었고 아볼로는 물을 주었다"고 아볼로를 극찬했다(고전 3:6).

5부_바울의 3차 선교 여행 (사도행전 19-21장)

19장

에베소의 아데미

복음으로 전도하는 내용은 '예수 부활'이지만 그것을 전하는 일은 하나님의 사람들이 행한다. 신약교회에는 수만, 수십만 명의 성도가 있었지만 특정한 소수의 사람들이 앞장서 주의 일을 했다. 베드로, 요한, 스데반, 빌립 등이 성령이 충만하여 신약교회 초반에 맹활약을 하였다. 후에는 바울, 실라, 디모데, 브리스길라, 아굴라 그리고 아볼로 등이 크게 활약하였다. 또한 성경에는 기록되어 있지 않지만 다른 사도들이나 그 밖에 성령 충만한 사람들이 '예수 이름'을 온 세상에 전했을 것이다.

바울의 2차 선교 여행 이야기는 16, 17, 18장에서 전개되었고, 그는 다시 안디옥으로 돌아왔다. 이후 다시 안디옥을 떠나 여러 곳을 다녔다. 19장에서는 3차 선교 여행 중에 에베소로 들어온 바울을 통해 강력한 능력이 나타난 내용을 볼 수 있다.

아볼로가 고린도에 있을 때에 바울이 윗지방으로 다녀 에베소에 와서 어떤 제자들을 만나(행 19:1).

에베소에 있던 아볼로는 아가야 지방으로 건너가 고린도에 머물렀다. 바울은 다시 고린도를 떠났고 아볼로가 그곳으로 갔다. 바울은 18장 21절에서 에베소를 떠나며 하나님의 뜻이면 그들에게 돌아갈 것이라고 했었다. 얼마 지나지 않아 바울은 에베소로 돌아왔다. 이때 아볼로는 에베소에 잠깐 있다가 고린도로 떠난 상태였다. 바울이 에베소로 온 것이 3차 선교 여행의 중요한 요소라고 할 수 있다.

바울은 2차 선교 여행에서 돌아와 쉬는 중에도 각지에 흩어져 있는 성도들을 생각하면 잠이 오지 않았다. 그래서 다시 에베소로 왔다. 당시 에베소에는 믿는 제자가 많았는데 바울은 그 중 어떤 제자들을 만났다. 그들은 신자였지만 예수님에 대한 지식이 빈약했다.

> 이르되 너희가 믿을 때에 성령을 받았느냐 이르되 아니라 우리는 성령이 계심도 듣지 못하였노라(행 19:2).

바울이 사역하는 자리에 성령이 역사하셨기 때문에 바울에게 배운 사람들은 성령을 알고 있거나 성령을 체험하였다. 여기에 나오는 제자들은 바울이 에베소에서 처음 만난 사람들이었을 것이다. 그들은 예수 그리스도도 알고 하나님도 알지만 성령은 계시는 것조차 몰랐다고 했다. 교회는 성부 하나님, 성자 예수님, 성령 하나님에 대해 균형 있게 가르쳐주었어야 했다. 바울은 그들이 성령에 대한 영적 지식과 체험이 없는 것을 미리 알아채고는 그들을 지도하기 위해 물었다.

> 바울이 이르되 그러면 너희가 무슨 세례를 받았느냐 대답하되 요한의 세례니라(행 19:3).

신약교회에 들어온 에베소의 성도들은 과거 요한의 세례를 받았었다. 그후 시간이 많이 지났는데도 그들은 예수 그리스도와 관계된 세례를 받지 못했다. 그래서 "요한의 세례"만 받았다고 대답했다. 그들은 성령도, 예수님의 세례도 모르는 등 모르는 것 투성이였다. 그들은 그동안 핵심적인 진리도 모른 채 신앙 생활을 하고 있었던 것이다. 성도가 모든 진리를 다 알아야 하는 것은 아니지만 영적 지식은 알수록 유리하다.

> 바울이 이르되 요한이 회개의 세례를 베풀며 백성에게 말하되 내 뒤에 오시는 이를 믿으라 하였으니 이는 곧 예수라 하거늘(행 19:4).

바울은 세례 요한의 이야기를 하면서 그가 세례를 베풀며 백성들에게 중요한 이야기를 했다고 언급했다. 바울은 세례 요한이 "내 뒤에 오시는 이를 믿으라"고 하지 않았느냐고 말했다(요 1:27). 바울은 세례 요한이 말한 그분이 바로 "예수"시라고 알려주었다. 바울은 세례 요한의 복음과 그 복음의 주인공을 연결시켜주었다.

> 그들이 듣고 주 예수의 이름으로 세례를 받으니(행 19:5).

바울의 설명을 들은 그들은 순종하고 주 예수의 이름으로 세례를 받았다. 바울은 한 명이라도 예수를 바로 알도록 가르쳤고 성령을 힘입도록 힘썼다.

> 바울이 그들에게 안수하매 성령이 그들에게 임하시므로 방언도 하고 예언도 하니(행 19:6).

바울의 안수는 세례와 관계된 것으로, 즉 바울은 세례를 베풀었다. 세례를 위한 안수를 할 때 성령이 에베소 교회의 성도들에게 임하셨다. 세례를 받는 중에 성령이 임하시는 것은 특이한 일이다. 안수를 받은 후 그들은 방언을 했다. 그것은 흔히 쓰이는 언어가 아니고 보통 사람들이 알아들을 수 없는 신기한 말이다. 성도의 방언은 오순절(2:4) 때, 가이사랴(10:45-46)에서 있었는데, 이번에는 이방 땅인 에베소에서 나타난 것이다. 또한 그들은 예언도 했다. 예언이란 원래 선지자들이 하던 것으로 앞으로 될 일을 말하는 은사다. 주님이 입술을 완전히 주장하셔서 할 수도 있고, 환상을 보거나 성령의 음성을 들을 수도 있다. 은사는 하나님이 성도에게 주신다. 그러므로 교회는 하나님이 허락하신 것을 조심스럽게 사용해 예언을 통해 교회가 시험 들지 않고 오히려 많은 유익을 끼치도록 해야 한다.

성경이 방언에 대해 "다 방언을 말하는 자이겠느냐"(고전 12:30)고 언급한 것을 볼 때 모든 신자가 다 방언을 말해야 하는 것은 아니다. 그러므로 방언이 구원의 표라고 말하는 사람이 있다면 위험한 일이다. 오늘날 물세례를 받을 때 성령이 임하시는 경우는 거의 없다. 그것은 성령을 기대하고 세례를 주거나 받는 경우가 없기 때문이다.

모두 열두 사람쯤 되니라(행 19:7).

열두 사람 정도가 바울이 안수할 때 성령을 받아 방언하고 예언을 했다. 이러한 영적 현상이 나타나자 에베소 교회는 큰 힘을 얻었다. 성령의 은사는 호기심을 충족시키거나 하나님이 계시다는 사실을 일시적으로 보여주는 것으로 끝나는 것이 아니다. 은사는 계속 사용되어 성도와 교회에 유익을 주어야 한다.

바울이 회당에 들어가 석 달 동안 담대히 하나님 나라에 관하여 강론하며 권면하되(행 19:8).

바울은 에베소 회당에서 석 달 동안 열정적으로 일했다. 담대하게 하나님 나라에 관하여 강론하고 권면했다. "하나님 나라"는 하나님의 통치를 가리킨다. 주님이 함께하시는 하나님 나라가 모든 영역에서 나타나야 한다.

어떤 사람들은 마음이 굳어 순종하지 않고 무리 앞에서 이 도를 비방하거늘 바울이 그들을 떠나 제자들을 따로 세우고 두란노 서원에서 날마다 강론하니라(행 19:9).

어떤 사람들은 마음이 굳어 순종치 않았다. 마음이 굳으면 대사도인 바울이라도 어찌할 수 없다. 그들은 오히려 여러 무리들 앞에서 예수 그리스도의 도에 대해 비방했다. 어느 시대에나 이런 일은 일어난다. 바울은 "예수"와 자신의 사역을 비방하는 사람들과는 더 이상 말할 것이 없어 그들을 떠났다. 그리고 자기를 믿고 따르는 제자들을 데리고 따로 모임을 만들었다. 예수님을 믿는 사람과 믿지 않는 사람은 결국 분리할 수밖에 없다. 또한 성령의 역사를 믿는 사람과 믿지 않는 사람도 분리할 수밖에 없다. 바울은 기존에 있던 공간인 두란노 서원에서 믿고 따르는 제자들을 가르쳤다. 이제 회당에 가지 않아도 마음 놓고 가르칠 곳이 생긴 것이다. 두란노 서원은 누구의 제지도 받지 않고 자유롭게 주님을 가르치는 곳이 되었다.

두 해 동안 이같이 하니 아시아에 사는 자는 유대인이나 헬라인이나 다 주의 말씀을 듣더라(행 19:10).

바울은 석 달 동안 회당에서 가르쳤고(19:8) 이제 두란노 서원에서 자유롭게 2년 동안이나 가르치자 아시아 지역에 거하던 많은 사람들, 즉 유대인도 헬라인도 다 와서 주의 말씀을 들었다. 반대파 유대인들은 자기들의 회당에서 가르치는 것이 아니었기에 반대하지 못했다. 바울은 회당을 찾아가는 사역에서 두란노 서원으로 사람들을 찾아오게 하는 사역으로 바꾸었다. 에베소 교회는 중대한 변화를 맞이했다.

하나님이 바울의 손으로 놀라운 능력을 행하게 하시니(행 19:11).

하나님은 바울을 가르치고 전도하는 데만 사용하시지 않았다. 하나님은 바울의 손으로 놀라운 능력을 행하게 하셨다. 최고 수준의 사역자는 잘 가르치고 전도도 잘하며 영적으로도 능력이 있다. 기독교에는 가르치는 교실만 있거나 음식을 나누는 식당만 있는 것이 아니라 병을 고치는 병실도 있다. 바울은 사역자로 부름을 받은 후 놀라운 영권을 소유하게 되었다. 오직 주만 위해 목숨 걸고 사는 사역자에게 주님이 강력한 영적 능력을 주시지 않을 수 없다.

> 심지어 사람들이 바울의 몸에서 손수건이나 앞치마를 가져다가 병든 사람에게 얹으면 그 병이 떠나고 악귀도 나가더라(행 19:12).

바울은 나타나는 능력으로 사람들을 치료하기에 바빴다. 때문에 병에 걸린 사람들이 바울을 만나는 데 시간이 많이 걸렸다. 그러자 어떤 사람들은 급한 마음에 바울의 몸에 있던 손수건이나 앞치마를 가져왔다. 바울 대신 가져온 것이다. 그런데 놀랍게도 바울의 손수건이나 앞치마를 병자에게 올리자 병이 나았다. 충격적인 일이었다. 병만 나은 것이 아니라 사람의 몸속에 있던 악귀, 즉 귀신도 떠나갔다. 바울이 "귀신아 나가라"고 하지 않았는데도 말이다. "귀신아 나가라!"고 해서 귀신이 나와도 놀라운 일인데 손수건이나 앞치마를 통해서도 귀신이 나갔던 것이다.

성도들과 교회는 신이 났다. 교회들이 이렇게만 된다면 많은 교회가 저절로 부흥할 것이다. 이런 정도의 능력 있는 바울을 누가 비판할 수 있겠는가. 하지만 바울은 자칭 하나님을 잘 믿는다는 수많은 유대인들로부터 숱한 훼방을 받았다. 능력 없는 자들이 능력 있는 자를 비판하는 것이다. 그리고 진리를 모르는 자들이 진리를 깨달은 자를 비판한 것이다. 유대인들 가운데는 어리석은 자가 많다.

이러한 영적 현상은 사도행전 5장 15절에 기록된 것처럼 베드로가 지나갈 때 병자들을 길가에 누이고 그의 그림자라도 덮어 낫기를 바랐던 것과 같다. 그때도 병자들이 치료를 받았다. 이를 통해 볼 때 베드로나 바울은 최고 수준의 영적 능력을 가졌다. 우리가 바울이나 베드로 같은 수준을 따를 수는 없다. 하지만 지금도 교회가 강력한 영적 능력을 갖고 있음을 알아야 한다. 뿐만 아니라 주님은 주기를 원하신다. 우리가 왜 베드로의 그림자만도 못하고 바울의 손수건만도 못한 자여야 하는가. 우리가 능력이 없는 것이 잘한 일인가.

> 이에 돌아다니며 마술하는 어떤 유대인들이 시험 삼아 악귀 들린 자들에게 주 예수의 이름을 불러 말하되 내가 바울이 전파하는 예수를 의지하여 너희에게 명하노라 하더라(행 19:13).

유대인들은 자기들이 하나님의 친 백성이라고 자존심이 높았다. 그러나 그들 중에는 마술을 한다고 여기저기 돌아다니는 자들이 있었다. 모세가 이스라엘 백성을 가나안 땅으로 인도할 때 백성 가운데 "섞여 있는 무리"들이 있었던 것과 비슷하다. 마술사들은 머리를 길게 늘어뜨리고 특이한 복장을 차려입고서는 신비하게 보이려 했을 것이다. 그리고 하늘을 쳐다보며 무언가 하늘과 통하는 듯한 행동을 했을 것이다.

그런 그들이 바울이 병을 치료하는 것을 보고 흥분하고 부러워했다. 자기들은 바울 근처에도 가지 못하는 보잘것없는 실력이었기 때문이다. 그들에게 바울처럼 되고 싶은 마음이 생겼다. 그들이 아닌 누구라도 바울처럼 되고 싶을 것이다. 마술하는 유대인들은 악귀 들린 사람들이 있는 것을 보고 시험해보고 싶었다. 자신들의 실력으로는 그동안 악귀 들린 사람들의 문제를 해결해주고 싶어도 할 수가 없었다. 그런데 바울이 예수 이름으로 귀신을 쫓아내는 것을 보고는 흉내를 내보고 싶었던 것이다. 그들은 주님을 믿는 척하며 자신이 바울이 전파하는 예수를 의지하여 명한다고 소리쳤다. 그것은 믿음에서 나온 말이 아니었다.

그들의 말은 "자기가 믿는" 것이 아니라 "바울이 전하는" 예수다. 그러므로 그들과는 직접 관계가 없는 예수다. 그들의 말은 외형상으로는 큰 문제가 없었다. 그러나 내용으로는 하나님을 시험하는 것이었고 자신들의 사욕을 위한 사역이었다. 그런 식으로 사역을 한다면 성령이 역사하실 리가 없다.

> 유대의 한 제사장 스게와의 일곱 아들도 이 일을 행하더니(행 19:14).

그런데 마술사들뿐 아니라 유대의 제사장인 스게와의 일곱 아들도 이런 흉내를 냈다. 그들은 제사장의 아들들이었고 또 현재 제사장이거나 앞으로 제사장이 될 것인데도 바울처럼 능력이 없었다. 구약교회에 속한 제사장들에게는 영적 권능이 거의 없었다. 물론 능력이 구원과 직결되어 있는 것은 아니다. 그러나 그들은 바울처럼 능력 있게 사역하고 싶었다. 옛날이나 지금이나 지도자들의 마음은 비슷하다. 그러나 능력이 나타나지 않으므로 가식적 능력 사역을 하였다. 실제 능력이 없으면 흉내를 내서라도 눈에 띄게 사역하고 싶어했다. 스게와 제사장은 자식들의 이런 잘못된 행위를 막지 않았다. 이것은 엘리 제사장이 홉니와 비느하스의 잘못을 방치한 것과 다를 것이 없다. 스게와 제사장은 후에 주님께 회개하고 간신히 구원은 받았겠지만 그런 사상을 가지고 주님 앞에 칭찬들을 가능성은 없다. 능력 없는 제사장은 바울과 함께 있다 보면 고민이 깊어진다.

> 악귀가 대답하여 이르되 내가 예수도 알고 바울도 알거니와 너희는 누구냐 하며(행 19:15).

스게와의 일곱 아들이 귀신 들린 사람 속에 있는 '악귀'에게 "예수를 의지하여 너희에게 나가기를 명한다"고 했을 것이다. 그들은 예수를 믿지 않음에도 능력은 나타내고 싶어서 바울을 흉내 냈다. 그러자 악귀 들린 사람이 반응했다. 실제로는 그의 입을 빌린 악귀가 말하는 것이다. 악귀는 자기가 "예수를 안다"

고 말했다. 또한 "바울도 안다"고 했다. 악귀는 주님과 바울이 두려운 존재요, 걸리면 자기는 죽는 사실을 알고 있었다. 그러나 악귀는 예수님을 알기는 하지만 존경하는 것이 아니라 대적한다. 악귀는 영적 실존이기 때문에 현세에서는 사람보다 영적 사리를 잘 안다(박윤선). 악귀는 주님을 알지만 그렇다고 주님이 악귀를 주의 나라의 증인으로 쓰지 않으신다(막 1:25).

제사장의 일곱 아들은 악귀에게 알려지지 않은 존재들로, 두려워하거나 겁낼 필요가 없는 나약한 자들이었다. 그러므로 귀신 들린 자에게서 "너희는 누구냐"는 소리를 들었다. 구약교회의 사람들이 "제사장님" 또는 "제사장 아드님" 하면서 존경하고 떠받들었겠지만 귀신은 영적으로 무능한 그들을 존경하지 않았다. 귀신은 그 아들들의 말을 아예 듣지 않았다.

악귀 들린 사람이 그들에게 뛰어올라 눌러 이기니 그들이 상하여 벗은 몸으로 그 집에서 도망하는지라(행 19:16).

악귀 들린 사람은 한 명인데 제사장의 여러 아들에게 뛰어올랐다. 레슬링을 하듯 악귀 들린 사람이 그들을 위에서 눌러 이겼다. 아들들은 밑에 깔려 꼼짝달싹하지 못했다. 귀신이 제사장 아들들을 이긴 것이다. 제사장의 아들들이 당한 일로서는 보통 초라한 일이 아니다. 제사장의 아들들이 악귀에게 눌리고 얻어맞고 옷이 다 찢긴 채 그 집에서 도망쳐 나왔다. 그들은 자신들의 처지가 초라해서 풀이 죽었고, 이 모습을 지켜본 구약교회 성도들도 함께 풀이 죽었다.

바울의 능력 있는 사역으로 신약교회는 잔칫집이 되었고, 능력 없는 제사장 가족 때문에 구약교회는 초상집이 되었다. "제사장의 아들"이라는 신분은 악귀에게 두려움이 되지 않는다. 제사장의 아들들은 평생 망신살이 뻗쳤다. 예수님을 진정 믿지 않으면서 그분의 권위만을 이용하려는 자들은 악귀에게 조롱과 수욕을 당한다(박윤선).

제사장의 아들들이 육체를 다쳤다고 육의 전쟁에서 진 것이 아니라 영적 전쟁에서 대패한 것이다. 이는 구약교회와 그 지도자들이 얼마나 영적으로 취약한지를 보여준다. 그들은 겉만 멀쩡하고 화려하다. 능력이 없으면 누구든지 패한다. 참된 주의 사역자가 되고 바울 같은 사역자가 되기를 소원한다면 마귀를 물리치고 귀신 들린 자를 치료해야 한다. 이 시대의 영적 사역자들은 귀신 들린 자들을 피하지 말라. 그리고 정면에서 싸우라. 바울처럼 가르치고 전도하고 치료하라!

> 에베소에 사는 유대인과 헬라인들이 다 이 일을 알고 두려워하며 주 예수의 이름을 높이고(행 19:17).

에베소에 사는 유대인들과 헬라인들은 제사장 스게와의 일곱 아들이 귀신 들린 사람에게 처참하게 당했다는 소식을 들었다. 에베소 사람들은 두려움에 빠졌다. 그 장성한 명문가의 아들들은 바울과 비교할 때 아니, 바울의 손수건과 비교해서도 형편없이 무능한 존재였던 것이다. 특히 유대인들은 제사장 가문이 귀신 들린 사람에게 당했다는 사실을 알고 정신적, 신앙적 혼란 상태에 빠졌을 것이 분명하다. 그리고 하나님의 백성이라는 자존심이 형편없이 망가졌다. 그 밖에 다른 많은 사람들도 이 사실을 듣고 두려워하였다. 진실한 사람은 사탄의 권능과 복음의 능력을 알면 두려워진다. 악귀를 이기는 길은 '예수 이름'밖에 없는 사실을 그들은 이제야 알았다. 자기들도 악귀 들린 자에게 장난치듯 하다가는 당하리라는 사실을 안 것이다.

큰소리쳐봐야 인간은 귀신을 이길 수 없다. 귀신 들린 사람을 죽일 수는 있지만 그 속에 있는 귀신은 죽이지 못한다. 사람에게 여러 문제가 생기는 이유는 그 배후에 이러한 악독한 존재가 그 몸속에 있기 때문이다. 이런 귀신이 내 몸에는 없는가 돌아보아야 한다.

제사장이요, 제사장의 아들이라는 허울 좋은 껍데기 신앙은 신약교회에서 사라져야 한다. 신약교회는 모든 가문과 지식과 학벌과 이론을 파한다. 그리고

'오직 예수'와 그로부터 나오는 '능력'만 붙들어야 한다. 스게와 제사장은 나중에 철저히 회개하고 구원의 길로 들어갔을 것이다.

> 믿은 사람들이 많이 와서 자복하여 행한 일을 알리며(행 19:18).

예수 그리스도의 권세와 능력이 바울의 사역을 통해 나타나자 에베소에 믿는 사람들이 많이 생겼다. 이것이 정상이다. 마음 밭이 돌짝 밭이 아닌 다음에야 주님께 나오지 않을 수 없다. 이제 구약교회는 생명을 다하고 끝이 났다.

주님께 나올 때 가장 먼저 행해야 할 것은 회개다. 에베소에서도 사람들이 자신들의 죄를 자복하였다. 그리고 자기들이 잘못 살았던 부분에 대해 고백했다. 특히 마술 같은 미신과 우상을 섬긴 것을 회개했을 것이다. 바울이 회개를 강요하지 않았어도 스스로 고백하였다. 회개 없는 기독교는 존재할 수 없다. 깊은 회개 없이 교회에 나오는 것은 친목회나 서당에 나오는 것과 같은 태도다.

오늘날 한국교회는 성도들에게 부담을 주지 않고 친절하게 대하려고 애를 많이 쓴다. 하지만 성도들이 사탄의 세력을 제거하고, 특히 죄를 회개해야 함에도 교회가 이 부분에 대한 목소리를 너무 많이 잃어버렸다. 교회에 나올 때는 깊은 회개가 절실히 요구된다. 에베소 사람들의 모습이 바른 태도다.

> 또 마술을 행하던 많은 사람이 그 책을 모아 가지고 와서 모든 사람 앞에서 불사르니 그 책 값을 계산한즉 은 오만이나 되더라(행 19:19).

에베소에는 마술사가 많았다. 지금과 비교할 때 큰 도시가 아닌데도 상당한 숫자로 보인다. 어느 시대건 인간은 어리석고 약하여 마술사가 일할 공간이 아주 많다. 마술사들은 바울의 능력을 보면서 자기들의 실력이 별것 아니라는 사실을 두 눈으로 똑똑히 보았다. 마술을 하더라도 책을 통해 배워야 할 수 있다. 그러나 배워서 하는 사술은 능력이 없거나 거의 없다. 그들은 책을 보고 주문도 외웠을 것이다. 그리고 굉장히 신비로운 일이 일어날 것처럼 두 손을 들고 희한한 몸짓도 했을 것이다. 그러나 그들이 그렇게 수십 년을 했어도 바울 같은 능력이 나타나지 않았다. 그들은 책을 의존했기 때문에 능력이 있을 수 없었던 것이다. 마술을 하던 그들이 서로서로 연락하여 자기들이 보던 책들을 다 가지고 왔다.

마술사들이 자기들의 생활 방편이었던 점과 마술을 포기하고 그 책들을 불사르는 것은 쉬운 결정이 아니었을 것이다. 하지만 에베소의 마술사들은 최소한 진실했다. 때문에 능력 없는 책들을 자발적으로 태웠다. 자기들을 믿고 따랐던 사람들이 보는 앞에서 점치고 마술하는 데 사용했던 책들을 불태웠다. 그들은 진리가 무엇인지 알았다. 하나님의 능력이 아닌 책은 없애야 한다. 능력이 없으면서 능력이 있는 것처럼 행동했던 사람들이 가면을 벗어 던졌다. 진정한 회개는 마술사들처럼 죄의 도구를 불살라야 한다.

사악한 책은 연기가 되어 사탄이 보는 앞에서 하늘로 사라졌다. 사탄의 교과서가 폐기처분된 대사건이 벌어진 것이다. 예수 그리스도가 십자가에서 죽으신 일과 부활을 소홀히 여기는 신앙 서적은 값어치가 없다. 마술사들은 마술책들을 불태우는 막대한 희생을 치르면서 회개하였다. 그 책이 만일 다른 누군가의 손에 넘어가면 그도 똑같은 죄를 짓게 될 것이다. 이 사건은 그들의 회심이 진심이라는 증거다(존 스토트). 책값은 전부 은 오만이나 되었다. 요셉이 은 이십에 팔린 것을 볼 때 그것이 얼마나 큰 값인지 알 수 있다.

이와 같이 주의 말씀이 힘이 있어 흥왕하여 세력을 얻으니라(행 19:20).

예수 그리스도의 이름에 힘이 있고 또 그 말씀에 힘이 있다. 그것은 주님이 함께하시기 때문이다. 주의 말씀은 힘이 있어 말씀대로 살면 은혜를 주시고 말씀대로 행동하면 신비한 일이 나타난다. 그리고 예수님이 행하신 것을 믿고 예수 이름으로 기도하거나 명령하면 말씀대로 된다는 뜻이다. 주의 말씀은 힘이 있고 분명히 역사가 나타난다. 그러나 믿음 없이, 진실 없이 예수님의 이름을 들먹이거나 시험 삼아 "예수, 예수" 할 때에는 예수님이 역사하시지 않으므로 힘이 없다. "주여, 주여" 한다고 주님이 역사하시는 것이 아니다. 믿음도 없으면서, 능력도 없으면서, 깊은 영적 체험도 없으면서 "예수, 예수" 하지 말라! 그것은 거짓 선지자가 하는 짓이다.

예수님의 이름이 정상적인 방법으로 증거되면 에베소처럼 부흥이 일어난다. 그리고 누룩처럼 진리가 퍼져나간다. 믿는 자가 많아지고 여러 면에서 세력을 얻게 된다. 기독교는 힘이 있는 종교다. 주의 진실한 말씀은 반대자와 대적을 이긴다. 야심을 가지고 작당하거나 돈으로 매수하는 것이 아니다. 그것은 성경에서 여실히 보여주고 있다.

하나님 나라가 바울 같은 능력 있는 종을 통해 이 시대에도 힘 있게 뻗어 나갈 것이다. 우리는 이 시대에 바울과 베드로 같은 사역자들이 온 세계에서 발견되기를 바라야 한다. 그리고 나 자신도 그와 같이 되기를 소원해야 한다.

> 이 일이 있은 후에 바울이 마게도냐와 아가야를 거쳐 예루살렘에 가기로 작정하여 이르되 내가 거기 갔다가 후에 로마도 보아야 하리라 하고 (행 19:21).

"이 일"은 바울의 강력한 능력, 여러 마술사와 제사장 아들의 무능함 그리고 마술사들이 책을 불살라버린 사건을 가리킨다. 이 모두가 주님의 능력을 보여준 쾌거였다. 에베소의 어둠이 서서히 청소되고 있다.

이때 바울이 바다 건너 마게도냐와 아가야를 거쳐 빙 돌아 예루살렘으로 가려고 작정하였다. 바울이 그곳으로 갔다가 후에 로마로 가겠다는 뜻이다. 바울은 로마의 황제 앞에서 만왕의 왕이신 예수를 증거해야 한다. 세상 나라에서 사람이 세운 황제에게 하나님이 세우신 '하나님 나라의 왕'이 '예수 그리스도'라고 알려야 한다. 당신은 세상 나라의 왕일뿐이며 그것도 잠깐일 뿐이다. 영원하신 왕을 받들라! 이것은 바울이 증거해야 할 사명이었다. 그는 주님이 인도하시는 대로 갔다. 이것이 바울의 소원이었다.

자기를 돕는 사람 중에서 디모데와 에라스도 두 사람을 마게도냐로 보내고 자기는 아시아에 얼마 동안 더 있으니라(행 19:22).

바울을 돕는 사람은 많이 있다. 바울은 디모데와 에라스도 두 사람을 자기보다 먼저 마게도냐로 보냈다. 그곳에 세워진 교회들을 심방하고 돕게 하려는 의도였다. 바울은 고린도에 디도를(고후 8:23), 빌립보 교회에 에바브로디도를(빌 2:25), 골로새에 마가를(골 4:10), 디모데를 데살로니가 교회에(살전 3:2) 보낸 바 있다. 디모데와 에라스도는 바울이 마지막까지 관심을 두었다. 디모데는 사도급 사역자이고, 에라스도는 사도보다는 못하지만 사도를 잘 도울 수 있는 사역자라 할 수 있다. 바울은 아시아 지방에 얼마 동안 더 머물렀다. 그 이유는 에베소에서 5월에 "아데미 축제"와 "에베소 경기"가 열리기 때문에 그때를 틈타 복음을 전하려 한 것이다(이정현). 세상에서 열리는 어두운 축제를 바울이 보고만 있을 수 없었다.

바울은 에베소에 머무는 동안 고린도전서를 썼다. 그리고 디모데 편으로 보냈다. 바울은 삼 년 전에 다른 편지를 보낸 바 있다(고전5:9).

그 때쯤 되어 이 도로 말미암아 적지 않은 소동이 있었으니(행 19:23).

바울의 사역이 에베소에서 활력 있게 펼쳐지고 디모데와 에라스도를 마게도냐로 보내는 등 사역이 정비되고 있던 시점이다. 그런데 예수 이름을 증거하는 이 도로 인해 에베소에서 적지 않은 소동이 일어났다.

즉 데메드리오라 하는 어떤 은장색이 은으로 아데미의 신상 모형을 만들어 직공들에게 적지 않은 벌이를 하게 하더니(행 19:24).

데메드리오라 하는 은장색이 있었다. 그는 값비싼 고급 물품인 아데미의 신상모형을 만들었다. 제우스 신의 딸인 아데미는 헬라의 여신으로 맹수와 달의 신이며 가정의 수호신이다. 로마의 여신 다이아나와 같은데, 에베소에서는 풍요의 신으로 숭배되었다. 대개 헬라인 여행자들이 몸에 지니고 다녔다고 한다. 데메드리오는 여러 직공을 거느리고 그 우상을 만들었는데 그들의 수입이 괜찮았다.

그가 그 직공들과 그러한 영업하는 자들을 모아 이르되 여러분도 알거니와 우리의 풍족한 생활이 이 생업에 있는데(행 19:25).

그 시점은 귀신이 쫓겨나가고 마술사들도 자신들의 책을 다 불태우는 등 영적으로 청소가 되고 있던 중이다. 바울은 우상숭배가 잘못된 일임을 가르쳤고 많은 사람들이 더 이상 신상 모형을 사지 않았다. 그러자 은장색 데메드리오가 사람들을 모아 대책 회의를 열었다. 그들은 아데미의 신상 모형을 만들고 팔아 여유 있는 생활을 하던 사람들이다. 사람들이 우상 또는 신상 모형에 대한 믿음 때문에 값이 비싸도 구입했기 때문이다. 그런데 바울의 전도 때문에 그들의 영업에 문제가 생긴 것이다.

이 바울이 에베소뿐 아니라 거의 전 아시아를 통하여 수많은 사람을 권유하여 말하되 사람의 손으로 만든 것들은 신이 아니라 하니 이는 그대들도 보고 들은 것이라(행 19:26).

우상 제조업자 데메드리오는 바울이 이렇게 에베소와 아시아 전역에서 복음을 전하는 것을 알았다. 그리고 바울의 반대편에 선 사람들을 통해 바울이 열정적으로 복음을 증거하고 우상을 타파하는 데 앞장선 것을 알게 되었다. 바울이 사람의 손으로 만든 것은 신이 아니라고 했는데 데메드리오는 이 내용을 "그대들도 보고 들은 것"이라고 했다.

바울은 어디를 가든 모든 사람이 알도록 이렇게 외치고 다녔다. 우상을 만드는 사람들이나 우상을 사는 사람들에게도 담대히 전했다. 바울은 다른 사람들이 보기에 지나치다 싶을 정도로 종교혼합주의를 철저히 배격한 것을 볼 수 있다. 만일 바울이 우상숭배 문제를 거론하지 않았다면 박해의 강도가 훨씬 덜 했을 것이지만 그것은 바른 사역자가 할 일이 아니다.

> 우리의 이 영업이 천하여질 위험이 있을 뿐 아니라 큰 여신 아데미의 신전도 무시당하게 되고 온 아시아와 천하가 위하는 그의 위엄도 떨어질까 하노라 하더라(행 19:27).

우상 제조업자들에게 진리는 중요한 문제가 아니었다. 그들은 바울이 자기들을 향해 선포한 불리한 내용 때문에 당장 자기들의 생계가 지장을 받는 것이 두려웠다. 자신들의 직업이 천히 여겨지고 멸시받는 것을 막아야 한다고 생각했다. 또한 아데미가 우상이라는 사실이 드러남으로 신전이 무시당하게 될 것을 걱정했다. 온 도시가 아데미 신전을 건설하는 데 막대한 물질과 정성을 드린데다 또한 그곳에서 열심히 제사 드리며 귀하게 여기고 있었기 때문에 그들은 아데미를 보호하고 싶었다. 이것은 아데미 신전의 모형을 만드는 일을 천하게 보는 바울을 공격하는 데 자극을 줄 수 있는 말이었다.

아데미 신전은 길이 115미터, 폭 55미터, 높이 19미터로 아덴의 파르테논 신전보다 4배나 컸다. 아데미 신전이 무시당하면 자연히 온 아시아와 온 지역이 섬기는 아데미 여신 또한 무시당하며 위엄이 떨어진다는 것이었다. 고대 사람은 수치-명예를 중요시 여겼는데 그는 이 가치를 앞세워 바울을 공격하였다(이달). 그 지역은 거의 대부분의 사람이 아데미를 섬겼기 때문에 그의 선동은 큰 영향을 미쳤다.

그들이 이 말을 듣고 분노가 가득하여 외쳐 이르되 크다 에베소 사람의 아데미여 하니(행 19:28).

데메드리오의 말이 사람들에게 큰 반향을 불러일으켰다. 에베소 사람들이 분노가 가득하여 소리쳤다. "크다 에베소 사람의 아데미여." 그것은 아데미가 결코 작지 않다는 것이다. 누가 뭐라고 해도 에베소의 아데미는 크다는 외침이었다. 우상교도들은 그들의 종교에 진리가 없음에도 불구하고 그들의 종교적 본능에 의해 그 종교를 보호하는 일에 단합한다(박윤선).

온 시내가 요란하여 바울과 같이 다니는 마게도냐 사람 가이오와 아리스다고를 붙들어 일제히 연극장으로 달려 들어가는지라(행 19:29).

마치 데모가 일어난 것처럼 온 시내가 요란해졌다. 사람들이 구름 떼처럼 몰려다녔다. 그러다가 바울과 같이 다니는 마게도냐 사람 가이오와 아리스다를 발견하자 그들을 붙들었다. 가이오는 더베 사람이고(20:4), 아리스다고는 데살로니가 사람으로(20:4, 27:2) 바울의 편의를 돌봐주면서 경호를 맡았을 것이다. 즉, 바울의 동행자들이었다(골 4:10). 수많은 사람이 두 사람을 붙잡고 일제히 연극장으로 몰려들었다. 이 연극장은 25,000명을 수용할 수 있는 고대에서 가장 규모가 큰 연극장이었다고 한다.

바울이 백성 가운데로 들어가고자 하나 제자들이 말리고(행 19:30).

두 사람이 끌려가는 광경을 목격한 바울은 그들을 보호하고 연설하기 위해 백성들 사이를 비집고 연극장으로 들어가려 했다. 바울은 자신이 폭도들에게 붙잡히지 않은 것을 다행으로 여기지 않고 그들과 같이 고난을 받으려 했다. 자신으로 인해 동행자들이 엉뚱하게 붙잡혀 고통을 당하고 있었기 때문이다. 그러나 바울과 함께 있던 제자들이 바울을 말렸다. 지금 백성들이 흥분한 상태여서 바울이 해를 입을 수 있었기 때문이다.

> 또 아시아 관리 중에 바울의 친구된 어떤 이들이 그에게 통지하여 연극장에 들어가지 말라 권하더라(행 19:31).

아시아 지역의 관리 중에 바울의 친구가 된 이들이 있었다. 바울이 로마 시민이었기 때문에 만난 사람도 있었을 것이다. 그들은 예수를 받아들이거나 제자가 된 것은 아니지만 바울을 지지했다. 그들이 바울에게 통지한 것으로 공적인 의미가 있음을 알 수 있다. 그들은 바울에게 연극장에 들어가지 말라고 했다. 바울이 들어가면 일이 더 커질 것이고 바울의 신변도 위협받을 수 있었기 때문이었다.

> 사람들이 외쳐 어떤 이는 이런 말을, 어떤 이는 저런 말을 하니 모인 무리가 분란하여 태반이나 어찌하여 모였는지 알지 못하더라(행 19:32).

연극장에 모인 수많은 사람이 가이오와 아리스다고를 세워놓고 이런 말 저런 말로 질서 없이 떠들어댔다. 처음에는 은장색 데메드리오가 아데미 신상 모형을 팔지 못할까봐 바울을 비판하면서 시작했는데, 바울은 보이지 않고 그의 일행인 가이오와 아리스다고를 잡아놓고는 주장이 분분하였다. 게다가 무슨 일인지도 모른 채 군중심리에 떠밀려온 사람도 많았다. 그들은 핵심을 모른 채 떠들고만 있었다. 하나님의 사람은 진리를 모르는 다수를 무서워할 필요가 없다.

> 유대인들이 무리 가운데서 알렉산더를 권하여 앞으로 밀어내니 알렉산더가 손짓하며 백성에게 변명하려 하나(행 19:33).

많은 사람이 무슨 이유로 모였는지 그리고 두 사람에게 무슨 문제가 있는 것인지 모르고 있을 때 유대인들이 자기들 가운데 말 잘하는 알렉산더를 권해 앞으로 나가게 했다. 그리고 이번 기회에 바울을 고발하라고 하면서 억지로 그를 앞으로 내보냈다. 알렉산더는 신약교회에 발을 들여놓았다가 다시 유대사회로 들어간 사람으로 보인다. 그러므로 바울이나 신약교회의 문제점을 알고 있었으리라 추측할 수 있다. 믿음에서 떠나 사탄에게 돌아간 사람은 어느 시대에나 있다. 그는 망한 영혼이다.

알렉산더는 유대인들을 대표해 왜 바울을 벌해야 하는지 설명하려 했다. 에베소 사람들은 바울이 아데미 신전을 무시해서 분노하고, 우상 제조자들은 수입이 줄어들까봐 분노하고, 유대인들은 바울이 예수를 증거해서 분노했다. 바울은 이래저래 비판의 대상이 되었다. 진실로 예수를 믿는 일부 사람만 바울을 좋아했다. 대다수 사람은 바울을 악질로 보았다.

> 그들은 그가 유대인인 줄 알고 다 한 소리로 외쳐 이르되 크다 에베소 사람의 아데미여 하기를 두 시간이나 하더니(행 19:34).

에베소 사람들은 유대인인 알렉산더가 연설하려고 하자 기회를 주지 않았다. 그들은 아예 들으려 하지 않았다. 에베소 사람들은 아데미 신전이 무시당한다는 생각에 분노하고 있는데 그들이 볼 때 바울이나 알렉산더나 같은 유대인으로서 다를 바 없으며, 그들과 다른 하나님을 섬기는 똑같은 자들로 보였던 것이다. 그들에게 이 시간만큼은 바울의 '예수'나 알렉산더의 '율법'이 문제가 아니었다.

그들은 아데미 신전이 크고 존귀하다는 소리를 두 시간 동안이나 했다. 에베소의 아데미와 유대인의 하나님이 경쟁관계가 되었다. 그들은 목이 터져라 아데미를 외치며 우상제조업자들에게 맹목적인 도움을 주고 있었다. 정말 정신차릴 일이 있다. 에베소 사람들은 가짜 신을 믿는데도 목이 터질 정도로 소리를 쳤다. 진짜 신을 믿는 사람은 그 이상으로 소리를 치든 가르치든 사탄과 싸워야 한다. 세상은 진짜든 가짜든 열정 있는 사람이 영향을 미친다.

> 서기장이 무리를 진정시키고 이르되 에베소 사람들아 에베소 시가 큰 아데미와 제우스에게서 내려온 우상의 신전지기가 된 줄을 누가 알지 못하겠느냐(행 19:35).

에베소의 최고관리자인 서기장이 정식으로 나섰다. 그는 무리를 진정시키고 권위 있게 말했다. 그는 "에베소 사람들아 에베소가 큰 아데미와 제우스에게서 내려온 우상의 신전지기가 된 줄을 모르는 사람이 누가 있느냐"고 하였다. 당신들이 이렇게 모여서 몇 시간씩 소리치지 않아도 다 안다는 것이었다. 서기장은 백성들을 진정시킬 수 있는 효과적인 말을 하였다. 실제로 에베소가 그런 도시인 것을 누구라도 부인할 수 없었다. 몇몇 사람이 다른 말을 한다고 한들 그 사실에는 변함이 없다는 것이다. 그 말을 들은 에베소 사람들의 마음이 가라앉기 시작했다. 그렇다고 서기장이 복음의 협력자가 된 것은 아니다. 또한 교회는 세상 권력의 도움을 기뻐해서도 안 된다.

> 이 일이 그렇지 않다 할 수 없으니 너희가 가만히 있어서 무엇이든지 경솔히 아니하여야 하리라(행 19:36).

서기장은 에베소의 시민들이 우상의 신전지기가 되는 위대성이 있는 사람들이므로, 경솔히 행동하지 말고 가만히 있으면서 일처리를 해야 한다고 말했다. 그는 공직자로서 할 일을 한 것이다.

> 신전의 물건을 도둑질하지도 아니하였고 우리 여신을 비방하지도 아니한 이 사람들을 너희가 붙잡아 왔으니(행 19:37).

서기장은 이렇게 말했다. 이 사람들은 신전 물건을 도둑질하지 않았고 또한 파괴하지도 않았다. 그랬다면 증거가 있을 것이다. 가이오와 아리스다고는 바울과 같이 있었을 뿐 여신 아데미를 비방한 일이 없다. 그런데 당신들이 죄 없는 이 사람들을 붙잡아온 것이다. 우상을 아무것도 아니라고 비방한 바울을 잡아온 것이 아닌 것이다. 서기장은 정확히 문제를 꿰뚫고 있었다.

만일 데메드리오와 그와 함께 있는 직공들이 누구에게 고발할 것이 있으면 재판 날도 있고 총독들도 있으니 피차 고소할 것이요(행 19:38).

에베소에는 정식으로 고소된 사건에 대해 재판하는 날이 있다. 중대 사건은 총독에게 고발할 수 있었다. 만일 데메드리오와 직공들이 고발할 것이 있다면 얼마든지 고소할 수 있는데 왜 이 많은 사람이 모여 시끄럽게 하느냐고 서기장이 말했다. 이렇게 모여 소리를 친다고 문제가 해결되는 것이 아니라고 했다.

만일 그 외에 무엇을 원하면 정식으로 민회에서 결정할지라(행 19:39).

만일 그 밖에 다른 것을 원한다면 정식으로 에베소에 있는 민회에서 결정할 것이라고 했다.

오늘 아무 까닭도 없는 이 일에 우리가 소요 사건으로 책망 받을 위험이 있고 우리는 이 불법 집회에 관하여 보고할 자료가 없다 하고(행 19:40).

서기장은 오늘 벌어진 이 사건이 아무 까닭도 없는 일이라고 규정했다. 실제로 고소인과 피고소인이 명확하지 않았다. 도시에서 수많은 사람이 소리를 지르고 다니면 소요가 일어난 것으로 판단되어 담당 공무원이 징계될 수도 있다는 것이다. 자신은 공연히 직무를 유기한 것으로 몰려 억울한 일을 당할 수 있다고 걱정했다. 서기관은 이 집회를 불법으로 규정했고, 무슨 이유로 이런 소란이 일어났는지 보고할 정확한 내용을 자신도 모른다고 했다.

이에 그 모임을 흩어지게 하니라(행 19:41).

원칙에 입각한 서기관의 설득력 있는 말에 모여 있던 사람들이 하나둘 흩어지기 시작했다. 어느 누구도 다치지 않고 원만하게 해결되었다. 에베소의 서기관이나 관리들은 원칙적이고 지혜가 뛰어났다. 가이오와 아리스다고도 무혐의로 풀려났다. 로마는 바울과 신약교회를 고소하지 않았다.

20장

에베소 교회여

복음의 증인들이 성령 충만하여 복음을 증거할 때 기쁨으로 받아들이는 사람도 있고 격렬히 거절하는 사람도 있다. 주님이 이 땅에 계시면서 가르치실 때도 반대자가 많았으니 인간인 베드로나 바울이 배척을 받는 것은 어쩌면 당연한 일이었다. 바울은 1차 선교 여행, 2차 선교 여행을 충실히 감당하였다. 그가 3차 선교 여행을 떠나 에베소에 오래 머물면서 강력한 능력이 나타나 교회를 부흥시켰다. 그리고 귀신 들린 자들에게 제사장의 아들이 망신당하며 마술사들이 책을 불사른 일이 있었다. 하지만 우상제조업자들이 일으킨 소요도 있었다. 이것이 19장에서 전개된 내용이다. 20장에서는 바울이 에베소를 떠나 마게도냐로 가고 이후 에베소 장로들과 만난 이야기가 나온다.

소요가 그치매 바울은 제자들을 불러 권한 후에 작별하고 떠나 마게도냐로 가니라(행 20:1).

서기관의 기지로 소요는 그쳤다. 그렇다고 바울이 에베소에서 말씀을 전하고 귀신이 떠나가며 마술사들이 책을 불태우고 은장색이 반발했던 일이 잊힌

것은 아니었다. 바울은 마게도냐를 거쳐 예루살렘으로 가려는 계획이 있었기 때문에 제자들과 작별하였다. 바울은 빌립보 성에서 떠나기를 원하자 속히 떠났다(16:40). 고린도에 소요가 있자 곧 떠났다(18:18). 그리고 에베소에서도 소요가 지난 후 떠났다(20:1). 문제가 일어나면 바울은 아쉽지만 다른 곳으로 갔다. 바울은 떠나면서 제자들에게 믿음에 붙어 있으라고 권면하였다. 그리고 다시 먼 거리를 여행하여 마게도냐로 갔다. 그곳에는 디모데와 에라스도가 먼저 가서 기다리고 있었다(19:22).

그 지방으로 다녀가며 여러 말로 제자들에게 권하고 헬라에 이르러(행 20:2).

바울은 마게도냐 지방으로 다니며 제자들을 권하고 믿음에 든든히 서 있게 했다. 그리고 헬라에 이르렀다. 바울은 에베소에서 드로아로 갔고, 거기서 마게도냐로 건너가 2차 선교 여행 때 전도한 빌립보, 데살로니가, 베뢰아 지역을 다녔다. 그리고 일루리곤(롬 15:19)으로 갔다. 여기서 헬라라고 언급된 곳은 아가야 지방이다.

거기 석 달 동안 있다가 배 타고 수리아로 가고자 할 그 때에 유대인들이 자기를 해하려고 공모하므로 마게도냐를 거쳐 돌아가기로 작정하니(행 20:3).

바울이 헬라의 아가야에서 석 달 동안 있었는데 고린도에 있었을 것이다(박윤선). 바울은 가이오의 집에 머물면서(롬16:23) 로마서를 기록했을 것이다. 그는 아직 로마에 가본 적은 없지만 장차 가게 될 로마에 자신이 전하는 복음이 미리 전달되기를 바랐다(거스리).

바울은 헬라에서 배를 타고 선교 여행의 출발지인 수리아(안디옥)로 가려 했다. 그런데 유대인들이 바울을 해하려 공모했다는 소식을 들었다. 아마 유대인들이 바울을 배에서 바다에 던지려 했던 것 같다(이정현). 그래서 수리아로 가는 대신 마게도냐를 거쳐 예루살렘으로 가기로 작정했다. 사역자는 위험을 미리 알았다면 자기의 몸을 내어줄 필요가 없다(박윤선).

> 아시아까지 함께 가는 자는 베뢰아 사람 부로의 아들 소바더와 데살로니가 사람 아리스다고와 세군도와 더베 사람 가이오와 및 디모데와 아시아 사람 두기고와 드로비모라(행 20:4).

바울에게는 아시아까지 함께 가는 일행이 있었는데 모두 일곱 명이다. 베뢰아 사람 소바더, 데살로니가 사람 아리스다고와 세군도, 더베 사람 가이오와 디모데, 아시아 사람 두기고와 드로비모다. 이들은 바울과 아시아까지 함께 가기로 했다. 이들은 이방교회들이 예루살렘 교회 성도들을 위해 헌금한 물질을 가지고 가는 사명을 맡았다(롬 15:25-26, 고후 8:1-2, 9:1-2). 바울은 예루살렘 교회가 하던 대로 했다. 이들은 이방교회들을 대표하는 인물들이다. 소바더, 아리스다고, 세군도는 마게도냐 교회를 대표하고, 가이오와 디모데는 갈라디아 교회, 두기오와 드로비모는 아시아 교회를 대표한다.

> 그들은 먼저 가서 드로아에서 우리를 기다리더라(행 20:5).

이들은 드로아로 먼저 가서 나중에 도착할 바울의 일행을 기다렸다. 바울이 그곳에 머문 이유는 다음 절에 나오는 것처럼 무교절을 지키기 위해서였을 것이다.

> 우리는 무교절 후에 빌립보에서 배로 떠나 닷새 만에 드로아에 있는 그

들에게 가서 이레를 머무니라(행 20:6).

바울과 가까운 일행은 무교절을 빌립보에서 보내고 그후에 떠났다. 그들은 무교절에 예루살렘으로 올라갈 생각을 하지 않았다. 여기서 "우리"는 사도행전의 저자 누가를 말한다. "우리"는 사도행전 16장 10-40절에 나오다가 사라진 누가가 여기에서 다시 함께 가게 되었다는 증거다. 이것은 2차 선교 여행 때 누가가 빌립보에 온 이후 그대로 눌러 있었다는 말이 된다. 바울과 누가가 이제야 다시 만났다. 빌립보에서 배로 떠난 지 닷새나 걸려 드로아에 도착했다. 그리고 먼저 출발해 기다리고 있던 제자들(20:4)과 이레를 머물렀다. 충성된 일꾼이요, 제자들인 그들과 좋은 시간을 가졌다. 드로아는 바울이 2차 선교 여행 때 환상을 보고 마게도냐로 건너갔던 항구다(16:11).

그 주간의 첫날에 우리가 떡을 떼려 하여 모였더니 바울이 이튿날 떠나고자 하여 그들에게 강론할새 말을 밤중까지 계속하매(행 20:7).

드로아에서 그 주간의 첫날, 즉 안식 후 첫날에 바울과 제자들은 떡을 떼려고 모였다. 배고픔을 해결하기 위한 것이기도 하지만 성찬 예식의 의미가 크다. 이날은 그 주간의 첫날이다. 이날이 주일인지는 확실치 않지만 사도 시대부터 초대교회 성도들은 안식일과 주일을 같이 지켰다. 바울이 빌립보에서 떠나 드로아로 갈 때도 월요일이나 화요일에 출발하여 닷새가 걸렸으므로 안식일과 안식 후 첫날인 주일은 가능한 조용히 주의 날로 지켰을 것이다. 이레를 지나니 또 안식 후 그 주간의 첫날인 주일이 되었을 것이다. 그는 또 월요일에 떠나려 했다. 내일 떠나는 바울의 강론이 밤중까지 계속되었다. 그는 주의 나라에 대해 권고할 말이 많았다.

우리가 모인 윗다락에 등불을 많이 켰는데(행 20:8).

윗다락은 상층을 말한다. 불을 많이 킨 것을 보면 부잣집이고 사람이 많았다는 뜻이다. 바울은 이곳에서 강론을 계속하였다. 안전에 신경을 써서 불을 많이 켰다.

유두고라 하는 청년이 창에 걸쳐 앉아 있다가 깊이 졸더니 바울이 강론하기를 더 오래 하매 졸음을 이기지 못하여 삼 층에서 떨어지거늘 일으켜보니 죽었는지라(행 20:9).

유두고라 하는 청년이 창에 걸터앉아 있다가 깊이 졸았다. 그는 조심성이 없었다. 창에 걸터앉은 것은 어쩌면 사람들 앞에 드러나고 싶은 마음 때문인지도 모른다. 그러다 바울의 강론이 길어지자 피곤하기도 하고 졸음을 이기지 못하여 삼 층에서 떨어졌다. 젊은 사람에게 잠이 더 많다. 사람들이 놀라 내려가 일으켜보니 죽었다. 그는 설교를 듣다가 떨어져 죽은 것이다.

바울이 내려가서 그 위에 엎드려 그 몸을 안고 말하되 떠들지 말라 생명이 그에게 있다 하고(행 20:10).

바울이 내려가 그 위에 엎드려 몸을 안고 말하였다. 이것은 이전에 엘리야와 엘리사가 했던 행동과 같다. 유두고의 생명을 회생시키기 위해 바울이 간절히 기도한 것이다. 권능 있는 하나님의 종 바울은 사람의 생명을 사랑하였다. 바울은 "떠들지 말라. 생명이 그에게 있다"고 말했다. 큰 사고가 났기 때문에 그 주위가 시끄러웠을 것이다. 예배 장소가 갑자기 초상집이 되었다. 이처럼 중대한 시기에는 침묵해야 한다. 유두고가 완전히 죽었는데 바울이 살린 것인지, 아니면 거의 죽어 가는데 바울이 신체 접촉을 하므로 생기가 돌아와 살아난 것인지는 확실치 않다. 박윤선은 죽었던 그의 생명이 회복되었다는 뜻이라고 했다.

사실 오늘날도 죽었다가 살아난 사람들이 종종 있다. 기도해서 살아나기도

하고 스스로 살기도 한다. 베드로는 죽은 애니아를 살렸고(9:33), 바울은 유두고를 살렸는데 유두고는 구원받은 백성이기 때문에 살린 것이다. 그러나 유두고는 아예 죽었다가 살아난 애니아처럼 큰 공로가 있는 사람은 아니다.

> 올라가 떡을 떼어 먹고 오랫동안 곧 날이 새기까지 이야기하고 떠나니라(행 20:11).

바울은 강론이 끝나고 나서야 떡을 떼었다. 한밤중이었다. 바울은 날이 새기까지 성도들과 오랫동안 이야기하고 떠났다. 강론을 한 것이 아니라 이런저런 이야기를 나눈 것이다. 그들은 예수 안에서 나눌 말이 많았다.

> 사람들이 살아난 청년을 데리고 가서 적지 않게 위로를 받았더라(행 20:12).

사람들은 죽은 줄로만 알았던 유두고가 살아나자 큰 위로를 받았다. 말씀을 듣다가 떨어져 죽은 것은 교회에 덕이 되지 않는다. 또한 여러 구설수에 오르게 되고 복음 전파에 방해가 된다. 살아난 청년은 진짜 죽었다 산 것을 의미한다.

> 우리는 앞서 배를 타고 앗소에서 바울을 태우려고 그리로 가니 이는 바울이 걸어서 가고자 하여 그렇게 정하여 준 것이라(행 20:13).

"우리"는 성경을 기록한 누가와 그 일행이다. 앗소는 드로아의 항구인데 드로아에서 육로로 30킬로미터쯤 된다. 그들은 배를 타고 앗소까지만 갔다. 거기에서 걸어서 그곳까지 간 바울을 만나기로 했기 때문이다. 바울은 대개 제자들과 함께 다닌 것보다 그들을 먼저 보내고 나중에 다시 만났다. 바울은 드로아에서 배를 타지 않고 앗소까지 걸어갔다. 그것은 그 지나는 길에 만나고 돌보아야 할 제자들이 있었기 때문일 것이다. 그리고 앗소에서 가까운 제자들을 기다렸다.

> 바울이 앗소에서 우리를 만나니 우리가 배에 태우고 미둘레네로 가서 (행 20:14).

바울이 드로아에서 앗소까지 걸어갔고, 누가와 다른 일행은 드로아에서 배를 타고 앗소로 갔다. 앗소에서 따로 출발한 사람들이 합류한 바울 일행은 레스보스란 섬의 수도인 미둘레네로 갔다.

> 거기서 떠나 이튿날 기오 앞에 오고 그 이튿날 사모에 들르고 또 그 다음 날 밀레도에 이르니라(행 20:15).

거기서 떠나 이튿날 기오 앞에 왔는데, 기오는 섬으로서 하루 정도 걸렸다. 사모도 섬인데 하루가 걸렸다. 그 다음날 밀레도에 이르렀다. 밀레도는 에베소에서 정남쪽으로 멀리 떨어진 곳이다. 바울은 그곳들을 지나면서 영적 사역을 하지 않았다.

> 바울이 아시아에서 지체하지 않기 위하여 에베소를 지나 배 타고 가기로 작정하였으니 이는 될 수 있는 대로 오순절 안에 예루살렘에 이르려고 급히 감이러라(행 20:16).

바울은 드로아와 앗소 외에는 아시아에서 지체하지 않으려고 모든 도시를 곁에 둔 채 항해하여 아시아의 서남부 밀레도에 도착하였다. 에베소는 2차, 3차 선교 여행을 한 중요한 곳이지만 그냥 지나가기로 했다. 그것은 가능한 오순절 안에 예루살렘에 이르려고 서두른 것이다. 바울은 오순절 때 반드시 예루살렘에 도착하고 싶어 했다. 아마도 구제헌금을 전달하고 싶어서였을 것이다.

바울이 밀레도에서 사람을 에베소로 보내어 교회 장로들을 청하니(행 20:17).

바울은 에베소를 떠난 지 얼마 되지 않았다. 거기에서의 활동상이 19장 19절에서 19장 41절까지 나타난다. 그런데 바울은 에베소에서 남쪽으로 멀리 떨어진 밀레도에 있으면서 에베소에 사람을 보내 장로들을 밀레도로 오게 하였다. 에베소는 그냥 지나갔지만 그래도 할 말이 있었다.

오매 그들에게 말하되 아시아에 들어온 첫날부터 지금까지 내가 항상 여러분 가운데서 어떻게 행하였는지를 여러분도 아는 바니(행 20:18).

에베소의 장로들은 바울의 부름을 받고 먼 길을 달려왔다. 바울은 먼 길을 온 그들에게 아시아에 들어온 첫날부터 지금까지 바울이 그 사람들 가운데서 어떻게 행했는지 그들도 알 것이라고 하였다. 그 아시아 지역에 에베소도 포함되기 때문에 에베소에서의 사역도 포함되는 말이다. 그가 행한 목회 활동에 대해 자타가 인정해줄 수밖에 없다는 자신감이다.

곧 모든 겸손과 눈물이며 유대인의 간계로 말미암아 당한 시험을 참고 주를 섬긴 것과(행 20:19).

바울이 주님을 섬긴 모습을 보여준다. 바울은 하나님 앞에서 겸손히 행하고 눈물로 교회를 섬겼는데 이것은 바로 주님을 섬긴 것이다. 이것이 진정한 사역자의 모습이다. 사역자에게 교만은 망하는 길이다. 바울은 장로들에게 자기의 동족인 유대인들의 간계로 많은 시험을 당했지만 참았다고 했다. 강의 위험과 바다의 위험보다 사람의 모함이나 반대가 훨씬 더 힘들다. 바울이 설교하고 병을 고치고 가르친 모든 것도 주님을 섬기는 마음과 태도에서 나온 것이라고 했다.

유익한 것은 무엇이든지 공중 앞에서나 각 집에서나 거리낌이 없이 여러분에게 전하여 가르치고(행 20:20).

바울이 언급한 유익은 개인의 영달이 아니라 주의 나라와 성도를 위한 유익이다. 바울은 회당이나 가정, 어디서든지 거리낌 없이 예수 그리스도를 전하고 가르쳤다. 때를 얻든지 못 얻든지 항상 힘썼다(참고 딤후 4:2).

유대인과 헬라인들에게 하나님께 대한 회개와 우리 주 예수 그리스도께 대한 믿음을 증언한 것이라(행 20:21).

바울은 유대인에게든 헬라인에게든 하나님께 대한 회개를 가르쳤다. 하나님을 바로 믿으려면 진정한 회개가 필요하다. 회개 없는 기독교는 생각할 수 없다. 유대인의 가장 큰 문제는 예수를 죽인 것을 회개하지 않는 태도다. 회개와 더불어 가장 중요한 것은 예수 그리스도가 우리 인생에 구세주가 되신다는 사실을 믿는 것이다. 예수 외에는 어디에도 구원이 없다. 그래서 바울은 오직 예수 그리스도를 믿는 믿음을 증언하였다. 바울은 자신이 주님을 만난 일과 그 밖의 깊은 이야기들을 많이 했다.

보라 이제 나는 성령에 매여 예루살렘으로 가는데 거기서 무슨 일을 당할는지 알지 못하노라(행 20:22).

바울은 자신이 성령에 매였다고 했다. 성령이 사람을 끈으로 붙들어 매고 끌고 가는 듯한 느낌을 준다. 그런 사람에게는 결과적으로 영적 열매가 나타난다. 이것은 사탄도 하는 일인데 사탄이 사람들을 악의 끈으로 묶고 악하고 망하는 곳으로 끌고 간다. 사람들이 생각 없이 따라갔다 망한다. 바울은 예루살렘에 영광을 보기 위해서가 아니라 무슨 일을 당할는지 모르면서도 가려는 것이다. 아마 큰 곤혹을 치를 것이란 의미다. 하나님의 사람은 어디로 가든 무슨 일을 하든 하나님께 맡겨야 한다. 그리고 주님이 원하신다면 과감히 행동해야 한다. 좋은 자리든 나쁜 자리든 주님이 원하신다면 가지 못할 곳이 없다. 주님이 원하신다면 자신이 붙잡고 있던 모든 것을 내려놓고 산속으로라도 들어갈 수 있어야 한다. 바울은 지금까지 그렇게 살았다.

> 오직 성령이 각 성에서 내게 증언하여 결박과 환난이 나를 기다린다 하시나(행 20:23).

바울이 예루살렘으로 올라가려 할 때 각 성에 있는 성도들은 바울이 어려움을 겪게 되리라는 사실을 알았다. 그래서 기도를 많이 함으로 성령의 음성을 듣는 사람들은 바울에 대해 많은 말을 했다. 가이사랴에서 아가보가 예언한 것 같은 내용들이다. 즉, 성령에 의지한 사역자들은 바울에게 결박과 환란이 있을 것이라고 했다. "각 성에서"라고 한 것처럼 여러 영적인 사람들이 동일한 예언을 하였다. 바울은 그동안 유대인들에게 그리고 대제사장과 사두개파 등 많은 사람들에게 고통을 당해왔기 때문에 그 말은 설득력이 있었다. 그러나 바울처럼 미리 각오를 하면 두려울 것이 없다.

> 내가 달려갈 길과 주 예수께 받은 사명 곧 하나님의 은혜의 복음을 증언하는 일을 마치려 함에는 나의 생명조차 조금도 귀한 것으로 여기지 아니하노라(행 20:24).

바울에게는 달려갈 길이 있었다. 사람마다 갈 길이 있다. 바울은 그 길을 지금까지 열심히 달렸다. 또한 바울은 주님께 받은 사명이 있다고 했다. 그 내용은 하나님의 은혜의 복음을 증언하는 일을 마치려는 것이다. 그는 자신의 부귀와 명예를 위해 지금까지 살아오지 않았다. 바울은 달려갈 길과 주님께 받은 사명을 감당하기 위해서 자기의 생명도 조금도 귀한 것으로 여기지 않는다고 하였다. 바울의 결연한 의지가 확실히 드러나는 말이다. 사람에게는 생명이 가장 귀한 것인데 바울은 그 생명조차 주님께 드렸다.

에베소 장로들은 사명에 대한 바울의 확고부동한 의지에 감동을 받았을 것이다. 그리고 바울을 사랑하기 때문에 사명을 위해 가는 바울에게 에베소에 머물러 달라는 요청을 하지 못했다.

> 보라 내가 여러분 중에 왕래하며 하나님의 나라를 전파하였으나 이제는 여러분이 다 내 얼굴을 다시 보지 못할 줄 아노라(행 20:25).

바울은 에베소 장로들에게 그들 중에 오고 가면서 하나님 나라를 전파했다고 했다. 사역자가 전할 내용은 예수 그리스도와 하나님 나라다. 이 세상은 하나님이 통치하신다. 비록 세상 권력이나 하나님을 거역하는 무리가 있다 하더라도 하나님 나라는 전파되고 확장될 것이다. 바울이 장로들을 밀레도까지 부른 이유는 바울이 더 이상 그들을 보지 못할 것이기 때문이다. 바울은 자신이 없어도 에베소 교회가 든든히 서나가기를 바랐다.

> 그러므로 오늘 여러분에게 증언하거니와 모든 사람의 피에 대하여 내가 깨끗하니(행 20:26).

바울은 에베소 장로들에게 증언했다. 복음을 증거해야 할 사람이 하지 않아서 만일 예수를 믿지 못하고 구원받지 못한다면 그에게는 그 피에 대한 책임이 있다. 그러나 바울은 어디서든지 구원의 복음을 증거했기 때문에 피에 대해 깨끗하다고 했다. 설령 예수님을 믿지 않고 구원받지 못해도 책임질 일이 없다는 뜻이다. 그는 하나님께 책임을 추궁당하지 않는다.

이는 내가 꺼리지 않고 하나님의 뜻을 다 여러분에게 전하였음이라(행 20:27).

선지자 혹은 하나님의 사람은 하나님의 뜻과 말씀을 전달할 때 거리낌이나 두려움이 없어야 한다. 왜냐하면 그는 창조주이신 하나님의 뜻을 전하는 직책을 가졌기 때문이다. 만일 하나님의 뜻을 전하지 않는다면 직무유기다. 만일 전시상황이라면 사형에 해당하는 일이다. 바울은 인류 구원에 대한 하나님의 계획을 빠뜨리지 않고 다 전달했다. 결코 조금의 아쉬움도 없었다.

여러분은 자기를 위하여 또는 온 양 떼를 위하여 삼가라 성령이 그들 가운데 여러분을 감독자로 삼고 하나님이 자기 피로 사신 교회를 보살피게 하셨느니라(행 20:28).

바울은 에베소 장로들에게 먼저는 그들 자신을 위해 다음은 온 양 떼를 위해 조심하라고 하였다. 더러우면 능력이 상실된다. 거룩할수록 능력이 나타나기 때문이다. 성령이 장로들을 에베소 교회의 감독자로 삼았다고 했다. 주의 나라에서 직분을 주시는 이는 성령님이시다. 넓게 말하면 하나님이시다.

하나님은 장로들을 감독자로 삼으셔서 자기 피로 사신 교회를 보살피게 하셨다. 교회는 이처럼 귀하고 양 떼도 귀하다. 하나님은 양 떼를 위해 예수 그리스도를 십자가에서 피 흘리게 하셨다. 성부, 성자, 성령 모두가 교회를 지켜나가시는 데 총동원되셨다. 이렇게 귀한 예수님의 보혈을 인간이 깨닫지 못하는 이유는 인간에게 죄책감이 부족하기 때문이다(박윤선).

내가 떠난 후에 사나운 이리가 여러분에게 들어와서 그 양 떼를 아끼지 아니하며(행 20:29).

바울은 에베소 교회를 떠난 후를 걱정한다. 바울은 에베소에 두 차례에 걸쳐 머무르다 떠났었다. 양인 성도들과 이리에게는 공통점이 없다. 그러므로 사나운 이리는 잘못된 선생들이다. 그들은 바울이 떠난 후에 바울의 가르침을 뒤집으려 할 것이다. 그리고 교회를 어지럽히려 할 것이다. 그들은 양 떼를 위하는 자들이 아니라 해치는 자들이다. 깊이 회개하지 않고 성령에 충만하지 않은 이리 같은 선생들은 양들에게 도움이 되지 않는다. 양 떼들이 믿음으로 잘 커나가야 하는데 잘못 가르치기 때문에 양 떼가 시험에 들고 주를 떠나고 교회가 시끄러운 것인지 모른다.

또한 여러분 중에서도 제자들을 끌어 자기를 따르게 하려고 어그러진 말을 하는 사람들이 일어날 줄을 내가 아노라(행 20:30).

바울은 지금 자기 앞에 달려와 말씀을 듣는 장로들 중에도 문제가 있을 것이라 책망한다. 이는 밖으로부터 온 이리와는 또 다른 원수다. 모든 지도자는 성도가 주님을 바라보도록 가르쳐야 한다. 겉으로는 주님 이야기를 하면서 실제로는 자기 개인을 따르게 만드는 악하고 질 나쁜 사역자가 있다는 말씀이다. 이런 현상은 초대교회 때뿐 아니라 어느 시대에나 나타나는 악한 현상이다. 그런데 다른 사람도 아니고 에베소 교회 장로가 그 악한 행동을 교회에서 한다는 것이다.

바울은 주님을 바라보게 하지 않고 그들 자신을 바라보게 하는 잘못된 가르침을 베푸는 사람들이 일어날 것을 안다고 하였다. 바울의 마음이 아팠다. 에베소 교회 장로들은 후에 바울의 가르침을 잘 따랐다. 요한계시록 2장 1-7절에서 주님이 에베소 교회에 대해 하신 칭찬을 보면 알 수 있다.

그러므로 여러분이 일깨어 내가 삼 년이나 밤낮 쉬지 않고 눈물로 각 사람을 훈계하던 것을 기억하라(행 20:31).

바울은 그들에게 좀 깨우치라고 요청했다. 바울은 삼 년이나 밤낮을 가리지 않고 에베소 교회를 섬겼다. 바울은 눈물을 흘리면서 성도들을 진실하게 가르치고 훈계하였다. 그는 그들 모두를 사랑했다. 깊은 애정이 없다면 할 수 없는 일이다. 바울은 이런 말을 하기에 떳떳하고 조금도 부족함이 없다.

> 지금 내가 여러분을 주와 및 그 은혜의 말씀에 부탁하노니 그 말씀이 여러분을 능히 든든히 세우사 거룩하게 하심을 입은 모든 자 가운데 기업이 있게 하시리라(행 20:32).

바울은 자기 앞에 있는 에베소 장로들을 주님과 그 은혜의 말씀에 부탁한다고 하였다. 바울이 그들을 도울 수 없을 때 나설 분은 주님과 말씀이다. 바울은 떠나지만 은혜의 말씀은 교회에 머무신다. 그것은 주님의 말씀 또는 주님께 대한 말씀이다. 이 말씀은 능력이 있어서 사람을 든든히 세울 수 있다. 세상에는 거룩함을 입은 자들이 있다. 진실한 성도들이다. 하나님은 그들 가운데 기업이 있게 하신다. 이것은 그들이 진실로 섬겨 나갈 수 있는 직책이요, 하나님이 내리시는 복이다.

> 내가 아무의 은이나 금이나 의복을 탐하지 아니하였고(행 20:33).

바울은 누구의 것이든 은금이나 의복을 탐하지 않았다고 했다. 만일 바울이 탐했다면 장로들 앞에서 말하지 못했을 것이다. 바울은 이미 책정된 생활비나 선교를 위한 비용을 성도들에게 받았을지라도 이 세상에서 부를 누리기 위해서나 탐심 때문에 물질을 요구하지 않았다고 했다. 바울은 모든 사역자의 모범이다. 그는 결혼도 하지 않았고, 유력한 동역자와 수행원들이 늘 옆에 있었기 때문에 그의 생활은 유리알처럼 숨겨진 것이 없었다.

여러분이 아는 바와 같이 이 손으로 나와 내 동행들이 쓰는 것을 충당하여(행 20:34).

장로들은 에베소에 머물렀던 바울의 삶을 알았다. 바울은 천막 만드는 일을 했는데 그 수입으로 바울 자신과 동행들의 비용을 충당하였다. 이것이 전액을 다 부담했다는 말은 아니다. 그렇다고 남에게 강요한 것도 아니다. 바울은 교역자가 생활비를 받는 것을 당연한 일로 가르쳤다(고전 9:14, 고후 9:8). 그러나 교역자는 결국 하나님께 받는 것임을 알고 하나님께 충성해야 한다.

범사에 여러분에게 모본을 보여준 바와 같이 수고하여 약한 사람들을 돕고 또 주 예수께서 친히 말씀하신 바 주는 것이 받는 것보다 복이 있다 하심을 기억하여야 할지니라(행 20:35).

바울이 일하는 모습은 그가 생각하기에도 모범적이다. 바울은 사람들이 자신을 닮기 원했다. 자신이 직접 노동을 하면서 물질을 비롯해 여러 가지로 약한 사람들을 도운 것이다. 바울의 모범을 기억하라. 바울은 주님이 친히 말씀하신 것이라고 하면서 "주는 것이 받는 것보다 복이 있다"고 했다. 복음서에는 기록되지 않은 말씀이다. 사람들은 받는 것을 좋아한다. 얻기 위해 이 땅에서 수고한다. 그러나 주님은 진심으로 나누어주고 구제하면 하늘나라에 상급이 쌓이기 때문에 복이 있다고 하셨다. 또한 이 땅에서도 주님이 갚아주시고 복되게 하신다. 주님이 인생들에게 자신의 모든 것을 주셨음을 기억하자.

이 말을 한 후 무릎을 꿇고 그 모든 사람들과 함께 기도하니(행 20:36).

바울은 에베소 장로들에게 진액을 뽑아내듯 귀한 말씀을 다 전했다. 그리고 무릎을 꿇었다. 진실이 묻어나는 행동이다. 바울은 에베소 장로들과 그 자리에 있던 여러 동역자와 함께 기도했다. 가정이나 교회에서 이런 장면을 자주 보기 원한다.

다 크게 울며 바울의 목을 안고 입을 맞추고(행 20:37).

그들은 서로 끌어안은 채 크게 울었다. 사역자들의 눈에는 기도할 때나 사역할 때나 이런 진실이 나타나야 한다. 눈물이 마르는 것은 불행한 일이다. 그들은 바울의 목을 안고 입을 맞추었다. 진실한 교회 지도자들의 거룩한 모습이다. 이것은 단순한 작별이라기보다 전쟁터에 나가기 전 마지막 자리에서 나오는 결연한 모습이고 천국에서 다시 만날 것을 기약하고 격려하는 모습이라고 할 수 있다.

다시 그 얼굴을 보지 못하리라 한 말로 말미암아 더욱 근심하고 배에까지 그를 전송하니라(행 20:38).

바울은 예루살렘으로 올라가면서 어떤 위험이 있을 것을 예측했다. 그러므로 다시 에베소 장로들의 얼굴을 보지 못하리라고 말했다. 그들은 다시는 바울을 볼 수 없을 것이기에 근심하며 배까지 바울을 배웅했다. 바울이 배에 오르고 그들은 이제 헤어져야 했다. 그러나 그들은 천국의 주의 보좌 앞에서 다시 만날 것이다.

21장

바울이 예루살렘에서 잡히다

먼저 된 자가 나중 되고 나중 된 자가 먼저 된다고 주님이 말씀하셨다. 이것은 먼저 된 구약교회보다 나중 된 신약교회가 먼저 되는 일에 근거를 제공한다. 또한 나중에 사도로 부름받은 바울이 베드로를 제외한 그 어느 사도보다 주의 나라를 위해 훌륭히 일한 것이 그 사실을 확인해준다. 누구든지 먼저 된 것을 자랑하지 말고 장차 하늘나라에 갔을 때 주님이 인정하실 만한 삶을 살아야 한다. 그것은 '예수 부활', '예수 이름'을 증거하는 삶이다. 바울은 1차, 2차 선교 여행을 통해 상당히 넓은 지역에 복음의 씨앗을 뿌렸고, 일정 부분에서 많은 열매도 거두었다. 19장은 3차 선교 여행을 출발하여 에베소에서 능력 전도를 하고, 20장은 에베소를 떠나 마게도냐로 갔다가 다시 에베소 장로와 만난 이야기가 나왔다. 이제 21장은 예루살렘으로 올라가는 바울의 모습을 기록하고 있는데 이로써 바울의 3차 선교 여행이 마무리된다.

우리가 그들을 작별하고 배를 타고 바로 고스로 가서 이튿날 로도에 이르러 거기서부터 바다라로 가서(행 21:1).

밀레도에서 바울 일행이 에베소의 장로들과 헤어진 후 그 배는 계속 항해했다. 고스는 밀레도에서 60킬로미터 정도 떨어진 섬인데 그곳까지 항해해 갔다. 이튿날 로도로 갔는데 고스에서 85킬로미터 정도 떨어진 섬이다. 거기서 또 약 85킬로미터를 가면 바다라가 나온다. 이렇게 배는 계속 예루살렘을 향해 갔다. 바울과 함께한 누가는 이 항해를 자세하게 기록했다.

> 베니게로 건너가는 배를 만나서 타고 가다가(행 21:2).

이스라엘 바로 위에 있는 지방이자 두로와 시돈이 속해 있는 베니게로 건너가는 배를 만나 길고 긴 바다 여행을 했다.

> 구브로를 바라보고 이를 왼편에 두고 수리아로 항해하여 두로에서 상륙하니 거기서 배의 짐을 풀려 함이러라(행 21:3).

바울은 동역자였던 바나바의 고향이자 자신이 사역한 바 있는 그곳을 지나쳤다. 마침내 길고 긴 여행을 끝낸 바울 일행은 베니게의 두로에서 하선했다. 배에는 다른 사람들의 짐이 실려 있었는데 그것을 내렸다. 바울 일행도 거기에서 내렸다.

> 제자들을 찾아 거기서 이레를 머물더니 그 제자들이 성령의 감동으로 바울더러 예루살렘에 들어가지 말라 하더라(행 21:4).

두로에도 제자들이 있었는데 그들은 신약교회 신자들이다. 바울은 그들을 찾았다. 그리고 그곳에서 제자들과 함께 이레를 머물렀다. 당시 제자들도 성령이 역사하셔서 성령의 감동으로 말도 하고 사역도 할 수 있었다. 성령의 감동을 받은 그들은 바울이 고난과 어려움을 겪을 것을 알았다. 그래서 예루살렘으로 가지 말 것을 권했다. 주님의 뜻을 알았지만 인간적인 동정심이 있었기 때문이다. 그들은 이름이 기록되지 않았지만 신령한 제자들이다. 바울이 가는 곳마다 제자들 가운데 선지자와 같은 사람들이 있었는데 이구동성으로 바울에게 결박과 환란이 기다린다고 하였다(20:23). 성령은 이렇게 앞으로 되어질 일들을 주의 종들에게 가르쳐주신다. 이것은 예언의 은사나 지혜의 말씀의 은사를 받으면 가능하다. 초대교회는 영적 비밀을 알았던 교회다.

> 이 여러 날을 지낸 후 우리가 떠나갈새 그들이 다 그 처자와 함께 성문 밖까지 전송하거늘 우리가 바닷가에서 무릎을 꿇어 기도하고(행 21:5).

바울은 여러 날을 두로에서 머물다 떠났다. 바울이 떠날 때 두로의 제자들과 아내들과 자녀들 모두가 성문 밖까지 나와 전송하였다. 그 제자들의 온 가족이 주님을 영접하고 하나가 된 모습이다. 바울 일행은 바닷가에서 무릎을 꿇고 기도했다. 기도의 장소가 어디든 상관이 없었다. 서로가 서로를 하나님께 부탁하는 아름다운 모습이다. 바울 일행은 사람들에게 보여주려고 바닷가라는 열린 공간에서 기도한 것이 아니다. 헤어지는 장소가 그곳이었고 진실로 사랑하는 마음이 있었기 때문에 그렇게 한 것뿐이다.

> 서로 작별한 후 우리는 배에 오르고 그들은 집으로 돌아가니라(행 21:6).

두로의 제자들과 그 가족들과 작별한 바울 일행은 배에 올랐다. 전송하던 제자들도 그들의 집으로 돌아갔다.

> 두로를 떠나 항해를 다 마치고 돌레마이에 이르러 형제들에게 안부를 묻고 그들과 함께 하루를 있다가(행 21:7).

바울은 두로를 떠나 멀고 먼 항해를 끝냈다. 두로에서 돌레마이는 35킬로미터쯤 된다. 돌레마이에서 여러 형제들의 안부를 묻고 그들과 함께 하루를 머물렀다. 바울은 그들이 믿음 가운데 거하는지에 가장 큰 관심을 두었을 것이다.

이튿날 떠나 가이사랴에 이르러 일곱 집사 중 하나인 전도자 빌립의 집에 들어가서 머무르니라(행 21:8).

그는 다시 50-60킬로미터를 항해하여 드디어 전에 들린 바 있는 헤롯 궁이 있는 가이사랴에 도착했다. 이곳은 전에 베드로가 백부장 고넬료의 집을 방문했던 도시다. 이때 예루살렘 교회의 일곱 집사 중 하나인 빌립이 예루살렘에 박해가 있어서 내려와 있었다. 빌립은 열심이 많고 성령이 충만한 전도자다. 바울은 그의 집에 들어가 머물렀다. 귀한 사람은 귀한 사람을 알아보고 가까이 하고 싶어 한다. 빌립은 스데반을 제외한 평신도 중에서는 가장 중요한 사람일 것이다. 그는 이곳에서 20년간 사역하였다.

그에게 딸 넷이 있으니 처녀로 예언하는 자라(행 21:9).

빌립에게는 결혼하지 않은 네 명의 딸이 있었다. 그런데 그들은 예언을 했다. 아버지는 예루살렘의 그 많은 성도 가운데 투표로 집사로 선택된 사람이고, 딸들은 다 예언자이므로 뛰어난 영적인 집안이다. 자녀들에게도 이렇게 영적 능력이 있으므로 성도들도 빌립을 집사로 뽑고 기뻐하였다. 빌립이 영적이었기에 딸들도 그 영향을 받은 것이다. 자녀는 부모의 영적인 면도 물려받는다. 빌립은 단순하게 구제를 위해 일하는 수준이 아니었다. 그는 스데반에게 버금가는 능력 있는 전도자였다. 교회 지도자들의 자녀들이 수준 이하의 영적 상태에 있거나 그런 생활을 하는 것은 수치스러운 일이다. 빌립 가정은 영적이며 모범적이다.

여러 날 머물러 있더니 아가보라 하는 한 선지자가 유대로부터 내려와 (행 21:10).

바울이 며칠 동안 빌립의 집에 머물렀다. 당시에도 선지자라고 할 만한 영적 실력자들이 있었다. 아가보 선지자가 유대로부터 가이사랴까지 내려왔다. 사도행전 11장 28절을 보면 아가보가 전에도 흉년을 예언한 적이 있었고 그 예언이 이루어졌다. 그 아가보 선지자가 빌립의 집으로 왔다. 지금 빌립의 집에 최고 수준의 사역자인 바울과 그 일행 그리고 선지자 아가보가 모인 것이다. 진정으로 축복된 사역자들이 한자리에 모였다. 그야말로 거룩한 사람들이 모인 공동체였다. 성도는 자신이 누구와 어울리는지를 깊이 생각해보아야 한다.

우리에게 와서 바울의 띠를 가져다가 자기 수족을 잡아매고 말하기를 성령이 말씀하시되 예루살렘에서 유대인들이 이같이 이 띠 임자를 결박하여 이방인의 손에 넘겨주리라 하거늘(행 21:11).

아가보가 빌립의 집에 들어온 후 바울의 띠를 집어 들었다. 그러더니 돌출행동을 하였다. 갑자기 자기 수족을 그 띠로 묶은 것이다. 아가보는 자기에게 성령이 말씀하신다고 했다. 그 내용은 예루살렘에서 유대인들이 자기와 같은 모습으로 이 띠 임자를 결박한다는 것이었다. 결국 바울이 예루살렘에서 유대인들에게 붙잡힌다는 의미였다. 그리고 체포한 후 이방인에게 넘겨진다고 했다. 결국 바울이 그렇게 된다는 예언이었다. 바울은 자기가 가는 길을 하나님도 아시고 이렇게 하나님의 사람도 안다는 사실을 보면서 두려움이 아닌 오히려 힘을 얻었을 것이다. 내가 가는 길을 하나님이 아시고 인도하시며 축복하시는 것보다 더 큰 복이 무엇일까.

우리가 그 말을 듣고 그 곳 사람들과 더불어 바울에게 예루살렘으로 올라가지 말라 권하니(행 21:12).

아가보는 신뢰할 만한 선지자였기 때문에 그의 예언을 믿지 않을 수 없었다. 그래서 바울 일행은 바울에게 다가올 위험을 깨달았다. 그래서 그들은 이구동성으로 바울에게 예루살렘으로 올라가지 말 것을 눈물로 호소했다. 만일 바울이 아가보의 예언대로 체포되고 이방인에게 넘겨진다면 복음 전도에 큰 지장을 초래할 것이고 큰 인물을 잃어버리게 될 것이기 때문이다. 그래서 다른 곳에 가서 열심히 전도하는 것이 지혜로운 일이라고 생각했다. 사실 그것이 지혜로운 일일 수도 있다. 그런데 이번 경우는 다르다. 피할 일이 아니기 때문이다.

바울이 대답하되 여러분이 어찌하여 울어 내 마음을 상하게 하느냐 나는 주 예수의 이름을 위하여 결박당할 뿐 아니라 예루살렘에서 죽을 것도 각오하였노라 하니(행 21:13).

바울은 만류하는 그들에게 대답했다. 그는 "왜 울면서 그러느냐. 그러니까 내 마음이 상한다"고 하였다. 초대교회는 그렇게 예수 이름을 강조하였고, 바울 또한 예수 그리스도의 이름을 위하여 살았다. '예수 이름'이 복음의 핵심이다. 바울은 예수 그리스도의 이름을 위해 이미 결박당할 것도 각오했다고 말했다. 또한 예루살렘에서 죽을 것도 각오했다고 말했다. 하나님의 일을 한다고 해서 항상 좋은 일만 있는 것은 아니다. 바울은 지금까지 그런 마음으로 일하고 살았다. 그는 이 세상에 거리낄 것이나 두려울 것이 없었다. 그는 두로의 제자들, 빌립의 네 딸과 아가보 그리고 그 밖의 많은 사람의 만류에도 굽히지 않았다.

그가 권함을 받지 아니하므로 우리가 주의 뜻대로 이루어지이다 하고 그쳤노라(행 21:14).

바울은 주위 모든 사람이 그의 생명을 위하여 권고했지만 듣지 않았다. 그는 기어코 예루살렘으로 올라가겠다고 했다. 그것은 바울이 고집이 셌기 때문이거나 무지해서가 아니라 주의 뜻을 알았기 때문이었다. 바울은 당시 어느 사도나 선지자보다 더 깊이 주님과 교통하고 주의 뜻을 잘 알았다. 바울이 권고해도 듣지 않자 주변 사람들도 바울을 신뢰하고 권고를 그쳤다. 그리고 주의 뜻대로 이루어지기를 원했다. 여기서 우리는 '주의 뜻'에 대해 생각할 것이 있다.

아가보는 바울의 장래 일을 알았지만 그가 예루살렘에서 고난당하는 것까지만 알았고, 바울은 결박 이후 로마 황제에게 가는 것까지 알았다. 영성가요, 성령에 충만한 사람도 더 깊이가 있는 사람이 있다. 바울은 최고 수준이다. 그런 수준의 사람에게 이래라저래라 하는 것은 조심할 일이다. 그들이 어떤 이익을 위해 움직인다면 생각해볼 일이지만 주님을 위한 희생의 결단을 하면 막을 일이 아니다. 주님도 십자가를 지신다고 했을 때 제자들이 말렸지만 주님은 갈 길을 가셨다(마 16:22). 주변 모든 사람이 더 이상 바울을 권고하지 않은 것은 아주 잘 한 일이다.

이 여러 날 후에 여장을 꾸려 예루살렘으로 올라갈새(행 21:15).

바울과 일행은 여러 날 후에 여장을 꾸렸다. 그리고 환난이 기다린다고 하는 예루살렘을 향해 모두가 올라갔다. 이것으로 드디어 바울의 3차 선교 여행이 마무리되었다.

가이사랴의 몇 제자가 함께 가며 한 오랜 제자 구브로 사람 나손을 데리고 가니 이는 우리가 그의 집에 머물려 함이라(행 21:16).

가이사랴의 몇 제자도 바울과 같이 예루살렘으로 갔다. 또한 오랜 제자 나손도 데리고 갔는데 그는 구브로 사람이다. 바울 일행이 나손을 데리고 간 이유는 예루살렘에 있는 그의 집에 머무르려는 계획 때문이었다. 그는 지도자는 아니지만 훌륭한 봉사자다. 바나바를 비롯해 구브로 출신의 훌륭한 제자들이 많다.

예루살렘에 이르니 형제들이 우리를 기꺼이 영접하거늘(행 21:17).

바울 일행이 예루살렘으로 들어가자 여러 형제가 반갑게 맞아주었다. 정말 오랜만의 만남이었다. 모두가 예수 이름을 위하여 사는 사람들이다. 바울은 다메섹에서 그의 앞에 나타나신 주님을 믿었고, 형제들은 눈으로 보고 실제로 겪은 예수님을 믿었지만 그럼에도 그들 모두는 한 형제다. 보고 믿은 자나 보지 않고 믿은 자나 예수 믿는 자는 모두 한 형제다.

그 이튿날 바울이 우리와 함께 야고보에게로 들어가니 장로들도 다 있더라(행 21:18).

이튿날 바울은 일행과 함께 야고보에게 갔다. 야고보는 예수님의 형제일 것이다. 장로들도 거기에 다 있었다. 당시 야고보는 신약교회에서 상당히 비중 있게 임무를 감당했다. 또한 주님의 형제였기 때문에 권위도 있었다. 하지만 그는 예수님이 살아계실 때는 반신반의하다가 주님의 부활 후 열심을 냈을 것이다. 그러나 사도 야고보가 순교하고 베드로가 옥에 갇혔다가 풀려나는 등의 박해가 일어났을 때 위축되었을 것으로 본다.

지금 예루살렘에는 사도들이 보이지 않는다. 베드로나 요한 또는 빌립이나 맛디아가 있었다면 아무리 예수님의 형제라고 하더라도 야고보가 최고 책임자의 위치에 있기는 어려운 것이다. 당시 사도들은 전 세계로 흩어져 땅 끝까지 복음을 증거하기 위해 예루살렘을 떠난 상황이었다. 어쨌든 야고보는 그 당시 예루살렘에서 신약교회의 힘이 되었다. 그러나 그의 능력과 은사는 베드로나 바울과 결코 비교할 수 없을 만큼 약하다. 성령으로 잉태되신 주님과 육신으로

난 예수님의 동생들은 비슷한 점이 거의 없다. 주의 형제들은 주님이 살아계실 때 눈여겨볼 귀한 점이 거의 없다.

> 바울이 문안하고 하나님이 자기의 사역으로 말미암아 이방 가운데서 하신 일을 낱낱이 말하니(행 21:19).

바울은 예루살렘 교회의 지도자들에게 겸손히 문안하였다. 그리고 하나님이 바울을 통해서 하신 일을 보고했다. 하나님은 직접 일하기도 하시지만 사람을 통해 일하기를 좋아하신다. 바울은 3차 선교 여행 보고를 충실히 했다. 이방 가운데서 하나님이 하신 일을 자세히 설명했다. 좋은 일, 슬픈 일, 매 맞은 일, 도망 다닌 일 등도 말했다. 이 일들은 개인적인 수치나 자랑거리가 아니었다.

> 그들이 듣고 하나님께 영광을 돌리고 바울더러 이르되 형제여 그대도 보는 바에 유대인 중에 믿는 자 수만 명이 있으니 다 율법에 열성을 가진 자라(행 21:20).

예루살렘 교회 지도자들은 하나님이 행하신 구원 사역을 듣고 하나님께 영광을 돌렸다. 바울과 그의 일행이 큰 수고를 한 것은 사실이지만 그 배후에 하나님의 도우심이 없었다면 불가능한 일이었기 때문이다. 그들에게는 시샘이나 시기, 비판이 없었다. 예루살렘의 야고보와 장로들은 바울을 오랜만에 만나 기쁘기 그지없었다.

하지만 조심스러운 부분도 있었다. 지금 초대교회, 특히 예루살렘 교회 안에는 유대인 출신으로서 예수님을 믿고 신약교회로 들어온 사람이 수만 명이 있었다. 그런데 신약교회 안에 들어와 있어도 구약교회에서 지켰던 율법에 대한 열성을 그대로 가지고 있었다. 지금 예루살렘 교회는 강력한 지도력과 가르침이 없어 보인다. 바울은 아마 율법에 열심이었던 자신의 예전 모습이 생각났을 것이다. 성도임에도 쓸모없는 일에 열정을 보이는 경우가 있다. 복음과 관계없는 열심이 교회 안에 많이 있다. 사도들이 율법의 의미에 대해 잘 가르쳐주었을 텐데도 그들은 오랜 전통에서 쉽게 빠져나오지 못하고 있었다. 바울처럼 부활의 주님을 획기적으로 만났다면 쓸데없는 고집을 피울 이유가 없었을 것이다. 그들은 틀림없이 부활의 주님을 만나지 못했다.

네가 이방에 있는 모든 유대인을 가르치되 모세를 배반하고 아들들에게 할례를 행하지 말고 또 관습을 지키지 말라 한다 함을 그들이 들었도다(행 21:21).

바울의 선교 보고와 상관없이 예루살렘의 장로들은 바울이 이방으로 다니면서 유대인을 가르친 내용에 대해 이미 여기저기에서 듣고 있었다. 그런데 그 내용 가운데 오해되는 부분이 있었다. 사람들의 말이 바울이 모세를 배반하라고 했다는 것이다. 또한 그들의 아들들에게 할례를 행하지 말라고 가르쳤다는 것이다. 그 소문은 모두 사실이었다. 바울은 모세의 법을 다 지킬 필요가 없고, 예수 이름으로 구원받았으니 할례는 필요 없다고 가르쳤다. 바울이 더 이상 관습들을 지킬 필요가 없다고 가르친 것은 사실이다. 예루살렘 성도들은 바울이 이방에 다니면서 가르친 내용을 다 알고 있다고 했다. 문제는 그들이 율법에 열심이었기 때문에 바울을 곱게 보지 않는 것이었다.

그들은 바울이 언젠가 예루살렘에 오기만 하면 가만두지 않겠다고 벼르고 있었다. 신약교회 안에서조차 바울과 반대되는 사람들이 너무 많았다. 바울의 신학은 옳았지만, 이해하지 못하고 비판하는 사람이 안팎으로 너무 많았다. 예루살렘 교회의 성도들은 그런 가르침에도 불구하고 구약교회의 틀에서 쉽사리 벗어나지 못하고 있었다.

그러면 어찌할꼬 그들이 필연 그대가 온 것을 들으리니(행 21:22).

예루살렘 교회의 장로들은 바울이 염려되었다. 지금까지 목숨 걸고 세 번씩이나 선교 여행을 하고 예루살렘으로 올라온 그에게 걱정거리가 생겼기 때문이다. 신약교회 안의 그 반대자들은 바울이 이곳에 왔다는 사실을 분명히 들었을 것이다. 율법에 대해 열정적인 신약교회의 성도들이 옳은 것은 아니지만 하루아침에 율법에 대한 그들의 사상이 바뀌지 않았다. 그런 그들이 바울이 지금 예루살렘에 있는 것을 안다면 반감을 가질 수 있다는 염려였다. 신약교회라는 한 울타리 안에 들어와 있지만 아직까지 모든 교회의 법과 신학이 정립된 것은 아니었다. 또한 지도자와 성도의 생각도 달랐다. 어느 때는 지도자가 잘못되었고, 어느 때는 성도가 잘못되었다. 둘 다 잘못된 경우도 많다. 예루살렘 교회의 과도기적인 모습이 드러난다. 어떤 개혁 운동이라도 하루아침에 되는 것은 아니다. 과정과 시간이 필요하다.

또한 바울이 구제 헌금을 이방교회에서 모아 가지고 왔는데도 언급이 없다. 그 이유는 주후 50년대 후반이었던 그 당시는 이방인에 대한 유대인의 반감이 고조에 달해 있을 때이기 때문에 드러내놓고 감사할 수 없는 분위기였다(이달).

> 우리가 말하는 이대로 하라 서원한 네 사람이 우리에게 있으니(행 21:23).

예루살렘의 장로들은 바울 편이었고 바울을 이해했지만 율법에 열성적인 사람들을 쉽게 무마할 수 없는 상황이었다. 그러므로 바울이나 그들이나 서로 오해하지 않고 잘 넘어갈 수 있는 방법을 찾아보자고 묘안을 냈다. 이것은 누구를 속이려는 것이 아니고 모든 일을 순탄하게 하려는 지혜다. 장로들은 바울에게 제안했다. 그들에게 서원한 네 사람이 있다고 했다. 하나님께 단기적으로 나실인처럼 살겠다고 서원한 사람을 가리킨다. 그들은 기간을 정해 술도 마시지 않고 주검도 만지지 않고 머리도 깎지 않았다(참고 민 6:1-21).

그들을 데리고 함께 결례를 행하고 그들을 위하여 비용을 내어 머리를 깎게 하라 그러면 모든 사람이 그대에 대하여 들은 것이 사실이 아니고 그대도 율법을 지켜 행하는 줄로 알 것이라(행 21:24).

서원한 기간이 끝나면 율법에 따라 예식이 있는데 바울도 함께하라는 권면이다. 당시 예루살렘 교회는 그 지역에 든 흉년으로 경제적으로 매우 어려웠다. 그래서 서원자들이 머리를 깎는 비용조차도 내기 어려웠기 때문에 바울에게 그 비용을 부담해주라는 것이다. 바울이 이방에서 율법에 대해 가르친 내용 중 어떤 것은 왜곡되고 어떤 것은 과장되어 전달되었다. 사람들은 작은 문제인데도 목숨을 거는 엉뚱한 일을 저지를 때가 많다. 바울이 이렇게 율법에 따라 네 사람의 결례를 행할 때 비용도 내고 동참한다면 그들의 오해가 풀릴 수도 있다고 제안했다. 사람들에게 바울도 율법을 지키고 있다는 생각을 갖게 하자는 것이다. 사실 바울도 율법 전체를 지키지 말라는 것이 아니었다. 불필요한 오해를 풀자는 의견이었다. 지금은 과도기다.

주를 믿는 이방인에게는 우리가 우상의 제물과 피와 목매어 죽인 것과 음행을 피할 것을 결의하고 편지하였느니라 하니(행 21:25).

예루살렘에 있는 성도는 거의 대부분 유대인이었고 이방에 있는 성도 중에는 이방인이 많았는데, 그들에게는 예루살렘 교회에서 편지를 보냈다고 했다. 이것은 사도행전 15장에 나오는 대로 예루살렘 회의에서 결의한 내용이고 15장 23절에 나오는 것처럼 편지를 부쳤다. 이때는 바울과 바나바, 베드로가 다 있었다. 이것은 바울도 알고 있는 내용이고, 바울과 바나바가 안디옥으로 떠난 이후에도(15:22) 교회는 여러 곳으로 편지를 보냈다. 그러므로 이방인 출신 성도들은 문제를 제기하지 않았는데 유독 유대인 출신 성도들만 시비를 건다고 하였다.

바울이 이 사람들을 데리고 이튿날 그들과 함께 결례를 행하고 성전에 들어가서 각 사람을 위하여 제사 드릴 때까지의 결례 기간이 만기된 것을 신고하니라(행 21:26).

바울은 예루살렘 지도자들이 자신을 신뢰하고 보호하려는 조치에 동의했다. 그리고 네 사람을 데리고 함께 결례를 행하여 율법을 준수하는 행동을 했다. 그것은 바울의 겸손함이었고 지도자들의 권고에 순종하는 아름다운 태도였다. 또한 성전에 들어가 각 사람을 위하여 제사 드릴 때까지의 결례 기간이 만기된 것을 신고했다. 신약교회에 속해 있었지만 아직도 바울을 비롯한 모든 성도가 성전과 완전히 결별한 것은 아니었다. 바울은 성전에 들어갔다. 그리고 네 사람이 결례를 잘 행했다고 신고했다.

그 이레가 거의 차매 아시아로부터 온 유대인들이 성전에서 바울을 보고 모든 무리를 충동하여 그를 붙들고(행 21:27).

그 이레는 결례 기간이다. 아시아 지역에 있던 유대인들이 예루살렘으로 왔다. 신약교회 성도들과의 오해를 풀기 위해 성전에서 결례에 참석하고 있었는데 이것이 지금 효과를 내는 것이다. 그런데 돌발 상황이 벌어졌다. 이제는 구약교회에 속해 있는 사람들에게 바울이 붙잡혔다. 그들은 분명 바울이 아시아 지역에서 율법을 무시했다는 가르침을 들었을 것이다. 그들이 무리들을 충동질하여 성전에서 바울을 붙들었다. 하나를 피해가는 중인데 또 하나의 거대한 파도가 들이쳤다. 이들의 특징은 충동질이고, 거짓으로 선전하고, 바울의 사역을 오해했다. 그리고 폭력을 사용해 결국 죽이려 했다. 하지만 지금까지는 하나님이 바울을 보호해주시고 그분의 뜻을 이루어가셨다.

외치되 이스라엘 사람들아 도우라 이 사람은 각처에서 우리 백성과 율법과 이 곳을 비방하여 모든 사람을 가르치는 그 자인데 또 헬라인을 데리고 성전에 들어가서 이 거룩한 곳을 더럽혔다 하니(행 21:28).

아시아에서 온 유대인들이 바울을 잡고는 소리를 질렀다. 그리고 여기저기 있는 구약교회 사람들을 불러 모았다. 그들은 바울이 각처에서 이스라엘 백성을 비방하고 율법을 비방했다고 소문냈다. 또한 이곳 성전을 비방했다고 말했다. 물론 바울이 지금까지의 신앙에 대해 문제가 있다고 말하지 않은 것은 아니다. 그 중심에 있는 예수 그리스도의 죽음과 부활 때문이다. 예수 이름을 강조했기에 자연히 율법이나 성전 문제를 이야기하지 않을 수 없었다. 바울은 그 원리를 이야기한 것이다. 그런데다 그들에게 새로운 시비 거리가 있었다. 바울이 헬라인을 성전에 데리고 들어와 이 거룩한 곳을 더럽혔다는 것이었다. 할례받은 유대인이 아니면 성전 안뜰에 들어갈 수 없는 것이 율법이었다. 이방인은 이방인의 뜰까지만 들어갈 수 있었다. 그런데 바울이 이방인인 헬라인을 성전 안뜰까지 데리고 들어갔다고 소리친 것이다. 그것은 거룩한 곳을 더럽힌 행위다. 그들이 말하는 대로 바울이 헬라인을 데리고 성전에 들어갔다면 마땅히 죽이거나 비난할 수 있는 문제였다. 그런데 문제는 그 비난이 사실이 아니라는 것이었다.

이는 그들이 전에 에베소 사람 드로비모가 바울과 함께 시내에 있음을 보고 바울이 그를 성전에 데리고 들어간 줄로 생각함이러라(행 21:29).

그들이 이렇게 바울을 비방하는 이유가 있었다. 그들은 전에 에베소 사람 드로비모가 바울과 함께 예루살렘 시내에 있는 것을 보았었다. 그런데 바울이 그를 성전 안뜰까지 데리고 들어간 줄로 생각한 것이었다. 이방인 에베소 사람 드로비모가 실제로 성전에 있는 것을 본 것은 아니었다. 사실 바울이 드로비모를 데리고 성전에 들어간 적이 없었다. 근거 없는 비난인 셈이다. 그들은 추측만 가지고 비난하는 어리석은 사람들이었다. 바울에게 율법과 성전을 비난한 혐의 그리고 이방인을 성전에 데리고 간 혐의까지 덧붙였다.

> 온 성이 소동하여 백성이 달려와 모여 바울을 잡아 성전 밖으로 끌고 나가니 문들이 곧 닫히더라(행 21:30).

바울이 구약교회 성도들이 거룩히 여기는 성전에 이방 사람을 데리고 들어갔다고 유대인들이 소리치니 온 성에 소동이 일어났다. 유대인들은 소동을 잘 일으킨다. 옛날부터 많은 백성이 진위여부를 가리지 않고 무조건 덤벼들었다. 성전에 있던 바울이 성전 밖으로 끌려 나갔다. 그리고 문들이 닫혔다. 그때 예루살렘에 있던 야고보나 장로들 그리고 제자들은 바울을 구하기 위해 적극적으로 나서지 않은 것으로 보인다. 그들이 나설 상황이 아니었다. 하지만 어떤 모양으로라도 적극적으로 행동했어야 했다. 그들은 나약했다. 지금 바울은 혼자서 고독한 싸움을 하고 있는 것이다.

> 그들이 그를 죽이려 할 때에 온 예루살렘이 요란하다는 소문이 군대의 천부장에게 들리매(행 21:31).

반대자들은 바울을 죽이려 했다. 법과 절차를 따를 생각이 없었다. 그들은 사람을 죽여서라도 율법을 수호하려고 애썼다. 바울의 일 때문에 온 예루살렘이 요란하다는 소문이 여기저기로 퍼졌다. 군대의 천부장에게 이 소식이 들렸다. 천부장은 소요가 생기거나 불법적 행동이 일어나면 군대를 동원해 진압해야 하는 의무가 있다.

> 그가 급히 군인들과 백부장들을 거느리고 달려 내려가니 그들이 천부장과 군인들을 보고 바울 치기를 그치는지라(행 21:32).

천부장은 급히 군인들과 백부장들을 거느리고 달려 내려갔다. 그들은 성전 북서쪽에 있는 안토니아 요새에서 근무하던 군인들이었다. 천부장은 무슨 일인지 확실치 않지만 가볼 수밖에 없었다. 바울을 때리고 죽이려던 사람들은 천부장과 군인들이 달려오는 것을 보고 바울을 치던 것을 멈추었다. 동족에게 맞아 죽을 뻔한 바울을 이방 권력이 보호한 것이다. 바울이 기대한 일은 아니지만 하나님이 그렇게 하셨다.

> 이에 천부장이 가까이 가서 바울을 잡아 두 쇠사슬로 결박하라 명하고 그가 누구이며 그가 무슨 일을 하였느냐 물으니(행 21:33).

천부장이 군대를 끌고 오는 바람에 바울은 무사할 수 있었다. 그동안 여러 사람이 예언한 대로 바울은 예루살렘에서 곤혹을 치르고 있었다. 천부장은 바울에게 가까이 갔다. 그는 소동의 중심에 있는 바울을 쇠사슬로 묶고 체포했다. 쇠사슬은 중범죄에 해당하는 자에게 행하는 일이었다. 그러나 이렇게 군인에게 잡히게 되어 도리어 유대인들로부터는 놓여났다. 천부장은 주변에 있는 사람들에게 여기 있는 사람이 도대체 누구이고 무슨 일을 했기에 이렇게 사람들이 몰려들어 때리고 죽이려고 하는지 물었다. 천부장이 사태 파악에 나선 것이다.

> 무리 가운데서 어떤 이는 이런 말로, 어떤 이는 저런 말로 소리치거늘 천부장이 소동으로 말미암아 진상을 알 수 없어 그를 영내로 데려가라 명하니라(행 21:34).

무리 가운데서 어떤 이는 이런 말로, 어떤 이는 저런 말로 소리쳤다. 바울을 때리던 자들은 어떤 죄의식도 없이 당당하게 천부장에게 소리쳤다. 그런데 사람마다 그 이유가 조금씩 달랐다. 그리고 중구난방으로 말하였다. 그들은 극도의 흥분 상태였다. 사람을 죽이려고 했으니 제정신이 아니었다. 그들은 대표자도 없이 이 사람, 저 사람이 두서없이 소리쳤다. 때문에 천부장은 그 내용을 알 수가 없었다. 그래서 그는 바울을 군인들이 거주하는 영내로 데려가라고 명령했다. 자세한 내용은 이성적으로 되었을 때 차근차근 알아보면 된다.

> 바울이 층대에 이를 때에 무리의 폭행으로 말미암아 군사들에게 들려 가니(행 21:35).

바울이 군인들에게 끌려 영내로 걸어가다가 층대에 이르렀다. 영내로 들어가려고 층대에 오르려 할 때 따라오던 유대인들이 바울을 때리려고 하였다. 바울이 영내로 들어가면 죽일 수 없기 때문이었다. 백성들이 폭력을 사용하자 군인들이 바울을 감싸서 들고 갔다. 유대인들의 흥분은 가라앉지 않았고 바울에 대한 분풀이를 계속했다.

> 이는 백성의 무리가 그를 없이하자고 외치며 따라 감이러라(행 21:36).

백성의 무리가 천부장의 명령에 불만을 품고 바울을 죽이자고 소리치며 따라갔다. 유대인들은 바울을 법정에 세울 필요조차 없다고 생각했다.

> 바울을 데리고 영내로 들어가려 할 그 때에 바울이 천부장에게 이르되 내가 당신에게 말할 수 있느냐 이르되 네가 헬라 말을 아느냐(행 21:37).

군인들에게 이끌려 영내로 들어가려 할 때 바울은 천부장에게 말을 건냈다. 천부장은 아직까지 바울과 말 한 마디 나눌 시간이 없었다. 유대인들이 따라오다가 멀찌감치 떨어지게 되자 바울이 말을 걸었다. 바울은 "내가 당신에게 말할 기회를 주겠느냐"고 물었다. 그러자 천부장이 바울에게 헬라 말을 아느냐고 물었다. 바울이 헬라 말로 천부장에게 말을 건냈을 것이다.

그러면 네가 이전에 소요를 일으켜 자객 사천 명을 거느리고 광야로 가던 애굽인이 아니냐(행 21:38).

천부장은 바울의 말을 듣기도 전에 자기 말부터 했다. 일단 바울이 어떤 사람인지와 사건의 진상을 알아보려는 심문 차원이었다. 천부장은 유대인들이 분노하고 죽이려는 것을 볼 때 이전에 소요를 일으킨 후 자객 사천 명을 거느리고 광야로 간 애굽인일 가능성이 있다고 보았다. 그는 3년 전 예루살렘에 나타나 자기가 선지자라고 하고는 감람산에서 로마군과 싸우려 했다. 그러다 총독 벨릭스에게 진압되어 많은 사람이 죽고 나머지도 흩어졌는데 그때 그 애굽인이 사라진 것이다. 그에게 속은 이스라엘 사람들은 그를 잡으려고 늘 벼르고 있었다. 바울이 바로 그 사람이 아니고서야 어떻게 이렇게 사람을 무자비하게 대할 수 있을까 생각했던 것이다. 그만큼 유대인들은 바울을 무자비하게 대했다.

바울이 이르되 나는 유대인이라 소읍이 아닌 길리기아 다소 시의 시민이니 청컨대 백성에게 말하기를 허락하라 하니(행 21:39).

바울은 천부장에게 자신의 신분을 먼저 밝혔다. 자신이 유대인이라고 했다. 또한 길리기아의 다소라고 하는 큰 도시의 시민이라고 했다. 바울은 떳떳했다. 바울은 천부장에게 자신을 충분히 소개했다. 왜냐하면 정치적인 반역자로 몰릴 이유가 없었기 때문이다. 바울은 천부장에게 그 자리에서 자기 동족에게 말할 수 있는 기회를 달라고 했다. 바울은 동족에게 끌려나와 얻어맞는 이 혼란스러운 와중에도 주님에 대해 말하고 싶었다. 21장 29절에서 나온 것처럼 유대인들에게 잡힌 후 그들에게 한 마디도 자기 말을 못했기 때문이다. 유대인들에게 일방적으로 당하기만 했다. 그들은 법치국가에 사는 사람들이 아니었다. 천부장은 유창한 헬라어로 자신에게 요청하는 바울을 무시할 수가 없었다.

천부장이 허락하거늘 바울이 층대 위에 서서 백성에게 손짓하여 매우 조용히 한 후에 히브리 말로 말하니라(행 21:40).

천부장은 바울에게 말할 기회를 주었다. 로마 군대에 체포된 것이 오히려 복음을 증거하는 데 유익이 되었다. 바울은 층대 위에 서서 자기를 때리고 죽이려는 동족에게 말하였다. 바울은 손짓으로 시끄럽고 부산한 유대인 동족들을 조용히 시킨 후 말을 꺼냈다. 바울은 히브리 민족이다. 그러므로 동족 앞에서 히브리어로 하는 것이 정상이다. 헬라어를 구사할 수 있지만 천부장은 이해할지 몰라도 정작 그의 말을 들어야 할 사람들은 자기 민족이기 때문에 바울은 히브리어로 말했다.

그들은 이 순간만큼은 같은 하나님을 믿고 함께 살아온 자들로 돌아갔다. 그들은 한 조상 아래에서 같은 민족으로 살아왔다. 무엇이 그들 사이를 벌어지게 한 것인가. 그리고 죽이고 때리고 이 난리를 피우는 것인가. 문제가 있다면 그 틈을 메꿀 길은 없을까. 바울은 말하기 시작했다.

6부_예수 이름 예수 부활 (사도행전 22-26장)

22장

내가 만난 예수

세상에서 제일 무서운 사람은 죽음을 겁내지 않는 사람이다. 칼을 가지고 있고 힘이 있고 지식이 있어도 죽음을 두려워한다면 진정한 승자가 되기 어렵다. 신약교회가 성장하고 세계로 뻗어나갈 수 있었던 것도 때리거나 감옥에 넣거나 죽이려 해도 두 눈 똑바로 뜨고 '예수 이름', '예수 부활'을 전한 사람들의 공로 때문이다. 그들이 이렇게 죽음까지 불사할 수 있었던 것은 성령 충만하고 부활하신 주님을 만났기 때문이다. 예수님을 책으로 배우거나 말로만 전해 들었다면 이처럼 초인적인 활동을 할 수 없다. 그런 탁월한 사람 중에 바울이 있다. 그는 1차, 2차, 3차 선교 여행을 하면서 넓은 지역에 예수 그리스도를 전했다. 그리고 로마에 가서 황제 앞에 서겠다는 소망을 품었다. 그래서 21장의 내용처럼 많은 제자들의 만류를 뿌리치고 예루살렘으로 올라왔다. 그리고 우려했던 것처럼 매를 맞고 죽을 뻔하였다. 22장에서는 바울이 유대인 동족에게 살아나신 예수 그리스도를 만난 이야기를 서슴없이 전하는 내용이 나온다.

부형들아 내가 지금 여러분 앞에서 변명하는 말을 들으라(행 22:1).

바울은 "부형들아"라고 하면서 말을 시작했다. 부형이란 형제들과 아버지라는 뜻으로, 아버지는 존경의 의미고 형제들은 같은 동족이란 의미다. 바울은 자신을 폭행하고 죽이려는 사람들 앞에서 감정을 잘 추스르고 이성적인 태도로 대하고 있다. 게다가 애정을 담았다. 자기가 그들에게 변명하려 하니 들으라고 했다. 바울은 그들에게 변명할 시간도 없이 무작정 끌려나와 매를 맞았다. 맞아 죽더라도 자신의 입장을 시원하게 말하고 싶었다.

> 그들이 그가 히브리 말로 말함을 듣고 더욱 조용한지라 이어 이르되(행 22:2).

바울이 민족의 언어인 히브리어로 말하자 소요를 일으킨 사람들이 일단 조용해졌다. 같은 민족끼리만 있었다면 그것은 대단한 일이 아니지만 지금은 천부장을 비롯해 로마 군사들이 주변에 있기 때문에 동족 의식이 살아난 것이다. 같은 언어를 사용하면 여러 면에서 유익하고 감정 전달이 잘 돼 오해가 줄어든다. 분위기가 조용해져서 바울이 잘 전달할 수 있게 되었다. 바울이 말하기 시작했다.

> 나는 유대인으로 길리기아 다소에서 났고 이 성에서 자라 가말리엘의 문하에서 우리 조상들의 율법의 엄한 교훈을 받았고 오늘 너희 모든 사람처럼 하나님께 대하여 열심이 있는 자라(행 22:3).

바울은 유대인이고 지금 바울의 말을 듣고 있는 사람들도 대부분 유대인이다. 바울은 자신이 그들과 같다고 동질성을 확인했다. 유대 지방에서 북쪽으로 올라가면 베니게와 시리아를 지나 길리기아가 있다. 그곳에 다소라는 도시가 있는데 바울은 그 성에서 자랐다. 바울은 예루살렘으로 올라와 당시 존경받던 가말리엘 문하에서 공부했다. 그들은 성경 해석이 엄격하고 경건을 실천하는 것이 특징이었다. 그 문하에서 바울은 조상 때부터 내려온 율법의 엄한 교훈을 받았다. 그때 동문수학했던 사람들이 바울을 알아보았을 것이다(톰 라이트). 당신들이 율법율법 하는데 나도 율법에 대해서는 당신들 못지않다는 의미다. 바울과 그들 사이에 공통점이 있음을 언급한 것이다.

바울은 가말리엘 같은 존경받는 스승에게 배웠지만 그와 비교할 수 없이 높은 수준의 최고 사도가 되었다. 스승보다 더 훌륭해지는 것이 진정한 제자다. 당신들도 하나님께 열심이고 그래서 자기를 없애버려야 한다고 열심을 내지만 바울 자신도 그들처럼 하나님께 열심이 있다고 고백했다. 누구라도 바울의 열심과 비교가 되지 않는다. 진정한 하나님의 사람은 주님께 대한 열심히 있을 수밖에 없다.

> 내가 이 도를 박해하여 사람을 죽이기까지 하고 남녀를 결박하여 옥에 넘겼노니(행 22:4).

바울은 과거에 자신이 지금 증거하고 있는 예수 그리스도의 복음을 박해했다고 고백했다. 많은 유대인들도 잘 아는 사실이었다. 그들이 바울을 미워하는 이유 중 하나가 자신들과 더불어 신생 신약교회를 박해하던 그가 혼자 빠져나가 자신들을 배신했기 때문이었다. 바울은 예수 그리스도의 복음을 박해하느라 믿는 사람을 죽이기까지 했다. 그 대표적 인물이 스데반 집사다. 바울도 보통이 아니었다. 바울은 이처럼 박해에 적극 개입했었다(7:57-58). 게다가 남녀를 구분하지 않았다. 자신이 많은 사람을 결박하고 옥에 가두었다고 했는데 사실이었다.

> 이에 대제사장과 모든 장로들이 내 증인이라 또 내가 그들에게서 다메섹 형제들에게 가는 공문을 받아 가지고 거기 있는 자들도 결박하여 예루살렘으로 끌어다가 형벌 받게 하려고 가더니(행 22:5).

바울이 과거에 예수 믿는 자들을 박해할 때 대제사장에게 허락을 받았었고 장로들도 이 사실을 안다고 말했다. 바울은 특히 다메섹으로 갈 때 대제사장과 장로들로부터 공문을 받아 다메섹에 있는 자들을 결박해 예루살렘으로 끌고와 형벌을 받게 하려 했다고 말했다. 바울은 자신의 과거 행적을 많은 사람 앞에서 솔직히 고백했다. 그들보다 더 적극적으로 새로운 교회 운동을 박해했었노라고 말했다.

> 가는 중 다메섹에 가까이 갔을 때에 오정쯤 되어 홀연히 하늘로부터 큰 빛이 나를 둘러 비치매(행 22:6).

이제 바울은 다메섹에서 주님을 만난 이야기를 꺼냈다. 사울이었던 그가 처음 겪은 그 내용은 사도행전 9장 1절부터 9절에 나온다. 이것은 누가가 사울의 이야기를 듣고 기록했을 것이다. 그리고 지금 6절부터 11절까지의 이야기는 바울이 직접 자기 민족 앞에서 간증하는 것이다. 그리고 나중에 26장 13절-23절까지 아그립바 왕 앞에서 다시 한 번 하게 된다. 바울이 이 사건을 자기 민족 앞에서 말하는 이유는 부활의 예수님을 증거하기 위해서이고, 또 하나는 왜 자기가 신약교회를 박해하다 말고 오히려 신약교회로 들어갔는지 변명하고 싶어서였다.

바울은 지난날 다메섹에 갔었다. 그런데 정오가 되었다(참고 26:13). 유대인의 기도 시간은 오전 9시, 낮 12시, 오후 3시인데 바울이 유대인의 전승과 율법을 지키려고 애썼으므로 낮 12시가 되자 기도 시간을 생각했을 것이다. 자기가 성전에 있었다면 성전 뜰에서 '기도했을 텐데' 하고 생각했다. 그러나 여기는 성전이 없는 이방 땅이다. 그래서 바울은 생각만 하고 다메섹을 향해 전진했다. 한낮이었으므로 햇빛이 밝았다. 그런데 홀연히 하늘로부터 큰 빛이 내려왔다. 해보다 더 밝은 빛이었다. 그 빛은 길을 가던 바울을 둘러 비추었다. 태양이 가장 높이 뜨는 때라서 태양빛이 강했을 텐데도 그 태양빛이 무색하리만큼 큰 빛이 비추는 것을 바울은 느꼈다.

> 내가 땅에 엎드러져 들으니 소리 있어 이르되 사울아 사울아 네가 왜 나를 박해하느냐 하시거늘(행 22:7).

큰 빛이 비추이자 바울은 힘이 빠지며 땅에 엎드러졌다. 그 때 위에서 소리가 들려왔다. 바울은 엎어진 상태에서 공중에서 나는 소리를 들었다. 바울에게 들려오는 소리는 바울을 책망하는 말이었다. "사울아 사울아 네가 왜 나를 박해하느냐." 바울은 놀라지 않을 수 없었다. 이것은 분명 신의 목소리였다. 바울은 다른 사람을 통해 하나님의 뜻을 안 것이 아니라 직접 계시된 주님을 만났다. 바울은 하나님이 성전에만 계신다고 생각했는데 다메섹에 주님이 나타나신 것이다. 주님 나라에 충성된 최고 수준의 사역자들은 이런 경험들을 가지고 있음을 교회사에서 볼 수 있다.

> 내가 대답하되 주님 누구시니이까 하니 이르시되 나는 네가 박해하는 나사렛 예수라 하시더라(행 22:8).

바울은 유대인들에게 강력한 빛이 비치고 음성도 들려오는 영적인 권위에 눌려 있다가 자신이 대답했다고 말했다. "주님 누구시니이까." 바울의 입에서 자기도 모르게 주님이란 말이 나왔다. 그 소리와 비추는 빛과 책망의 내용으로, 바울은 한순간에 어린 양이 되어버렸다. 바울이 음성이 들려오는 쪽을 향하여 "주님 누구십니까" 하고 물었더니 금방 대답이 들려왔다. "네가 박해하는 나사렛 예수"라고 하였다. 즉, 바울이 지금까지 신약교회 성도를 핍박한 것은 주님을 박해한 것이었다. 많은 사람이 "나사렛 예수"를 비판하지만 예수는 지금 위엄 있게 바울 앞에 나타나셨다. 바울에게 다메섹은 주님이 임재하신 성전이 되었다.

나와 함께 있는 사람들이 빛은 보면서도 나에게 말씀하시는 이의 소리는 듣지 못하더라(행 22:9).

바울 주변에는 다메섹으로 같이 가던 사람들이 많았다. 바울에게 빛이 비치는 것을 곁에 있던 사람들도 보았다. 그들은 뜻하지 않게 신기한 일을 경험하였다. 그들은 강력한 빛을 보았다. 주님은 원래 빛이시기에 이상할 것이 없는 일이다. 바울에게 말씀하시는 주님의 음성에 대해 다른 사람들은 소리는 들었지만 내용은 듣지 못했다. 이것은 바울 개인에게 하시는 말씀이었기 때문이다. 하나님은 인격적이시기 때문에 개인의 비밀이나 사명 등을 여러 사람에게 광고하지 않으신다.

내가 이르되 주님 무엇을 하리이까 주께서 이르시되 일어나 다메섹으로 들어가라 네가 해야 할 모든 것을 거기서 누가 이르리라 하시거늘(행 22:10).

바울은 그때 주님께 "무엇을 하리이까" 하고 여쭈었다. 무엇이든 순종하겠다는 의사를 표시했다. 다메섹에서의 경험과 바울의 눈이 치료된 모든 배경에는 그의 순종적 동의가 있었다. 주님은 바울의 의견을 듣지 않으시고 일방적으로 바울을 몰고 가신 것이 아니었다. "주님 무엇을 하리이까"라고 한 바울의 말은 사도행전 9장에서는 나타나지 않는데 사도행전 9장 5절 이후에 들어가야 할 내용으로 보인다. 사도행전 26장에서 아그립바 왕에게 전도하는 내용에서도 이 말은 하지 않는다. 바울이 주님께 여쭙자 주님은 다메섹으로 들어가라고 하셨다. 바울은 원래 대제사장의 체포 허가장을 가지고 다메섹으로 갔는데, 다메섹 입구에서 그 허가장은 폐기되고 주님이 주신 출입증을 가지고 다메섹으로 들어갔다. 바울은 입장권만 있었지 그곳에서 무엇을 행할지 몰랐지만 주님은 바울이 해야 할 모든 것을 거기서 누가 이르실 것이라고 하셨다.

나는 그 빛의 광채로 말미암아 볼 수 없게 되었으므로 나와 함께 있는 사람들의 손에 끌려 다메섹에 들어갔노라(행 22:11).

주님은 당시 정오의 태양보다 더 빛난 빛이셨다. 주님이 빛의 본체시기 때문이다. 원래 빛이 비치면 좋은 것인데 빛을 본 다음부터 바울의 눈이 보이지 않았다. 이것은 아주 소경이 되었다는 것이 아니다. 볼 수 없다는 것뿐이다. 바울은 그 당시 자기가 비참하고 초라해진 모습을 동족 앞에서 솔직히 말하고 있다. 바울은 사람들의 손에 끌려 다메섹으로 들어갔다. 그는 돕는 사람이 없으면 아무것도 할 수 없는 보호대상자가 되었다.

율법에 따라 경건한 사람으로 거기 사는 모든 유대인들에게 칭찬을 듣는 아나니아라 하는 이가(행 22:12).

유대인들이 율법을 강조하기 때문인지 바울은 사도행전 9장이나 26장에서는 율법이란 말을 쓰지 않았지만, 여기서는 사용하는데 유대인들을 설득하기 위해 쓴 것이다. 율법에 따라 경건한 사람이란 말은 유대인들이 잘 이해할 수 있는 언어 표현이다. 바울은 자신이 아나니아를 만났다고 했다. 이것도 유대인들을 설득하기 위해 쓴 말이다. 거기에 사는 유대인들에게 칭찬을 듣는 아나니아라고 말해야 유대인들의 마음이 열릴지도 몰랐다. 그리고 그것은 사실이었다. 바울은 사도행전 9장에 나오는 '주님을 만난 사건'을 간증할 때 청중이 누구냐에 따라 전체 내용 중 일부를 넣거나 뺐다. 모든 내용의 전 과정을 누구에게나 다 말하지는 않았다.

내게 와 곁에 서서 말하되 형제 사울아 다시 보라 하거늘 즉시 그를 쳐다보았노라(행 22:13).

아나니아는 소경이 된 사울을 찾아와 말했다. 사울의 눈이 멀지 않았더라면 그는 아나니아를 체포했을 것이다. 처음 만난 아나니아는 바울에게 형제라고 말했고, "다시 보라"고 하자 즉시 그를 쳐다보았다. 아나니아의 말 한 마디로 보이지 않던 눈이 떠졌다. 바울은 솔직하게 상대의 능력을 인정했다. 아나니아는 율법에 따라 경건한 사람이라는 칭찬을 들었는데 치유의 능력도 있었다.

> 그가 또 이르되 우리 조상들의 하나님이 너를 택하여 너로 하여금 자기 뜻을 알게 하시며 그 의인을 보게 하시고 그 입에서 나오는 음성을 듣게 하셨으니(행 22:14).

이것은 아나니아가 바울에게 한 말로서 사도행전 9장과 26장에는 나오지 않는다. 아나니아는 유대인이고 바울도 유대인이기 때문에 우리 조상이라고 할 수 있고, 그 하나님이 너를 택했다고 예언적인 말을 했다. 선지자와 같은 인물이 아니면 할 수 없는 내용이다. 바울은 자신이 다메섹에서 유대인의 지도를 받았다는 점을 부각시켰다. 바울이 하나님의 뜻을 알도록 하신다는 것이다. 또한 주님을 보게 하신다는 것이다. 아나니아는 예수님을 의인이라고 말했다. 바울은 의인이신 주님이 말씀하시는 음성을 들은 것이다. 창조주이시고 구속주이신 분의 방문을 받고 그 빛을 보며 그분의 뜻을 알고 음성을 듣는 것은 최고의 축복이다. 아나니아는 이것이 상당히 중요한 의미가 있다고 말하고 있다.

> 네가 그를 위하여 모든 사람 앞에서 네가 보고 들은 것에 증인이 되리라(행 22:15).

아나니아는 "네가 그를 위하여", 즉 "바울이 주님을 위해서"라고 말했다. 주님을 위해 할 일은 모든 사람 앞으로 가야 한다는 말이었다. 이것은 한정된 몇몇 사람이 아니고 수많은 사람을 가리킨다. 증인의 사명은 보고 듣는 것이다.

당시에 구약성경이 있었지만 주님은 구약성경을 증거하라고 하신 것이 아니다. 바울이 직접 보고 들은 일을 증거하라고 하시는 것이다. 보고 들은 것이 없다면 증인이 되지 못한다. 베드로와 바울은 둘 다 주님을 보았고 환상을 보았으며 영적 체험을 하였다.

> 이제는 왜 주저하느냐 일어나 주의 이름을 불러 세례를 받고 너의 죄를 씻으라 하더라(행 22:16).

아나니아는 바울에게 일어나 주의 이름을 부르라고 했다. 그리고 세례를 받고 죄를 씻으라고 했다. 세례의 의미는 죄를 씻는 것이다. 바울은 다메섹에서 자기에게 일어난 사건을 아주 자세히 유대인들에게 설명하였다.

> 후에 내가 예루살렘으로 돌아와서 성전에서 기도할 때에 황홀한 중에(행 22:17).

당시 그곳에 있던 유대인들이 바울을 죽이려 해서 몰래 도망친 일은 여기에서 구태여 말하지 않았다. 그러나 자신이 예수님을 만났다고 성전을 무시하지 않고 예루살렘으로 돌아와 성전에서 기도했다고 말했다. 유대인들이 오해하는 것과 다르다. 바울이 주님을 만난 후 예루살렘으로 돌아와 성전에서 기도하다가 황홀한 경험을 했다. 바로 신비 세계를 본 것이다. 이것은 단순히 상상이나 최면이 아니라 영적 세계가 열린 현상이다. 이런 세계로 들어가면 황홀할 수밖에 없다. 성도는 기도 중에 황홀한 영적 세계를 볼 수 있다. 어떤 사람은 천국 또는 지옥을 보기도 한다. 또한 바울처럼 우리를 도우라는 손짓도 볼 수 있다. 성령은 모든 것을 하신다. 이성적인 사람들은 환상을 거의 보지 못한다. 심한 사람은 환상이 없다고도 한다.

보매 주께서 내게 말씀하시되 속히 예루살렘에서 나가라 그들은 네가 내게 대하여 증언하는 말을 듣지 아니하리라 하시거늘(행 22:18).

황홀하고 신비한 현상 속에서 예수님이 나타나신 것이다. 사실 유대인들이 이 말을 계속 듣는 것은 힘들었다. 자기들이 죽인 예수가 살아 있다는 것만도 말이 되지 않고 분통이 터지는데, 자신들이 거룩히 여기는 성전에 예수가 나타났다고 했으니 보통 신성모독이 아닌 것이다. 또 예수님이 유대인들이 그토록 소중히 여기는 "예루살렘을 떠나라"고 하셨다는 것은 그들의 자존심을 크게 건드리는 말이었다.

그런데 예루살렘을 떠나야 하는 이유가 그들을 더욱 기분 나쁘게 했다. 주님은 그들이 바울의 증언을 듣지 않을 것이라고 단정적으로 말씀하셨다. 실제로 사도행전 9장 29절에서 사람들이 예루살렘에서 바울을 죽이려 했었다. 성전에서 기도할 때 나타나신 주님이 예루살렘 사람들을 '불순종의 사람'이라고 말하신 것이 되었다. 주님의 말을 듣지 않으리라는 말은 유대인들의 기분을 건드릴 수 있었다.

내가 말하기를 주님 내가 주를 믿는 사람들을 가두고 또 각 회당에서 때리고(행 22:19).

바울은 환상 가운데 주님과 계속 대화를 나누었다는 이야기를 했다. 바울은 주님께 그동안 자신이 주를 믿는 사람들을 가두고 또 각 회당에서 때렸다고 고백했다. 자신이 주님께 말한 내용을 지금 유대인들에게 고백하는 중인 것이다.

또 주의 증인 스데반이 피를 흘릴 때에 내가 곁에 서서 찬성하고 그 죽이는 사람들의 옷을 지킨 줄 그들도 아나이다(행 22:20).

바울은 주님께 계속 말하기를 스데반이 돌에 맞아 피 흘릴 때에 자기가 있었다고 했다. 바울은 그때 현장에 있었고 앞장서서 그 일에 찬성했다고 말했다. 또 스데반을 죽이는 사람들의 옷을 지켰노라고 말했다. 자기가 살인의 주모자인 것이다. 바울은 이 말을 "나야말로 과거에 진짜 예수를 미워했었고 너희와 같았었다"는 의미로 하고 있는 것이다. 당신들보다 내가 더 박해자였고 예수를 반대했었다! 나보다 더 예수를 반대하고 율법을 지킨 사람은 없을 것이다!

> 나더러 또 이르시되 떠나가라 내가 너를 멀리 이방인에게로 보내리라 하셨느니라(행 22:21).

바울의 말을 들으신 주님이 "떠나가라"고 하셨다. 무조건 예루살렘을 떠나라고 하신 것이다. 주님은 바울이 떠날 생각이 없다는 듯 또는 자격이 없다는 듯 계속 말하셨지만 예수님의 말씀은 너는 유대인들을 위해 일하지 말고 이방인들을 위해 일하라는 것이었다. 유대인들은 이방인들을 구원받지 못할 자들이라고 생각했는데, 지금 바울은 주님이 이방인을 구원하신다는 말씀을 전한 것이다. 이것은 유대인들의 마지막 남은 자존심까지 건드리는 말이었다. 유대인과 이방인을 동등하게 여기다니! 자기들이 오히려 더 악한 것처럼 말하다니! 유대인들은 분노했다.

> 이 말하는 것까지 그들이 듣다가 소리 질러 이르되 이러한 자는 세상에서 없애 버리자 살려 둘 자가 아니라 하여(행 22:22).

유대인들은 나름대로 인내심을 가지고 들었었다. 바울이 주님을 만났고 음성을 들었다는 것, 또한 성전에서 환상을 보았다는 것은 참을 수 없는 말이었다. 자기들은 성전을 거룩히 여기는데 자기들이 귀신이 들렸다고 생각한 예수, 그래서 죽인 예수가 성전에 나타났다는 말은 더 이상 들을 수 없었다. 그리고 예루살렘을 떠나라고 하는 것, 자기들이 주의 음성을 듣지 않으리라는 예언, 바울을 이방인에게로 가라고 했다는 말 등 이제 그들의 인내심은 한계점에 도달했다. 유대인들은 격하게 소리를 질렀다. 그러고는 바울을 향해 이러한 자를 세상에서 없애버리자고 하였다.

바울이 과거에는 스데반을 죽이는 데 앞장서고 신약교회를 핍박하는 데 공로가 있는 것은 사실이지만, 이제는 자신들과 함께할 수 없는 원수가 되었다고 유대인들은 판단했다. 바울의 정체가 드러났고 이제는 철저히 배신자가 되었다. 그러므로 이제 더 이상 자기들에게로 돌아올 수 없었다. 더 이상 살려둘 이유가 없었다. 바울이 살아 있다면 율법과 성전과 할례와 아브라함의 자손과 예루살렘과 이 모든 거룩하고 소중한 것이 모욕을 당하고 피해를 볼 것이기 때문이었다. 유대인들은 바울의 말에 몸서리를 쳤다. 피가 거꾸로 솟구쳤다.

떠들며 옷을 벗어 던지고 티끌을 공중에 날리니(행 22:23).

유대인들은 바울의 말을 듣다 말고는 떠들며 옷을 벗어 집어던지고 티끌을 공중에 날리면서 요란 법석을 떨었다. 집단적으로 발작이 일어난 듯한 행동이었다. 이것은 돌로 치려는 예비적 성격의 행동이다. 그들이 이렇게 반응한 것은 자신들의 믿음과 풍습과 사상과 삶의 이유를 바울이 연설을 통해 뒤흔들어버렸기 때문이다. 특히 자신들을 떠나 이방인에게 가라고 했다는 말에 자존심이 상해 그들은 더 이상 참을 수 없었다.

천부장이 바울을 영내로 데려가라 명하고 그들이 무슨 일로 그에 대하여 떠드는지 알고자 하여 채찍질하며 심문하라 한대(행 22:24).

천부장은 바울이 히브리말로 차분히 연설하고 또 유대인들도 차분히 듣는 것 같았는데 갑자기 그들이 난동을 피우자 바울을 영내로 데려가라고 명령했다. 천부장은 긴장했다. 이 도시의 치안 담당자로서 유대인들이 어떤 난동을 부릴지 모르기 때문이었다. 천부장은 바울이 무슨 말을 했길래 저런 반응이 일어났는지 궁금했다. 천부장은 바울을 때려서라도 무슨 말을 했는지 알아내라고 명령했다.

> 가죽 줄로 바울을 매니 바울이 곁에 서 있는 백부장더러 이르되 너희가 로마 시민 된 자를 죄도 정하지 아니하고 채찍질할 수 있느냐 하니(행 22:25).

바울이 처음 잡힌 21장 33절에서는 쇠사슬로 묶였는데 이제는 군인들이 조금 나은 가죽 줄을 사용했다. 바울을 끌고 가 때리려 했다. 그러자 바울이 곁에 서 있던 백부장에게 말했다. 바울은 이제 유대인들과의 접촉을 끝내고 자기를 체포한 로마 군인들과 해결을 봐야 했다. 바울은 자신을 체포하고 때리는 것은 부당한 일임을 지적했다. 그것은 바울이 로마 시민이기 때문이었다. 바울은 유대인이기도 했지만 다소 출신의 로마 시민권자였다. 그러므로 로마 시민을 죄도 확실치 않은 상태에서 때릴 수 있는 것인지 정정당당하게 물었다. 그것은 법적 지위를 가지고 있는 사람에게 불법을 행하는 일이었다. 하나님의 사람은 하나님의 영광을 훼손하지 않았다면 법률의 보호를 받을 수 있다(박윤선).

> 백부장이 듣고 가서 천부장에게 전하여 이르되 어찌하려 하느냐 이는 로마 시민이라 하니(행 22:26).

백부장은 바울이 로마 시민이란 말을 듣고 깜짝 놀랐다. 그래서 곧 천부장에게 가 바울이 로마 시민인데 어떻게 하려고 이러느냐고 물었다.

> 천부장이 와서 바울에게 말하되 네가 로마 시민이냐 내게 말하라 이르

되 그러하다(행 22:27).

그러자 천부장이 바울에게 와서 그가 정말 로마 시민인지 물었다. 바울은 헬라어로 그렇다고 대답했다. 둘은 헬라어로 주고받았다. 바울이 지금까지 히브리말로 연설을 해서 몰랐는데, 헬라어를 하는 실력이나 행동, 무엇을 보더라도 로마 시민인 것이 확실했다.

천부장이 대답하되 나는 돈을 많이 들여 이 시민권을 얻었노라 바울이 이르되 나는 나면서부터라 하니(행 22:28).

천부장은 바울에게 자신은 돈을 많이 들여 시민권을 얻었다고 고백했다. 로마 글라우디오 황제의 부인인 메사리나가 돈을 받고 시민권을 판 것이다. 그만큼 로마 시민권자는 귀한 신분이다. 바울은 자신은 나면서부터 로마 시민이라고 대답하였다. 당시 로마 제국과 로마의 정치, 문화, 예술, 건축은 놀라운 수준이었는데 로마 시민에게는 그것이 자신의 것과 같은 것이었다. 그들은 변방 사람들과는 모든 면에서 차이가 났다. 바울은 나면서부터 훌륭한 교사와 훌륭한 환경이 주어졌다. 바울은 누구를 만나도 도움을 줄 수 있는 모든 준비가 되어 있었다.

심문하려던 사람들이 곧 그에게서 물러가고 천부장도 그가 로마 시민인 줄 알고 또 그 결박한 것 때문에 두려워하니라(행 22:29).

바울을 가죽 끈으로 묶고 이제 심문하려던 사람들이 천부장과 바울이 서로 이야기하는 것을 듣고 바울이 로마 시민권자인 것이 확실해지자 한발 뒤로 물러났다. 천부장이 바울을 요모조모를 따져 보아 분명 로마 시민인 것을 확인했다. 로마 시민이라면 로마법을 따라 질서 있게 재판 절차를 밟아야 했는데 천부장은 그를 불법으로 함부로 대한 것이 두려워졌다. 바울이 법을 어긴 것이 아니라 천부장인 자기가 법을 어긴 것이다.

> 이튿날 천부장은 유대인들이 무슨 일로 그를 고발하는지 진상을 알고자 하여 그 결박을 풀고 명하여 제사장들과 온 공회를 모으고 바울을 데리고 내려가서 그들 앞에 세우니라(행 22:30).

다음 날 천부장은 바울의 일을 처리하였다. 우선 유대인들이 왜 난리를 치면서 바울을 고발하는 것인지 알아야 했다. 천부장은 바울에게 죄가 있는 것이 아직은 확실치 않았기 때문에 법에 따라 바울의 결박을 풀게 했다. 지난밤에는 묶인 채로 지냈지만 이제 바울의 몸은 자유롭게 되었다. 천부장은 부하를 시켜 제사장들과 공회에 속한 유력자들을 다 모으게 했다. 천부장이 예루살렘 공회 사람들을 소집한 것이다. 세상 권력이 종교회의를 소집시킨 것은 사실 치욕적인 일이다.

어제는 바울의 말을 들을 수가 없다고 유대인들이 난동과 소란을 피워 대화의 끝을 보지 못했었다. 바울은 이제 천부장을 통해 예루살렘 지도자들 앞에서 계속 말할 기회를 가졌다. 천부장, 즉 군대 권력이자 세상 권력이 교회 회의를 소집하였다. 원래 산헤드린 공회 또는 공회는 대제사장이 사회를 보고 회의를 주도하는데 천부장이 공회를 소집한 것이다. 교회가 세상 권력의 지도를 받고 있는 우스꽝스러운 모습이다. 교회가 질서 없이 행동하고 폭력적으로 행동하므로 군대라는 무력 세력을 불러들인 것이다. 구약교회와 신약교회는 분명히 차이가 있다. 그러나 얼마든지 서로 연구하고 대화하면서 문제를 풀 수 있다. 하지만 이렇게 얽히고설킨 것은 결국 구약교회가 하나님의 은총을 잃어버렸다는 반증이다.

23장

예루살렘에서의 바울

성경에 나타난 위대한 인물들과 교회사 속에 기록된 특출한 사람들은 거의 대부분 하나님을 만나고 음성을 듣는 등 신적 체험을 했다. 이런 사람들이 책과 강의를 통해 하나님을 배운 사람들과 수준이 같을 리가 없다. 바울이 1차, 2차, 3차 선교 여행을 가서 많은 영혼을 건지고 교회를 세운 것은 다메섹에서 주님을 직접 만났고, 그후 수도 없이 주님을 만나는 등 많은 신비 체험을 했기 때문이다. 주님이 바울에게 오신 것이므로 만일 주님이 오시지 않는다면 누구도 바울과 같은 체험을 할 수는 없다. 또한 모든 사람이 다 바울과 같은 경험을 해야 하는 것은 아니다. 22장에서는 바울이 예루살렘에서 그를 죽이려 했던 동족들에게 주님을 만난 이야기를 전했다. 23장에서는 바울이 대제사장이 있는 자리에서 말하고 후에 가이사랴로 보내지는 이야기가 나온다.

바울이 공회를 주목하여 이르되 여러분 형제들아 오늘까지 나는 범사에 양심을 따라 하나님을 섬겼노라 하거늘(행 23:1).

다음 날 천부장의 요청으로 예루살렘에서 공회가 열렸다. 공회를 향해 바울은 담대하게 외쳤다. 바울이 공회 사람들을 주목하여 본 것은 그의 양심에 전혀 거리낌이 없었기 때문이다. 바울은 자신을 죽일 자라고 말하는 사람들을 향해 "형제들"이라고 말했다.

바울은 그들에게 지금까지 자신은 범사에 양심을 따라 하나님을 섬겼다고 말했다. 어제 사람들 앞에서 그 많은 증언을 하고도 바울에게는 힘이 남아 있었다. 양심의 기준이 사람마다 같은 것이 아니다. 바울이라고 백 퍼센트 믿을 수는 없다. 중요한 것은 그가 지난날 예수가 죽었다고 믿고 양심을 따라 예수 믿는 자들을 핍박하며 살았는데, 이제 예수를 만나 역시 양심에 따라 살아가고 있다는 말이었다.

바울은 양심에 따라 깊은 회개를 했고 또 회개를 강조했다. 그리고 지금 예수를 증거하는 것이 양심에 따라 사는 행동인 것을 강조하였다. 바울은 선한 양심을 소유하였다고 했다. 선한 양심의 증거는 열매가 아름다워야 한다. 바울은 지금 십계명에서 가장 큰 죄로 지적된 우상타파를 위해 애쓰고 있다. 그리고 병든 자를 치료하고 귀신을 내쫓고 있다. 자신을 위해서는 아무것도 가진 것이 없었다. 이것을 볼 때 누가 그의 양심을 잘못되었다고 할 수 있겠는가. 열매로 양심의 색깔을 알 수 있다.

대제사장 아나니아가 바울 곁에 서 있는 사람들에게 그 입을 치라 명하니(행 23:2).

대제사장 아나니아는 헤롯 아그립바의 동생의 후원으로 대제사장직을 받아(주후 47년) 11년 동안 재임하였다. 그는 친로마파였다. 그래서 유대인들은 그를 미워하였다. 그런 대제사장 아나니아가 바울이 양심에 따라 살았다는 말을 듣고 분노했다. 아마도 대제사장은 양심에 따라 살지 못했을지도 모른다. 그리고 바울이 돌이키지 않는 모습에 분노했을 것이다. 그래서 바울 곁에 있는 사람에게 그의 입을 치라고 명령했다. 그는 매우 고약한 사람이었다(존 스토트).

분노한 대제사장은 지금 자기가 공회의 주최자가 아니라 천부장임에도 바울의 입을 치라고 했다. 만일 유대인들이 바울을 무력으로 죽이려 하지 않고 처음부터 공회를 열었다면 대제사장이 사회자이자 회의 주도권을 가졌을 것이다. 그리고 그 자리에 군인인 천부장이 있을 리 없었다. 하지만 지금은 천부장에게 권한을 빼앗긴 처지다. 그런데도 바울의 입을 치라고 명했다. 재판도 아직 진행 중인데다 그에게 권한이 없었기 때문에 이 명령은 월권이었다. 대제사장은 무력으로 바울의 입을 막으려 하였다.

이것은 성직자로서 할 말이 아니고 일반 성도라도 이렇게 할 수는 없다. 사람은 영력을 소유해야 참으로 힘 있는 자인데 아나니아는 폭력으로 바울의 영력을 제지하려 한 것이다(박윤선). 이것은 짐승 같은 행위인데 교계에는 이렇게 영적으로는 무지하면서 권력으로 사람을 잡는 악한 무리들이 있다. 어느 시대에나 교권을 잡고 휘두르는 자는 다 이런 식으로 산다.

> 바울이 이르되 회칠한 담이여 하나님이 너를 치시리로다 네가 나를 율법대로 심판한다고 앉아서 율법을 어기고 나를 치라 하느냐 하니(행 23:3).

아나니아가 자신의 입을 치라고 하자 바울은 "회칠한 담이여" 하며 즉시 받아쳤다. 겉은 희고 속은 흙인 것으로 아나니아의 특성을 꼬집는 것이었다. 그는 겉만 아름다운 옷을 입었다. 바울은 아나니아를 보며 대제사장일 거라고는 생각하지 않았다. 바울은 중구난방으로 설치며 말하는 사람이 설마 대제사장일까 했다. 설마 온 교회의 머리 된 자가 법도 모른 채 무례한 명령을 할 리가 없다고 생각했기 때문이다. 그래서 회칠한 담이라고 했고 자신의 입을 칠 일이 아니고 아무래도 '하나님이 너를 치실 것'이라고 응수한 것이다. 바울도 만만치 않은 사람이다. 대제사장은 주먹을 의지하고 바울은 하나님을 의지한다.

대제사장은 망신을 당했고 권위가 실추되었다. 구약교회의 수장이 신약교회의 지도자에게 따끔한 맛을 본 것이다. 사실 바울은 주님의 사도로서 얼마든지 책망할 수도 있다. 주님은 헤롯을 "여우"라고 하셨었다(눅 13:32).

또한 바울은 "네가 나를 율법대로 심판한다고 앉아서 율법을 어기고 나를 치라 하느냐"고 하였다. 바울의 말이 맞았다. 지금 대제사장은 바울에게 율법을 어겼으므로 죽여야 한다고 했는데, 그는 지금 재판도 받지 못한 채 변명하는 사람의 "입을 치라"고 했기 때문이다. 자기가 먼저 법을 어긴 것이다. 대제사장은 지금 존경받을 수 없는 행위를 하고 있다. 성령이 떠난 대제사장은 허울만 그럴듯했지 내용은 속빈 강정이었다.

> 곁에 선 사람들이 말하되 하나님의 대제사장을 네가 욕하느냐(행 23:4).

바울 곁에 있던 사람들은 대제사장의 말을 듣고도 바울의 입을 치지 않았다. 말도 안 되는 명령이었기 때문이다. 또한 바울에게도 한 가지 사실을 알렸다. 네가 하나님의 대제사장을 욕하느냐는 것이었다. 대제사장은 하나님이 세우신 공직이다. 그러므로 유대인은 누구라도 그를 존경해야 한다. 그런데 바울은 자기를 공격한 사람이 대제사장인지도 모르고 말을 맞받아친 것이다. 하지만 결코 선제공격을 한 것은 아니었다. 바울이 만일 그가 대제사장인 것을 정식으로 알았더라면 예의를 지켰을 것이다.

> 바울이 이르되 형제들아 나는 그가 대제사장인 줄 알지 못하였노라 기록하였으되 너의 백성의 관리를 비방하지 말라 하였느니라 하더라(행 23:5).

바울은 그들의 말을 듣고 깜짝 놀랐다. 바울은 그가 대제사장인줄 알지 못했다고 했다. 그래서 모인 사람들 앞에 사과했다. 물론 처음부터 대제사장인 것을 알고 맞받아친 후 비아냥거리듯 한 말일 수도 있다. 하지만 그럴 이유가 없다. 바울은 출애굽기 22장 28절에 기록된 말씀을 인용하였다. 바울은 항상 성경 말씀에 근거한다. 거기에 기록되기를 백성의 '관리를 비방하지 말라'고 했기 때문이다. 그러므로 바울이 사과한 것은 대제사장의 말이 옳아서가 아니라 그가 공적으로 백성의 관리였기 때문이다. 사람은 말씀대로 살아야 한다. 사과가 끝나고 바울은 계속 말을 이어갔다. 바울은 지혜롭게 말을 진행하고 있다.

> 바울이 그 중 일부는 사두개인이요 다른 일부는 바리새인인 줄 알고 공회에서 외쳐 이르되 여러분 형제들아 나는 바리새인이요 또 바리새인의 아들이라 죽은 자의 소망 곧 부활로 말미암아 내가 심문을 받노라(행 23:6).

바울은 공회에 모인 사람들의 성분을 알고 있었다. 그 중 일부는 사두개인이었고 다른 일부는 바리새인이었다. 같은 유대인이고 예루살렘에 거주하고 있는 공회 회원이지만 출신은 여러 모로 달랐다. 민주국가의 국회의원이 다양한 직책과 지역을 대표하는 것과 비슷하다. 바울은 이 점을 주시하였다. 바울은 큰 소리로 말했다. 그는 자신이 바리새인이요, 바리새인의 아들이라고 성분을 밝혔다. 이것은 공회 앞에 모인 사람 중에 일부는 자신의 편이고 일부는 자신의 편이 아닌 것을 스스로 가르는 행위다. 바울은 바리새인들이 자신의 말을 듣기 원했다.

바울이 지금 예루살렘에서 유대인들로부터 박해를 받는 이유를 나름대로 규명했다. 그것은 곧 "부활" 때문이었다. 바울은 자신이 바리새인으로서 죽은 다음에 부활을 소망한다고 말했다. 이것 때문에 자신이 심문을 받는다는 것이었다. 이 말은 진실이었다. 바리새인들은 그나마 부활을 믿었기 때문에 부활의 예수님을 믿을 수 있는 여지가 있었다. 바리새인 중에서 신약교회에 들어온 사람은 있지만 사두개인 출신은 성경 기록에 없다(갱글).

> 그 말을 한즉 바리새인과 사두개인 사이에 다툼이 생겨 무리가 나누어지니(행 23:7).

지금까지 공회든 어떤 무리든 모든 유대인이 하나가 되어 바울을 공격했는데 토론의 주제가 '부활'이 되자 의견 차이가 드러났다. 공회를 구성하는 두 파, 즉 바리새파와 사두개파 사이에 다툼이 생겼다. 그러자 무리가 둘로 나뉘었다. 지금까지는 바울 대 공회가 대립하는 양상이었는데, 이제는 바울은 따로 둔 채, 공회원들끼리 분쟁이 일어났다. 사실 사두개파는 당시 유대인 당파 중 소수당이었다. 그 당파는 다윗 시대에 대제사장이었던 사독의 뒤를 이어 내려왔다. 그들은 구약을 믿으면서도 자유롭게 해석하였다.

그들은 지성적이고 부유했다. 그러나 헤롯이 대제사장을 세우기도, 폐위하기도 하였는데 주후 70년 성전이 파괴될 때가지 계속되었다. 주전 37년부터 주후 70년까지 28명 이상의 대제사장이 임명되었다. 당시 합법적인 대제사장 가문과 비합법적인 가문이 대제사장 자리를 놓고 싸웠다(홍창표).

그들은 부활과 내세와 영혼을 부인하였다. 그들은 타락하여 페르시아와 헬라 시대에는 정치를 종교보다 높이 평가했다. 그들은 로마 시대에 들어와 정권과 타협하였다.

바리새파는 마카비 혁명 때 헬라화 운동을 막기 위한 종교인으로 구성되었는데 점점 탈선하여 율법주의로 기울었다. 이들은 십일조를 철저히 하고, 청결을 강조하고, 일주일에 두 번씩 금식하였다. 바리새인 중에는 제사장, 일반인, 농민, 상인, 기능인이 있었다. 헤롯 시대 때 바리새인은 6천 명이 넘었다(요세푸스). 물론 서기관들도 있었다(마 23:26). 이들은 토라와 장로들의 유전을 신성불가침으로 여겼다(홍창표). 이들은 이처럼 서로 교리가 다른데도 그동안 '예수 이름'을 반대하는 데 합력한 것이다.

> 이는 사두개인은 부활도 없고 천사도 없고 영도 없다 하고 바리새인은 다 있다 함이라(행 23:8).

사두개인은 유대인으로서 성경을 보고 배우면서도 특이했다. 즉, 부활도 없고 천사도 없고 영도 없다고 주장했다. 이것은 성경과 완전히 상반되는 사상이다. 도대체 어떻게 영적으로 그렇게 무지한 생각을 할 수 있는지 이해할 수가 없다. 그런데 그런 사람들이 하나님 나라의 최고 지도자로 자리를 잡고 있었다. 그러면서 부활을 믿고 천사를 믿고 영들을 믿는 구약교회 성도들과 대립하였고, 이제는 신약교회 성도들을 잘못되었다고 박해하고 있는 형국이다. 구약교회의 영적 수준은 말이 아니었다. 바리새인은 부활과 천사, 영을 다 인정했다. 물론 이들이 천사를 보거나 귀신을 보는 등의 영적 체험을 해서가 아니고 성경에 기록되어 있기 때문에 믿었던 것이다. 바리새인들은 영적인 면에서 이론만이라도 사두개파보다 낫다. 그러나 사두개파든 바리새파든 세속적이고 이론적이며 깊은 영적 체험이 결여된 집단인 것은 확실하다.

크게 떠들새 바리새인 편에서 몇 서기관이 일어나 다투어 이르되 우리가 이 사람을 보니 악한 것이 없도다 혹 영이나 혹 천사가 그에게 말하였으면 어찌 하겠느냐 하여(행 23:9).

이 문제를 놓고 공회원들끼리 서로 옳다고 언성을 높였다. 그때 바리새인 편에서 서기관 몇 명이 일어나 사두개파와 다투었다. 그러면서 바울에 대해 말했다. 바리새파 서기관은 바울의 죄 없음을 주장했다. 바울이 예수 부활을 증거했는데 사실 크게 보면 "부활"의 범주 안에 들어간다. 그렇다고 할 때 바리새파가 바울을 지지할 수밖에 없다. 그러면서 "혹 영이나 혹 천사가 그에게 말하였으면 어찌 하겠느냐"고 하였다. 영이라는 것은 하나님의 영을 가리킨다. 그런데 영이나 천사가 바울에게 말했다면 어찌 하겠느냐는 논리다. 만일 그렇다면 자기들이 큰 죄를 짓게 된다는 의미다.

큰 분쟁이 생기니 천부장은 바울이 그들에게 찢겨질까 하여 군인을 명하여 내려가 무리 가운데서 빼앗아 가지고 영내로 들어가라 하니라(행 23:10).

바리새파와 사두개파가 치열하게 싸웠다. 몸싸움도 일부 있었을 것이다. 로마인 천부장은 유대인 엘리트 집단의 추태를 고스란히 지켜보았다. 유대인들은 로마의 통치를 억울해하면서도 그들 앞에서 모든 허약한 면을 노출시켰다. 천부장은 이런 식으로 가다가는 바울이 무슨 죄인지 확인도 못하고 불법으로 상처를 입거나 다칠 것을 염려했다. 천부장은 사태를 파악한 후 신속히 결정을 내렸다. 부하들에게 명해 공회 가운데로 들어가 무리 속에 둘러싸여 있는 바울을 강제로 빼내 신속히 영내로 데려가라고 했다. 이 상황에서 군부대 안이 가장 안전한 곳이었다.

> 그 날 밤에 주께서 바울 곁에 서서 이르시되 담대하라 네가 예루살렘에서 나의 일을 증언한 것 같이 로마에서도 증언하여야 하리라 하시니라(행 23:11).

그 밤에 주께서 바울 곁에 나타나셨다. 주님은 하늘 보좌에만 앉아 계신 분이 아니다. 바울은 다메섹에서 주님을 보았고 그 이후 시시때때로 그리고 고난당한 날 밤에 하늘 보좌에서 군부대 안에 잡혀 있던 바울에게 오셨다. 이곳이 성전이 되었다. 주님은 고비 때마다 바울에게 오셔서 위로해주셨다(18:9, 22:17, 27:23).

주님은 바울에게 말씀하셨다. "담대하라." 바울이 예루살렘에서 오늘 그분의 일을 증언한 것은 잘했다는 말씀이다. 그런데 그것으로 끝난 것이 아니라 로마에 가서도 오늘처럼 하라고 하셨다. 주님이 바울을 예루살렘에 오게 하신 것도 이 증언뿐 아니라 로마로 가는 징검다리였기 때문이었다. 바울의 목적지는 로마다. 어떻게 해서든 로마로 가는 것이 주님의 뜻이다. 주님은 다시 한 번 바울에게 사명감을 불어넣으셨다. 이때 이후로 많은 그리스도인에게도 이런 현상이 나타났을 것이다(톰 라이트).

날이 새매 유대인들이 당을 지어 맹세하되 바울을 죽이기 전에는 먹지도 아니하고 마시지도 아니하겠다 하고(행 23:12).

날이 새자 유대인들이 당을 지었다. 당을 지은 무리 중 거의 대부분이 사두개파였을 것이다. 그들은 법도 질서도 없었다. 그리고 바울을 빼앗긴 일에 과민반응을 보이고 있다. 그들은 바울을 죽이기 전에는 먹지도 마시지도 않겠다고 맹세했다. 주님은 로마로 바울을 보내겠다고 하셨는데, 그들은 바울을 원수로 보고 원수와 결사항전을 벌여 속히 죽이려고 했다. 그것은 바울을 로마로 보낼 수 없다는 의미다. 그들은 알지도 못하는 가운데 주님의 뜻을 거스르고 있는 것이다. 그들은 바울을 로마로 보내지 않으려는 사탄에게 이용당하고 있었다. 어쨌든 그들에게는 바울이 박멸의 대상이었다. 그들은 영적으로 깨어 있지 못하면서도 폭력성은 대단하였다. 그들은 무엇이든 걸리기만 하면 죽일 수 있는 흥분 상태에 빠졌다. 그들이 무슨 일을 저지를지 모른다. 이런 형편없는 사람들이 예루살렘에 무더기로 몰려 있었다.

이같이 동맹한 자가 사십여 명이더라(행 23:13).

이를 악물고 바울을 죽이겠다고 덤벼드는 결단한 무리가 사십여 명이나 되는데 그들의 결단은 잘못된 것이었다. 어떻게 생각하고 살아야 할지 방향을 잃어버린 것이다. 망하게 된 구약교회가 어떤 모습인지를 속살까지 적나라하게 보여주었다. 구약교회 지도자들은 이처럼 거룩해져가는 신약교회를 철천지원수로 보았다. 구약교회는 빛을 잃었고 주님이 나타나시지도 않았다. 그들은 주님이 성전에 오시는지 오시지 않는지도 몰랐다. 그저 옛날부터 해오던 대로 열심히 하는 것뿐이었다. 믿음의 사람들이 아니라 성전주의자요 종교주의자가 되었다.

대제사장들과 장로들에게 가서 말하되 우리가 바울을 죽이기 전에는 아무 것도 먹지 않기로 굳게 맹세하였으니(행 23:14).

바울을 죽이려는 데 가장 앞장선 사람들은 사실 대제사장과 장로들이었다. 그들에게 바울을 죽이겠다는 사람들이 찾아갔다. 그들은 당시 최고 종교실력자들에게 고압적으로 말했다. 그들이나 자기들이나 같은 마음이고 같은 처지 아니겠느냐는 태도다. 그만큼 교회가 권위를 잃었다. 그들은 바울을 죽이기 전에는 아무것도 먹지 않기로 굳게 맹세했다고 했다. 진리가 떠나버린 부패한 무리다(박윤선). 이처럼 바울에게는 적이 많았고 위험이 많았다. 동족, 바다, 강, 강도, 매 맞음, 굶주림, 배신 등.

이제 너희는 그의 사실을 더 자세히 물어보려는 척하면서 공회와 함께 천부장에게 청하여 바울을 너희에게로 데리고 내려오게 하라 우리는 그가 가까이 오기 전에 죽이기로 준비하였노라 하더니(행 23:15).

바울을 죽이려는 자들이 대제사장 무리에게 시켰다. 바울에게 물어볼 것이 있는 척하라고 했다. 지도자들에게 고압적 자세를 보인 것도 악한데다 물어보는 척하라고 시키기까지 했다. 대제사장을 사람을 죽이는 데 동원하려는 것이다. '척'은 사실이 아닌데 사실인 것처럼 하는 거짓된 행동이다. 그들은 이런 거짓 행위를 대제사장에게 시켰다. 대제사장과 장로들에게 공회라는 조직의 이름을 가지고 바울을 잡고 있는 천부장에게 청하라는 말이었다. 공적인 요청의 형식이었다. 그러나 내용은 위장이고 거짓이다. 바울을 군영에서 나오게 해 민간이 있는 장소까지 유인하라는 뜻이었다. 만일 천부장이 대제사장 무리에게 바울을 넘긴다면 군영에서 떠나 대제사장에게 오는 길 사이에 자기들이 준비했다 바울을 죽이려는 것이었다.

바울의 생질이 그들이 매복하여 있다 함을 듣고 와서 영내에 들어가 바울에게 알린지라(행 23:16).

마침 바울의 생질이 바울을 죽이려고 동맹한 자 사십여 명이 매복하고 있다는 소식을 듣고 왔다. 당시 신약교회는 바울이 잡혔는데도 아무것도 하지 못하고 숨죽이고 있었다. 다행히 바울의 생질이 그들의 계획을 알고 영내에 있는 바울에게 이 계획을 알렸다. 위험한 순간에 주께서 피할 길을 주셨다.

바울이 한 백부장을 청하여 이르되 이 청년을 천부장에게로 인도하라 그에게 무슨 할 말이 있다 하니(행 23:17).

바울은 곁에 있던 한 백부장에게 부탁하였다. "이 청년을 천부장에게 인도하라 천부장에게 무슨 할 말이 있다"고 하였다. 백부장에게 말할 수도 있었지만 비밀이 새나갈 수도 있었고, 천부장은 로마 시민이면서 바울에게 비교적 호의적인데다 최종 결정권을 가지고 있었기 때문에 천부장을 만나게 했다.

천부장에게로 데리고 가서 이르되 죄수 바울이 나를 불러 이 청년이 당신께 할 말이 있다 하여 데리고 가기를 청하더이다 하매(행 23:18).

백부장은 바울의 요청을 받아들여 바울의 생질을 천부장에게 데리고 갔다. 그는 "죄수 바울"이라고 했다. 그런데 이 청년이 천부장을 만나게 해달라고 요청한다고 하면서 그가 할 말이 있기 때문이라고 사실대로 전했다.

천부장이 그의 손을 잡고 물러가서 조용히 묻되 내게 할 말이 무엇이냐(행 23:19).

천부장은 지혜롭게 바울의 생질의 손을 잡고 한적한 곳으로 가 조용히 물었다. 천부장은 바울과 관계된 일인 것을 눈치 챘으며 자신에게 할 말이 무엇인지 물었다.

> 대답하되 유대인들이 공모하기를 그들이 바울에 대하여 더 자세한 것을 묻기 위함이라 하고 내일 그를 데리고 공회로 내려오기를 당신께 청하자 하였으니(행 23:20).

바울의 생질은 자기가 들은 이야기를 천부장에게 그대로 했다. "유대인들이 공모하는데 바울에 대해 더 자세히 물을 것이 있다고 하면서 내일 바울을 데리고 공회로 내려오도록 하자고 천부장님께 부탁하기로 공모하였다"고 말했다.

> 당신은 그들의 청함을 따르지 마옵소서 그들 중에서 바울을 죽이기 전에는 먹지도 않고 마시지도 않기로 맹세한 자 사십여 명이 그를 죽이려고 숨어서 지금 다 준비하고 당신의 허락만 기다리나이다 하니(행 23:21).

바울의 생질은 천부장에게 그들의 청을 따르지 말아달라고 간절히 요청하였다. 그들 중 바울을 죽이기 전에는 먹지도 않고 마시지도 않기로 맹세한 자들이 있다고 전했다. 이들은 바울을 죽여야 한다고 믿는 자들이다. 바울의 생질은 사십여 명이 바울을 죽이려고 숨어서 지금 다 준비하고 그의 허락만 기다린다고 했다. 사십 명은 상당한 숫자다. 한두 명이라도 자신을 죽이려 한다면 상당한 위협을 느낄 것인데 이렇게 많은 원수가 길에서 기다리고 있는 것이다. 천부장의 허락만 난다면 바울은 아무것도 모르고 공회로 올 것이고, 길에서 무참히 죽을 것이다. 만일 바울이 죽는다면 로마에 가지 못한다. 그리고 주님의 계획과 뜻은 무산된다.

이에 천부장이 청년을 보내며 경계하되 이 일을 내게 알렸다고 아무에게도 이르지 말라 하고(행 23:22).

천부장은 바울의 생질이라고 생각하지 못했고 그냥 청년으로 알았다. 그가 먼저 생질에게 말조심을 당부했다. 천부장은 바울에 대해 잘 이해하고 있어서 그에게 손해가 되지 않도록 일처리를 잘하고 있다. 유대인들은 천부장이 자신들의 계획을 사전에 알았기 때문에 그들 모르게 바울을 내보냈다고 천부장을 트집 잡을 수도 있었다.

백부장 둘을 불러 이르되 밤 제 삼 시에 가이사랴까지 갈 보병 이백 명과 기병 칠십 명과 창병 이백 명을 준비하라 하고(행 23:23).

천부장은 백부장 둘을 불러 말했다. 백부장은 백 명의 군인을 지휘하는 사람이므로 보병 이백 명 정도를 움직이려는 것이었다. 예루살렘 수비대의 지휘관인 천부장은 자신의 지휘권을 사용해 밤 제 3시, 즉 우리 시간으로 밤 9시에 군대를 동원해 헤롯 궁과 총독이 있는 가이사랴까지 갈 준비를 하게 했다.

또한 보병 이백 명과 기병 칠십 명과 창병 이백 명을 준비하게 했다. 유대인 사십여 명이 바울을 죽이려는데, 천부장은 오히려 그 열 배가 넘는 막강한 로마 병사 470명을 바울을 호위하기 위해 배치한 것이다. 호위군은 천부장 수하의 약 절반이나 되는 숫자다. 이런 엄청난 군대를 바울을 위해 동원하여 보낸 것은 하나님 은혜다. 어떤 사람이 이렇게 군대를 동원할 수 있겠는가.

또 바울을 태워 총독 벨릭스에게로 무사히 보내기 위하여 짐승을 준비하라 명하며(행 23:24).

천부장은 바울의 편의도 생각하였다. 그래서 짐승을 준비했다. 바울이 타고 갈 말이나 나귀일 것이다. 이는 왕의 사신을 보내는 듯한 수준의 경호다. 바울이 예루살렘에서 유대인들이 소리를 지르고 협박할 때 혼자서 도망갔다면 이런 보호도 받지 못하고 로마에서 황제를 만나는 데 실패했을지도 모른다.

또 이 아래와 같이 편지하니 일렀으되(행 23:25).

천부장은 총독에게 보낼 편지까지 지참하게 했다. 총독에게 천부장의 친서를 보낸 것이다. 한밤중에 큰 규모의 군대를 동원하여 호위하고, 바울이 탈 짐승을 준비하고, 편지까지 써서 보내는 등 그야말로 사신을 보내는 것과 같은 권위 있는 행렬이 되었다.

글라우디오 루시아는 총독 벨릭스 각하께 문안하나이다(행 23:26).

"글라우디오 루시아"는 천부장의 이름이다. 로마의 천부장으로서 로마에서 파송한 총독 벨릭스에게 문안하는 것이다. 루시아 천부장은 여러 면에서 바울에게 도움을 주었는데 그는 막상 예수 그리스도를 믿지 못했다. 그는 진리를 많이 들어 기회가 많았는데도 결국 구원의 울타리에 들어가지 못했을 것이다.

이 사람이 유대인들에게 잡혀 죽게 된 것을 내가 로마 사람인 줄 들어 알고 군대를 거느리고 가서 구원하여다가(행 23:27).

천부장은 편지에 바울이 유대인들에게 잡혀 죽게 되었었다고 상황을 설명했다(21:32). 처음에는 예루살렘 수비대로서 임무를 수행했는데 바울이 다소 사람인 줄 나중에서야 알았다. 로마 사람이었기 때문에 바울을 구원한 것은 아니었다.

유대인들이 무슨 일로 그를 고발하는지 알고자 하여 그들의 공회로 데리고 내려갔더니(행 23:28).

천부장은 유대인들이 무슨 일로 바울을 고발하는지 알기 원했다. 그래서 그들의 공회로 데리고 내려갔다고 말했다.

고발하는 것이 그들의 율법 문제에 관한 것뿐이요 한 가지도 죽이거나 결박할 사유가 없음을 발견하였나이다(행 23:29).

천부장이 판단하기에도 이 일은 정치에 대한 반감이라든가 하는 문제가 아니라 유대인들의 율법 문제였다. 그가 판단하기에 바울을 죽이거나 결박하여 감옥에 보낼 일이 없었다.

그러나 이 사람을 해하려는 간계가 있다고 누가 내게 알려 주기로 곧 당신께로 보내며 또 고발하는 사람들도 당신 앞에서 그에 대하여 말하라 하였나이다 하였더라(행 23:30).

그러나 이 사람을 해하려는 간계가 있음을 누가 자신에게 알려 주었다고 편지에 언급하면서 바울의 생질 이야기를 하고 있다. 그래서 바울을 총독에게 보낸다는 이유를 설명했다. 천부장은 바울을 한밤중에 가이사랴로 보낸 것뿐 아니라 고소하는 대제사장 등 유대인들에게도 가이사랴로 가서 총독에게 할 말을 하게 했다. 천부장은 이성적이고 합리적인 사람이다.

보병이 명을 받은 대로 밤에 바울을 데리고 안디바드리에 이르러(행 23:31).

보병들이 바울을 보호하고 행군하였다. "밤에" 군대가 동원되어 바울은 편안히 갔다. 만일 바울이 사비를 털어 경호원이나 군대를 동원했다면 엄청난 돈을 지불해야 했을 것이다. 바울은 인간적인 어떤 계획이나 자신을 보호하기 위해 목숨 건 사람 한 명도 없이 무사히 가이사랴로 가게 되었다. 설령 바울이 가이사랴에 간다는 사실이 그 반대자들에게 알려졌을지라도 감히 바울을 공격할 엄두를 내지 못했을 것이다. 안디바드리는 대헤롯이 그 아버지의 이름을 따서 붙인 별장의 소재지였다. 이곳은 예루살렘에서 가이사랴로 가는 도중에 있다.

이튿날 기병으로 바울을 호송하게 하고 영내로 돌아가니라(행 23:32).

할 일을 마친 보병들은 여기에서 예루살렘으로 돌아갔고 안디바드리에서 기병 70명이 바울을 호송하여 총독이 있는 영내로 들어갔다. 로마의 군복을 차려입은 무장한 기병들이 말발굽 소리를 내면서 바울을 호위한 모습은 장관이었을 것이다. 산헤드린 70명 회원이 바울을 반대했을지라도, 위풍당당한 로마 기병 70명은 바울을 사신처럼 호위하였다. 바울은 사신의 행렬 속에서 주인공이 되었다. 어쩌면 이때 바울은 자신이 죽어 천국에 들어갔을 때의 모습을 연상했을지도 모른다. 바울은 이땅에서 수많은 사람에게 비판과 욕설과 돌에 맞았지만 천국에서는 천사들과 성도들의 칭송과 꽃다발 세례를 받을 것이다. 바울은 하나님의 특별한 섭리 가운데 우여곡절 속에서도 안전하게 가이사랴로 들어갔다.

그렇다면 예루살렘의 상황은 어땠을까? 바울을 죽이려고 음식도 먹지 않고 기다리던 사십여 명의 사람들이 바울을 놓쳤을 때 어땠을까? 성경에는 나와 있지 않지만 분노한 대제사장 일파는 바울을 죽이지 못한 분풀이로 예수님의 형제인 야고보를 죽였다. 야고보는 몽둥이로 얻어맞아 죽은 다음 성전 꼭대기에서 던져졌다고 한다(클레멘트 교부). 야고보는 성전 옆에 묻혔다.

그들이 가이사랴에 들어가서 편지를 총독에게 드리고 바울을 그 앞에 세우니(행 23:33).

모든 일행이 가이사랴로 들어갔고 편지가 총독에게 전달되었다. 그리고 바울은 총독을 만났다. 바울이 개인적으로 요청했다면 쉽게 만나지 못했을 것이다.

> 총독이 읽고 바울더러 어느 영지 사람이냐 물어 길리기아 사람인 줄 알고(행 23:34).

총독은 천부장이 보낸 편지를 읽었다. 당시 로마의 영지는 둘로 나뉘어 있었다. 하나는 로마 황제의 직할이고 하나는 수리아 총독의 관할이다. 길리기아는 황제의 관할이었다. 총독은 바울이 어느 지역 사람인지 확인하여 그가 황제 관할인 길리기아 출신인 것을 알았다. 바울이 황제에게 가서 재판을 받겠다고 한 것도 로마법에 근거해 정당한 것이었다.

> 이르되 너를 고발하는 사람들이 오거든 네 말을 들으리라 하고 헤롯 궁에 그를 지키라 명하니라(행 23:35).

총독은 고발하는 사람이 도착하면 고발자의 고발과 바울의 변명을 함께 듣겠다고 하였다. 바울은 가이사랴에 무사히 갔고 또한 헤롯 궁에 거했다. 헤롯 궁은 대헤롯이 지은 궁전으로 후에 로마 총독이 이곳을 점령하여 살았다. 바울은 지하 감옥에 감금되었다. 바울이 예루살렘에 올라갔을 때는 선교 보고가 목적이었고 이후에는 가이사랴에서 배를 타고 로마로 가는 것이 주님의 뜻이었는데 그것이 이처럼 순탄하게 이루어지고 있는 중이다. 바울은 사적으로 어떤 계획도 없었다.

바울 개인이 어떻게 헤롯 궁에 들어가고 총독을 만날 수 있겠는가. 하나님이 전적으로 운행하고 계신 것이다.

24장

벨릭스 총독과 바울

성령에 사로잡힌 사람의 특징은 주님을 사랑하고 두려움이 없다. 주님이 자기 몸속에서 역사하시므로 강력한 열정이 생긴다. 성령이 충만한데 주의 일을 하지 않는다는 것은 있을 수 없는 일이다. 로마로 가기 위해 예루살렘으로 올라온 바울은 신약교회에 속해 있으면서도 율법을 지켜야 한다는 사람의 비판을 피하였다. 이제 구약교회에 속해 있는 사람들에게 잡혀 맞아죽을 뻔했지만 로마 권력자인 천부장이 보호해주었다. 22장에서는 바울이 유대인들에게 주님 만난 일을 간증하였고, 23장에서는 공회 앞에서 연설했는데 이때 사두개인과 바리새인의 의견이 갈렸다. 그리고 가이사랴로 무사히 내려갔다. 24장에서는 바울이 재판 자리에서 벨릭스 총독 앞에 서는 내용이 나온다.

닷새 후에 대제사장 아나니아가 어떤 장로들과 한 변호사 더둘로와 함께 내려와서 총독 앞에서 바울을 고발하니라(행 24:1).

닷새가 지나자 바울도 안정을 찾았고 대제사장 일파도 바울을 공략할 전략을 세웠을 것이다. 대제사장 아나니아는 예루살렘에서도 바울을 앞장서서 대적하더니 친히 가이사랴까지 왔다. 바울을 끝까지 쫓는 모습이다. 23장 32절에서 말한 것처럼 클레멘트의 말이 맞다면 그들은 야고보를 죽이고 내려왔다. 그는 종교재벌로서 당시 그렇게 큰 이익을 내는 집단이 없었다. 그는 당시 성전에 오는 성도가 줄어들고 바울이 전하는 교회가 전 지역에서 성장하자 위기를 느낀 것이 분명하다. 그러므로 바울을 잡는 일을 양보할 수가 없었다.

그들은 세례 요한처럼 "그는 흥하여야 하겠고 나는 쇠하여야 하리라"와 같은 신앙이 없었다. 하나님이나 백성들보다 자기들이 잘되어야 했다. 대제사장이 장로들과 함께 바울을 꼭 이겨보겠다고 변호사 더둘로까지 대동하였다. 더둘로는 바울을 고발하는 데 이용되었다. 그는 하나님의 사람을 고발하는 불쌍한 영혼이다.

그런데 서기관이나 선지자 등은 대동하지 않았다. 서기관은 성경을 연구하는 자이므로 재판과 관계가 없었다. 선지자는 신약교회에서는 인정하고 실라도 선지자라고 했지만, 구약교회의 인물들 가운데는 발견할 수 없다. 구약교회에서 서기관이 주님을 메시아로 발견하지 못한 것은 그들이 이론적이었기 때문이고, 선지자적인 소양이나 선지자들의 도움을 받지 못했기 때문이었다. 그들은 지식에 함몰되어 영적인 일에 힘을 발휘하지 못했다. 그들은 거짓 선지자조차도 참여시키지 못했다. 자신이 거짓으로라도 하나님의 말씀을 받았으며 바울을 가리켜 가짜라고 한 번 정도는 할 수도 있었는데 그조차도 동원할 수 없는 영적으로 백치 상태였다.

대제사장은 총독 앞에 와서 바울을 고발했다. 그들은 자기들의 더러운 양심일지라도 결코 진리를 위하지 않았다. 그들은 부끄러운 줄도 몰랐다. 바울은 가이사랴에 있으면서 여러 상황을 맞이하는데 그 일들이 26장까지 기록되었다. 예루살렘의 권력자가 막강한 권력의 로마와 손을 잡고 바울을 죽이려고 결사적으로 달려들고 있다.

바울을 부르매 더둘로가 고발하여 이르되(행 24:2).

총독 벨릭스가 바울에게 나오라고 하였다. 바울은 법대로 법정에 서야 했다. 바울은 당당하게 법정에 섰다. 일주일 전에는 예루살렘에서, 지금은 가이사랴에서 반대자들과 설전을 벌여야 했다. 바울이 나오자 대제사장의 변호사인 더둘러가 바울을 고발하며 말했다.

벨릭스 각하여 우리가 당신을 힘입어 태평을 누리고 또 이 민족이 당신의 선견으로 말미암아 여러 가지로 개선된 것을 우리가 어느 모양으로나 어느 곳에서나 크게 감사하나이다(행 24:3).

더둘로는 총독에게 자기들이 그를 힘입어 태평을 누린다고 하였다. 유대인들이 들으면 펄쩍 뛸 말이다. 로마 총독 때문에 유대인들이 잘 사는 것이 아니었다. 유대인들은 지금 로마로부터 독립을 하기 원하는데 점령군인 그들을 칭찬하는 것은 말도 되지 않았지만 그렇게라도 추켜세워 마음을 얻으려는 의도였다. 유대 민족이 총독의 선정 때문에 잘되지도 않았고 설령 그렇더라도 대다수 유대인은 그렇게 생각하지 않는다. 이렇게 아부하는 이유는 그와 대제사장이 친로마파였기 때문이다. 사실 벨릭스 총독은 많은 강도를 잡아 십자가에 못 박은 일이 있었다. 일시적으로는 평안할지 모르지만 실제로는 유대에서 악정을 행하였다. 그의 재임시 유대인의 반란이 계속 일어났다. 역대 총독 중 가장 악독했다.

더둘로는 대제사장의 마음이 어느 모양으로나 어느 곳에서나 총독에게 크게 감사하고 있다고 하였다. 친로마파이기도 하지만 어쨌든 바울을 벌주기 위해서는 아첨이라도 못할 일이 없다는 자세다. 대제사장 일파는 벨릭스 총독이 지난날 반동을 일으킨 사람들을 처단했기 때문에 그를 통해 바울도 죽일 수도 있다고 생각했을 것이다(갱글).

당신을 더 괴롭게 아니하려 하여 우리가 대강 여짜옵나니 관용하여 들으시기를 원하나이다(행 24:4).

총독이 이번 재판 건 때문에 괴로울 것이므로 간단하게 핵심만 가지고 바울을 고발하겠다는 말이다. 변호사다운 미사어구도 잘 쓰고 있다.

우리가 보니 이 사람은 전염병 같은 자라 천하에 흩어진 유대인을 다 소요하게 하는 자요 나사렛 이단의 우두머리라(행 24:5).

첫 번째 고소 내용은 대제사장 일파의 말이 맞다. 바울은 "예수를 전염시키는 자"였다. 바울을 만나면 많은 사람이 예수를 믿으니 예수 전염자다. 이것은 나쁜 병이 아니라 좋은 것인데 당시 종교 기득권자들의 입장에서 악한 것으로 보인 것은 당연하다. 당시 상당수 유대인들은 이스라엘 땅을 떠나 동서남북으로 흩어져 살았는데, 바울이 가는 곳마다 예수를 증거하므로 믿는 자가 많이 생겼다. 그런데 일부 유대인들이 바울을 거절하여 소요를 일으킨 것이지 바울이 소요를 일으킨 것이 아니었다. 주객이 전도되었다. 고소는 오히려 바울이 해야 할 입장이었다.

더둘로의 두 번째 고소는 바울을 나사렛 이단의 우두머리라고 하였다. 정통이 아닌 다른 것을 추구하는 무리의 우두머리라 하였다. 세월이 몇 십 년이 지났는데도 예수님을 죽인 대제사장과 그 집단은 아직까지도 주님을 '이단'이라고 생각했다. 그리고 바울은 그 이단을 전파하는 우두머리가 되었다. 그들의 폐쇄적인 사상은 깨지지도 않는다. 그들에게는 자신들의 사상이 무조건 옳았다.

그가 또 성전을 더럽게 하려 하므로 우리가 잡았사오니(행 24:6).

더둘로의 세 번째 고소 내용이다. 바울이 하나님을 믿지 않는 이방인 한 사람을 성전에 데리고 들어갔다고 또다시 우겼다. 이 말은 이스라엘 사람의 뜰에 데리고 갔다는 말일 것이다. 바울은 그렇게 한 적이 없다. 그리고 설령 그랬다고 해도 그들은 죄를 물을 입장이 아니었다. 자신들은 성전 마당에 양과 소, 비둘기를 들여놓고 더러운 냄새를 풍겼다. 또한 비싼 값에 팔았으니 더 악한 행동이었다. 똥 묻은 개가 겨도 묻지 않은 개를 욕하는 것과 같은 비열한 짓이었다. 그들은 성전을 더럽힌 정도가 아니라 쓰레기 매립지로 만들었다. 그들은 성전에서 이미 주님이 떠나신 줄도 모르고 성전을 연신 입에 올리며 열을 내고 있었다.

이미 성전에는 주님도 성령도 천사도 물론 하나님 아버지도 계시지 않는다. 그런데 그들은 성전 건물만 붙든 채 감격하고 자랑하고 영원히 존재해야 할 유산이라고 철석같이 믿고 있다. 이것이 영적 무지자들의 행태다. 주님이 촛대를 옮기셨는데도 건물만 붙잡고 있는 현대교회도 있는 것을 요한계시록은 증거한다. 신약 시대에는 신령과 진정으로 예배하는 곳이 성전이다(요 4:23).

(없음)(행 24:7)

어떤 사본에는 “천부장 루시아가 와서 폭력으로 그를 우리 손에서 빼앗아가면서 고소하는 자들을 당신 앞에 가도록 명령하였나이다”라고 기록하고 있다. 이 말이 들어가든 빠지든 뜻은 변함없다. 그러나 상황을 이해하는 데 약간의 도움을 준다.

당신이 친히 그를 심문하시면 우리가 고발하는 이 모든 일을 아실 수 있나이다 하니(행 24:8).

그들은 총독에게 바울을 심문해달라고 하면서, 만일 심문한다면 자기들이 고발하는 내용이 사실이고, 바울이 죄가 있다는 사실을 알게 될 것이라고 말했다. 신약교회의 원수들은 바울을 여러 번 고발했지만 정당성을 인정받지 못했었다. 그러나 또다시 사탄의 꼬임에 빠져 하나님의 사람을 공격하였다.

> 유대인들도 이에 참가하여 이 말이 옳다 주장하니라(행 24:9).

이 고소하는 장소에 대제사장, 장로, 변호사, 기타 유대인 등이 대거 참가하였다. 그들은 고소하는 자리나 방청석에 있으면서 이 말이 옳다고 주장하였다. 집단적으로 최면에 걸린, 아니 귀신이 들린 유대교인들의 한심한 모습이다. 구약교회는 사탄이 지배하고 있었다.

> 총독이 바울에게 머리로 표시하여 말하라 하니 그가 대답하되 당신이 여러 해 전부터 이 민족의 재판장 된 것을 내가 알고 내 사건에 대하여 기꺼이 변명하나이다(행 24:10).

총독은 머리를 움직여 바울에게 대답할 수 있는 시간을 주었다. 바울은 벨릭스가 여러 해 전부터 총독이었다고 말했다. 즉, 그는 6년간 재임하고 있었다. 그러므로 총독은 유대인의 사정에 밝은 사람이었다. 고소한 더둘로는 총독에게 아첨하는 말로 시작했지만 바울은 사실관계만 인정하였다. 그리고 자신의 사건에 대해서 변명하였다.

> 당신이 아실 수 있는 바와 같이 내가 예루살렘에 예배하러 올라간 지 열이틀밖에 안 되었고(행 24:11).

바울은 "당신이 아실 수 있는 바와 같이", 즉 "알려고 하면 금방 아실 수 있습니다"의 뜻이다. 그는 자신이 예루살렘에 예배하러 올라간 지 열이틀밖에 안 되었다고 하였다. 성전에 드나든 날짜가 너무나 짧은 시간이고, 또 하나는 소요를 일으킬 만큼 시간적 여유가 짧다는 의미였다.

그들은 내가 성전에서 누구와 변론하는 것이나 회당 또는 시중에서 무리를 소동하게 하는 것을 보지 못하였으니(행 24:12).

바울은 자신이 성전이나 회당에서 누구와 변론하거나 무리를 소동시킨 적이 없다고 진술하며 자신의 무죄를 주장했다. 아무도 본 사람이 없는데 무슨 근거로 자신을 고소하느냐고 말했다. 즉, 죄의 증거가 없다는 뜻이다.

이제 나를 고발하는 모든 일에 대하여 그들이 능히 당신 앞에 내세울 것이 없나이다(행 24:13).

바울은 고발하는 사람들이 주장하는 어떤 내용도 총독 앞에 내놓을 것이 없다고 하였다.

그러나 이것을 당신께 고백하리이다 나는 그들이 이단이라 하는 도를 따라 조상의 하나님을 섬기고 율법과 선지자들의 글에 기록된 것을 다 믿으며(행 24:14).

그러나 바울은 고백할 것이 있다고 말했다. 상대가 고발한 내용을 따라 자백하는 것이 아니다. 아닌 것은 아니고 '한 것은 했다'고 말하고 있다. 더둘로가 고발하는 두 번째 내용에 대한 답이다. 바울은 자신을 "이단"이라고 하지 않고 "이단이라고 말해지는"이라고 표현했다. 바울은 자기가 이단을 따른 것이 아니라 이단이라는 말을 듣는 (그것이 진실은 아니지만) 신앙을 따른다는 것이다. 그리고 자신은 그 예수님의 가르침을 따라 조상 적부터 섬기는 하나님을 섬긴다고 하였다. 그리고 바울은 성경의 기록을 다 믿는다고 하였다. 그는 구약을 믿었다. 거기에는 율법과 선지자들의 글이 있다.

그들이 기다리는 바 하나님께 향한 소망을 나도 가졌으니 곧 의인과 악인의 부활이 있으리라 함이니이다(행 24:15).

바울은 선지자들이 하나님께 '소망'을 가졌는데 그들이 기다리는 하나님께 향한 소망을 자신도 가졌다고 말했다. 그 내용은 곧 의인과 악인의 부활이 있으리라 한 예언이다. 부활은 조상들이 바라던 신앙이라고 말했다. 바울은 집중적으로 부활에 대한 이야기를 한다. 그것은 부활이 중요해서이고 또한 대제사장은 부활을 믿지 않았기 때문이다. 지금 이 싸움은 부활을 믿는 자와 믿지 않는 자의 싸움인 것을 밝힌 것이다. 그리고 또한 부활이 있기 때문에 자신은 죄를 지어 지옥에 가지 않겠다는 말이다. 이 싸움은 "영의 사람"과 "육의 사람" 간의 싸움인데 지금 육의 사람들이 다수이고 권력을 쥐고 있었다.

이것으로 말미암아 나도 하나님과 사람에 대하여 항상 양심에 거리낌이 없기를 힘쓰나이다(행 24:16).

바울은 의인과 악인이 부활하는 것 때문에 하나님을 대할 때나 사람을 대할 때나 항상 양심에 거리낌이 없기를 힘쓴다고 했다. 그는 악인도 부활하고 의인도 부활하기 때문에 악인으로 부활하기 싫어서 그리고 의인으로 부활하고 싶어서 양심에 거리끼는 일은 하지 않으려 힘쓴다고 했다. 바울은 23장 1절에서도 "양심에 따라"를 강조하였다. 양심이 깨끗해지고 선한 양심을 가지려면 항상 회개에 힘써야 한다. 회개만이 자신의 영혼과 육체를 씻을 수 있다.

여러 해 만에 내가 내 민족을 구제할 것과 제물을 가지고 와서(행 24:17).

바울은 전도를 위한 여행을 각 나라에서 했기 때문에 4-5년을 외국에서 보냈다. 바울은 자신이 유대인임을 항상 인식했다. 그리고 사랑했다. 그래서 어느 곳을 가든 유대인 회당을 먼저 찾았다. 바울은 물질이 크게 부족하지 않았다. 가난할 때도 있었지만 대부분 열심히 일해 부족한 것을 채웠다. 그리고 이번에 구제할 물질을 가지고 왔는데 이방인 성도들이 모아준 헌금이었다. 바울이 주도하여 가져온 것이다. 그는 동족을 진심으로 사랑했다.

> 드리는 중에 내가 결례를 행하였고 모임도 없고 소동도 없이 성전에 있는 것을 그들이 보았나이다 그러나 아시아로부터 온 어떤 유대인들이 있었으니(행 24:18).

바울은 제물을 하나님께 드렸다. 또한 결례도 드렸다. 결례는 서원한 것이 끝났을 때 드리는 예식이다. 바울이 성전에서 어떤 모임도 갖지 않았고 소동을 일으키는 어떤 행동도 하지 않았다. 그것을 사람들이 다 보았다. 그때 아시아에서 어떤 유대인들이 성전에 왔다. 그런데 그들이 문제를 일으켰다. 바울은 더하거나 빼는 것 없이 있는 그대로 설명해나갔다.

> 그들이 만일 나를 반대할 사건이 있으면 마땅히 당신 앞에 와서 고발하였을 것이요(행 24:19).

즉, 그 유대인들이 바울을 고발할 일이 있다면 총독에게 가서 정정당당하게 고발하면 되는데, 처음부터 총독에게 고발하지 않은 것은 그들이 정당하지 않고, 바울에게 죄가 없기 때문이라는 뜻이다. 그들이 고발한다면 그것은 그들의 자유다. 그런데 바울은 고발당하지 않았다. 그리고 재판 없이 유대인들에게 맞아 죽을 뻔하였다.

> 그렇지 않으면 이 사람들이 내가 공회 앞에 섰을 때에 무슨 옳지 않은 것을 보았는가 말하라 하소서(행 24:20).

그들은 바울을 총독에게 처음부터 고소도 하지 않았다. 그리고 "내가 공회 앞에 섰을 때에 무슨 옳지 않은 것을 본 적이 있는지 총독이여 그들에게 말해보라 하소서" 하고 바울이 말했다. 바울은 이런저런 상황을 아무리 살펴보아도 유대인들이 말하는 특별한 죄를 자신이 짓지 않았다고 항변했다.

> 오직 내가 그들 가운데 서서 외치기를 내가 죽은 자의 부활에 대하여 오늘 너희 앞에 심문을 받는다고 한 이 한 소리만 있을 따름이니이다 하니(행 24:21).

바울에게 문제 삼을 일이 있다면 그들 앞에서 외친 일이 있다는 것이다. 바울은 죽은 자의 부활에 대해 많은 곳에서 증거하였다. 그것이 전도의 핵심 사상이었다. 바울은 "부활을 증거하므로 심문을 받는다" 이 말밖에 하지 않았다고 변증하였다. 바울은 어디에 있든지 "예수 부활"을 증거하였다. 바울이 지금 총독 앞에서 부활을 거론하는 것은 일종의 전략도 된다. 대제사장이 부활을 믿지 않기 때문에 자신을 공격하는 것이라고 몰아가려는 의도가 있다.

> 벨릭스가 이 도에 관한 것을 더 자세히 아는 고로 연기하여 이르되 천부장 루시아가 내려오거든 너희 일을 처결하리라 하고(행 24:22).

벨릭스는 유대에 머물면서 수많은 정보를 알았는데 특히 유대 종교에 대해서, 그리고 신약교회에 대해서 잘 알았다. 그러므로 대제사장과 바울 사이에 벌어진 핵심이 무엇인지 이미 정확히 알고 있다는 뜻이다. 이방 사람인 총독이 종교재벌인 대제사장이 말도 되지 않는 기득권을 내세우고 있는 형편없는 모습을 지켜보고 있는 것이다. 벨릭스는 이 고소건에 대해 판결을 내리지 않고 연기했다. 그는 예루살렘에 있는 천부장 루시아가 내려오기를 기다린다고 하였다. 그는 미온적 태도를 보였다. 천부장이 내려오면 그때 가서 해결하겠다고 했다.

백부장에게 명하여 바울을 지키되 자유를 주고 그의 친구들이 그를 돌보아 주는 것을 금하지 말라 하니라(행 24:23).

벨릭스 총독은 이 모든 상황을 꿰뚫어보고 있는 중이다. 그는 누가 죄인인지, 옳고 그른지를 판결하지 않았다. 하지만 바울을 지키는 백부장을 불러 바울을 지키되 자유를 주라고 한 것을 보면 바울에게 죄가 없다고 생각한 것이 틀림없다. 총독은 바울의 동료들이 바울을 돌보아주려고 할 때 막지 말라고 지시하였다. 백부장은 바울을 감금한 것이 아니라 보호해주었다. 바울 주변에서 많은 동역자들이 지켜보며 기도하였다.

수일 후에 벨릭스가 그 아내 유대 여자 드루실라와 함께 와서 바울을 불러 그리스도 예수 믿는 도를 듣거늘(행 24:24).

바울을 감옥에 가두었기 때문에 대제사장과 유대인들은 어느 정도 만족했다. 바울이 다니면서 전도하지 않은 것만으로도 그들 무리는 불만이 없었다. 그러므로 고소 건이 종결된 것은 아니었지만 어느 정도 잠잠해졌다. 며칠 지난 후 총독과 그의 아내가 바울을 불렀다. 총독의 아내는 드루실라라는 유대 여자였다. 드루실라는 총독의 세 번째 아내로 12장에 언급된 헤롯 아그립바 1세의 막내딸이며 헤롯 아그립바 2세의 누이다. 드루실라는 남편을 버리고 벨릭스 총독에게로 왔다. 그의 언니는 버니게다(25:23). 그녀는 예수님에 대해 어느 정도 알았을 것이다. 총독과 그의 아내는 바울이 전하는 예수 그리스도에 대해 궁금해했고 바울은 기꺼이 그들에게 말씀을 전했다. 그들은 열심히 들었다.

바울이 의와 절제와 장차 오는 심판을 강론하니 벨릭스가 두려워하여 대답하되 지금은 가라 내가 틈이 있으면 너를 부르리라 하고(행 24:25).

총독이 바울에게 강론할 기회를 주었는데 바울의 첫 강론이었다. 이 세 가지 주제는 총독에게 꼭 하고 싶은 말이었고 총독에게 해당되는 내용이었다. 바울이 증거할 수많은 주제 중 이것을 택한 이유가 있었다. 먼저 "의"는 바른 것이다. 예수님은 "의"가 되시고 "의"를 증거하셨다. 그리고 의인이라야 구원을 받는다. 총독은 그런 의의 사람이 되어야 했다. 지금 로마는 남의 나라를 침략했으므로 의롭지 못했다. 그는 자객을 시켜 대제사장 요나단을 살해했고 뇌물을 탐했으며 드루실라와 불륜으로 결혼했다. 그리고 여러 사안들을 재판할 때도 의롭지 못할 가능성이 많았다. 바로 이 부분을 가르쳤다.

"절제"는 어떻게 보면 생뚱맞은 주제로 생각될 수 있다. 할 말이 얼마나 많은데 갑자기 절제인가. 그러나 지금 총독에게 꼭 필요한 주제였다. 그는 막강한 권력의 소유자다. 권력을 남용하기도 했을 것이다. 또한 그는 부자였다. 물질에 대한 탐욕과 이성에 대한 욕정을 이겨야 했다. 그는 이번이 세 번째 결혼이었다. 바울은 권력이 하나님께로부터 왔다는 사실을 가르쳤다.

"장차 오는 심판", 즉 주님이 세상을 심판하신다고 가르쳤다. 총독이 지금 바울을 재판하고 있는 것 같지만 얼마 후면 주님이 총독을 재판하실 것이다. 이 재판은 심판이다. 그러므로 재판관인 그도 주님께 재판받는다는 사실을 가르쳐 주었다. 이 세 가지 주제는 총독에게 꼭 맞는 내용이었다.

바울의 강론을 들은 벨릭스 총독이 기분 나빠하지 않고 두려워한 것은 하나님의 말씀이 그의 마음에 들어갔다는 뜻이다. 그러므로 두려워했는데 이것은 정상이다. 진실한 사람은 하나님 말씀 앞에 서면 두렵고 떨린다. 하지만 그가 바로 그 자리에서 죄를 고백하고 바울에게 세례를 받을 수도 있었는데 회피하였다. 아직은 그의 마음속에서 하나님의 말씀이 회오리바람을 일으키지 못했다.

바울에게 지금은 가라고 한 총독의 말은 진심이었다. 벨릭스의 아내인 유대여자 드루실라도 믿음을 소유하지 못한 채 믿음 없는 남편의 뒤를 따랐다.

동시에 또 바울에게서 돈을 받을까 바라는 고로 더 자주 불러 같이 이야기하더라(행 24:26).

벨릭스는 바울에게 편의를 봐주는 대가를 은근히 원했다. 바울은 어느 정도 경제력이 있었을 것이다. 또한 돌봐주는 사람들도 많이 있었다. 그러나 바울은 총독에게 보석금을 주고 나오려 하지 않았다. 대제사장은 돈 때문에 신약교회를 핍박했고, 마술사 시몬은 돈으로 성령을 사려고 했고, 벨릭스는 은근히 돈을 바라고 있었다. 그에 비해 신약교회는 물질을 하나님께 드려 가난을 해결하였고, 예루살렘 교회를 위해 이방교회가 구제 헌금을 하였다. 물질을 대하는 태도가 이처럼 사상과 믿음에 따라 달랐다.

총독은 시간만 나면 바울을 불러 이야기를 했는데 바울은 돈을 주고 석방시켜달라고 하지 않았다. 뇌물을 주지도 않겠지만 바울의 목표는 로마까지 가야 했기 때문이다. 오히려 이대로 풀려나면 안 되었다. 만일 돈을 주고 풀려나면 로마까지 자기 경비를 들여 가야 하고, 신변도 보장되지 않는다. 또한 황제가 이유 없이 바울을 만나줄 가능성이 없다. 바울은 어떻게 해서든 죄인의 입장에 있어야 로마까지 갈 수 있는 것이었다. 그러므로 풀려날 행동을 할 필요가 없었다. 그렇다고 죄인이 되어서도 안 된다.

벨릭스는 무려 2년 동안이나 바울의 강론을 들었다. 그 정도면 돌이라도 부서지고 진리를 받아들일 법하다. 그는 처음에는 상당한 관심을 가졌지만 끝까지 예수님을 믿겠다는 신앙고백을 하지 않았다. 그는 그렇게 살다가 인생을 끝냈다. 위대한 사도를 가장 가까이에 두고도 그리고 깊이 있는 강론을 듣고도 주님 앞으로 가는 길을 거부했다.

이태가 지난 후 보르기오 베스도가 벨릭스의 소임을 이어받으니 벨릭스가 유대인의 마음을 얻고자 하여 바울을 구류하여 두니라(행 24:27).

바울은 로마로 가기 위해 감옥에서 2년을 기다렸다. 총독은 바울이 언제 돈을 줄까 하고 기다리다가 어느덧 2년을 보냈다. 총독은 바울에게 죄가 없는 줄 알았지만 결국 구금 상태로 임기를 마쳤다. 총독은 예수도 믿지 않고 돈도 받지 못한 채 헛되게 2년을 보냈고 결국 총독이 바뀌게 되었다. 베스도가 새로 총독으로 부임해왔다. 그런데 벨릭스는 떠나면서 바울을 석방하지 않았다. 바울을 가두어 두는 것이 대제사장과 유대인들을 즐겁게 했기 때문이다. 그래서 구류해두었는데 사실 풀려난 것보다 구류된 것이 바울이 로마로 가는 길에 더 유익했다. 바울은 먼 여행을 앞두고 영혼과 육체를 강건케 할 시간을 얻었다. 모든 것은 합력하여 선을 이룬다.

25장

베스도 총독과 바울

세 번에 걸친 선교 여행을 마치고 바울은 예루살렘으로 올라왔다. 신약교회 지도자들의 반가운 환영과는 달리 내부적으로는 율법주의 신자들의 위협과 밖으로는 구약교회에 속한 유대인들과 대제사장 일파의 공격과 고소가 있었다. 그러나 바울은 담대하게 예루살렘에서도 '예수 이름' '예수 부활'을 증거했다. 생명의 위협을 받았지만 하나님은 23장의 루시아 천부장과 24장의 벨릭스 총독을 통해 바울을 보호해주셨다. 이제 25장에서는 벨릭스 총독의 후임인 베스도 총독이 바울을 보호하고, 그와 바울 사이에 일어난 일이 기록된다. 26장은 아그립바 왕과의 이야기인데, 그것으로 예루살렘에서의 이야기는 끝이 난다.

베스도가 부임한 지 삼 일 후에 가이사랴에서 예루살렘으로 올라가니 (행 25:1).

총독으로 부임한 베스도가 가이사랴에서 예루살렘으로 올라갔다. 예루살렘은 종교 중심지이고 가장 큰 도시다. 그는 유력 인사들에게 인사 차 올라갔다.

대제사장들과 유대인 중 높은 사람들이 바울을 고소할새(행 25:2).

대제사장들과 유대인 중 높은 사람들이 바울을 고소했다. 고소자는 대제사장으로 여러 명이었다. 당시 대제사장은 은퇴 후에도 명예직이었기 때문에 여러 명일 수 있다. 은퇴한 대제사장까지 바울을 고소하는 데 나섰다. 2년 전 바울을 고소하고 죽이려 하였으나 실패했는데 총독이 바뀌자 다시 시도하였다. 현직 대제사장은 아그립바가 세운 이스마엘이라는 사람이었다(박윤선). 유대인 중 높은 사람은 장로들인데 그들도 대제사장과 같은 편이었다. 그들 대부분은 로마의 편을 들고 이익을 추구하는 사람들이었다. 그들은 체면도 없었다.

바울은 대제사장이 나서서 고소할 만큼 요주의 인물이 되었고 큰 영향을 미치고 있었다. 고소하고 고소당하면 서로 비슷한 수준의 사람이 된다. 가소로운 상대라면 그가 무슨 짓을 하든 상관하지 않는다. 대제사장은 전임자 벨릭스에게 고소하여 바울을 잡아두었고, 후임자 베스도에게 고소하여 더 벌을 주고 싶어 했다.

베스도의 호의로 바울을 예루살렘으로 옮기기를 청하니 이는 길에 매복하였다가 그를 죽이고자 함이더라(행 25:3).

대제사장 일파는 베스도에게 바울을 예루살렘으로 옮겨주면 자기들의 재판에 도움이 될 것이기 때문에 가이사랴에서 자기들의 본거지인 예루살렘으로 옮겨달라고 요구하였다. 가이사랴는 예루살렘보다 로마의 영향력이 크다. 그들은 정상적으로는 바울에게 벌을 줄 수 없어서 베스도를 동원하려 한 것이다. 그보다 더 중요한 이유는 바울이 예루살렘으로 오는 길에 죽이려 함이었다. 2년 전에도 살해를 시도했지만 바울은 무사히 가이사랴로 갔는데, 다시 가이사랴에서 예루살렘으로 올라오게 하고는 길에서 습격하려는 것이었다.

그들의 방법은 조금도 변하지 않았고 옛날과 동일하였다. 세월이 지났지만 그들에게는 아무것도 변한 것이 없었다. 대제사장이라는 사람의 계획이 사람을 죽이는 일이었다. 이처럼 이권이 개입되면 사람은 미쳐버린다. 부모형제도 죽이는데 다른 사람 하나 죽이는 것은 일도 아니다. 명색만 성직자이지 속은 조폭과도 같았다.

베스도가 대답하여 바울이 가이사랴에 구류된 것과 자기도 멀지 않아 떠나갈 것을 말하고(행 25:4).

베스도 총독은 바울이 엄연히 로마의 법 아래에서 가이사랴에 있다고 하였다. 대제사장의 말대로 예루살렘으로 데려간다면 편법이 된다. 또한 자신이 며칠 있다가 가이사랴로 다시 갈 것이기 때문에 바울을 가이사랴에서 데려올 수 없다고 했다.

또 이르되 너희 중 유력한 자들은 나와 함께 내려가서 그 사람에게 만일 옳지 아니한 일이 있거든 고발하라 하니라(행 25:5).

베스도는 고위층에게 자기와 함께 가이사랴로 가자고 했다. 자신과 같이 내려가 바울을 고소하라는 것이었다. 그러면 바울과 그들 사이에서 자신이 재판해주겠다고 하였다. 베스도는 지금 공정하게 일처리를 하고 있다. 그러나 한편으로는 대제사장 일파에게 책망하는 듯한 행동을 보이고 있다.

베스도가 그들 가운데서 팔 일 혹은 십 일을 지낸 후 가이사랴로 내려가서 이튿날 재판 자리에 앉고 바울을 데려오라 명하니(행 25:6).

베스도는 팔 일을 거주했고 오고 가는 데 하루씩 걸려 열흘이 지났다. 총독 베스도와 유대인들이 함께 예루살렘에서 가이사랴로 내려갔다. 그리고 바로 다음 날 전격적으로 재판이 열렸다. 전임총독 벨릭스보다 베스도가 재판에 더 적극적이었다.

그가 나오매 예루살렘에서 내려온 유대인들이 둘러서서 여러 가지 중대한 사건으로 고발하되 능히 증거를 대지 못한지라(행 25:7).

바울이 베스도의 재판 자리에 불려나왔다. 바울이 나오자 예루살렘에서 베스도 총독과 함께 내려온 유대인들이 둘러서서 여러 가지 중대한 사건으로 바울을 고발하였다. 죄목이 많았을 것이다. 그러나 바울이 어디에서 어떻게 무슨 잘못을 저질렀다고 말만 무성할 뿐 증거가 없었다. 그들은 고소할 기회를 잡았지만 결정적으로 바울을 몰아붙이지 못했다. 그들은 전임 벨릭스 때도 똑같이 재판에서 증거를 대지 못했는데 이번에도 마찬가지였다. 그들은 이웃을 해하려고 거짓 증거하는 자들이다. 그들은 율법을 이야기하면서 자기들은 모세의 십계명을 어기고 있었다.

바울이 변명하여 이르되 유대인의 율법이나 성전이나 가이사에게나 내가 도무지 죄를 범하지 아니하였노라 하니(행 25:8).

바울은 사람들 앞에서 자신이 도무지 죄를 범하지 않았다고 담대히 말했다. 특히 유대인들이 말하는 율법 그리고 성전과 관계된 어떤 죄도 짓지 않았다고 했다. 또한 가이사에게도 죄를 짓지 않았다고 했다. 가이사는 로마 황제를 가리킨다. 바울은 정치적, 사회적, 도덕적으로도 죄를 범하지 않았다고 했다. 유대인들은 고소자로 또 검사로 바울을 벌주기 위해 수많은 시도를 했지만 특별히 죄라고 할 만한 것이 결정적으로 없었다.

베스도가 유대인의 마음을 얻고자 하여 바울더러 묻되 네가 예루살렘에 올라가서 이 사건에 대하여 내 앞에서 심문을 받으려느냐(행 25:9).

정치가들의 마음은 거의 같다. 전임 총독 벨릭스도 유대인의 마음을 얻고자 하여 바울을 2년간 구류했었는데(행 24:27) 후임 베스도도 같은 마음이었다. 베스도도 유대인들의 마음을 얻고 싶었다. 어쨌든 고소하는 자들은 유대의 실세들이었고 바울은 그를 돕는 자가 없는 소수 중의 소수였다. 그래서 총독은 힘 있는 자에게 마음이 기울어져 바울에게 예루살렘으로 올라가 이 사건에 대해 자기 앞에서 심문을 받겠는지 물었다. 가이사랴로 온 유대인들은 적은 숫자였고 예루살렘은 그들의 본거지였기에 당연히 예루살렘에서 재판하면 유대인들에게 이점이 많았다. 총독은 유대인들의 마음을 알고 있었기 때문에 바울에게 그렇게 물은 것이다.

바울이 이르되 내가 가이사의 재판 자리 앞에 섰으니 마땅히 거기서 심문을 받을 것이라 당신도 잘 아시는 바와 같이 내가 유대인들에게 불의를 행한 일이 없나이다(행 25:10).

바울은 지금 나라의 법을 따라 로마 황제 가이사가 파송한 유대 총독 베스도의 재판을 받는 중이라고 말했다. 베스도는 법 집행을 하는 중이고 바울은 그 법을 따르고 있는 것이다. 바울은 종교 재판이 아니고 사적 재판도 아닌 정식 나라 법에 의해 베스도 총독에게 재판을 받고 있다는 의미로 말하였다. 가이사랴는 총독이 있는 곳이므로 정식 재판이 된다. 하지만 유대인들이 있는 예루살렘으로 가면 종교 재판이나 개인적인 재판 또는 민족 재판이 될 수 있다는 뜻으로 말했다. 바울은 자신이 유대인과 관계된 죄가 없음을 다시 말했다. 그러므로 예루살렘에는 가지 않겠다는 것이었다.

만일 내가 불의를 행하여 무슨 죽을 죄를 지었으면 죽기를 사양하지 아니할 것이나 만일 이 사람들이 나를 고발하는 것이 다 사실이 아니면 아무도 나를 그들에게 내줄 수 없나이다 내가 가이사께 상소하노라 한대(행 25:11).

바울은 만일 자신이 불의를 행하여 죽을 죄를 지었으면 죽는 것도 겁나지 않는다고 하였다. 하지만 만일 여기 있는 유대인들이 자신을 고발하였는데 사실이 아니면 총독뿐만 아니라 아무도 자신을 유대인들에게 내줄 수 없다고 강변하였다. 예루살렘에서 재판을 받으면 대제사장과 유대인들이 힘을 얻어 벌 떼처럼 일어나 여론 재판이 될 수 있었고 바울에게 불리할 것은 뻔한 일이었다.

또 하나는 가는 길에 그들이 바울을 죽일 수 있었다. 그러므로 바울은 예루살렘에 갈 수가 없다. 그리고 무엇보다 로마로 가야 한다. 바울은 지난 2년을 오직 로마로 가기 위해 기다렸다. 바울은 베스도가 말하는 이때를 기회로 잡아 “로마 황제 가이사”에게 재판을 받겠다고 요청했다. 바울은 자신의 죄 없음을 위해 항변하며 끝까지 노력했다. 바울이 이렇게 강하게 나와야 유대인들의 계략이 실패로 돌아갈 것이다.

베스도가 배석자들과 상의하고 이르되 네가 가이사에게 상소하였으니 가이사에게 갈 것이라 하니라(행 25:12).

바울이 로마 황제에게 상소하겠다고 하자 베스도는 이 사건이 황제에게 보낼 만한 사건인가를 의논했다. 상고는 충분했다. 왜냐하면 유대인들이 대제사장들까지 나서서 바울을 죽이려 함으로 이는 생명과 관계된 일이었기 때문이다. 그러므로 상고의 건이 되었다. 그리고 바울은 로마 시민이었다. 로마 시민을 유대인들에게 사적 재판을 위해 내줄 수 없었다. 그래서 베스도와 배석자들은 바울의 상소를 허락했다. 이제 바울은 로마로 갈 수 있는 공적인 자격을 얻게 되었다. 베스도는 속전속결로 바울의 문제를 해결했다.

수일 후에 아그립바 왕과 버니게가 베스도에게 문안하러 가이사랴에 와서(행 25:13).

증조할아버지 헤롯은 예수님이 태어나셨을 때 죽이려 했고 할아버지 헤롯 안티파스는 세례 요한을 죽였다. 그리고 헤롯 아그립바 1세는 야고보 사도를 죽였다(행 12장). 그런데 이곳으로 아그립바 2세가 왔다. 사람들은 대헤롯이나 헤롯을 충동질하여 목표를 이루었는데 아그립바 2세는 베스도 총독에게 인사차 가이사랴에 들른 것이다. 버니게는 아그립바의 누이다. 그런데 그들은 부부처럼 함께 살았다. 그의 가문은 하나님 나라와 신약교회에 도움이 되지 않았다.

여러 날을 있더니 베스도가 바울의 일로 왕에게 고하여 이르되 벨릭스가 한 사람을 구류하여 두었는데(행 25:14).

아그립바와 버니게가 며칠 간 가이사랴에 머물렀다. 베스도가 아그립바에게 바울에 관한 이야기를 했다. 전임자인 벨릭스 총독이 한 사람을 구류하여 두었다는 것이었다. 베스도가 왕에게 이야기할 만큼 바울은 관심의 대상이었고 중대한 사건이었다.

내가 예루살렘에 있을 때에 유대인의 대제사장들과 장로들이 그를 고소하여 정죄하기를 청하기에(행 25:15).

이 말은 베스도가 총독이 되고 예루살렘에 올라갔을 때를 가리킨다. 그때 유대인의 대제사장들과 장로들이 바울을 고소했다고 말했다. 그들은 유대의 고위직이었다. 총독이라도 그들의 말을 쉽게 무시할 수가 없었다.

내가 대답하되 무릇 피고가 원고들 앞에서 고소 사건에 대하여 변명할 기회가 있기 전에 내주는 것은 로마 사람의 법이 아니라 하였노라(행 25:16).

베스도가 말하기를 피고는 고소한 원고들 앞에서 고소 사건에 대해 변명할 기회가 있어야 한다고 말했다. 변명이 있기 전에 고소당한 사람을 내주는 것은 로마 사람의 법이 아님을 그들에게 말했었다고 했다. 로마는 법치주의 국가다. 그러므로 바울에게 변명할 기회를 주어야 한다.

그러므로 그들이 나와 함께 여기 오매 내가 지체하지 아니하고 이튿날 재판 자리에 앉아 명하여 그 사람을 데려왔으나(행 25:17).

총독이 바울에게 변명할 기회를 주어야 한다고 했더니 예루살렘에서 고소한 사람들이 가이사랴까지 왔다는 설명이었다. 그래서 자신이 지체하지 않고 이튿날 신속하게 재판 자리를 열었다고 말했다. 그리고 바울을 그 자리에 데려왔노라고 아그립바에게 말했다.

원고들이 서서 내가 짐작하던 것 같은 악행의 혐의는 하나도 제시하지 아니하고(행 25:18).

베스도는 대제사장과 장로들 그리고 유대인들이 하도 펄펄 뛰면서 바울을 죽이라고 하기에 그가 큰 죄를 지었으리라 생각했었다. 그런데 막상 재판을 열고 원고들이 고소하는 내용을 다 들어보니 악행의 혐의는 하나도 제시하지 못한 것이었다. 베스도는 고소자들의 잘못된 점을 지적하였다.

오직 자기들의 종교와 또는 예수라 하는 이가 죽은 것을 살아 있다고 바울이 주장하는 그 일에 관한 문제로 고발하는 것뿐이라(행 25:19).

대제사장과 유대인들은 유대교의 전통과 율법에 대해서만 말했다. 이것은 바울이 "예수님은 죽은 자 가운데서 살아나셨다"고 전도한 내용을 가리킨다. 유대인들은 바로 이것을 문제 삼아 고소하였다. 베스도는 재판 건에 대해 상세히 이해하고 파악하고 있었다. 이 일 외에는 사건이 될 만한 내용이 없다는 것이 베스도의 말이었다. 그는 이 사건이 정치적인 것이 아님을 알았다. 정치적인 것이라야 자기들의 소관이었다.

> 내가 이 일에 대하여 어떻게 심리할는지 몰라서 바울에게 묻되 예루살렘에 올라가서 이 일에 심문을 받으려느냐 한즉(행 25:20).

베스도는 어떤 식으로 이 고소 사건을 처리해야 할지 몰랐다. 그래서 바울에게 예루살렘에 올라가서 심문을 받겠는지 물었다. 예루살렘은 유대인들에게는 유리하고 바울에게는 불리한 장소였다. 그래서 유대인들이 요청했던 것이다.

> 바울은 황제의 판결을 받도록 자기를 지켜 주기를 호소하므로 내가 그를 가이사에게 보내기까지 지켜 두라 명하였노라 하니(행 25:21).

바울은 베스도에게 자신을 유대인들에게 맡기지 말고 공평하게 로마 황제에게 판결을 받게 해달라고 요청했다. 바울은 그것이 자기를 지키는 길이라고 말했다. 베스도가 아그립바에게 전한 이 모든 내용은 가감한 것 없는 진실이었다. 베스도는 바울을 황제에게 보내기로 하고 그동안 바울을 잘 지키고 보호할 것을 명령했다. 바울을 계속 가이사랴에 있게 해주는 조치였다. 바울이 베스도에게 유대인들의 본거지인 예루살렘으로 자기를 데려가지 말 것을 부탁했기 때문이었다.

> 아그립바가 베스도에게 이르되 나도 이 사람의 말을 듣고자 하노라 베스도가 이르되 내일 들으시리이다 하더라(행 25:22).

베스도가 바울과 관계된 말을 하는 동안 아그립바는 차분히 다 들었다. 그런 이야기에는 흥미가 없다고 거절하지 않고 다 듣고 난 후 오히려 흥미를 보이며 말했다. 아그립바는 바울을 만나보고 싶었고, 바울이 전하는 말도 듣고 싶어 했다. 바쁜 일정을 보내는 왕이 바울의 사건에 관심을 보이고 시간을 냈다. 베스도도 내일 그렇게 하자고 했다. 베스도는 25장 17절에서도 고소 건을 바로 이튿날 열었다. 그는 바울의 건을 신속하게 해결했다.

> 이튿날 아그립바와 버니게가 크게 위엄을 갖추고 와서 천부장들과 시중의 높은 사람들과 함께 접견 장소에 들어오고 베스도의 명으로 바울을 데려오니(행 25:23).

바로 이튿날이다. 베스도는 정직하고 물 흐르듯 문제를 해결하였다. 또한 아그립바가 바울의 말을 듣고 싶다고 하자 지체하지 않고 바로 그 이튿날 모여 들을 수 있도록 일처리를 하였다. 위세를 떨고 권리 행사를 하려고 하지 않았다.

아그립바 2세와 버니게가 크게 위엄을 갖추고 등장하였다. 두 사람 사이에 근친상간의 소문이 있었다. 버니게는 전임 총독인 벨릭스 총독의 아내 드루실라의 언니이자 왕의 누나다. 아그립바는 금으로 된 머리띠 모양의 왕관을 쓰고 왕이 입는 자주색 옷을 입었을 것이다(존 스토트).

그리고 왕비 버니게도 위엄을 갖추었다. 그녀에게는 왕 못지않은 힘이 있었다. 아그립바는 군인인 천부장과 고위 관료 등 유지들을 모두 배석시켰다. 자기의 품위를 사람들에게 보여주려는 행동이었다. 아그립바는 지금 속이 허한 것으로 보인다. 이러한 꾸밈은 무언가 자신이 없는 행동으로 보인다. 죄수의 변명을 듣는데 이렇게 요란하게 많은 귀족들을 거느리고 올 필요는 없었다. 아그립바와 버니게의 결혼을 부정하게 보는 시각도 있었기 때문에, 그런 소문을 만회하려고 이렇게 분에 넘치는 행동을 한 것은 아닐까 생각된다.

아그립바와 버니게 그리고 고관들이 접견 장소로 다 들어오자 재판권은 베스도 총독에게 있었으므로 그의 명으로 바울을 데려왔다. 바울은 유력한 사람들이 다 모인 자리에 나왔다. 바울은 아마도 키가 작았을 것이고, 대머리에다 눈병으로 시력도 좋지 않았고 그래서 눈 주위는 청결하지 못했을지도 모른다. 그런 상태로 군인들의 손에 이끌려 나왔다. 어쨌든 아그립바와 바울은 너무 비교가 되는 모양새였다.

> 베스도가 말하되 아그립바 왕과 여기 같이 있는 여러분이여 당신들이 보는 이 사람은 유대의 모든 무리가 크게 외치되 살려 두지 못할 사람이라고 하여 예루살렘에서와 여기서도 내게 청원하였으나(행 25:24).

베스도는 모든 사람에게 왜 이 자리가 열리게 되었는지 인사말을 하였다. 베스도는 그들이 보는 이 사람 바울은 유대의 모든 무리가 소리소리 지르면서 "살려두지 못할 사람"이라고 말했다고 전하였다. 바울이 고소당한 상황을 설명한 것이었다. 바울은 왕과 관료들이 모인 자리에서 "살려두지 못할 사람"이라고 첫 소개를 받은 것이다. 바울의 첫 이미지는 이렇게 상당히 부정적이었다. 실제로 바울은 유대인들에게 그런 말을 들었다.

사람은 부류에 따라 하는 말이 다르다. 주의 종은 주님께 칭찬을 들으면 된다. 주의 종이 불량배나 난잡한 사람들에게 칭찬 들을 이유가 없다. 그리고 예수께서 부활하신 것과 지금도 주님께서 성령으로 강하게 역사하신다는 사실을 믿지 않는 자들에게 칭찬을 들을 수 없다. 오히려 바울처럼 "살려두지 못할 사람", 즉 죽여 버려야 한다는 말을 듣는 자가 되어야 옳다. 유대인들은 베스도가 예루살렘에 갔을 때도 바울을 고소했고, 여기 가이사랴에서도 이를 악물고 고소했노라고 말했다.

> 내가 살피건대 죽일 죄를 범한 일이 없더이다 그러나 그가 황제에게 상소한 고로 보내기로 결정하였나이다(행 25:25).

베스도는 자신이 보건대 죽일 죄를 범한 일이 없다고 하였다. 당시 대제사장, 장로, 서기관 등 수천 명이 바울을 고소했다. 인해전술이지만 재판관은 사람의 숫자를 무시할 수가 없다. 그러나 베스도는 자기의 입장을 단호히 밝혔다. 총독이 볼 때 죄가 없어서 풀어줄 수도 있지만 풀어주지 못하고 있는 애매한 상황이었는데, 마침 재판받는 바울이 로마 황제에게 상소했다는 설명이었다. 그래서 총독은 잘되었다 싶어 황제에게 보내기로 결정했다고 말했다. 모든 재판이나 판단은 하나님 앞에서 진실하게 행해야지 숫자나 시기질투에 좌우되는 것은 큰 죄다.

그에 대하여 황제께 확실한 사실을 아뢸 것이 없으므로 심문한 후 상소할 자료가 있을까 하여 당신들 앞 특히 아그립바 왕 당신 앞에 그를 내세웠나이다(행 25:26).

베스도는 바울에 대해 황제께 확실한 사실을 아뢸 것이 없었기 때문에 이 자리를 마련했다고 하였다. 베스도의 고민을 드러낸 말이다. 바울을 로마에 보내기로 결정은 했지만, 막상 황제에게까지 가서 재판을 받을 만한 어떤 중요한 내용이 없다고 생각하였다. 결국 죄목이 없다는 말이었다. 그래서 이 자리에서 여러 사람이 심문을 해보면 무엇인가 상소할 근거가 나오지 않을까 생각한다는 것이었다. 그런 취지로 아그립바 왕과 여러 유력 인사들을 모셨다는 것이었다.

이 모임은 바울에게 여러 모로 유익하였다. 많은 귀족들 앞에서 복음을 증거할 기회가 주어진 것이다. 또한 바울이 로마에 가서 황제를 만나기 전 지역의 왕을 자연스럽게 만난 것은 좋은 기회라 할 수 있다. 우리는 여기서 주님의 손길을 느낀다.

그 죄목도 밝히지 아니하고 죄수를 보내는 것이 무리한 일인 줄 아나이다 하였더라(행 25:27).

총독의 말은 죄인을 황제에게 보낼 때는 죄목이 분명히 명시되어야 하는데 죄목도 없이 보낼 수는 없다는 뜻이다. 바울은 원하든 원하지 않든 황제에게 가기 위해 죄인이 되어야 한다. 주님도 억울하게 죄인이 되셨다. 바울은 자기를 석방해달라고 하지 않고 로마 황제에게 재판을 받겠다고 했기 때문에 죄인 신분을 유지했다. 바울은 스스로 죄인이 된 것이다. 그것은 주님이 바울에게 "로마에서도 증언하여야 하리라"고 하셨기 때문이다(23:11). 하나님의 사람에게는 자신의 뜻이 아니라 주님의 뜻이 우선이다.

26장

아그립바 왕 앞에서

세상 역사는 다수에 의해, 다수결로 결정되어 이루어지는 것처럼 보인다. 하지만 속을 들여다보면 한 사람의 인물이 큰 영향을 끼치는 것을 보게 된다. 예수 그리스도께서 세상에 오셔서 죽고 다시 사셨기에 초대교회 시절뿐 아니라 지금까지 2천 년 동안 예수 그리스도의 영향력 가운데 인생들이 살고 있는 것이다. 베드로의 자취가 온 세계의 건물, 문화 그리고 사람들의 신앙 속에 있다. 여기에 나오는 사도 바울의 영향력은 말로 다 표현하기 어렵다. 그가 지나간 자리마다 교회가 세워졌고 그가 쓴 십여 권의 성경이 지금까지 수많은 사람들에게 생명의 양식이 되고 있다. 이 시대 어떤 사람도 따라갈 수 없는 위대한 바울 사도는 가이사랴 감옥에서 2년을 보내면서 장차 로마 감옥에서 오랫동안 보낼 수감생활을 대비해 훈련을 받고 있다. 바울은 24장에서는 벨릭스 총독과 25장에서는 베스도 총독과 보냈고 이제 26장에서는 아그립바 왕과 보낸다.

아그립바가 바울에게 이르되 너를 위하여 말하기를 네게 허락하노라 하니 이에 바울이 손을 들어 변명하되(행 26:1).

아그립바는 베스도의 말을 다 듣고 바울에게 변명할 기회를 주었다. 재판이라기보다 청문회 같은 성격이었다.

바울은 공적으로 발언권을 얻어 수많은 귀족들 앞에서 말하게 되었다. 바울은 어디를 가나 '예수 이름'을 증거했는데 생각지도 않게 많은 귀족 앞에서 증거할 수 있게 되어 기뻐했을 것이다. 이 자리는 공적으로 허락된 자리이기 때문에 돌이 날아오거나 죽이라는 소리가 들려오지 않았다. 바울에게 절호의 기회가 온 것이다. 복음을 전할 이런 중요한 기회를 바울은 놓치지 않았다.

> 아그립바 왕이여 유대인이 고발하는 모든 일을 오늘 당신 앞에서 변명하게 된 것을 다행히 여기나이다(행 26:2).

바울은 우선 왕에게 유대인이 자기를 고발하는 모든 일을 설명하였다. 그 지역의 왕 앞에서 자신의 억울함을 말할 수 있는 것은 다행스런 일이다. 때문에 왕에게 은혜를 감사하는 자세를 보여주었다. 앞에서 본 것처럼 아그립바 왕과 바울은 행색에서 너무나 차이가 났다. 비록 왕 앞에서 초라한 죄인의 신분이었지만 담대하게 전한 것은 바울 속에 예수 그리스도가 계시기 때문이었다. 그는 자기 속에 계신 만왕의 왕의 대변인 자격으로 세상의 왕에게 말하고 있는 것이다. 예수 그리스도를 모신 사람은 주눅 들지 않는다. 그리고 어설프게 교만한 행동도 하지 않는다. 가슴속에 예수님이 계시므로 뜨겁게 주님을 증거하지 않을 수 없는 것이다. 불이 타오르면 뜨겁고 불꽃이 일어나는 것은 당연하다.

> 특히 당신이 유대인의 모든 풍속과 문제를 아심이니이다 그러므로 내 말을 너그러이 들으시기를 바라나이다(행 26:3).

바울은 아그립바 왕이 이스라엘을 다스리고 있기 때문에 비록 그가 이방인이라도 유대 풍습에 대해 알고 있는 것이 분명하므로 그렇게 말했다. 상대를 인정하는 교양 있는 언사였다. 상대에게 "아실 것입니다"라고 하는 것은 상대를 높여주는 태도다. 바울은 자신의 말을 넓은 마음과 아량으로 들어달라고 했다. 이것은 아부가 아니라 상대의 마음을 열 수 있는 교양 있는 언어다. 바울은 연설을 듣는 대상에 따라 언어와 태도를 다르게 했다.

> 내가 처음부터 내 민족과 더불어 예루살렘에서 젊었을 때 생활한 상황을 유대인이 다 아는 바라(행 26:4).

바울은 자신이 로마 시민이지만 유대인인 것을 밝혔다. 그러므로 고소자도 피고소자도 다 유대인인 셈이다. 하나님 백성들 사이의 고소 고발을 이방 사람이 재판하는 꼴이었다. 이미 유대인의 권위는 땅에 떨어졌다. 바울은 길리기아 지방 다소라는 도시 출신이지만 젊어서부터 예루살렘으로 와 살고 배웠다고 말했다.

"유대인이 다 아는 바라"라는 말은 자신의 삶과 행동은 유대인도 이미 아는 것이라고 하면서 자신을 낮추고 유대인도 동의하게 만드는 지혜로운 말이었다. 그들이 이미 다 알고 있기 때문에 유대인들이 종교적으로 자신을 정죄할 수 있는 흠을 찾지 못하리라는 것이었다.

> 일찍부터 나를 알았으니 그들이 증언하려 하면 내가 우리 종교의 가장 엄한 파를 따라 바리새인의 생활을 하였다고 할 것이라(행 26:5).

자기를 고소하는 유대인들은 자신에 대해 너무 오랜 세월 보아서 잘 안다는 말이었다. 바울은 예루살렘에 거주하면서 공부했다. 만일 자기를 고소하는 사람들에게 바울이 옛날에 어떤 사람이었느냐고 물으면 그들은 이렇게 대답할 것이라는 말이다. 즉, 그들은 자신에 대해 유대에서 가장 엄한 파인 바리새인으로 생활했다고 말하리라는 것이었다. 자신은 그만큼 어려서부터 조상 적부터 내려오는 신앙을 철저히 지켰다고 역설하였다. 그러므로 자신은 오히려 유대인들에게 높이 평가받아야 한다는 것이었다(박윤선).

> 이제도 여기 서서 심문 받는 것은 하나님이 우리 조상에게 약속하신 것을 바라는 까닭이니(행 26:6).

바울은 심문당하는 이유를 말하고 있다. 그것은 하나님이 우리 조상에게 약속하신 것을 바라는 까닭이라고 하였다. 약속하신 것은 메시아, 곧 그리스도를 보내시겠다는 약속인데 그것을 바라는 것 때문에 자신이 심문을 받는다고 말했다. 자신들의 조상에게 하나님이 약속하시지 않았거나, 메시아를 보내신다는 것을 믿지 않았다면 자신이 죄인이 되어 이 자리에 설 필요가 없다는 것이었다.

> 이 약속은 우리 열두 지파가 밤낮으로 간절히 하나님을 받들어 섬김으로 얻기를 바라는 바인데 아그립바 왕이여 이 소망으로 말미암아 내가 유대인들에게 고소를 당하는 것이니이다(행 26:7).

이 약속이란 하나님께서 '그리스도'를 보내주신다는 것이다. 이스라엘은 열두 지파의 후손이므로 온 유대인을 가리킨다. 유대인들은 그동안 그리스도를 보내주신다는 약속이 이루어지기를 바라는 마음으로 밤낮으로 하나님을 섬기고 받들었다는 것이다. 이렇게 해야 약속이 이루어질 것으로 믿었다. 이것이 바울의 판단이었다. 그만큼 온 유대인이 간절히 바라는 일이라고 하였다.

바울의 마음은 온 유대인인 열두 지파의 마음과 같다고 하였다. 바울은 모든 유대인에게 소망이 있는데 자기도 그 중 한 사람이라는 것이다. 바울은 여기서 그 "소망"을 죽은 자의 부활로 해석하였다(박윤선). 그런데 이렇게 모든 사람이 소망하는 "아주 정상적인 소망"을 자신이 가지고 있을 뿐인데 이상하게도 이 때문에 자신이 유대인들에게 고소를 당했다고 하였다. 바울의 입장에서는 도저히 이해할 수 없다는 뜻이었다. 선조들의 신앙 노선을 자기는 잘 따랐는데 억울하게 핍박을 당하고 있다는 말이었다.

바울은 열두 지파가 기다리던 소망인 메시아 예수를 인격적으로 만났기 때문에 그를 위해 목숨을 내놓은 것이고, 바리새인들은 수박의 겉을 핥듯이 성경 속으로 들어가지 못한 채 성경 껍데기를 배운 것이다. 그것이 바울과 유대인의 결정적인 차이다. 바울도 주님을 만나기 전에는 지금의 바리새인들과 다를 것이 없었다.

> 당신들은 하나님이 죽은 사람을 살리심을 어찌하여 못 믿을 것으로 여기나이까(행 26:8).

바울이 아그립바에게 애절하게 말했다. 당신들은 어찌하여 하나님이 죽은 사람을 살리신 것을 못 믿을 것으로 여기는가. 바울은 애가 탔다. 어떻게 이렇게 확실한데 못 믿을 수 있느냐고 호소하였다.

> 나도 나사렛 예수의 이름을 대적하여 많은 일을 행하여야 될 줄 스스로 생각하고(행 26:9).

바울도 처음에는 "나사렛 예수의 이름"을 대적했다고 했다. 즉, 부활 신앙을 대적했었다. 바울은 예수를 대적하기 위해 많은 일을 하였다. 누가 시켜서 한 것이 아니라 스스로 생각하고 행동한 것이다. 그는 온 세상을 박해하기 위해 돌아다녔다.

> 예루살렘에서 이런 일을 행하여 대제사장들에게서 권한을 받아 가지고 많은 성도를 옥에 가두며 또 죽일 때에 내가 찬성 투표를 하였고(행 26:10).

바울은 예루살렘에서 '예수의 이름'을 대적하는 일을 행했다고 고백했다. 바울은 우두머리로 앞장서서 예수의 이름을 반대했다고 했다. 그래서 대제사장의 권한을 직접 받아 가지고 박해에 나선 것이다.

당시에 많은 성도들이 옥에 잡혀 들어갔다. 예루살렘 교회에 큰 핍박이 있었는데 그 한가운데에 바울 자신이 주모자로 있었다는 고백이었다. 또한 스데반을 죽이는 일에 바울이 앞장섰다. 바울처럼 유대인다운 유대인이요, 바리새인다운 바리새인이 없었다. 바울도 회원이었다(홍창표).

또 모든 회당에서 여러 번 형벌하여 강제로 모독하는 말을 하게 하고 그들에 대하여 심히 격분하여 외국 성에까지 가서 박해하였고(행 26:11).

바울은 여러 회당을 다니면서 성도를 박해했었다. 바울은 잔혹하고 못된 짓을 대놓고 했다. "예수는 죽었다. 예수는 그리스도가 아니다. 나는 예수를 믿지 않는다"라는 예수님을 모독하는 말을 신약교회 성도들에게 시켰다. 바울은 자신이 과거에 저지른 못된 행위를 고백했다. 그런 다음 계속해서 외국 성에까지 가서 예수 믿는 자들을 박해하였다고 했다. 이것은 다메섹이 아니라 다른 곳을 말한다. 바울은 다메섹 말고도 박해를 위해 여러 지역으로 원정을 다녔던 것이 분명하다.

하지만 바울은 다메섹에서는 박해를 해보지도 못하고 눈이 멀었다. 후에 바울 자신도 예수 그리스도를 증거할 때 거의 모든 회당에서 소동이 나고 반대를 받았다.

그 일로 대제사장들의 권한과 위임을 받고 다메섹으로 갔나이다(행 26:12).

바울이 그렇게 열심히 외국 성으로 다니며 박해하던 중 대제사장의 권한과 위임을 받고 이번에는 다메섹으로 갔다고 했다. 바울이 다메섹에서 주님을 만난 사건은 평생의 간증거리다.

왕이여 정오가 되어 길에서 보니 하늘로부터 해보다 더 밝은 빛이 나와 내 동행들을 둘러 비추는지라(행 26:13).

바울이 사도행전 9장 1–9절까지 다메섹으로 가는 도중 부활의 예수님을 만났을 때의 내용이 여기에 나온다. 바울은 평생 동안 가는 곳마다, 만나는 사람마다 다메섹에서 예수님을 만난 체험을 전했을 것이다. 사도행전 22장 6–11절까지 바울은 백성들에게 다메섹에서 부활의 주님을 만난 내용으로 설교와 간증을 하였다. 그리고 여기 26장 13–23절까지 다시 한 번 간증한다. 성경에만 세 번씩이나 기록되고 있다.

누가는 사도행전을 쓰면서 다메섹에서 사울에게 "빛이 둘러 비추는지라"(9:3)고 하였다. 그런데 사울은 자기가 직접 경험한 것이기 때문에 더 자세히 묘사해서 여기서는 "해보다 더 밝은 빛"이라고 하였다. 햇빛이 가장 강력한 때는 정오다. 이때 해를 보려 하면 볼 수도 없고 보고 나면 잠시 눈이 보이지 않는다. 그런데 그 정오의 태양빛보다 더 강렬한 빛이었다. 빛이 사울뿐 아니라 일행에게도 비추었다. 사도행전 9장에는 이 부분을 기록하지 않았다.

우리가 다 땅에 엎드러지매 내가 소리를 들으니 히브리 말로 이르되 사울아 사울아 네가 어찌하여 나를 박해하느냐 가시채를 뒷발질하기가 네게 고생이니라(행 26:14).

9장 4절에서는 사울만 엎드러졌다는 느낌을 받지만 실제로는 함께 가던 일행이 다 엎드러졌다. 특히 사울은 강력한 주님의 임재를 체험하면서 몸에 힘이 쭉 빠져 그대로 엎어졌다. 하나님을 만나면 사람은 몸의 힘이 빠지게 된다. 다니엘 10장 8절에 "이 큰 환상을 볼 때에 내 몸에 힘이 빠졌고"라고 나오고, 요한계시록 1장 16절에는 "그 얼굴은 해가 힘 있게 비취는 것 같은데 내가 볼 때는 그의 발 앞에 엎드러져 죽은 자 같이 되매"라고 하였다. 부활의 주님을 보면 기쁘고 즐거운 것보다 두려움과 임재로 몸이 녹아내리는 것을 경험한 내용들이다. 이것은 주님을 깊이 체험한 자들만이 아는 것이다.

하늘에서 소리가 들렸는데 히브리어로 들렸다. 하나님은 어느 민족 누구에게 나타나시든 그 나라 사람이 알아들을 수 있는 말로 말씀하신다. 이때 하나님은 "사울아 사울아 네가 어찌하여 나를 박해하느냐"고 하셨다. 주님은 예수 믿는 사람을 핍박하는 것을 주님을 핍박하는 것으로 생각하신다.

가시채는 소가 잘 가도록 채찍질하는 도구다. 가시채에다가 뒷발질을 하면 발길질하는 소에게 고생이라는 말이다. 발에 상처만 더 날 뿐이다. 도리어 네가 박해를 받는다는 것이었다. 이 말은 쓸데없이 신에게 도전하는 것이란 말로 쓰였다(존 스토트). 주님은 사울에게 주님을 섬길 수 있는 일꾼으로 기회를 주셨는데 사울은 그것도 모르고 채찍을 들고 있는 주님을 향해 뒷발질을 하고 있는 소와 같았다. 처음부터 주님을 믿었다면 훌륭한 일꾼으로 소처럼 일했을 것이라는 말씀이다.

> 내가 대답하되 주님 누구시니이까 주께서 이르시되 나는 네가 박해하는 예수라(행 26:15).

사울이었던 바울은 예수님의 말씀을 들으면서 이미 굴복되었고 권위 앞에 눌렸다. 그래서 자연적으로 입에서 "주님"이라는 말이 나왔다. 바울은 몸에서 힘이 쭉 빠져버린 상태였다. 사울이 예수님을 박해했는데 그 박해를 받으시는 주님이 나타나셨다. 원래 주님은 부활하신 후 하늘 보좌에 앉아 계신다. 그분이 지금 직접 인간 세상에 내려오신 것이다. 자기가 욕하던 사람이 앞에 힘센 사람으로 나타나도 두려운 것인데, 예수 믿는 사람을 죽이고 가둔 사울 앞에 그 신앙의 대상인 "부활의 주님"이 강력한 모습으로 나타나신 것이다.

일어나 너의 발로 서라 내가 네게 나타난 것은 곧 네가 나를 본 일과 장차 내가 네게 나타날 일에 너로 종과 증인을 삼으려 함이니(행 26:16).

엎드러져 있는 바울에게 주님이 일어서라고 하셨다. 바울은 엎드러져 있으면서 겸손해질 수밖에 없었다. 엄위하신 말씀이다. 부활하신 주님은 이방 사람이나 주님의 반대편에 선 사람에게 한 번도 나타난 적이 없었다. 그런데 특이하게도 바울에게는 오셨다. 그것은 증인으로 삼으시기 위함이었다. 증거의 내용은 주님을 다메섹에서 만난 바로 이 내용을 증거하게 하시기 위해서다. 부활의 주님을 본 것이 중요한 이유는 주님이 부활하셨다는 사실을 확실하게 증언할 수 있었기 때문이다.

누가는 사도행전 9장에서 이 말을 쓰지 못했다. 본 일을 증거하는 것이 가장 귀하다. 바울은 가는 곳마다 자신이 본 것을 증거했다. 이것이 바울이 어느 누가 쉽게 따라올 수 없는 깊은 신앙과 열정을 갖게 된 근거가 되었다. 다메섹 이후에도 주님은 사울에게 계속 나타나신다고 하셨다. 늘 나타나신다니 힘이 넘칠 수밖에 없다. 주님은 실제로 그렇게 하셨다.

바울이 주님의 종으로서 증인의 일을 감당하게 하시려고 주님이 바울에게 오셨던 것이다. 바울은 주님의 종이다. 주님이 시키시는 대로 하는 종이다. 또한 바울은 부활의 증인이다. 바울이 그토록 돌에 맞고 쫓겨 다니면서도 어디를 가나 예수 이름과 예수 부활을 증거한 것은 사명에 충성하기 위해서였다.

이스라엘과 이방인들에게서 내가 너를 구원하여 그들에게 보내어(행 26:17).

이것은 주님이 이스라엘과 이방인의 핍박에서 바울을 구원하신다는 말이다. 어느 상황에 처하든지 구원을 받는다면 세상에 두려울 것이 없다. 만일 절대 죽지 않는다면 전쟁터일지라도 가장 앞장서서 용감하게 싸울 수 있다. 주님의 말씀처럼 바울은 그렇게 쫓겨 다니고 돌에 맞아도 죽지 않았다. 말씀하신 대로 바울을 구원하셨다. 그는 로마에 가서 60세가 넘어 죽었다. 바울이 이스라엘과 이방인에게 핍박을 받겠지만 주님이 항상 피하게 하시고 다시 그들에게 보내신다는 것이다. 세상이 바울을 핍박해도 또 보내시는데 이것이 주님의 뜻이었다. 바울은 이방인에게 계속 보내졌다.

> 그 눈을 뜨게 하여 어둠에서 빛으로, 사탄의 권세에서 하나님께로 돌아오게 하고 죄 사함과 나를 믿어 거룩하게 된 무리 가운데서 기업을 얻게 하리라 하더이다(행 26:18).

주님이 보실 때 이스라엘이든 이방인이든 지금 어둠 속에 있다. 인생의 눈이 감겨 있기 때문이다. 주님은 그들의 눈을 뜨게 하셔서 주님을 보고, 사탄을 보고, 천국과 지옥을 보고, 영적 세계를 보게 하기 원하신다. 이것이 빛 된 생활이다. 주님은 이 일을 사울을 통해 하시겠다는 계획이다. 사탄의 권세에 잡혀 있는 사람들을 하나님께로 돌아오게 하는 것이 바울의 사명이다. 주님은 이 일을 하고 싶어 하신다. 세상의 거의 대부분의 인생이 사탄의 강한 영향을 받고 산다. 그 사탄의 맨 줄을 끊는 것이 사명자다.

주님 앞에 회개해 죄 사함을 받고 주님을 믿어 거룩하게 된 무리가 있다. 그들은 거룩한 백성인데 그 수는 소수다. 참되게 거룩한 자에게는 회개와 신앙이 있어야 한다. 성도는 자신이 진정 거룩한가를 스스로 따져보아야 한다.

바울은 여기서 주님의 말씀을 옮기고 있다. 주님은 어둠에서 빛으로, 사탄의 권세에서 하나님께로 사람들을 불러 이처럼 은혜를 주시려는 것이다. 지금 바울은 부활의 주님을 전함으로 박해받지만 앞으로는 소수만 받는 축복의 기업을 얻게 하실 것이다. 거룩하게 된 무리 가운데서 '기업을 얻는 것'은 아무에게나 해당되는 일이 아니고 진정으로 목숨 걸고 주의 나라를 위해 일하는 사람에게만 해당되는 것이다. 바울이 만일 주님의 말씀대로 충성하지 않는다면 '그 기업'

은 없다. 성도들도 거룩한 무리 가운데에서 자신의 기업이 있고 자신의 몫이 있기를 바라는 깊고 거룩하고 철저한 신앙생활을 해야 한다.

아그립바 왕이여 그러므로 하늘에서 보이신 것을 내가 거스르지 아니하고(행 26:19).

바울은 아그립바 왕에게 하늘에서 보이신 것이 있다고 했다. 하나님이 주님을 사울에게 나타나게 하셨는데 이것이 하늘에서 보여주신 것이다. 한 가지 생각할 것은 바울은 누가가 사도행전 9장에서 기록한 것보다 22장에서 더 깊고 새로운 이야기를 했던 것처럼, 여기에서도 아그립바에게 말하지 않은 주님과의 더 깊은 이야기가 많이 있었을 것이다. 바울은 천국을 체험했기 때문이다(고후 12:4). 여기에서는 아그립바에게 필요한 이야기만 한 것이 틀림없다.

바울은 영적 비밀을 많이 알고 있다. 바울은 하나님이 자신에게 보이신 거룩하신 뜻을 어기지 않고 순종했다. 창조주 그리고 부활하신 주님을 직접 만나면 그분의 명을 거역할 수가 없다. 또한 주님을 만난 사람에게는 주님이 바울처럼 강력한 힘도 주신다. 그 사람의 영적 능력을 보면 그와 주님의 친밀도를 알 수 있다.

먼저 다메섹과 예루살렘에 있는 사람과 유대 온 땅과 이방인에게까지 회개하고 하나님께로 돌아와서 회개에 합당한 일을 하라 전하므로(행 26:20).

주님의 명령에 순종하는 삶이란 사람들을 회개하도록 인도하는 것이었다. 바울은 영적 세계에 대한 눈이 뜨이자마자 다메섹에 있는 유대인들에게 증거했다. 그리고 몇 년 후 예루살렘으로 올라오자마자 증거했다. 성경에는 자세히 나와 있지 않지만 그가 말한 대로 유대와 여러 지역을 다니며 그렇게 했을 것이다.

바울은 유대 민족을 향해 회개를 촉구했다. 그리고 "하나님께 돌아오라"고 말했는데 유대인의 입장에서는 받아들이기 어려운 말이었다. 왜냐하면 그들은 자신들이 하나님을 잘 믿고 있다고 생각했기 때문이다. 특히 바리새인들이 그랬다. 물론 서기관이나 장로들도 마찬가지다. 자기들은 지금 하나님 앞에 있고 하나님을 잘 믿고 있으니 하나님께 나아갈 필요가 없다고 생각했다. 그런데 주님은 유대인들이 하나님을 제대로 섬기지 않는 것으로 판단하셨다. 유대인에 대한 시각이 이렇게 달랐다. 회개한 사람은 행동을 보면 안다. 회개에 합당하게 행하지 아니하면 그는 회개를 모르는 것이고 순종하지 않은 것이다. 열매를 보면 그 나무를 아는 것처럼 말이다.

유대인들이 성전에서 나를 잡아 죽이고자 하였으나(행 26:21).

이 사건은 21장 27-30절에 나온다. 유대인들은 역시나 바울의 가르침에 반박했다. 바울과 생각이 전혀 달랐다. 그래서 유대인들은 성전에서 바울을 잡아 죽이려고 했다. 하나님께 거룩한 제물의 피를 바치는 곳에서 죄 없는 사람의 피를 흘리려는 폭거였다. 성전은 양과 소의 피를 드리는 곳이다. 개나 노루, 사자의 피를 드리는 것은 말도 안 된다. 특히 성전에서 사람을 죽일 경우 그 피가 성전 마당이나 제단 혹은 제물에 들어가면 큰일이다. 하나님이 싫어하시는 것 중 하나가 이방 나라에서 사람을 잡아 제단에 바치는 일이다. 그런데 성전에서 사람을 돌로 쳐 죽여 피가 뿌려지면 성전은 더럽혀지고 우상의 제단이 되어버린다. 이것만 보아도 유대인들은 하나님 앞에서 바르지 않았다. 바울을 죽이려고 했어도 그것은 성전 밖이어야 했다.

하나님의 도우심을 받아 내가 오늘까지 서서 높고 낮은 사람 앞에서 증언하는 것은 선지자들과 모세가 반드시 되리라고 말한 것밖에 없으니(행 26:22).

바울은 하나님의 인도하심을 철저하게 받았다. 때문에 지금까지 오랫동안 죽지 않고 서서 복음을 전하고 있다고 했다. 유대인들이 바울을 죽이려 했던 시도가 수십 번이 넘었다. 그러나 바울은 지위 고하를 막록하고 많은 사람에게 복음을 전했다. 바울은 예수 이름을 증거하는 일에 사람을 가리지 않았다. 바울은 선지자와 모세가 반드시 이루어질 것이라고 한 내용을 증거했다고 말했다. 바울은 능력이 많았지만 성경 해석에도 뛰어났다. 바울은 모든 은사가 충만히 임한 최고 수준의 사도다.

> 곧 그리스도가 고난을 받으실 것과 죽은 자 가운데서 먼저 다시 살아나사 이스라엘과 이방인들에게 빛을 전하시리라 함이니이다 하니라(행 26:23).

예언한 선지자가 많은데 모세의 예언도 있다. 특히 본문은 이사야 53장 1–9절의 말씀을 배경으로 한다. 주님은 죽은 자 가운데서 살아난 첫 열매시다. 이스라엘 사람들은 하나님이 이방인에게도 관심을 두신다고 하면 집단적 발작 증세를 일으켰지만 바울은 사실 그대로를 말한다. 하나님은 이스라엘에게서 점점 마음이 떠나시고 이방에게로 가신다고 하였다. 하나님의 목적은 빛을 이방인들에게 전하시려는 것이다. 빛의 근원은 주님이시다. 그 빛은 어둠을 밝히시고 병든 것을 치료하실 것이다.

> 바울이 이같이 변명하매 베스도가 크게 소리 내어 이르되 바울아 네가 미쳤도다 네 많은 학문이 너를 미치게 한다 하니(행 26:24).

바울은 26장 1절부터 23절까지 오랜 시간 동안 말했다. 바울의 말을 듣고 있던 총독이 "네가 미쳤도다" 하고 소리쳤다. 바울이 아그립바에게 말하고 있는데 베스도가 나선 것이다.

세례 요한, 예수님, 베드로에 이어 사도 바울도 오늘 '미친 자'가 되었다. 총독은 바울의 학문 연구가 깊은 것을 이미 알고 있었다. 그래서 바울의 말을 들어준 것인데 그의 판단에 바울이 미친 것으로 여겨진 것이다. 원인이 그의 학문 때문이라고 판단하였다. 베스도는 예수님이 죽었다가 살아났다고 한 것 때문에 바울을 미쳤다고 판단한 것으로 보인다. 이성적인 사람은 예수 그리스도의 부활 같은 초자연적인 사건을 믿지 못한다. 결국 기적을 믿지 못한다. 만일 바울이 병든 자를 치료하고, 귀신을 쫓아내고, 죽은 자를 살리고, 자신의 손수건을 병든 자의 손에 얹었더니 병이 나았다고 말하면 아마 베스도는 뒤로 넘어갔을지도 모른다.

현대의 은사 종결론자들도 옛날에는 능력이 있었을지 모르지만 지금은 기적이나 은사가 없다는 어리석은 주장을 편다. 그리고 기적을 행하는 사람에게 미쳤다고 말한다. 베스도는 바울의 '부활 신앙'을 미친 사상으로 보았다. 베스도는 바울이 전하는 많은 말을 들었지만 신앙고백을 하지 않았다. 그것으로 그에 대한 영적 축복이 끝났다. 또 하나는 '미쳤다'고 말할 때의 베스도의 마음을 읽을 수 있다. 실제로 바울의 옷차림이 미친 사람처럼 보였을 것이다. 아그립바 왕의 호화로운 옷차림과 비교할 때 감옥에 갇혔다가 제대로 꾸미지도 못한 그 남루하고 초라한 행색으로 연설하는 꼴이 꼭 미친 사람 같기도 하였을 것이다. 어쨌거나 베스도는 구원의 울타리를 무시하였다.

> 바울이 이르되 베스도 각하여 내가 미친 것이 아니요 참되고 온전한 말을 하나이다(행 26:25).

바울은 자기가 말하는 중에 끼어든 총독에게 즉각 대답하였다. 결코 자신이 '미친 것'이 아니라고 했다. 바울은 설령 총독의 말이라도 그리고 자기에게 우호적인 사람의 말일지라도 그 말을 수용할 수가 없었다. 우리는 잘 생각해야 한다. 남들이 자기를 평가하고 판단하는 말이 다 맞는 것이 아니다. 오히려 잘못된 판단이 많다. 바울은 자신의 말이 참되고 온전한 것이라고 총독에게 당당히 말했다. 누가 나를 비판한다고 해서 내가 수도 없이 보고 느끼고 체험한 것을 부정할 수는 없다.

이런 사실에서 볼 때 다른 사람의 체험을 귀담아듣지 않고 판단하는 것은 위험하다. 초등학생이 석 · 박사 학위를 가진 사람의 업적을 평가할 수 없듯, 목격한 사람의 말을 목격하지 못한 사람이 무시할 수 없듯, 깊은 진리에 서고 영적 체험을 많이 한 사람을 영적 초보자나 무지한 자가 비판할 수 없다. 그저 묵묵히 열매를 보아야 한다.

> 왕께서는 이 일을 아시기로 내가 왕께 담대히 말하노니 이 일에 하나라도 아시지 못함이 없는 줄 믿나이다 이 일은 한쪽 구석에서 행한 것이 아니니이다(행 26:26).

베스도가 바울의 말을 끊고 중간에 끼어들었지만 바울이 곧 정리했다. 그리고 다시 아그립바에게 방향을 돌려 말했다. 그런데 바울은 "왕께서는 이 일을 아신다"고 단정적으로 말했다. 왕도 알고 계시기 때문에 거리낌 없이 담대히 말한다고 했다. 바울이 말하는 예수 그리스도에 대한 내용을 왕이 하나라도 모를 리가 없다는 것이다.

예수 그리스도의 부활과 주의 말씀을 전하는 이 일은 어느 구석에서 일어나고 있는 것이 아니라 지금 모든 나라, 전 세계가 알고 있는 이야기라는 것이다. 예수 부활이 증거되자 방언을 말하고, 병이 나으며, 죽은 자가 살아나는 등 그야말로 영적 태풍이 불고 있기 때문이다. 이미 세상에 떠돌고 있고 또한 왕으로서 보고도 받고 있는 이야기므로 아그립바는 지금 바울에게 확인만 하고 있는 것이다. 특히 왕의 증조부인 대헤롯 때부터 유대 땅 안의 화젯거리인 예수를 모른다고 할 수는 없는 것이었다. 아그립바의 집안은 대대로 유대와 관계가 많았다.

아그립바 왕이여 선지자를 믿으시나이까 믿으시는 줄 아나이다(행 26:27).

바울은 아그립바에게 선지자를 믿느냐고 물었다. 그런 다음 "믿으시는 줄 아나이다"라고 말했다. 아그립바가 선지자에 대한 말을 지난 몇 십 년 동안 들어왔기 때문에 지금쯤은 믿으리라는 의미다. 같은 내용을 가진 비슷한 사건이 수십, 수백 건씩 생기면 사람은 믿지 않을 수 없다. 아그립바는 그동안 충분히 들었다.

아그립바가 바울에게 이르되 네가 적은 말로 나를 권하여 그리스도인이 되게 하려 하는도다(행 26:28).

아그립바는 바울의 말을 잘 듣고 있었다. 그래서 바울이 그에 대해 말할 때 자신의 뜻을 정확히 전했다. 아그립바는 바울이 그가 선지자를 믿는 줄 안다고 하자 그것이 그리스도인을 만들고자 유인하는 말로 생각했다. 그래서 몇 마디 안 되는 말로 자신을 그리스도인이 되게 하려는 것이냐고 답변한 것이다. 그는 바울의 진심을 쉽게 받아들이지 않았다.

바울이 이르되 말이 적으나 많으나 당신뿐만 아니라 오늘 내 말을 듣는 모든 사람도 다 이렇게 결박된 것 외에는 나와 같이 되기를 하나님께 원하나이다 하니라(행 26:29).

아그립바가 "적은 말로 그리스도인이 되게 하려느냐"고 물은 것에 대한 바울의 답변이다. 바울은 그에게 "말이 적으나 많으나 중요하지 않다"고 단호하게 말했다. 바울은 아그립바를 비롯해 자신의 말을 듣고 있는 모든 사람을 향해 바라는 마음이 있었다. 자신처럼 결박되어 감옥에 갇힌 것 외에는 바울 자신처럼 되기를 원하는 것이었다. 그것은 바로 그리스도를 기다리고, 그분을 만나고 믿는 것이요, 그분을 위해 일생을 사는 삶이다. 바울의 진심이었다. 바울은 아그립바뿐 아니라 어디에서 누구에게 전도하든 바울 자신이 신자의 모범이라고 했을 것이다. 진정한 사역자라면 "나와 같이 되기를 원한다"고 말할 수 있어야 한다.

왕과 총독과 버니게와 그 함께 앉은 사람들이 다 일어나서(행 26:30).

아그립바와 베스도, 아그립바의 누이인 버니게와 함께했던 유력자들이 다 자리에서 일어났다. 더 이상 바울에게 심문할 것도, 추궁할 것도 없었기 때문이다. 바울의 변명하는 말도 들을 만큼 들었다.

물러가 서로 말하되 이 사람은 사형이나 결박을 당할 만한 행위가 없다 하더라(행 26:31).

그들은 그 재판자리에서 나가 바울이 없는 장소에서 서로 말했다. 그들은 이구동성으로 바울이 사형은 물론이고 이렇게 결박하고 구금할 만한 행위가 없다고 했다. 바울은 천부장 루시아에게(행 23:29), 베스도 총독에게(행 25:25), 아그립바 왕에게(행 26:31-32) 무죄를 선고받았다. 사실 바울의 죄목은 '예수 부활'을 증거한 것이었다. 바울이 마지막으로 강조한 것은 26장 23절에 나오는 "그리스도가 살아났다는 것"이다. 바울은 어디를 가든 이 복음을 전할 정도로 전도의 핵심이었는데, 이것을 전한 것이 죄가 아님을 모두에게 인정받은 것이다. 게다가 베스도나 아그립바는 예수를 믿지 않는 영리한 사람들이었음에도 이성적으로나 합리적으로 생각해도 죄가 없었던 것이다. 바울이 미쳤을지는 몰라도 죄인은 아니었다(존 스토트).

특히 아그립바 2세가 바울에게 죄가 없다고 말한 것은 중요한 의미가 있다. 그의 가문이 예수님을 죽이려 했고, 또 실제로 세례 요한과 야고보를 죽였는데 이는 모두 예수님 때문이었다. 그러나 아그립바 2세가 지금 바울이 전하는 이야기를 듣고 죄가 없다고 한 것은 그가 가문의 죄를 회개하는 의미가 된다. 조상의 행위가 잘못이었음을 확증하는 중대한 사건이다. 헤롯은 바울의 연설을 듣고 생각의 변화가 있었던 것이 분명하다. 헤롯 가문과 피해를 입은 예수님 가문이 더 이상 불화할 이유가 없다. 바울이 큰일을 해낸 것이다.

예수님이 살아나신 일에 대해 다시 생각해보자. 예수님은 살아계실 때 많은 병자를 고치셨고 죽은 나사로를 살리셨다. 죽은 자를 살리셨으니 그분 자신도 살리실 수 있는 여지가 있다. 남은 살리는데 자신은 살아나지 못한다는 것은 앞뒤가 맞지 않는다. 게다가 예수님의 제자 베드로도 죽은 도르가를 살렸다(행 9:40). 물론 하나님이 예수 그리스도를 살리셨지만 예수님의 사역을 통해 죽은 자가 살아나는 것은 전혀 이상한 일이 아니다. 주님이 이렇게 행하셨고 제자들도 이렇게 행했다. 구약에서도 죽은 자를 살린 일이 있다. 이단 중에서 자기는 죽지 않고 영생한다고 하다가 죽은 자들이 있다. 그는 살아 있을 때 죽은 사람을 살린 적이 없다. 그럼에도 그의 제자들은 그가 다시 살아날 것을 몇 십 년씩 기다린다. 어리석은 짓이다. 주님은 오래 기다릴 필요 없이 예언하신 대로 사흘이라는 짧은 기간 만에 다시 사셨다. 이제껏 바울을 지켜본 베스도는 그에게 죄가 없다고 판정했다. 그러나 그의 앞에 구원의 길이 있었음에도 그는 구주를 고백하지 않았다. 그러므로 바울이 죄가 없다고 했지만 베스도는 구원받았다고 말할 수 없다. 베스도는 2년 후 죽었다.

> 이에 아그립바가 베스도에게 이르되 이 사람이 만일 가이사에게 상소하지 아니하였더라면 석방될 수 있을 뻔하였다 하니라(행 26:32).

아그립바는 바울에게는 죄가 없기 때문에 바울이 황제에게 상소하지 않았다면 이대로 가이사랴에서 풀어줄 수도 있었다고 베스도에게 말했다. 아그립바나 베스도는 바울이 가이사에게 상소한 것이 실수라고 생각할지 모른다. 그러나 바울이 여기에서 풀려나면 안 된다. 유대인들이 바울을 격렬하게 공격할 것이고, 또 로마로 가야 하는 주님의 명령에 순종하지 못하게 된다. 이제 로마로 갈 생각에 바울의 가슴이 뜨거워졌을 것이다. 이 장면 이후 아그립바에 대한 기록은 없지만 그가 바울의 설교를 듣고 후에 간신히라도 구원의 길에 들어섰다면 좋은 일이다.

바울은 가이사랴의 법정에서 최후의 승자가 되었다. 이것은 바울의 열정과 진심 어린 연설 때문이다. 바울은 그 연설로 자신이 전하는 진리가 아무 문제없다는 판결을 정정당당하게 이끌어냈다. 고소자는 패했고 바울이 이겼다. 바울은 모든 것을 잘했다. 설교도, 병을 고치고 귀신을 쫓아내는 것도 잘했고, 전도와 교회를 세우는 것도 잘했으며, 교회의 지도자 또한 잘 가르쳤다. 그는 주님도 자주 만났고, 영적인 깊은 것도 알았으며, 성경도 십여 권을 기록했다. 사도란 바로 이런 것이다. 우리는 몇 가지를 잘하는 것으로 만족하고 있지만, 바울을 마음에 꿈꾸는 것도 나쁘지 않다.

7부_바울의 4차 선교 여행 (사도행전 27-28장)

27장

로마로 가는 배

예루살렘, 유대, 가이사랴, 안디옥, 소아시아, 아가야, 마게도냐 등 바울의 발길이 닿지 않은 곳이 없었다. 바울이 가는 곳마다 제자가 생겨나고 교회가 세워졌으므로 신약교회에서 바울의 위치는 그 누구와도 비교할 수 없는 것이었다. 주님을 직접 만난 사람, 열정을 품은 사람은 세상이 감당하지 못한다. 바울은 22장에서 동족들에게, 23장에서는 대제사장이 있는 자리에서, 24장은 벨릭스 총독에게, 25장은 베스도 총독에게, 26장은 아그립바 왕에게 '예수 부활'을 증거했다. 27장에서는 바울이 4차 선교 여행을 떠난다. 바울은 로마로 가는 배에 올랐고, 가는 도중 광풍을 만났지만 주께서 보호하셨고 오히려 복음을 증거하는 기회가 되었다.

우리가 배를 타고 이달리야에 가기로 작정되매 바울과 다른 죄수 몇 사람을 아구스도대의 백부장 율리오란 사람에게 맡기니(행 27:1).

바울은 가이사 황제에게 상소했기 때문에 배를 타고 이달리야의 로마로 가기로 결정되었다. 이것은 바울이 원하는 바였다. 주님이 "너는 가이사 앞에 서

| 바울의 4차 선교 여행 |

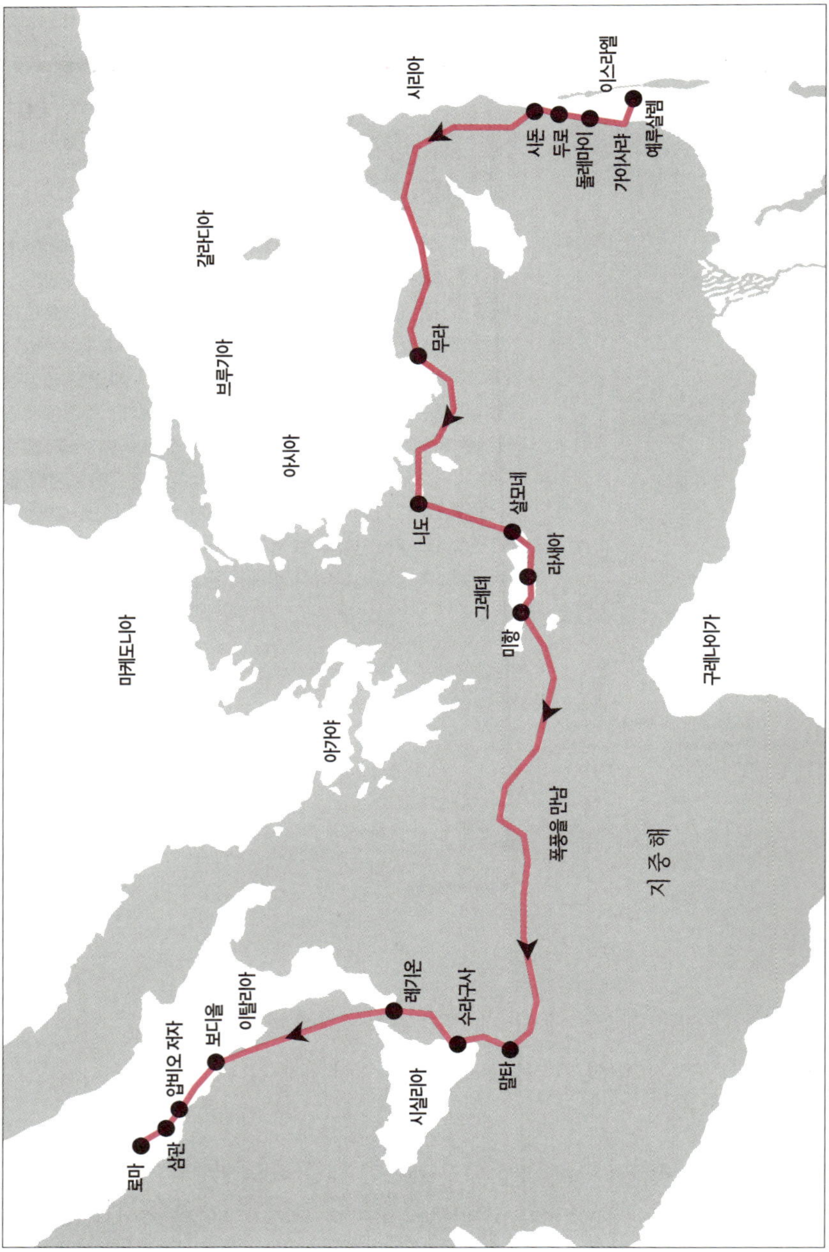
이스라엘
예루살렘
가이사랴
돌레마이
두로
시돈
시리아
갈라디아
브루기아
무라
아시아
니도
살모네
라새아
그레데
미항
마케도니아
아가야
구레나이가
폭풍을 만남
지 중 해
레기온
수라구사
멜타
시실리아
이탈리아
보디올
압비오 저자
삼관
로마

야 하리라"고 하셨기 때문이다. 이것이 바울의 4차 선교 여행이다. 로마로 가는 배에는 바울 외에 진짜 죄수 몇 사람도 타고 있었다. 그들은 로마에서 사형에 처해질 수도 있었다. 아구스도대는 일종의 경찰군이고, 호송 책임자는 백부장 율리오였다. 그는 수하에 군사들을 거느렸다. 이제 바울은 예루살렘과 유대 지방을 뒤로하고 새로운 세상인 로마로 건너가 새 사명을 감당하게 되었다.

> 아시아 해변 각처로 가려 하는 아드라뭇데노 배에 우리가 올라 항해할 새 마게도냐의 데살로니가 사람 아리스다고도 함께 하니라(행 27:2).

바울이 타고 갈 배의 이름은 "아드라뭇데노"다. 이 배는 가이사랴에서 출발해 아시아 해변의 여러 항구들을 거쳐 로마에 도착할 예정이다. 바울은 이 배를 타고 다시 돌아오지 못할 가이사랴를 떠났다. 이때가 주후 59년 10월일 것으로 보인다. 마게도냐 사람 아리스다고는 사도행전 19장 29절에 보면 에베소에서 은장색 데메드리오가 폭동을 일으켰을 때 연극장에 끌려갔었다. 그는 바울과 가이사랴에 있다가 로마로 동행한 후 바울과 함께 갇힌 자가 되었다(골 4:10).

> 이튿날 시돈에 대니 율리오가 바울을 친절히 대하여 친구들에게 가서 대접 받기를 허락하더니(행 27:3).

배는 가이사랴를 떠나 이튿날 북쪽에 위치한 베니게 지방의 항구 시돈에 도착했다. 율리오는 바울에게 호의를 베풀어 그가 배에서 내려 친구들로부터 대접받는 것을 허락해주었다. 바울은 예수님을 믿지 않는 베스도 총독과 아그립바 왕의 보호에 이어 백부장 율리오의 도움까지 받았다. 예수님을 믿지 않는 사람도 하나님의 창조물이며 하나님이 그분의 나라를 위해 쓰실 수 있다.

> 또 거기서 우리가 떠나가다가 맞바람을 피하여 구브로 해안을 의지하

고 항해하여(행 27:4).

바울이 탄 배가 이달리야 방향으로 가다가 맞바람을 맞았다. 계속 서쪽으로 가지 못하고 구브로 해안을 의지해 북쪽으로 항해하였다. 배는 북쪽으로 올라가고 있었지만 이제 서쪽으로 가야 했다.

길리기아와 밤빌리아 바다를 건너 루기아의 무라 시에 이르러(행 27:5).

바울이 태어난 다소가 속해 있는 길리기아 바다를 지나 서쪽으로 계속 항해하여 밤빌리아 바다를 지났다. 바울은 이날 이후 고향 바다와 땅을 다시는 밟지 못했다. 밤빌리아를 지나 아시아의 남서부 지방으로 향했는데, 무라 시는 루기아의 수도이며 무역의 중심지였다.

거기서 백부장이 이달리야로 가려 하는 알렉산드리아 배를 만나 우리를 오르게 하니(행 27:6).

백부장 율리오의 명령을 따라 타고 있던 배에서 내려 이달리야로 가는 알렉산드리아 배로 갈아탔다. 이 배에는 승객이 많았다. 아마 무역선일 것이다.

배가 더디 가 여러 날 만에 간신히 니도 맞은편에 이르러 풍세가 더 허락하지 아니하므로 살모네 앞을 지나 그레데 해안을 바람막이로 항해하여(행 27:7).

배가 더디 가는 바람에 여러 날이 걸려 간신히 니도 맞은편에 도착했다. 서쪽으로 계속 가야 했지만 순탄치 않았다. 바람이 불어 배가 정상 항로로 가지 못했다. 그래서 배는 서쪽으로 가지 못하고 남쪽 방향으로 내려와 그레데 섬 동쪽 항구인 살모네 앞까지 이르렀다. 그런 다음 바람이 북쪽에서 불어와 그레데 섬 남쪽 해안을 타고 서쪽으로 항해하였다. 섬이 바람을 막아준 것이다. 이 섬은 동 지중해 한가운데에 있다.

간신히 그 연안을 지나 미항이라는 곳에 이르니 라새아 시에서 가깝더라(행 27:8).

배는 간신히 그레데 섬 남쪽 해안을 서쪽 방향으로 항해하면서 섬의 중간 지점인 미항이라는 곳에 이르렀다. 거기는 라새아에서 가까운 곳이다.

여러 날이 걸려 금식하는 절기가 이미 지났으므로 항해하기가 위태한지라 바울이 그들을 권하여(행 27:9).

지중해는 9월부터 11월 초순까지는 항해하기가 위험하다. 그리고 이 기간에는 금식하는 철기가 끼어 있는데 대속죄일이다. 주후 59년의 대속죄일은 10월 5일이었다(부르스). 보통 3월까지는 항해를 중단한다. 바울은 백부장에게 이 항해에 관해 조언했다. 비록 죄인 된 신분이지만 항해에 관한 모든 권한을 가지고 있는 선주와 백부장에게 담대히 말했다.

말하되 여러분이여 내가 보니 이번 항해가 하물과 배만 아니라 우리 생명에도 타격과 많은 손해를 끼치리라 하되(행 27:10).

바울은 이번 항해에서 여러 물건과 배가 타격을 받는다고 보았다. 배에는 많은 무역품이 실려 있었다. 그러나 물건뿐만 아니라 배에 타고 있던 사람들의 생명도 큰 타격을 입을 수 있었다. 배가 파선되어 지중해에 가라앉는다면 모든 계획은 끝이 난다. 바울이 이런 중요한 말을 했을 때에는 주님이 오셔서 말씀해주셨거나 성령이 말씀하셨을 것이다. 바울 일행은 바울의 말을 신뢰했지만 다른 사람들은 따르지 않았다.

> 백부장이 선장과 선주의 말을 바울의 말보다 더 믿더라(행 27:11).

그러나 백부장은 바울의 권고를 듣지 않았다. 선장과 선주가 바람이 불어도 이번 항해에는 문제가 없다고 말했기 때문이다. 배의 주인이자 책임을 진 사람들이 괜찮다는데 할 말이 없었다. 백부장 율리오는 전문가의 말을 따랐다. 그러나 전문가의 경험과 기술도 실수가 있음을 알아야 한다. 사실 바울도 선교 여행 중 항해를 많이 했기 때문에 그의 안목을 무시할 수 없다. 하지만 그보다 하나님의 뜻이 있었다. 또한 인간은 초자연적인 세계와 자연현상을 이기기 힘들 때가 많지만, 하나님이 자연을 다스리시고 바람과 파도도 움직이실 수 있음을 알아야 했다.

> 그 항구가 겨울을 지내기에 불편하므로 거기서 떠나 아무쪼록 뵈닉스에 가서 겨울을 지내자 하는 자가 더 많으니 뵈닉스는 그레데 항구라 한쪽은 서남을, 한쪽은 서북을 향하였더라(행 27:12).

현재 정박중인 항구는 추운 겨울을 보내기에 불편하므로 뵈닉스로 가서 겨울을 나자고 하였다. 뵈닉스는 그레데 섬의 남쪽에 있는 항구로 미항에서 서쪽으로 약 64킬로미터를 더 가면 되는데 모든 면에서 유리했다. 그들은 편안한 것을 선호했다. 그래서 뵈닉스로 가자는 의견이 더 많았다. 다수결로 결정한다면 그곳으로 가야 했다. 지지하는 숫자가 많다고 옳은 것이 아니다. 성도는 전문가나 다수의 말보다 하나님의 말씀을 들어야 한다. 소수보다 다수, 다수보다 진리다(박윤선). 그리고 진리를 따르는 자에게는 경건하고 거룩한 사람들이 가까이에 있다. 바울에게는 지금 하나님이 임재해 계신다.

남풍이 순하게 불매 그들이 뜻을 이룬 줄 알고 닻을 감아 그레데 해변을 끼고 항해하더니(행 27:13).

지금까지는 북쪽에서 바람이 불어와 항해를 제대로 못했는데 이제는 남풍이 순하게 불어 서쪽까지 항해하기가 쉬워졌다. 그들은 기후를 보고 순항을 기대했다. 뵈닉스로 가는 계획에 문제가 없을 것으로 알고 좋아했다. 그리고 정박해 있던 닻을 감고 그레데 해변을 북쪽으로 끼고 계속 서쪽을 향해 항해했다. 어쨌든 로마로 가려면 서쪽으로 가야 한다. 로마로 가는 방향은 맞다. 그러나 배에 탄 다수는 육신의 생각을 하나님 말씀보다 귀하게 여겼다. 그 책임은 자기가 지게 된다.

얼마 안 되어 섬 가운데로부터 유라굴로라는 광풍이 크게 일어나니(행 27:14).

배가 출항한 지 얼마 되지 않아 유라굴로라고 하는 광풍이 섬 가운데로부터 크게 일어났다. 유라굴로는 동풍 혹은 북동풍을 가리키는 것으로 파도를 일으키는 바람이다. 그 광풍은 자주 일어나는 바람으로서 하나님은 얼마든지 막을 수 있으시지만 그대로 두셨다. 하나님은 이 바람이 불어올 것을 아셨기 때문에 이 자연 현상을 막지 않고 그대로 두신 채 바울에게 항해하지 말라고 하신 것이다. 바울이 탔다고 예고된 바람을 멈추지는 않으셨다. 그러나 보호는 해주셨다. 사람들이 바울의 말을 듣지 않았기 때문에 예고된 태풍을 맞았다. 당하지 않아도 될 고난을 자초한 것이다. 이런 일을 당해놓고 하나님이 시험하셨다고 말할 수는 없다.

배가 밀려 바람을 맞추어 갈 수 없어 가는 대로 두고 쫓겨가다가(행 27:15).

바람이 워낙 강하게 불어 배가 밀리자 바람을 맞추어 원하는 항로로 항해할 수가 없었다. 그래서 할 수 없이 배가 가는 대로 둘 수밖에 없었고 배는 바람에 밀려 쫓겨 가듯 육지와 멀어졌다.

> 가우다라는 작은 섬 아래로 지나 간신히 거루를 잡아(행 27:16).

가우다는 약 40킬로미터를 떠내려가 만난 삼각형의 작은 섬이다. 선원들이 간신히 작은 배인 거루를 잡았다.

> 끌어 올리고 줄을 가지고 선체를 둘러 감고 스르디스에 걸릴까 두려워하여 연장을 내리고 그냥 쫓겨가더니(행 27:17).

거루를 잡아끌어 올렸다. 그리고 줄을 가지고 선체를 둘러 감았다. 배가 깨지지 않도록 하기 위해서다(어드만). 스르디스는 모래 언덕을 가리키는 데 배가 모래 언덕에 걸리면 꼼짝하지 못할까 두려워했다. 그래서 연장을 내리고 바람 부는 대로 밀려나갔다. 닻이 브레이크 역할을 하게 하였다.

> 우리가 풍랑으로 심히 애쓰다가 이튿날 사공들이 짐을 바다에 풀어 버리고(행 27:18).

백부장과 바울을 비롯해 배 안의 모든 사람이 풍랑으로 많은 고생을 했다. 이튿날 배가 무거워 파선될 지경에 이르자 배를 가볍게 하기 위해 사공들이 배에 실은 짐들을 바다에 던졌다. 개인의 짐들도 있었지만 무역을 위해 실은 귀한 상품도 많았을 것이다. 그러나 살기 위해서는 못할 것이 없었다. 생명이 그 어떤 물건보다 귀하다. 만일 세상 물건이 아까워 그대로 배 안에 가지고 있다가는 배가 가라앉아 고귀한 생명까지 잃을 수 있다. 그들은 재물을 잃었다.

사흘째 되는 날에 배의 기구를 그들의 손으로 내버리니라(행 27:19).

사흘째 되는 날에는 배에 꼭 필요한 기구를 선장들이 직접 바다에 버렸다. 생존을 위한 마지막 수단을 행사한 것이다. 이렇게 그들이 배를 움직일 수 있는 기구들이 많이 줄어든 것이다. 물질에 이어 항해의 수단들이 사라졌다.

여러 날 동안 해도 별도 보이지 아니하고 큰 풍랑이 그대로 있으매 구원의 여망마저 없어졌더라(행 27:20).

이렇게 목숨을 건 고생이 여러 날 계속되었다. 단 몇 시간만 이런 고난을 겪어도 견디기 힘든데 무려 여러 날 동안이나 계속되었다. 하늘은 여전히 캄캄하였다. 해도, 별도 보이지 않았다. 비와 풍랑은 여전하였다. 선장이나 선원 그 밖에 그 누가 보아도 살 길이 없어 보였다. 모두가 깊은 좌절에 빠졌다.

여러 사람이 오래 먹지 못하였으매 바울이 가운데 서서 말하되 여러분이여 내 말을 듣고 그레데에서 떠나지 아니하여 이 타격과 손상을 면하였더라면 좋을 뻔하였느니라(행 27:21).

배에 타고 있던 여러 사람이 뱃멀미와 두려움으로 오랜 시간 음식을 제대로 먹지 못했다. 하나님의 사람이 전한 하나님 말씀에 순종하지 않고 제멋대로 항해했으니 금식하게 된 것이다. 그들은 살고 싶다고 부르짖었을 것이다. 바울은 죄 없는 죄인으로 이 배에 탔다. 그리고 주님이 로마에 가서 복음을 증거하라고 하셨기 때문에 바다에 빠져 죽을 것으로 생각하지 않았다. 모두가 지치고 낙심했지만 바울만은 멀쩡했다. 바울은 그레데 미항에서 떠나지 말자고 했었지만 선원들은 자기들의 경험을 강조했고, 백부장 율리오도 선장의 의견을 따랐었다.

바울이 일어나 사람들 가운데 서서 아쉬운 심경을 토로했다. 자신의 말을 들었더라면 이렇게 참혹한 지경에 이르지 않았을 것이라고 말이다. 잘못된 결정과 행동에 대한 질책이었다. 그러나 바울은 벌어진 일에 대해 비판만 하는 사람이 아니다. 바울은 앞으로의 일을 아는 지혜의 은사가 있고, 성령의 음성을 들을 수 있는 사람이었다.

> 내가 너희를 권하노니 이제는 안심하라 너희 중 아무도 생명에는 아무런 손상이 없겠고 오직 배뿐이리라(행 27:22).

바울은 그들에게 안심하라고 말했다. 자신의 말을 듣지 않고 모두가 위험한 상황에 이르렀지만 그것은 이미 지나간 일이다. 이제는 앞으로 어떻게 할 것인가가 중요했다. 바울은 사람들을 격려했다. 배에 탄 이들 중 낙심하지 않은 사람은 바울과 그 일행뿐이었다. 안심할 수 있는 이유는 배에 탄 사람 중 아무도 생명에 손상이 없을 것이기 때문이다. 그들은 깊이 회개했을 것이고 하나님의 말씀에 순종하지 않아 이렇게 고생한다는 사실을 깨달았을 것이다.

바울은 오직 배만 손상을 입을 것이라고 했다. 배는 파선되고 망가진다. 만일 바울이 자기 말을 듣지 않아 이 모양이 되었다고 책망하고 말았다면 투정하는 것밖에는 되지 않는다. 그러나 그는 소망을 전했으므로 그것은 투정이 아니다. 만일 바울의 말대로 된다면 그것은 놀라운 일이고 그의 권위는 상당한 것이 된다. 처음에 배가 떠나면 안 된다고 했는데 지나고 보니 맞는 말이었다. 바울이 이번에는 죽지 않는다고 했으니 이 말도 맞을 것이다.

> 내가 속한 바 곧 내가 섬기는 하나님의 사자가 어제 밤에 내 곁에 서서 말하되(행 27:23).

바울은 자신이 하나님께 속해 있고 그분을 섬긴다고 말했다. 바울의 영적 수준은 최고 수준이다. 어느 당에 속해 있거나 어느 나라에 속해 있는 것과 비교가 되지 않는다. 바울은 하나님께 속해 있다. 하나님의 사람은 하나님 소속이다. 교회에 이런 영적인 사역자가 있다면 행복한 일이다. 하지만 이 세상에는 영적인 사람은 줄어들고 이성적이고 세상적인 사람들만 늘어간다.

바울은 하나님의 사자, 곧 "그의 사자"가 어젯밤 그의 곁에 서서 말을 했다고 했다. 바울이 배에 탄 사람들에게 안심하라고 한 이유가 이 때문이다. 사람은 무슨 주장을 할 때 그 근거가 명확해야 하고 신빙성이 있어야 하며 경험에서 나온 것이라야 한다. 이런 영적인 체험과 경험을 바울은 수도 없이 했다. 그리고 그것은 다 옳았다. 오늘날도 깊은 회개를 통해 깨끗해졌거나 하나님이 귀히 쓰시는 사람이라면 바울 정도의 수준은 아닐지라도 상당한 수준에서 주님과 교통할 수 있다. 만일 누군가 오늘날에는 주님이 나타나실 수 없고 주님을 체험할 수 없다고 한다면 그것은 악한 일이다.

> 바울아 두려워하지 말라 네가 가이사 앞에 서야 하겠고 또 하나님께서 너와 함께 항해하는 자를 다 네게 주셨다 하였으니(행 27:24).

하나님의 사자가 바울에게 "두려워하지 말라"고 하였다. 바울에게 낮추어 말했다면 그는 천사장급의 천사라고 할 수 있다. 이것은 주님이 하신 말씀인데 하나님의 사자도 알고 있었다. 바울이 로마에 가서 증언해야 할 것을 전에도 말씀하신 바 있다(23:11).

또한 하나님은 바울과 함께 항해하는 자를 다 그에게 주셨다고 하나님의 사자가 전했다. 바울 때문에 모든 사람이 살게 되리라는 뜻이었다. 바울은 하나님의 사자에게 들은 말을 배 안의 모든 사람에게 그대로 전했다. 의인과 함께 있으면 주의 도움을 같이 받는다. 바울은 자신을 높이기 위해서가 아니라 하나님의 사자가 말한 대로 전한 것뿐이었다. 이것은 교만이 아니라 오히려 겸손이다. 겸손은 주의 뜻에 순종하는 것이다. 이와 비교되는 일이 구약성경에 나온다. 요나가 다시스로 가는 배를 탔을 때 그 배에 탄 모든 사람이 큰 고초를 겪었다. 불순종의 사람이 배에 있었기 때문이다. 우리 가정과 우리 교회, 우리 기업에 누가 바울이고 누가 요나인지 아는 것은 흥망과 관계된 중요한 일이다.

> 그러므로 여러분이여 안심하라 나는 내게 말씀하신 그대로 되리라고 하나님을 믿노라(행 27:25).

바울은 바다 한가운데서 며칠째 시달리면서 목숨을 잃을까 두려워하고 있는 사람들에게 희망의 소식을 전했다. 바울은 하나님의 사자가 말한 내용이 그대로 될 것을 믿는다고 했다. 그것은 그 말씀을 하신 분이 하나님이시기 때문이다. 바울은 하나님이 자연까지도 다스리시는 분이므로 바다도 바람도 하나님의 손안에 있음을 믿었다. 사람의 말은 그렇지 못하지만 하나님의 말씀은 백 퍼센트 순수하고 믿을 수 있다. 바울은 자신도 하나님을 믿으니 그들도 하나님을 믿으라고 했다. 자신도 믿지 못하면서 성경을 전하거나 가르친다면 생명의 역사가 나타나지 않는다. 그것은 지식적 신앙에 이를 뿐이다.

> 그런즉 우리가 반드시 한 섬에 걸리리라 하더라(행 27:26).

바울은 그래서 이 배가 반드시 한 섬에 걸릴 것이라고 말했다. 배가 섬에 닿아야 바다에서 구조된다. 만일 바울의 말이 이루어지지 않는다면 그 말의 신빙성은 사라지고 그의 권위는 실추될 것이다. 미래에 대해 말하는 것은 위험하고 조심스러운 일이다. 바울은 그만큼 확신이 있었다. 나중에 바울이 말한 대로 되었을 때(27:44) 섬에 올라간 사람들은 하나님을 확실히 신뢰할 수 있게 되었을 것이다.

> 열나흘째 되는 날 밤에 우리가 아드리아 바다에서 이리 저리 쫓겨가다가 자정쯤 되어 사공들이 어느 육지에 가까워지는 줄을 짐작하고(행 27:27).

그들은 2주 동안이나 망망대해에서 사투를 벌였다. 14일 동안 금식하자 드디어 길이 생겼다. 아마도 그 사이 바울이 전하는 하나님을 믿는 사람이 생겼을지도 모른다. 아드리아 바다는 말타 섬과 이탈리아와 헬라, 그레데 사이에 있는 바다다. 여기에서 배가 이리저리 밀려다녔다. 사공들은 자정에도 자지 못한 채 배를 지키며 자신들의 임무를 수행했다. 사공들은 여러 가지 정황으로 볼 때 어느 육지에 가까워지고 있다고 판단했다. 그 엄청난 광풍 속에서 배가 뒤집어지거나 깨지지 않은 것은 기적이었다.

> 물을 재어 보니 스무 길이 되고 조금 가다가 다시 재니 열다섯 길이라(행 27:28).

줄자를 바다 속으로 내려 물의 깊이를 재어보았다. 처음에는 스무 길이었는데 열다섯 길이 되었다. 수면이 점점 얕아지고 있다는 것이었고 육지가 가까워지고 있다는 증거였다.

> 암초에 걸릴까 하여 고물로 닻 넷을 내리고 날이 새기를 고대하니라(행 27:29).

선원들은 배가 육지 쪽으로 가다가 혹시 암초에 걸릴까 노심초사했다. 그래서 고물로 닻 넷을 내리고 배를 정박시킨 다음 날이 새기를 기다렸다. 날이 밝아야 주변 상황을 자세히 알 수 있기 때문이다.

> 사공들이 도망하고자 하여 이물에서 닻을 내리는 체하고 거룻배를 바다에 내려 놓거늘(행 27:30).

사공들은 2주일이나 배와 함께 고통을 당했다. 그런데 드디어 육지가 가까워지고 있었다. 하지만 파선 직전의 이 배를 건지려면 앞으로도 말할 수 없는 고초를 겪어야 할 것이다. 자기가 배 주인이 아닌 이상 생명을 걸고 고생할 필요가 없었다. 사공들은 자기들이 이 배에서 떠나도 육지가 가깝기 때문에 얼마든지 살 수 있다고 생각했다. 그래서 사공들끼리 도망을 치려고 했다.

그들은 몰래 탈출하기로 결심하고 거룻배를 내렸다. 거룻배는 조그만 구명정이다. 그들은 다른 사람들이 알지 못하도록 위장했다. 이물에서 닻을 내리는 체했다. 최후까지 배를 지켜야 할 선원들이 도망가는 것은 그들을 믿고 배에 탄 수많은 생명을 위험으로 몰아넣는 것이었다. 사공들은 자신들의 임무가 무엇인지 망각하고 있었다. 죽음 앞에서 자신들만 살겠다는 의리 없는 행동이었다. 그들은 위험 앞에서 생각이 흩어졌다.

바울이 백부장과 군인들에게 이르되 이 사람들이 배에 있지 아니하면 너희가 구원을 얻지 못하리라 하니(행 27:31).

바울은 사공들의 비겁한 행동을 눈치챘다. 문제는 그들이 도망간다면 배에 타고 있던 사람들의 생명이 위험해지는 것이었다. 바울은 백부장과 군인들에게 지금 벌어지고 있는 상황을 설명했다. 만일 사공들이 배에서 도망간다면 백부장이나 군인들이 살아나지 못하리라고 했다. 그들은 배를 움직이는 사람들이었기 때문에 그 결과는 당연한 것이었다. 바울은 백부장에게 정확한 상황을 알려주어 모두가 위기를 모면하게 하려 했다. 하나님이 배에 탄 사람들을 구원해주신다고 하셨지만 사탄은 훼방할 것이고, 하나님의 사람은 최대한 자기 할 일을 해야지 손을 놓고 방관하거나 잠을 자면 안 된다. 바울은 이래저래 파수꾼이었다. 밤중인데도 바울을 비롯해 많은 사람이 깨어 있었다.

이에 군인들이 거룻줄을 끊어 떼어 버리니라(행 27:32).

바울의 말을 듣고 백부장과 군인들은 위기를 알아차렸다. 이번에는 백부장이 바울의 말을 들었다. 백부장의 지시로 군인들이 달려가 사공들이 배에서 내리는 거룻배의 줄을 끊어 배를 내리지 못하게 막았다. 도망가려던 사공들은 할 수 없이 배와 운명을 같이하게 되었다. 바울이 배에 탄 모든 사람을 살렸다.

> 날이 새어 가매 바울이 여러 사람에게 음식 먹기를 권하여 이르되 너희가 기다리고 기다리며 먹지 못하고 주린 지가 오늘까지 열나흘인즉(행 27:33).

사람들은 지난밤에 잠을 자지 못했다. 사느냐 죽느냐의 기로에서 흥분되고 긴장된 밤이었다. 바울은 사람들에게 음식을 먹도록 권했다. 그들은 바울의 말대로 배가 언젠가 육지에 도착할 것을 기다리면서 음식을 먹지 않고 기다렸는데 어느새 열나흘이 되었다.

> 음식 먹기를 권하노니 이것이 너희의 구원을 위하는 것이요 너희 중 머리카락 하나도 잃을 자가 없으리라 하고(행 27:34).

바울은 음식을 먹도록 여러 번 권했다. 그것은 배에 탄 사람들의 구원을 위한 것이었는데, 그들 중 한 사람도 머리카락 하나 잃지 않을 것이라 했다. 바울은 지금 배의 선장 역할을 하고 있다. 항해를 강행하도록 큰소리쳤던 사람들의 목소리는 사라진 지 오래였다. 위기의 때가 닥치자 바울이 지도자가 되었다. 난세에 영웅이 나오는 법이다.

> 떡을 가져다가 모든 사람 앞에서 하나님께 축사하고 떼어 먹기를 시작하매(행 27:35).

바울은 배에 탄 모든 사람 앞에서 하나님께 감사하고 떡을 떼어 먹기 시작했다. 사람들은 바울을 신뢰했기 때문에 그가 주도하는 대로 따랐다. 이 배에는 여러 종교를 믿는 사람들이 있었겠지만 그들은 자기들의 신을 주장하지 않고 바울의 인도를 따랐다. 바울은 이 배에서 신과 통하는 유일한 사람이었다. 세상의 신은 광풍을 잠재우거나 그것을 돌파할 어떤 능력도 보여줄 수 없다.

그들도 다 안심하고 받아 먹으니(행 27:36).

모든 사람이 안심하고 바울이 주는 떡을 받아먹었다. 배가 흔들려 토할 염려가 없었다. 식사를 해야 힘이 난다. 지금 바울은 죄수가 아니라 위기에서 빛을 발하는 지도자다. 그리고 배에 탄 사람들은 목자 바울의 보호를 받는 양 떼다. 바울은 왕처럼 권위가 있었고, 제사장처럼 백성을 먹이고 위로했다. 그리고 선지자처럼 하나님의 말씀을 받아 백성에게 미래에 이루어질 일을 전달했다. 바울은 왕이요 제사장이며 선지자다. 다윗의 모습, 주님의 모습이 바울에게서 보인다.

배에 있는 우리의 수는 전부 이백칠십육 명이더라(행 27:37).

배에 타고 있던 사람의 수가 무려 276명이었다. 나중에 이들은 바울의 말대로 아무도 죽지 않고 다 살아남았다. 누가는 성경을 기록을 할 때 하나님의 은혜가 너무 감사하여 숫자를 적어놓았다. 이런 거대한 광풍이 없었더라도 항해 중에 위급환자나 사망자가 발생하는 상황이 있기 마련인데 14일 동안 혹독한 환란을 거쳤음에도 모두가 무사한 것은 기적이었다.

배부르게 먹고 밀을 바다에 버려 배를 가볍게 하였더니(행 27:38).

바울이 권하는 대로 모두가 떡을 배불리 먹었다. 그리고 그들의 식량인 밀을 바다에 버렸는데 그것은 배를 가볍게 하기 위해서였다. 또한 그것은 설령 밀이 없어도 곧 육지에 닿으면 식량 걱정을 하지 않아도 된다는 의미였다. 승객들은 이제 바울의 지도를 무조건 따랐다. 자신들이 다음번 식사는 육지에서 할 수 있다는 믿음이 생겼기 때문이다. 그들은 처음에 재물을, 그다음 배의 기구를, 세 번째로 마지막 식량까지 바다에 버렸다.

날이 새매 어느 땅인지 알지 못하나 경사진 해안으로 된 항만이 눈에 띄거늘 배를 거기에 들여다 댈 수 있는가 의논한 후(행 27:39).

항상 그래왔지만 지난밤에는 특히나 여러 일이 많았다. 날이 새어 밖이 환해졌는데 어디인지는 모르지만 경사진 해안과 항만이 보였다. 선장과 여러 사람이 그곳에 배를 댈 수 있는지 의논했다.

닻을 끊어 바다에 버리는 동시에 키를 풀어 늦추고 돛을 달고 바람에 맞추어 해안을 향하여 들어가다가(행 27:40).

지금까지는 배가 떠내려가지 않고 제자리에 있게 하려고 닻을 내렸었다. 하지만 이제 그 닻을 끊어 바다에 버렸다. 그리고 키를 풀고 내렸던 돛을 올렸다. 그러자 배가 바람을 의지해 해안을 향해 나아갔다.

두 물이 합하여 흐르는 곳을 만나 배를 걸매 이물은 부딪쳐 움직일 수 없이 붙고 고물은 큰 물결에 깨어져 가니(행 27:41).

그런데 배가 두 물이 흐르는 곳을 만나 이물이 부딪치자 배는 움직일 수도, 나아갈 수도 없었다. 꼼짝 없이 멈춰 서게 되었다. 이물이 부딪치면서 파도가 일어나 배를 치고 고물이 깨어져갔다. 배에 물이 들어오기 시작했다.

군인들은 죄수가 헤엄쳐서 도망할까 하여 그들을 죽이는 것이 좋다 하였으나(행 27:42).

위급한 상황이 닥치자 군인들은 자기들이 호송할 죄수들이 헤엄쳐 도망갈 수 있으니 죽이는 것이 좋겠다고 했다. 흉악한 죄수들이 자유롭게 된다면 어떤 죄를 지을지 모르기 때문이다. 또한 죄수를 놓치는 것은 호송하는 경찰군으로서 큰 벌을 받는 일이었다.

백부장이 바울을 구원하려 하여 그들의 뜻을 막고 헤엄칠 줄 아는 사람들을 명하여 물에 뛰어내려 먼저 육지에 나가게 하고(행 27:43).

군인들의 말대로 죄수들을 죽이면 바울도 어쨌든 죄인의 신분이었기 때문에 죽을 가능성이 많다. 그래서 백부장은 바울을 살리려고 군인들의 뜻을 따르지 않았다. 백부장이 아니었다면 바울은 위험했다. 백부장 율리오는 배의 분위기를 확 바꾸었다. 헤엄을 잘 치는 사람들은 먼저 육지로 가라고 명령했다. 그들은 누가 돕지 않아도 살아날 수 있기 때문이었다. 아마 군인들이나 사공들은 기뻐하면서 물로 뛰어들었을 것이다. 바울을 죽이자고 했던 이들은 이제 배 안에 없다. 바울도 살리고 분위기도 반전시켰다. 생명을 살리는 자가 귀한 자다.

그 남은 사람들은 널조각 혹은 배 물건에 의지하여 나가게 하니 마침내 사람들이 다 상륙하여 구조되니라(행 27:44).

헤엄치는 사람들이 빠져나가자 헤엄을 치지 못하는 남은 사람들은 어떻게 해야 할지 몰랐다. 그런데 신비한 방법이 생겼다. 나무, 즉 널빤지로 만든 배가 한 모퉁이씩 깨지는 것이었다. 그러자 물에 뜨는 판자가 생겼다. 그래서 사람들은 배가 깨지면서 생긴 널빤지를 하나씩 붙잡고 육지로 갔다.

배에 탄 사람은 276명이다. 미리 헤엄쳐 간 사람을 50명 미만이라고 가정할 때 230명 정도가 살아나려면 그만한 나무 조각이 필요하다. 그렇다면 그 배는 산산조각이 나야 했다. 그래야만 200쪽 이상의 널빤지가 제공될 수 있다. 그래서 승객들은 배가 깨지기를 기다렸다. 배가 조각조각 나 깨져야 자기들이 사는 것이었다. 자신들이 살려면 배가 부서져야 하는 신비로운 역설적 방법이었다.

하나님 말씀대로 배는 완전히 분해되었다. 그리고 깨진 널빤지가 수백 명을 살렸다. 배가 산산조각 났기 때문에 200여 명이 살았다. 배가 깨지면서 생긴 널판이나 배에 있던 물건 중 물에 뜨는 것을 의지하여 탈출할 수 있었다. 만일 배가 견고했다면 헤엄치지 못하는 상당수는 의지할 것이 없어 수장되었을 것이다. 여기에는 또 다른 의미가 있다. 말씀에 순종하지 않았던 배는 하나님의 징계에 의해서도 산산조각이 나야 했다. 그러나 징계 중에서도 하나님은 은혜를 베푸시고 모든 것을 합력하사 선을 이루셨다.

마침내 아무도 익사한 사람 없이 모두가 육지에 상륙하여 구조되었다. 기적이었다. 모든 것이 바울의 말대로 되었는데 하나님이 가르쳐주신 것이었다. 이 사건은 세계 항해사에 기록될 만한 일이다. 그들은 눈에 보이는 모든 것을 잃은 대신 생명을 건졌고, 하나님이 어떤 분이신지를 바울을 통해 배웠다. 바울은 하나님의 사람이었고 행동하는 사람이었으며, 성령의 사람, 상식적인 사람이었다(존 스토트).

28장

로마에 서다

성령 충만한 사람은 하나님이 은혜를 주신 것이기 때문에 복된 삶을 산다. 그 복된 삶이란 이 땅에서 넉넉한 물질을 소유하고 평안을 누리는 삶일 수도 있다. 하지만 성령을 부어주신 목적은 하나님의 사명을 감당하라는 뜻이다. 그러므로 성령 충만한 사람은 이 세상에서 오히려 고난을 받고 파란만장한 삶을 살 수도 있다. 성령 충만한 스데반이 돌에 맞아 죽었다. 빌립은 예루살렘에서 가이사랴로 내려갔다. 베드로는 수많은 핍박을 받고 선교지로 갔다. 사도인 야고보도 칼에 맞아 죽었다. 바울은 가는 곳마다 훼방을 받았고 살해위협을 피해 수도 없이 도망 다녔다. 세 번에 걸친 선교 여행을 마치고 예루살렘에 올라와서도 여러 부류의 사람들에게 박해를 받았다. 하지만 25장에서 베스도 총독, 26장에서 아그립바 왕을 만났고, 27장에서 평생의 소원이던 로마를 향해 항해에 올랐으나 다시 위기를 만났다. 28장에서 바울은 드디어 로마에 도착해 '예수 부활'을 증거하였다. 바울은 결국 황제 앞에 설 것이다.

우리가 구조된 후에 안즉 그 섬은 멜리데라 하더라(행 28:1).

승선했던 모두가 구조된 후에 그곳이 멜리데란 섬인 것을 알았다. 그곳은 그레데로부터 멀리 떨어진 이탈리아 시실리 섬 남쪽에 있는, 둘레가 약 100킬로미터 정도 되는 작은 섬이다. 신기하게도 멜리데의 뜻은 피난처다. 바울의 예언이 그대로 이루어졌다. 세상에는 예언하는 사람들이 있는데 그 말한 대로 이루어져야 그들을 신뢰할 수 있다. 바울은 풍랑을 만나게 될 이 배에서 내리고 싶었지만 죄인의 몸이라 자신이 선택할 수 없었고, 결국 주의 은혜로 살아남았다.

배에 탄 일행은 그레데 항구에서 약 800킬로미터나 떨어진 이 먼 곳까지 바람에 떠밀려 왔다. 다행히 바람의 방향은 로마 쪽이었다. 배가 엉뚱한 방향으로 간 것이 아니었다. 만일 그레데 섬이나 처음 출발한 가이사랴 방향이었다면 바울은 더 큰 고생을 했을 것이다. 바울의 로마행을 방해한 이 바람을 존 스토트는 사탄의 공격이라고 생각했다. 결과적으로 보면 바울이 위험에 빠졌으므로 그렇게 생각할 수도 있다. 그러나 하나님의 계획은 하나하나 차질 없이 진행되어갔다. 조금만 더 가면 로마였다.

> 비가 오고 날이 차매 원주민들이 우리에게 특별한 동정을 하여 불을 피워 우리를 다 영접하더라(행 28:2).

사람들이 육지에 올랐지만 비가 오고 날씨가 추웠다. 276명이라는 큰 무리가 악천후 속에서 살아남아 육지에 오르자 원주민들이 놀라서 몰려왔다. 어떻게 이런 상황에서 사람들이 살아났는지 신기했을 것이다. 그리고 파선하여 간신히 목숨을 건진 그들을 동정하고 특별히 호의를 베풀었다. 그들은 불을 피워주고 사람들을 불 주위에 있게 하면서 기쁘게 영접했다.

> 바울이 나무 한 묶음을 거두어 불에 넣으니 뜨거움으로 말미암아 독사가 나와 그 손을 물고 있는지라(행 28:3).

날씨가 추워 불 주위로 많은 사람이 둘러섰다. 바울은 원주민들이 갖다 놓은 나무 한 묶음을 들어 불에 넣었다. 백성들을 섬기는 바울의 모습이다. 바울이 나무를 던져 넣으려 할 때 나뭇단 속에 있던 독사가 뜨거움을 이기지 못하고 나와 나무를 던지려던 바울의 손을 물었다.

> 원주민들이 이 짐승이 그 손에 매달려 있음을 보고 서로 말하되 진실로 이 사람은 살인한 자로다 바다에서는 구조를 받았으나 공의가 그를 살지 못하게 함이로다 하더니(행 28:4).

배를 타고 온 모든 사람과 원주민들은 독사가 바울의 손을 물고 대롱대롱 매달려 있는 것을 보고 놀랐다. 원주민들은 독사를 죽이거나 바울의 손에서 떼어 주려 하지 않았다. 그러고는 멀리 떨어져서 엉뚱한 말을 했다. 바울이 살인한 자라는 것이다. 원주민들의 이 말은 이성적이지 않다. 그렇다고 영적으로 무엇을 알아서 하는 말도 아니다.

아직 죽지 않은 사람에게 죽을 것이라고 말하는 것은 큰 위험을 초래할 수 있다. 그들은 예언이 아니라 생각나는 대로 말했다. 그들은 바울을 살리기 위해 어떤 행동도 하지 않았다. 그들은 사람들의 몸을 따뜻하게는 해주었지만 생명을 살리는 데는 조금도 기여하지 못했다.

> 바울이 그 짐승을 불에 떨어 버리매 조금도 상함이 없더라(행 28:5).

바울은 요동하지 않은 채 손에 매달려 있는 뱀을 불에 가까이 대고 손을 흔들어 떨어냈다. 그러자 뱀이 떨어졌다. 아마 타 죽었을 것이다. 그런데 바울은 조금도 상하지 않았다. 죽을 것이라고 했던 바울은 살고 바울을 물었던 뱀은 불에 타 죽었다. 이것이 하나님이 하시는 일이다. 바울은 로마로 가야 한다. 로마로 가 가이사 앞에 서서 예수 그리스도를 증거하지 않고는 사명이 끝나지 않는다. 그런데 독사가 바울을 죽이려고 갑자기 공격한 것이다. 그러나 하나님이 막으시고 살리셨다. 사탄은 바울이 로마로 가지 못하게 하려고 여러 가지 공격을 시도했다.

> 그들은 그가 붓든지 혹은 갑자기 쓰러져 죽을 줄로 기다렸다가 오래 기다려도 그에게 아무 이상이 없음을 보고 돌이켜 생각하여 말하되 그를 신이라 하더라(행 28:6).

원주민들의 상식에서는 사람이 독사에 물리면 죽어야 했다. 독이 퍼져 손이 퉁퉁 부어오르다가 고통하며 죽든지, 갑자기 쓰러져 즉사하든지 할 것이라 생각했다. 그런데 오래 기다려도 바울에게 아무 이상이 나타나지 않았다. 사람이 죽을 때까지 기다린 것은 그들에게 복음이 없었기 때문이다. 바울이 아무 탈 없이 불을 쬐는 것을 보고 원주민들은 자신들의 생각이 틀린 것을 알았다.

바울은 나중에 원주민들의 행동과는 반대로 많은 사람을 살렸다. 원주민들은 바울이 죽지 않자 그가 신일 것이라고 생각했다. 신이 아니라면 독사에 물렸는데도 죽지 않을 수 없다고 여긴 것이다. 사람들은 변덕이 심하다. 바울은 루스드라에서 처음에는 숭배를 받다가 곧 돌에 맞았다(14:11-19). 원주민들은 다시 한 번 이성적이지도 영적이지도 않게 행동했다. 그들은 시시때때로 변했다. 그것은 그들이 영적으로 무지했기 때문이다.

> 이 섬에서 가장 높은 사람 보블리오라 하는 이가 그 근처에 토지가 있는지라 그가 우리를 영접하여 사흘이나 친절히 머물게 하더니(행 28:7).

보블리오는 그 섬에서 가장 높은 지위에 있는 사람이었다. 그의 토지가 해변가에 있었다. 그는 사흘 동안이나 바울 일행을 영접하였다. 그는 진정으로 사랑이 많은 자다. 배가 파선하여 아무것도 가진 것이 없는 사람에게 아무 이익을 구하지 않고 돕는 것은 귀한 일이다. 이런 사람은 예나 지금이나 많지 않다. 이런 사람에게 하나님이 은혜를 갚아주실 일이 생겼다.

> 보블리오의 부친이 열병과 이질에 걸려 누워 있거늘 바울이 들어가서 기도하고 그에게 안수하여 낫게 하매(행 28:8).

보블리오의 아버지는 그 지역의 기후를 잘 알고 익숙했음에도 열병과 이질로 고생하고 있었다. 높은 지위와 부유한 사람에게도 언제나 해결해야 할 일들은 있기 마련이다. 바울이 누워 있는 보블리오에게 기도하고 안수하였더니 나았다. 아무리 노쇠해가고 죄인의 신분이며 파선을 했음에도, 또한 독사에게 물리고 다른 사람의 도움을 받으며 지냈어도 바울에게는 여전히 치료의 능력이 있었다. 하나님이 주신 영적 은사들은 큰 죄를 지어 어둠이 가리지 않는 이상 쉽게 떠나지 않는다.

> 이러므로 섬 가운데 다른 병든 사람들이 와서 고침을 받고(행 28:9).

바울이 보블리오의 부친을 치료했다는 소문이 퍼지자 섬 가운데 병든 사람들이 바울에게 왔다. 바울은 한 명도 거절하지 않고 기도해주었는데 다 고침을 받았다. 하나님의 능력이 그 섬에 나타났다. 바울이 섬에 온 일은 마치 예수님이 이 땅에 오셔서 자기 백성을 치료하시는 것과 같았다. 섬사람들이 파선한 사람들을 도와주는 것 같았는데 실제로는 그들이 결정적인 도움을 받았다. 진실한 종은 백성을 치료한다. 함께 승선했던 사람들 가운데는 바울이 말한 대로 다 이루어진 것과 그의 치료의 능력을 보면서 예수 그리스도를 영접한 사람들이 많았을 것이다. 기독교는 살리는 종교다.

> 후한 예로 우리를 대접하고 떠날 때에 우리 쓸 것을 배에 실었더라(행 28:10).

그들은 처음에는 동정의 마음으로 호의를 베풀었지만 바울이 신유의 역사를 일으켜 병을 치유하자 바울에게 더 큰 대접을 했다. 자신들의 병을 치료해주는 데 감사하지 않을 수 없었다. 섬사람들은 생각지도 않게 대사도를 만나 영적인 호사를 누렸다. 바울이 떠날 때 섬사람들, 특히 치유를 받은 사람들이 바울 일행에게 필요한 것들을 배에 실어주었다. 바울은 바다에서 억울하게 잃어버린 것들을 다른 사람들의 손길을 통해 다시 소유하게 되었다. 하나님이 바울의 빈손을 채워주셨다. 이것은 바울이 이방에 보내진 사도라는 사실이 드러난 증거다. 또한 이방인들이 사도의 권세와 능력을 인정하고 존경한 일이다. 여기에는 극악한 바리새파나 사두개인 같은 사람들이 없었다. 보블리오를 비롯해 몇몇 사람은 사도 바울을 만난 것이 계기가 되어 구원의 길에 들어섰을 것이 분명하다.

석 달 후에 우리가 그 섬에서 겨울을 난 알렉산드리아 배를 타고 떠나니 그 배의 머리 장식은 디오스구로라(행 28:11).

바울 일행은 겨울을 그곳에서 났다. 그리고 그들의 섬김으로 석 달을 보냈다. 그 섬에는 겨울을 난 배가 있었는데, 알렉산드리아 배로서 모두가 그 배를 타고 떠났다. 배 이름은 '제우스의 아들'이라는 뜻이다. 성경을 기록한 누가는 이 모든 일을 성령의 감동 가운데 상세히 기록했다.

수라구사에 대고 사흘을 있다가(행 28:12).

그 배는 수라구사에서 사흘을 있었는데, 이탈리아 본토 아래에 있는 시실리 섬의 동편이다.

거기서 둘러가서 레기온에 이르러 하루를 지낸 후 남풍이 일어나므로 이튿날 보디올에 이르러(행 28:13).

거기서 둘러가 레기온에 이르러 하루를 지냈다. 레기온은 이탈리아 본토의 가장 남부에 있다. 드디어 그들은 로마가 있는 땅에 도달한 것이다. 레기온에서 남풍이 일어나면 이탈리아 반도의 서해로 올라갈 수 있었다. 그렇게 배를 타고 계속 올라가자 로마 가까이에 있는 보디올에 이르렀다.

> 거기서 형제들을 만나 그들의 청함을 받아 이레를 함께 머무니라 그래서 우리는 이와 같이 로마로 가니라(행 28:14).

보디올에도 예수를 믿는 형제들이 있었다. 그들의 청함을 받고 이레를 함께 머물렀다. 그들은 바울의 로마행을 위로하고 축하해주었다. 그후 계속 로마를 향했다. 바울 일행은 결국 오랜 여행 끝에 당시 유럽의 중심지인 로마에 거의 도착하였다.

> 그 곳 형제들이 우리 소식을 듣고 압비오 광장과 트레이스 타베르네까지 맞으러 오니 바울이 그들을 보고 하나님께 감사하고 담대한 마음을 얻으니라(행 28:15).

로마 근처에도 형제들이 있었다. 그들은 바울 일행이 온다는 소식을 듣고 압비오 광장과 트레이스 타베르네까지 맞으러 왔다. 트레이스 타베르네는 당시 숙박업소가 많은 곳이었다. 여기서 로마는 아주 가까웠다. 그들을 만난 바울은 이국땅에서 믿음의 사람들을 다시 만난 것에 하나님께 감사하고 마음에 큰 힘을 얻었다. 대사도라고 해도 격려를 받으면 더 힘을 얻는다.

> 우리가 로마에 들어가니 바울에게는 자기를 지키는 한 군인과 함께 따로 있게 허락하더라(행 28:16).

바울 일행은 드디어 로마에 들어갔다. 바울은 황제가 머무는 대로마 제국의 위용을 보게 되었다. 어마어마한 건축물과 예술품 그리고 강력한 로마 군대의 모습을 보았다. 바울은 어디까지나 죄수의 신분이었기에 군인이 지킬 수밖에 없었지만, 한 군인과 따로 있도록 배려를 받았다. 그것은 백부장 율리오의 지시였다. 바울은 셋집을 얻었다(30절). 그곳에서 백부장 율리오가 바울을 끝까지 도와주었다.

율리오를 가이사랴에서 만난 것은 하나님의 섭리와 뜻이었다. 율리오는 가이사랴에서부터 바울의 행적을 다 보았을 것이다. 바울이 배에서 하나님의 뜻을 전한 것, 멜리데에서 독사에게 물렸으나 살아난 것 그리고 많은 사람의 병을 치료한 것 등 그에게 바울은 평생 잊을 수 없는 사람으로 남았을 것이다. 그러나 그는 벨릭스나 베스도처럼 주님 품에 가까이 왔다가 사라진 사람이었을 것으로 본다. 그는 바울과 그렇게 오래 있었으면서도 한 번도 바울에게 신앙고백을 하지 않았다. 만일 고백했다면 누가가 성경에 대서특필하여 기록했을 것이다. 백부장 율리오는 소리 소문 없이 성경에서 사라졌다. 로마 군인은 믿음으로 살기 힘들다. 때문에 누가는 백부장 고넬료의 훌륭한 믿음에 감복하고 그에 대해 많은 내용을 집중적으로 기록한 것이다.

> 사흘 후에 바울이 유대인 중 높은 사람들을 청하여 그들이 모인 후에 이르되 여러분 형제들아 내가 이스라엘 백성이나 우리 조상의 관습을 배척한 일이 없는데 예루살렘에서 로마인의 손에 죄수로 내준 바 되었으니(행 28:17).

바울은 로마에 도착하여 여장을 풀고 잠시 쉬었다. 당시 로마에는 4-5개의 회당이 있었고 2만 명 이상의 유대인이 살고 있었다고 한다(이달). 바울은 사흘 후 그곳에 사는 유대인 중 높은 사람들을 초청했다. 그것은 자기가 왜 로마로 호송되어 왔는지를 설명하기 위해서였다. 초청한 사람들이 다 모이자 바울은 말문을 열었다. 자신은 결코 이스라엘 백성이나 조상의 관습을 배척한 일이 없다고 했다. 바울은 예루살렘에서 동족에게 끌려나가 맞아 죽을 뻔했지만 마침 천부장이 자신을 보호했다고 말했다. 이것이 자신이 로마 사람에게 이송된 계기가 되었다고 말했다.

> 로마인은 나를 심문하여 죽일 죄목이 없으므로 석방하려 하였으나(행 28:18).

로마인이란 벨릭스 총독, 베스도 총독 그리고 아그립바 왕을 가리킨다. 그들은 바울을 심문했지만 죽일 죄목이 없으므로 석방하려 했다고 말했다.

> 유대인들이 반대하기로 내가 마지 못하여 가이사에게 상소함이요 내 민족을 고발하려는 것이 아니니라(행 28:19).

바울은 유대인들이 자신이 로마인들로부터 풀려나는 것을 반대했다고 말했다. 그들이 자신을 반드시 벌주기 원했기 때문에 마지못해 로마 황제 가이사에게 상소했다고 했다. 그런 의미일 뿐 자신 로마에 온 것은 자기 민족을 고발하려는 것이 아니라고 했다. 바울은 자신이 민족의 배신자가 아니라고 강하게 주장했다.

> 이러므로 너희를 보고 함께 이야기하려고 청하였으니 이스라엘의 소망으로 말미암아 내가 이 쇠사슬에 매인 바 되었노라(행 28:20).

바울은 자신의 심정을 말하고 싶어서 함께 이야기하려고 그들을 부른 것이라고 말했다. 자신이 죄인이 된 것은 "이스라엘의 소망" 때문이라고 했다. "이스라엘의 소망"이란 메시아를 기다리는 마음이다. 바울은 이스라엘의 소망, 즉

"메시아를 기다리는 소망" 때문에 지금까지 살았다고 했다. 메시아를 기다리는 이 소망 때문에 동족에게 고소를 당했고 그래서 로마 사람들에게 넘어갔으며, 결국 쇠사슬에 매인 사람이 되었다고 했다.

> 그들이 이르되 우리가 유대에서 네게 대한 편지도 받은 일이 없고 또 형제 중 누가 와서 네게 대하여 좋지 못한 것을 전하든지 이야기한 일도 없느니라(행 28:21).

로마에 살고 있던 그 유대인 유력인사들은 바울의 말을 다 들은 후 자신들의 의견을 말했다. 그들은 유대나 예루살렘으로부터 바울에 대한 편지를 받은 일이 없다고 했다. 또 형제 중 누구도 이곳에 와서 바울에 대해 좋지 못한 일을 전하거나 이야기한 일이 없다고 했다. 그들은 바울에 대해 잘못된 선입견이 없었다.

> 이에 우리가 너의 사상이 어떠한가 듣고자 하니 이 파에 대하여는 어디서든지 반대를 받는 줄 알기 때문이라 하더라(행 28:22).

그 유력인사들은 바울이 이곳에 오게 된 동기를 알았기 때문에 이제는 그의 사상에 대해 더 깊이 알기 원했다. 그들은 바울이 전하는 예수 그리스도를 '하나의 파'로 생각하고 있었고, 그 파가 어디서든지 반대를 받고 있는 것을 이미 알고 있었다. 그러므로 왜 반대를 받는 것인지 더 듣고 싶었다. 세상의 어느 사상도 반대 없는 것은 없다. 바울은 자신의 사상이 반대를 받고 있다는 말을 들었어도 약해지지 않았다.

> 그들이 날짜를 정하고 그가 유숙하는 집에 많이 오니 바울이 아침부터 저녁까지 강론하여 하나님의 나라를 증언하고 모세의 율법과 선지자의 말을 가지고 예수에 대하여 권하더라(행 28:23).

로마에 거주하던 유대인들은 바울의 말을 듣기 위해 많은 준비를 했다. 그리고 날짜를 정했다. 바울이 사는 집에 많은 유대인이 모였다. 바울은 로마라는 그 당시 세상의 중심지에서 아침부터 저녁까지 마음 놓고 강론하였다. 그 핵심은 '하나님의 나라'이고, 모세와 선지자의 예언적 말씀을 가지고 증거했다. 유대인에게는 모세의 율법과 선지자의 말이 가장 권위가 있었다. 바울은 이처럼 성경을 가지고 예수 그리스도를 증거했다. 성경은 어떤 세상 사람의 말보다 권위가 있다. 그 말씀 속에서 '우리의 소망', '예수 부활'에 대해 전했다. 여기에서는 쫓겨날 염려도 없었다.

그 말을 믿는 사람도 있고 믿지 아니하는 사람도 있어(행 28:24).

바울이 강론할 때 예수님을 믿는 사람도 있었고 믿지 않는 사람도 있었다. 이것은 어느 도시에서나 마찬가지였다. 같은 자리에서 같은 사람에게 같은 말씀을 들어도 들을 귀가 없다면 믿음은 생기지 않는다. 들을 수 있는 자는 진정 복된 자다. 바울은 자기가 신이라고 한 것도 아니고, 물질을 요구한 것도 아니며, 단지 부활하신 예수님만 증거했다.

서로 맞지 아니하여 흩어질 때에 바울이 한 말로 이르되 성령이 선지자 이사야를 통하여 너희 조상들에게 말씀하신 것이 옳도다(행 28:25).

바울과 같은 위대한 사도가 아침부터 저녁까지 그렇게 증거하고 가르쳤음에도 맞지 않아 흩어지는 것을 볼 때 오늘날 바울 수준이 되지 못하면 더욱 열매가 적을 것은 명약관화하다. 한편으로는 복음을 받아들이지 않는다고 낙심할 필요가 없다. 바울은 믿지 않고 그대로 가버리는 동족을 향해 이사야의 말씀을 해주었다. 성령이 이사야 선지자를 통해 유대인들에게 하신 말씀이 오늘 그들의 행동을 보니 옳다는 것이다. 믿음은 모든 사람의 것이 아니다(살후 3:2).

> 일렀으되 이 백성에게 가서 말하기를 너희가 듣기는 들어도 도무지 깨닫지 못하며 보기는 보아도 도무지 알지 못하는도다(행 28:26).

성령은 이사야 선지자에게 백성들에게 가서 이 말을 전하라고 하셨다. 그것은 가슴 아픈 내용이었다. 이사야 6장 9-10절의 말씀으로 그들이 듣기는 들어도 도무지 깨닫지 못하고, 보기는 보는데 도무지 무엇인지 알지 못하리라는 것이었다. 하나님의 백성이요, 아브라함의 후손이라고 늘 자존감이 충만했던 이스라엘 백성은 이제 영적으로는 귀머거리와 소경이 되어버렸다. 이것이 이사야 선지자의 가슴 아픈 예언이었다. 어느 시대든지 하나님을 잘 믿는 것처럼 말하는 사람들이 정작 하나님의 음성에 귀를 막는 경우가 허다하다.

> 이 백성들의 마음이 우둔하여져서 그 귀로는 둔하게 듣고 그 눈은 감았으니 이는 눈으로 보고 귀로 듣고 마음으로 깨달아 돌아오면 내가 고쳐 줄까 함이라 하였으니(행 28:27).

이렇게 눈과 귀가 마비가 된 것은 마음이 우둔해지고 막혀서 그렇다는 말씀이시다. 그런데 더 슬픈 것은 만일 백성이 눈으로 보고 “아, 그렇구나” 하고, 귀로 듣고 “아, 하나님의 뜻이 이것이구나” 하며 마음으로 깨달아 하나님께로 돌아올 수도 있다는 것이다. 만일 백성이 이렇게 깨닫고 하나님께로 돌아오면 하나님은 고쳐주실 수밖에 없는데 하나님은 이들을 고쳐주실 마음이 전혀 없다고 하셨다. 그래서 이사야가 하나님의 말씀을 선포해도 백성들이 깨닫지 못하게 하나님이 아예 막으신다고 이사야는 백성들에게 선포했다. 이사야 선지자는 하나님께 회개하고 돌아오라고 외치지만 그의 말을 듣고 그들이 돌아오지 않을 것을 이미 알았다.

> 그런즉 하나님의 이 구원이 이방인에게로 보내어진 줄 알라 그들은 그

것을 들으리라 하더라(행 28:28).

바울은 유대인이 하나님의 말씀을 듣지 않으므로 하나님의 구원이 이제 그 백성에게서 떠나 이방인에게로 보내졌다고 말했다. 이방인은 유대인과는 달리 복음의 말씀을 들으리라 예언되었다고 말했다. 바울은 그 말씀을 믿고 그동안 이방인에게 '예수 부활'을 증거했는데 많은 무리가 주님께 돌아왔다. 바울은 그동안 열매가 너무나 많았기 때문에 확신을 가지고 말했다. 복음은 어느 누가 반대해도 결국 받아야 할 사람에게 전해진다.

(없음)(행 28:29)

바울이 온 이태를 자기 셋집에 머물면서 자기에게 오는 사람을 다 영접하고(행 28:30).

하나님은 바울에게 새로운 전도의 길을 가게 하셨다. 지금까지 바울은 강을 넘고 바다를 건너고 강도와 동족의 위험을 당하면서 전도했었다. 그런데 이제는 더 이상 돌아다닐 필요 없이 세상의 중심지에 머물며 자신의 집에서 편안히 전도하였다. 바울은 셋집을 얻었다. 바울은 집을 살 필요가 없었지만 물질도 넉넉하지 않았을 것이다.

그는 자신의 셋집을 성전으로 만들었다. 하나님은 대리석으로 지은 집에 계시는 것이 아니다. 만일 건물도 아름다운데 주님도 그곳에 계신다면 영광스러운 일이다. 만일 초라한 셋집인데 주님이 계시지 않는다면 더욱 초라한 곳이 될 뿐이다. 바울의 셋집은 예루살렘 성전보다 더 존귀한 곳이었다. 그는 2년을 그렇게 행복하게 보냈다. 바울에게 찾아오는 사람들이 많았는데 바울은 그들을 진심으로 영접했다. 그들이 복음을 들으려고 왔기 때문이다. 로마 관원의 감시가 있었지만 바울에게는 상당한 자유가 주어졌다. 로마 황제에게 재판을 받는 날까지 그리고 수감이 되는 날까지 그는 주님의 사람으로 살았다.

하나님의 나라를 전파하며 주 예수 그리스도에 관한 모든 것을 담대하게 거침없이 가르치더라(행 28:31).

바울이 자신의 셋집에서 행한 일은 오직 "하나님의 나라"를 전파하는 것이었다. 그는 비록 육체는 매인 상태였지만 입술은 하나님의 말씀을 증거했다(딤후 2:9). 그는 자신의 이름을 드러내지 않았고, 자신의 성을 쌓지 않았으며, 부를 축재하지도 않았다. 바울은 예수 그리스도에 대해 정말 많이 알았다. 남을 통해 배운 것이 아니라 직접 주님을 만났다. 그리고 주님과 성령이 늘 함께하시면서 가르치셨다. 강력한 성령의 역사 또한 나타났다. 수많은 사람이 주께 돌아왔다. 그의 제자가 온 세상에 퍼졌다. 그러므로 그는 모든 영적인 사실들을 담대하게 거침없이 가르쳤다.

하나님을 만난 사람이 세상에 속한 어느 누가 두렵겠는가. 세속적인 대제사장들이나, 체험 없는 이론적인 서기관들이나, 우매한 장로들이나, 눈귀가 먹은 하나님의 백성 중 누가 바울의 길을 막을 수 있겠는가. 하나님을 만나고 하나님께 붙들린 사람이 되면 그는 하나님의 뜻과 말씀만 전하다가 하나님 품에 편안히 안긴다.

'하나님 나라'와 '예수 이름', '예수 부활'은 영원히 전해질 말씀이다.

결국 로마에 신약교회의 성전이 세워졌다. 그러나 로마는 끝이 아니고 세상으로 퍼져나가는 중심지이자 교두보일 뿐이다. 이제 복음이 전 세계로 퍼질 것이다. 주님은 예루살렘 성전에서 떠나셨고 촛대는 계속 온 땅 위에 세워질 것이다. 바울과 함께했던 누가는 이제 사도행전 28장의 모든 기록을 마쳤다.

누가는 바울의 마지막 로마 여행에 동참하여 성령의 인도로 사도행전의 마지막까지 기록하였다. 누가는 위대한 사역자다. 그는 많은 부분에서 바울과 함께했다. 예루살렘에 남아 있는 사람들에 대해서 성경은 침묵했지만, 주의 말씀대로 땅 끝까지 복음을 증거한 사람들에 대해서는 성경에 기록되었다. 누가는 바울이 로마 감옥에서 순교하는 것까지 기록하지는 못했다. 하지만 스데반의 순교 장면에서 보듯 바울이 죽을 때 하늘 문이 열리고 주께서 바울의 일생의 수고를 받으시고 주님 가장 가까운 하늘 보좌로 올려가셨을 것이 분명하다.

하나님은 왜 사도행전을 기록하게 하셨을까? 단순하게 그런 일이 있었고 그대로 잊히는 것이 아쉬워 역사에 남기려는 목적으로 기록하게 하셨을까? 성경은 어느 시대에 읽어도 하나님의 말씀이요, 하나님이 행하신 일이기 때문에 역사하는 힘이 크다. 때문에 어느 시대에나 읽고 적용할 수 있어야 한다. 우리는 믿음의 선배들이 목숨 바쳐 전했던 그 복음을 받고 하나님의 축복 속에 이 세상을 산다. 또한 장차 천국에서 그들을 만나볼 소망을 갖는다.

사도 바울과 베드로, 스데반과 빌립, 바나바와 실라, 디모데와 누가 같은 사도급 인물들 그리고 이방인 고넬료, 브리스길라와 아굴라 등과 같은 성도뿐만 아니라 사도행전에 나오는 그 외의 숱한 인물들은 이 시대에도 만나볼 수 있다. 그것은 교회가 일어나는 시기와 세상 마지막 때에는 그 일을 감당할 만한 인물이 필요하기 때문이다. 비록 바울이나 베드로를 똑 닮은 인물은 세상에 다시 없을지라도 그에 버금가는 인물들 그리고 사도행전에 나오는 여러 인물들 못지않은 훌륭한 인물들이 이 시대에 나타날 것이라 믿는다. 그들은 그림 속 인물이거나 동화 속 인물이 아니다. 그리고 그들을 통해 말씀으로 '부활 예수'를 증거하고 병을 치료하며 귀신을 내어 쫓고 환상을 보며 기적과 이적을 나타내는 이 시대 교회가 되기를 소원한다. 지금도 세상 곳곳에서 나타나고 있는 하나님의 큰 일을 보면 소망이 생긴다. 기독교는 '살아 있는 종교'다.

주여, 우리로 하여금 바울과 베드로처럼

능력 있는 삶을 살게 하옵소서.

주여, 우리로 하여금 바나바와 실라와 디모데처럼

충성하여 왕 같은 제사장이 되게 하옵소서.

주여, 우리로 하여금 브리스길라와 아굴라, 고넬료처럼

멋진 신앙생활을 하게 하옵소서.

■ 국내 저자

박윤선, 『사도행전주석』, 영음사, 1977.
박재갑, 『사도행전』, 좋은땅, 2013.
박조준, 『사도행전강해』, 한길, 1987.
아가페, 『성경사전』, 아가페, 1995.
유상섭, 『사도행전 Ⅰ, Ⅱ』, 생명의말씀사, 2012.
윤석희, 『사도행전』, 기독교개혁신보사, 2005.
이달, 『사도행전』, 한국장로교출판사, 2013.
이영훈, 『복음의 열정』, 서울말씀사, 2012.
이정현, 『사도행전강해』, 지민, 2012.
홍창표, 『신약과 문화』, 합동신학교출판부, 1995.

■ 국외 저자

케네스 O. 갱글, 『메인 아이디어로 푸는 사도행전』, 디모데, 2002.
도널드 거스리, 『사도들』, 아가페, 1996.
그라아프, 『그리스도와 나라들』, 크리스챤서적, 1986.
톰 라이트, 『사도행전 Ⅰ, Ⅱ』, IVP, 2012.
레토레트, 『기독교사』, 생명의말씀사, 1979.
렌스키, 『사도행전』, 백합출판사, 1978.
그렉 리빙스턴, 『사도행전주해』, 쿰란출판사, 2013.
싸이프리스, 『사도행전, 로마서』, CLC, 2012.
E. P. 샌더스, 『예수와 유대교』, 크리스챤다이제스트, 2008.
존 스토트, 『사도행전강해』, IVP, 2013.

제임스 앤더슨, 『사도행전』, 전도출판사, 2011.
유세비우스, 『교회사』, 은성출판사, 1993.
프란시스 마틴 엮음, 『교부들의 성경주해 사도행전』, 분도출판사, 2012.
메튜 헨리, 『사도행전(상)』, 기독교문사, 1979.
메튜 헨리, 『사도행전(하)』, 기독교문사, 1979.

■ 원서

『Josephus』, Flavius Josephus, 1978, Kregel.
『Paul, An Outline of His Theology』, Ridderbos, 1975, Wm. B. Eerdmans.
『Zondervan pictiorial Encyclopedia of the Bible』, Tenney, 1977, Zondervan.